Helene Golnipa

Im Angesicht der Todesengel Stalins

Helene Golnipa

Im Angesicht der Todesengel Stalins

Herausgegeben von
Isabella Ackerl

EDITION TAU

DIE HERAUSGABE UND DEN DRUCK UNTERSTÜTZTE DAS
BUNDESMINISTERIUM FÜR UNTERRICHT UND KUNST

CIP-TITELAUFNAHME DER DEUTSCHEN BIBLIOTHEK

GOLNIPA, HELENE:
IM ANGESICHT DER TODESENGEL STALINS /
HERAUSGEGEBEN VON ISABELLA ACKERL /
HELENE GOLNIPA. –
MATTERSBURG, KATZELSDORF:
EDITION TAU, 1989
ISBN 3-900977-01-1

BIRICZ-VERLAGS- + HANDELSGES. M. B. H. & CO. KG.,
MATTERSBURG – KATZELSDORF
UMSCHLAGENTWURF: GERRI ZOTTER
DRUCK: CARL UEBERREUTER DRUCKEREI GES. M. B. H., KORNEUBURG

ISBN 3-900977-01-1

Inhalt

Einleitung

Der Name Helene Golnipa steht als Pseudonym für die aus Österreich gebürtige Ärztin Angelina Rohr, geborene Müllner, die am 5. Februar 1890 in Znaim geboren wurde. Sie entstammte einer begüterten Industriellenfamilie, die „gut katholisch und monarchistisch" gesinnt war. Der Bruder ihres Vaters war der bedeutende Theologieprofessor der Wiener Universität Laurenz Müllner, zu dessen Studenten Otto Weininger zählte. Müllner begutachtete auch Weiningers Doktorarbeit[1]. In Gesprächen mit Freunden erzählte Angelina Rohr, daß sie sich sehr für Weiningers Buch interessiert hätte und es trotz des Verbots ihres Vaters von selbstverdientem Geld erworben hat. Über ihren Vater berichtet sie, daß er Landtagsabgeordneter in Mähren gewesen sei, was sich aber aus den Staatshandbüchern nicht nachweisen läßt. Möglicherweise war er nur auf der lokalen Ebene politisch tätig. An anderer Stelle erwähnt sie, daß ihr Vater Deutschradikaler und ein Anhänger Schönerers gewesen sei. Alle diese Angaben lassen sich kaum mehr überprüfen, doch wird eine sehr deutschbetonte Einstellung aus manchen Äußerungen Dr. Rohrs sichtbar, etwa wenn sie sich abfällig über die ČSSR äußert und erklärt, daß die Kultur dieses Landes eine deutsche Kultur sei. Von ihrer Familie wissen wir nur so viel, daß sie eine Schwester Anna hatte und einen Bruder Othmar, der nach ihren Aussagen Angehöriger des Jesuitenordens war. Ihre Mutter erwähnt sie mit keinem Wort, kurz ist einmal die Rede von einem Großvater, der die Budapester Kettenbrücke erbaut haben soll. Mehrmals weist sie darauf hin, daß sie immer – und das im Gegensatz zu ihrem Vater – sehr religiös gewesen sei, allerdings aber mit der sogenannte Amtskirche, das heißt mit dem Klerus, keinen Kontakt wollte. „Ich kann nicht sagen, daß ich die Kirche brauche. Mir genügt mein Gott." Im Alter scheint in der religiösen Haltung Angelina Rohrs eine Wendung zu konservativeren Richtungen oder zu mehr Mystizismus erfolgt zu sein, denn: „Sie müssen mir ein Buch über Lefèbvre beschaffen. Ich bin für ihn. Der Verbalismus des Westens

1 Jacques Le Rider, Der Fall Otto Weininger. Wurzeln des Antifeminismus und Antisemitismus, Wien/München 1985, S. 22f., 30f., 33, 65.

ist abzulehnen. Die Messe bei Ihnen zu Hause gab mir nichts. In der polnischen Kirche – das ist meine Messe."

Nachdem Angelina acht Jahre die örtliche Schule besucht hatte, übersiedelte die Familie nach Wien in den Bezirk Döbling, obwohl Angelina Währing vorgezogen hätte. Kindheitserinnerungen an Wien hat sie nur wenige, unvergeßlich aber blieb ihr, daß sie anläßlich der Eröffnung der Brigittenauerkirche den Kaiser gesehen hatte. Sie durfte zur Fortsetzung ihrer Studien das Schwarzwald-Gymnasium in der Wiener Innenstadt besuchen, was doch auf eine sehr moderne Einstellung der Familie hinsichtlich der Erziehung eines Mädchens schließen läßt. Die nach Dr. Genia Schwarzwald benannte Schule im 1. Bezirk in der Wallnerstraße gehörte zu den modernsten Erziehungsinstituten für Mädchen, in späteren Jahren gehörten so bedeutende Künstler wie Adolf Loos oder Oskar Kokoschka zum Lehrkörper dieser Anstalt[2]. Es ist anzunehmen, daß Angelina Müllner in dieser Anstalt die Reifeprüfung bestand. Welche Freunde ihr Leben begleiteten oder welchem Umgang sie in Wien pflegte, hat uns Angelina Rohr verschwiegen. Sie dürfte gerne das Cafe Central besucht haben, will Peter Altenberg gekannt haben, vor allem aber schwärmte sie, wie wohl viele ihrer Altersgruppe, die über eine entsprechende Bildung verfügten, für Karl Kraus.

Der nächste entscheidende Abschnitt in ihrem Leben verlief durchaus konventionell, entsprechend dem Schema für höhere Töchter – sie heiratete einen offenbar vermögenden Mann. Sie selbst berichtete darüber: „1910 heiratete ich und machte mit meinem Mann eine lange Hochzeitsreise nach Italien, die ungefähr 5 Jahre dauerte." Wie und unter welchen Umständen sie ihren Mann kennenlernte, wissen wir nicht. Sie spricht selten von ihm, erwähnt nur marginal seine Tätigkeit in der Sowjetunion. Während ihres Schweizer Aufenthaltes, über den sie einen eher ausführlichen Bericht gab, vermittelt sie den Eindruck, allein gelebt zu haben.

Schon vor Ausbruch des Ersten Weltkrieges hielt sie sich mit ihrem Mann in Paris auf, um dort zu studieren. Drei Tage vor Ausbruch des Krieges reiste sie in die Schweiz, um einen einmonatigen Kuraufenthalt anzutreten. Der Kriegsausbruch veranlaßte sie, weiterhin in der Schweiz zu bleiben. Sie lebte zunächst in Genf, später in Zürich. Obwohl nicht arm, verbrachte sie diese Jahre doch in bitterster Not, da sie weder Geld beheben konnte, noch Anweisungen aus dem Ausland

---

2 Zur Geschichte dieser Schule vgl. Leben mit provisorischer Genehmigung. Leben, Werk und Exil von Dr. Eugenie Schwarzwald (1872–1940), eine Chronik von Hans Deichmann, Berlin/Wien/Mülheim 1988.

sie erreichen konnten. Während ihres Schweizer Aufenthaltes setzte sie ihr offenbar schon in Paris begonnenes Medizinstudium fort, begann sich aber auch für Politik zu interessieren. Ihre Vorliebe für die russische Literatur mag sie den russischen Emigrantenkreisen nahegebracht haben, jedenfalls wußte sie darüber ziemlich gut Bescheid. Sie kannte Lenin nicht persönlich, wußte aber um seine Aktivitäten in der neutralen Schweiz. Über Lenins Rückkehr nach Rußland, bzw. seine Abfahrt von Zürich lieferte sie einen sehr interessanten Bericht:

„Ich hörte am Vormittag von meiner Nachbarin, daß Lenin heute nach Rußland zurückfahren würde. Lenin war in unserer Stadt bekannt, nicht nur als russischer Emigrant mit revolutionären Ideen. Er hatte auch eine Studentenkantine organisiert, wo man gratis essen konnte. Es war zwar Jahr und Tag ein und dieselbe Suppe, aber immerhin, bei der Geld- und Brotknappheit dieser Kriegsjahre war das schon ein Glück.

Ich war wie elektrisiert. Lenin fuhr ab? – ‚Wenn Sie sich beeilen, können Sie vielleicht noch zurechtkommen!' – Ich war im Nu angekleidet und rannte los. Ich wohnte damals am Zürichberg ganz oben, und die Wege zum Bahnhofsplatz waren verschlungen und umständlich. So nahm ich Abkürzungen und glitt auch manchmal in der Eile auf dem Abhang aus . . . und ich dachte mir, ich muß ihm doch auch die Hand geben. Da setzte sich der Zug in Bewegung. Ich streckte mein linke Hand Lenin entgegen, in diese Richtung fuhr der Zug, und er hielt sie fest, und ich lief neben dem Zug her. Es war komisch – hatte er denn nicht gesehen, daß der Zug schon fährt und ich schon laufen muß – er hielt meine Hand noch immer fest. Wir haben nichts geredet, dazu war keine Zeit."[3]

Auch nach dem Ende des Krieges blieb Angelina Rohr noch in der Schweiz, wo sie etwa zwischen 1918 und 1920 Rilke kennenlernte. Sie hielt sich zu dieser Zeit in Locarno auf, wo sie trotz geringer Mittel sich in einem mysteriösen Schloß, dem Castello di Ferro, einquartierte. Diese Begegnung muß sich für ihr ganzes Leben in ihrem Gedächtnis eingeprägt haben, wenngleich sie keineswegs eine kritiklose Bewunderin Rilkes war. Sie beschreibt seine „wohl lautende" Stimme, erinnert sich an ein Gespräch, das sie mit ihm vor dem offenen Kaminfeuer im Castello di Ferro führte, konnte aber den Inhalt dieses Gespräches nicht wiedergeben. Es gibt auch sehr distanzierte Äußerungen zum Dichter, den sie für einen Snob hält und von dem sie meint, er sei ein Neurotiker gewesen. Doch hing sie ihr ganzes Leben

---

3 Elisabeth Heresch, Blutiger Schnee. Die russische Oktoberrevolution in Augenzeugenberichten, Graz/Wien/Köln 1987, S. 129ff.

lang an einem Leuchter, den sie offenbar durch alle Fahrnisse ihres Lebens retten konnte und der als Erinnerung an die Begegnung geblieben war, mit hoher Intensität. Versucht man aus den Tagebuchaufzeichnungen Rilkes Angelina Rohrs Begegnung mit Rilke zu rekonstruieren, stößt man auf Merkwürdiges. Rilke hielt sich in der zweiten Jahreshälfte 1919, anfangs 1920 in der Schweiz auf und berichtet auch über Besuche im Castello di Ferro. Er erwähnt mit keinem Wort eine Begegnung mit Angelina Rohr, schildert aber in einem Brief an Nanny Volkart-Wunderly ein Treffen mit einer Russin (sic!), die gewisse ähnliche Züge mit Angelina Rohr aufweist: „Dort in der Buchhandlung traf ich eine Russin, eine seltsame Frau, die eine Zeitlang hier das unheimliche Castello di Ferro ganz allein bewohnt hat; sie ist arm, reist aber mit einem großen schönen alten Spiegel und einem Umkreis kleiner halb welker Dinge."[4] Ob Rilke in seiner Erinnerung Eigenschaften verschiedener Personen zu einer zusammenfügte, auf welcher Seite der Irrtum liegt, oder ob die Herausgeberin der Rilke-Chronik eine falsche Person dieser „Russin" zuordnete, wird wohl nie restlos zu klären sein. Jedenfalls war die Begegnung mit Rilke für Angelina Rohr ein Erlebnis, das sie ihr ganzes Leben nicht vergaß.

Etwa 1922 oder 1923 begab sie sich mit ihrem Mann nach Berlin, wo sie ihr Medizinstudium gemeinsam mit ihrem Mann beenden wollte. Ihrem eigenen Curriculum vitae folgend, hörte sie aber nicht nur medizinische Vorlesungen, „sondern auch im Orientalischen Seminar die chinesische Sprache. Ich hatte nämlich erfahren, daß viele Chinesen an Augenkrankheiten leiden, und es viele Blinde gäbe, denen ich helfen wollte". In Berlin lernte sie auch anläßlich eines Kongresses Sigmund Freud kennen. In der Folge schrieb sie für die von Freud herausgegebene Zeitschrift „Imago" Artikel über Eingeborene in Afrika und Australien[5]. Ob der Entschluß, nach Moskau zu gehen und dort zu arbeiten, von medizinischen oder politischen Erwägun-

---

4 Zum Aufenthalt Rilkes in Locarno vgl. Ingeborg Schnack, Rilke. Chronik seines Lebens, Frankfurt 1975; die Herausgeberin berichtet über die Russin, daß es sich hierbei um die Österreicherin Angela Guttmann aus Mähren handelte, die eine sehr starke religiöse Grundhaltung gehabt hätte. Sie sei mit dem Bruder des Geigers Bronislaw Hubermann verheiratet gewesen, später mit einem Berliner, namens Guttmann. Sie sei lungenleidend gewesen und im Alter von 29 Jahren in Davos gestorben.

5 Diese Angaben ließen sich nicht verifizieren, denn in der Zeitschrift „Imago" taucht Dr. Rohr nicht als Autorin auf. Es ist allerdings möglich, daß sie unter einem Pseudonym schrieb. Nachweisbar ist, daß sie von Moskau aus Mitglied der Psychoanalytischen Gesellschaft in Wien war, wie aus einer freundlichen Mitteilung des Sigmund Freud-Archivs in Wien hervorgeht.

gen geleitet wurde, wissen wir nicht. Sie hat in keinem Gespräch ihre Motive schlüssig dargelegt, sondern zum Teil unterschiedliche, ja widersprüchliche Motivationen anklingen lassen. Jedenfalls folgte Angelina Rohr etwa 1927 oder 1928 ihrem Mann nach Moskau. Dr. Karl Rohr fand, obgleich ebenfalls Arzt, eine Betätigung am Marx-Engels-Institut, seine Gattin Angelina praktizierte zunächst nicht als Ärztin, sondern arbeitete als Korrespondentin für deutsche und auch schweizerische Zeitungen. Sie schrieb sowohl für die Frankfurter Zeitung als auch für die Vossische Zeitung. Nur wenige ihrer Artikel, die ausdrücklich mit ihrem Namen gezeichnet waren, sind feststellbar.[6] Bemerkenswert an diesen Artikeln ist die eindeutige journalistische Begabung, die Neigung zu einer sehr essayistischen Darstellung, sowie die offen an manchen Zuständen geübte Kritik. In späteren Jahren dürfte Angelina Rohr ihrem Beruf gegenüber kritischer eingestellt gewesen sein, wenn sie in ihrem Bericht schreibt: „Der Feind ... der Wahrheit ist der Journalismus." Als Korrespondentin scheint sie sich in der Sowjetunion frei bewegt haben zu können, sie selbst spricht davon, daß Moskau zu dieser Zeit sehr interessant war. Aufgrund ihrer Artikel ist es wahrscheinlich, daß sie ausgedehnte Reisen unternahm. Höchst eindrucksvoll ist etwa ihre Schilderung von deutschen Bauerndörfern im nördlichen Kaukasus; sie hebt besonders die Kulturleistungen der Deutschen[7] hervor und betont ihre Resistenz gegen die zwangsweise Einführung der Kolchoswirtschaft. Auch die schrittweise Einschränkung der persönlichen Bewegungsfreiheit entgeht nicht ihrer Aufmerksamkeit, in ihrem Artikel über die Einführung des Paßzwanges erkennt sie klar die hinter der Maßnahme stehende Absicht, nämlich die Städte von unliebsamen Elementen zu reinigen – sie verwendet in diesem Zusammenhang den fast prophetisch anmutenden Ausdruck Tschistka!

Über die Gesellschaftskreise, in denen sie in Moskau verkehrte, berichtet sie nur am Rande, doch kannte sie eine Reihe der führenden sowjetischen Persönlichkeiten. Mit der Krupskaja, der Witwe Lenins, organisierte sie ein polytechnisches Kinderlager, in dem die Kinder

---

6 „Chabarowsk im Fernen Osten", Frankfurter Zeitung, 4. September 1928; „Filmatelier in Moskau", ebenda, 24. Oktober 1930; „Deutsche Bauern in Rußland", ebenda, 5. November 1930; „Moskau baut", ebenda, 7. Jänner 1932; „Abbau in der Sowjetunion", ebenda, 9. Dezember 1932; „Kontrolle des Sowjetbürgers. Die Einführung des Paßzwanges in der Sowjetunion", ebenda, 9. Jänner 1933; „Straßenbahn in Moskau", Vossische Zeitung, 9. Februar 1928.

7 Angehörigen des deutschen Volkes und ihren kulturellen Leistungen gegenüber ist die sonst sehr distanzierte Autorin etwas emotioneller. So ist sie am meisten enttäuscht, wenn sie von Deutschen betrogen oder belogen wird. Mag sein, daß dies ein uneingestandenes Festhalten an einer Art Heimat, am Lande der Muttersprache ist.

lernen sollten, sich handwerklich zu betätigen. Mit Frau Lepeschinskij, deren Mann Lenins Schachpartner in Sibirien gewesen und als Direktor des Historischen Museums der Stadt Moskau gestorben war, freundete sich Angelina Rohr an und wurde ihre Mitarbeiterin. Sie wirkte in ihrem eigentlichen Arztberuf als Wissenschaftlerin, und zwar als Hämopathologin. Durch diese Kreise kam sie auch in den Kreml, lernte Klara Zetkin und Liebknechts Sohn Wilhelm kennen. Es scheint also, daß das Ehepaar Rohr in deutschen Emigrantenkreisen in Moskau eine wichtige und geachtete Stellung einnahm. Noch 1938 will sie mit ihrem Professor nach Berlin gereist sein und sich dort an einem Institut mit Zellenchirurgie beschäftigt haben[8].

Diese bevorrechtete Stellung war schlagartig mit Ausbruch des Krieges mit Deutschland beseitigt, bereits eine Woche nach Kriegsausbruch wurde Angelina Rohr, wenige Tage nach ihrem Mann, als Spionin verhaftet und kehrte erst nach sechzehnjähriger Haft und Verbannung ins Leben zurück. Über den Tod ihres Mannes, den sie zuletzt beim Verladen der Gefangenen am Bahnhof von der Ferne sah, erfährt sie nichts.

Über ihre Rückkehr in ein halbwegs normales Leben hat sie keine Nachrichten hinterlassen. Es ist anzunehmen, daß Moskauer Freunde es ihr Ende der fünfziger Jahre ermöglichen konnten, in die Stadt zurückzukehren. In ihrem Beruf durfte sie nicht mehr arbeiten, allerdings war sie damals bereits 68 Jahre alt. Sie erhielt eine minimale staatliche Rente (Ende der siebziger Jahre waren es 45 Rubel), von der sie mehr schlecht als recht ihr Leben fristen konnte. Hin und wieder mag sie noch als Ärztin gearbeitet und dafür ein kleines Entgelt erhalten haben. Freunde aus diesen späten Lebensjahren Angelina Rohrs berichten, daß sie durch Stricken und Unterricht in der deutschen Sprache noch etwas dazu verdiente. Ihre Lebensumstände waren – nach westlichen Maßstäben gemessen – ärmlichst. Sie wohnte in einer 23 Quadratmeter großen Wohnung – früher gab es noch eine kleinere mit nur 18 Quadratmetern –, umgeben von Büchern, Zeitungen, Bildern und wenigen, über die Jahre hinweg geretteten Erinnerungsstücken. Bis ins hohe Alter blieb sie am politischen Geschehen lebhaft interessiert, diskutierte gerne und wurde auch für russische Dissidenten und auswanderungswillige Juden zu einer hoch geschätzten Persönlichkeiten – sie gehörte zur Lager-Aristokratie. Ihre Erfahrungen mit dem System, ihre kühne Haltung, die sie bis ins hohe Al-

8 Was die Zeitangaben Angelina Rohrs betrifft, so muß man berücksichtigen, daß die Darstellung ihres Lebens auf Angaben beruht, die sie im hohen Alter von fast 90 Jahren ihren Freunden gegenüber machte. Deshalb dürfen Ungereimtheiten oder widersprüchlich erscheinende Datierungen nicht verwundern.

ter bewahrte, veranlaßten prominente Dissidenten wie Schdaranski oder die Orlows, ihren Rat einzuholen.

Wann sie sich entschloß, über ihre Erlebnisse im Lager und in der Verbannung einen Bericht zu schreiben, wissen wir nicht. Zweifellos zeugt diese Absicht von großer persönlicher Tapferkeit und Unerschütterlichkeit. Allein die Beschaffung einer deutschen Schreibmaschine – das Original ihres Berichtes ist mit Schreibmaschine geschrieben, allerdings als Durchschlag, möglicherweise als Ersatz für ein Farbband – war mit einem hohen Risiko verbunden. Ihren Schilderungen über die Jahre des Grauens ließen sich als Motto zwei Zeilen von Wernher dem Gärtner voranstellen, die sie an den Anfang einer Novelle, die sie in späteren Jahren schrieb, stellte:

„... ich schildere hier, was mir geschah,
was ich mit eigenen Augen sah."

Angelina Rohrs bewegende Darstellung zeugt von einer hohen humanistischen Einstellung, von unerschütterlicher Hoffnung und von großer Hingabe für den leidenen Menschen. So distanziert, ja kühl ihr Bericht scheint, so groß sind dennoch ihr Einfühlungsvermögen und ihre Fähigkeit mitzuleiden. Sie kämpft gegen den Tod, dessen Sinnlosigkeit sie nicht akzeptieren will.

Angelina Rohrs Manuskript gelangte noch zu ihren Lebzeiten – sie starb zu Ostern 1985 in Moskau – dank des Einsatzes einiger Freunde in den Westen. Es ist wahrlich eine weitere tragische Facette ihres Lebens, daß sie das Erscheinen ihres Buches nicht erleben durfte. Noch tragischer aber ist der Umstand, daß sie nicht mehr die neue Ära des Sowjetsystems kennenlernen konnte. Mit welch tiefer Befriedigung hätte sie die neuen Wertungen des Vergangenen erfahren, gleichwohl hätte sie trotz ihres unglaublichen Optimismus und ihrer nie erlahmenden Hoffnung die Entwicklung mit mißtrauischer Vorsicht beobachtet. In den letzten Jahren ihres Lebens schrieb sie zuweilen auch ein Gedicht – nur wenige davon blieben über. Eines davon möge den Bericht über ihr Leben abrunden.

Wien, im Sommer 1989 Isabella Ackerl

Der unbekannte Heilige

Das Schauen ist schon lang verlassen,
die Welt versank vor seinem Blick.
Er steht in dunklen Holzgelassen,
und wartet kommendes Geschick.

Sein Mund ist stumm für alle Laute,
nur eine Lippenrundung trägt
die Last der Schwere, die er baute,
die er der Menschheit auferlegt.

Sein Schaffen war zurecht gemindert,
der Hände Kleinheit zeigt es auf.
Zwei Finger haben es verhindert,
daß erdenwärts des Glaubens Lauf.

Ein schlafend Buch hält er als Erbe,
verklung'ner Worte Lobgesang.
Damit Prophetisches nicht sterbe,
ruht es an seines Herzens Hang.

Das Bild des hölzernen Gewandes,
mit seiner Linien starrem Band,
spricht von der Härte jenes Landes,
das ihn vergaß, dem er verwandt.

Angelina Rohr

Der Vogel

Es war zu Anfang des letzten Krieges, als eine hohe Behörde aus unerfindlichen Gründen beschloß, die Menschen jeder möglichen Tätigkeit zu entziehen, sie stillzulegen. Sie konnten aber dieses, gewiß zu ihrem Bedauern, nicht ganz ausführen, denn die Gefängnisse reichten dazu nicht aus. Was sie aber tat, das war immerhin ein Versuch dieser Art, der uns dann, die wir etwas damit zu tun hatten, die wir einbezogen waren in diesen Plan, zu ganz ungeahnten Erlebnissen und einfach allzuoft zum Tode führte.

Man hielt uns nicht lange im Moskauer Butyrki-Gefängnis* fest. Wir gingen nur einmal in seinem Hofe spazieren, was uns gewiß beeindruckte, denn kein Gräslein wuchs auf ihm, wir gingen auf Asphalt, der Kreis war nicht zu eng bemessen, die Arme hielten wir auf dem Rücken verschränkt.

Wir hörten Bombeneinschläge, besonders in der Nacht, es war der erste Kriegsmonat. Merkwürdigerweise nahmen die Frauen dieses nicht weiter übel, sie hörten nur nachlässig darauf hin. Sie weinten aber stundenlang, ich möchte fast sagen „privat", und verwendeten ebensoviel Zeit, einander ihre Schicksale zu erzählen, die immer nur einen Ausklang hatten, nämlich: daß sie unschuldig seien.

Ja, die Zeit, die wir hier verbrachten, war kurz. Eines Tages nun, gab man unsere Sachen aus, und dabei geschah es, daß ich den Reisesack meines Mannes bekam, wie er den meinen. Sie waren sich gleich. Jetzt wußte er, daß ich sein Schicksal teilte. Welches Glück für mich! Er hätte sonst keine Nachricht von mir erhalten können, keine Hilfe, und wenn es auch nur einige Lebensmittel sein konnten, die ich in das Gefängnis übergeben durfte. Man hatte ihm in meiner Gegenwart versichert, daß ich nicht verhaftet sei, sondern nur bei der Untersuchung der Wohnung anwesend sein müsse.

Man führte uns durch lange gewölbte Gänge in einen großen Kellerraum, in welchem uns außergewöhnliche Frauen in schwarzer Uniform in Arbeit nahmen. Ich sage: außergewöhnliche. Ihr Aussehen war mit dem, was man sich im allgemeinen unter einer Frau vorstellt, nicht vergleichbar: Sie überragten uns, waren so überaus groß und knochig, so einförmig und schauten mit so düsteren, langen Gesichtern auf uns, nicht anders als ob wir nicht Menschen, sondern ekelhafte Dinge wären; ja, sie hielten ihre mächtigen Finger sogar gespreizt, wenn sie uns berührten. Ihre grobe Stimme kam mitten aus einer Leere, die wohl in ihrer Brust saß. Ihre Sprache war kurz und befehlend, ihre Handlungen systematisch.

Unsere Sachen lagen nun auf dem Boden vor ihnen ausgebreitet. Es war dies nicht die erste Untersuchung, der wir unterzogen wurden, und daß bei uns nichts mehr zu finden war, hätten sie verstehen müssen, taten es aber nicht. Sie tasteten jedes Stück ab, versuchten den Saum des Kleides zu trennen, (die Knöpfe hatten sie uns schon seit längerer Zeit abgeschnitten,) hielten sie dann an die Ohren, um vielleicht das Rascheln eines Papieres zu erhaschen, das in ihnen verborgen sein könnte. Während dieser Zeit, und sie war fühlbar lang, standen wir nackt vor ihnen, was fast immer ein Gefühl der Unsicherheit auslöst.

Das erste, was sie danach taten, war, daß sie uns mit aller Wucht in die Haare fuhren, so daß wir wankten. Auf ihren weiteren Befehl rissen wir den Mund auf, hoben die Zunge zum Gaumen und streckten sie dann in ihrer ganzen Länge aus. Wir mußten zeigen, daß wir nichts Verbotenes im Munde hielten. Wir hoben die Arme, deren Achselhöhlen sie kaum mit dem Blicke streiften, schon lange waren sie anscheinend als gutes Versteck verpönt. Wir mußten uns dann, wie in der Gymnastikstunde, hinhocken, breitbeinig, um unser Inneres darzubieten, mit dem sie sich eingehend beschäftigten. Sie taten es nicht als Beruf, sie waren keine Mediziner. Jegliche Hygiene außer Acht lassend, fuhren sie von einem Leib in den anderen. Sie suchten fremde Gegenstände, die großen Geheimnisse, die wir noch verborgen hielten. Leider waren aber auch sehr alte Frauen unter uns, die nach dieser Untersuchung nicht aufstehen konnten, die weiter hockten, mit verwirrten, verständnislosen Blicken um sich sahen und auf Hilfe hofften. Einige von uns, ruhigen Charakters, legten dann nicht nur ihre, sondern auch die Sachen der zu dieser Arbeit Unfähigen zusammen. Danach stand jede mit ihrem Bündel abermals an Ort und Stelle, so als ob gar nichts geschehen wäre.

Endlich öffnete sich eine Tür, die zu einem verhältnismäßig schmalen Raum Eingang verschaffte. Die Wände waren mit Kacheln ausgelegt, Fenster nicht vorhanden, dafür summte aber ein großer Ventilator. An den Wänden standen Bänke, auf die wir uns setzten, und uns umsehend, hatten wir auch schon Bekannte entdeckt. Unter solchen Umständen treffen sich selbst Flüchtige dieser Art mit einer gewissen Herzlichkeit, anscheinend deshalb, weil der Mensch nicht dazu da ist, auf sich selbst gestellt zu sein. Die Gespräche waren so ziemlich unwichtig, sie berührten kaum unsere Lage. Man ging um das Eigentliche scheu herum, man schämte sich.

Wir saßen im Grunde nicht anders da, als Menschen auf einem Bahnhof in Erwartung des Zuges. Der Ventilator machte einen solchen Lärm, daß wir uns nur schwer verständigen konnten. Als er plötzlich aussetzte, wurde unsere Rede zu einem Geflüster, sie hörte sich selbst recht ängstlich zu, wurde müde und erstarb endlich ganz.

Wir verbrachten lange Zeit in diesem Raum, und niemand ahnte es, daß wir, je länger es dauerte, umso mühevoller würden atmen können. Anfänglich kam es uns gar nicht in den Sinn, eine äußere Ursache dazu zu suchen. Aber als wir genötigt waren, uns auf den Fußboden niederzulassen, verstanden wir das Aussetzen des Motors. Wie schlecht wir uns auch fühlten, klopfte doch niemand an die Tür, niemand wagte es.

Ich will nicht sagen, daß man uns vorsätzlich hatte töten wollen oder vielleicht auch nur quälen. Sicherlich war es nur eine Nachlässigkeit des Personals, die diesen Luftmangel herbeiführte. Als man die Tür öffnete, einen großen Topf zwischen sie stellte, konnten wir uns kaum aufrichten. Allmählich fanden wir uns zurecht, saßen pflichtgemäß und beruhigten uns. Wir hatten das beglückende Gefühl, frei atmen zu können. Nicht allzulang erfreuten wir uns aber dieser so selbstverständlichen Beschäftigung. Man sammelte uns, setzte uns in einen geschlossenen Lastwagen (er war ganz zivil), drängte uns in ihn hinein, sodaß wir keiner Bewegung mehr fähig waren. Der Raum über uns war niedrig, jede von uns hätte mit ihrem Arm die Decke erreichen können, wenn wir nur die Möglichkeit gehabt hätten, ihn zu befreien. Es herrschte eine unerträgliche Hitze, es war Anfang Juli, einige Frauen verloren sehr schnell die Besinnung, fielen aber nicht, dazu gab es keinen Raum, hingen vielmehr zwischen uns, bleich mit zurückgefallenen Köpfen und offenen Mündern.

Wir fuhren, aber wohin, das war für uns natürlich ein Geheimnis. Wir fuhren durch die Stadt, das erfühlten wir. Ein Mädchen, das hart an der Tür stand, konnte ein wenig hinaussehen und meldete, daß wir uns auf dem Wege zur Taganka* befänden. Das beruhigte uns einigermaßen, denn ein Gefängnis war gewiß so gut wie ein anderes, dachten wir damals. Wir waren eben noch am Anfang unserer Laufbahn. Als wir aber weiterfuhren, der Wagen holperte bereits, mußten wir uns eingestehen, daß wir die Stadt verlassen hatten. Viele von uns erschraken. Jemand stöhnte neben mir: „Sie erschießen uns!“ Die entsetzliche Hitze, der Luftmangel, nahm uns aber, zu einem guten Teil, die Fähigkeit dieses, vielleicht auch Mögliche zu erfassen.

Endlich hielt der Wagen an. Die Tür wurde geöffnet, und der Soldat konnte sich nur mit einem seitlichen Sprung vor uns retten. Man hatte so viele in den Wagen gepreßt, daß die der Tür Zunächststehenden einfach aus dem Wagen fielen und gleich liegen blieben. Vielleicht war für sie dieser Fall schmerzhaft, aber niemand dachte daran und niemand schrie. Wir anderen aber krochen dann über sie hinweg und schoben uns allmählich auf dem Boden weiter. Fast alle hatten rote Gesichter und lagen so hilflos da, daß selbst die Soldaten keinen Versuch unternahmen, uns zum Aufstehen zu bringen.

Wir lagen auf einer Chaussee, umgeben von Feldern, anscheinend weit von Moskau entfernt, und nur der Zug, der einsam auf dem Geleise stand, hinderte uns, an das Schrecklichste zu denken. Die Sonne brannte auf uns, was wir aber kaum fühlten, denn es gab nun Luft, die wir an diesem Tage, vielleicht zum ersten Male, richtig zu schätzen wußten. Ich dachte selbst so für mich hin, daß wohl der schrecklichste Tod das Erhängtwerden sein müsse, wie angenehm dagegen eine Kugel durch den Leib in freier Luft.

Wir bewegten uns dann auf den langen Zug hin, eine Reihe leerer, toter Waggons, die viele von uns früher noch nie gesehen hatten. Die Erfahrenen aber – wir lebten ja mit Verbrechern gemeinsam – verrieten uns ihre Bezeichnung, sie waren eine Erfindung Stolypins*.

Nachdem jeder von uns seine Personalien aufgesagt hatte, schob man uns die Treppe hoch, die nur für Junge leicht zu nehmen war. In das Abteil, das Herr Stolypin damals für sechs Personen bestimmt hatte, die Zahl stand auf der Tür, setzte man nun 21. Es war eben eine andere Zeit. Ein neugeborenes Kind war unter uns, und eine außerordentlich dicke Frau, die sich beim besten Willen, bei aller Beschränkung, nur auf zwei Plätzen einrichten konnte. Wir saßen aber nicht nur auf den Bänken des Waggons, es gab auch zwei aufklappbare Bretter an den Wänden, die zwar, wenn man sich mit einiger Akrobatik nach oben geschwungen hatte, das Sitzen, aber auch nichts anderes ermöglichten.

In der Ecke des Abteils lagen schwarzes Brot und Salzheringe, die sich zur endgültigen Kristallisation entschieden hatten. Nicht sie allein waren die Ursache, daß wir hier in diesem Wagen den Durst kennenlernten. Wielange schon der Zug in der prallen Sonne gestanden war, wußten wir natürlich nicht, er atmete uns an wie ein Fieberkranker. Die Fenster waren klein und verschlossen, wir lagen eng aneinander, lagen einen Tag und noch eine Nacht, bis zum Beginn der Fahrt. Erst nach langem versuchten wir zu essen, wir fürchteten den Durst und das mit Recht, man gab uns nur zweimal am Tage Wasser. Unsere sonstigen natürlichen Bedürfnisse ließ man fast ganz außer acht. Es kam vor, daß wir in fremder Nässe saßen. Ein Mädchen hatte einem

Soldaten, der sie nicht austreten lassen wollte, in das Gesicht gespuckt. Sie wurde abgeführt, und wir sahen sie erst nach Stunden wieder. Man hatte ihr Handschellen angelegt, ihre Arme hatten blaue Striemen.

So fuhren wir sechs Tage und sechs Nächte bis Saratow*. Wir fuhren und standen, und hielten dann ziemlich weit vom Bahnhofe entfernt an. Als sich endlich die Gittertüren unserer Abteile öffneten, konnte kaum eine von uns aufrecht gehen, was aber auch nicht verlangt wurde, ganz im Gegenteil, wir sollten uns neben dem Zuge hinknieen, was wir auch taten. Die Länge des Zuges war erschreckend, sie verschwamm vor unseren Blicken. Wir knieten neben ihm in Viererreihen und sahen dann weiterhin die Männer, ebenfalls auf dem Boden. Wie gut war es, daß mein Mann ein helles schottisches Seidenhemd trug, das ich, wenn auch nur für einen Augenblick in der grauen Menge sehen konnte. Wir sollten, wie ich später hörte, 1 200 Spione gewesen sein, die der Zug in diese Stadt gebracht hatte.

Endlich machten wir uns, von Soldaten mit gefällten Bajonetten und Hunden begleitet, auf, durch die Stadt zu gehen. (Begleitet? Das Wort scheint nicht ganz zu stimmen, wir wurden getrieben).

Man hatte uns, wie schon gesagt, nicht auf dem Bahnhofe abgesetzt, sondern weit von ihm entfernt, sodaß unser Weg lang und mühsam war. Auf den Straßen dieser Stadt standen die Einwohner Spalier. Sie standen stumm, viele mit erregten und, wie es schien, sogar mitleidigen Gesichtern. Nein, sie haben uns nicht beleidigt!

Von da an begann für uns das Gefängnisleben. Wir waren an einem historischen Orte, Tschernischewskij* war hier eingeschlossen gewesen. Wir, die wir die Politischen hießen, waren vom ersten Tag an die Unterlegenen. Wir wußten nicht, daß hier alles erkämpft werden mußte. Wir ahnten nicht jene ungeschriebenen Gesetze, jenes Erbgut, an dem wir nicht teilhatten. Wer gab hier die Suppe und wer das Brot aus? Das waren die Verbrecher. Sie hatten eine solche Kunst, das Essen zu mischen, daß wir nur immer das Wasser, aber sie das Schwere, das zu Boden gesunken war, erhielten. Sie nahmen sich die Brotkanten, die mehr vorhielten als das weiche Innere, aber das Erwünschteste, die Brotrinden, mit einem Holzstäbchen zusammengesteckt, erhielten nur ihre Lieblinge.

Wir waren hungrig. Es ist nicht leicht zu verstehen, wie sich die Menschen dazu verhalten. Es gab da gefühlsmäßig Hungernde, die jede und auch die geringste Zeit damit ausfüllten, ihn zu empfinden. Das waren die Gefährdeten, die dann auch daran zugrunde gingen. Andere aber hatten die Kraft, die Gedanken vom Hunger abzuwenden, sie trugen ihn wie eine Krankheit, mit der man sich einigen muß, derer man endlich Herr werden kann.

Wir bekamen jeden Tag einmal ein Stück Brot, gerade groß genug, um es mit unserer Hand zu bedecken, sozusagen ein handliches Stück. Brot war natürlich das Wichtigste für uns, wenn auch jeder seine bestimmte Einstellung dazu hatte. Es war Nahrung, und auch wieder nicht, es war der Maßstab zu einem Charakter. Hier gab es Leute, die ihr Brot morgens zusammen mit einem Viertelliter heißen Wassers sofort, und ohne zu schwanken, aßen. Das waren die einen, die anderen aber zögerten damit und lebten dann in einer beständigen Angst, daß man es ihnen stehlen könnte, was auch ohne weiteres möglich war. Sie aßen es nicht sofort auf, sondern verteilten es auf den ganzen übrigen Tag. Niemand von uns hatte ein Messer, oder was man mit einiger Phantasie hätte dafür halten können. Obwohl man schon vor langem gelernt haben sollte, daß bei Tisch das Brot nicht geschnitten, sondern gebrochen werden muß, was mir komischerweise einfiel, konnte sich keiner dazu entschließen. Sie meinten, daß die Stückchen nicht gleich ausfallen könnten, und deshalb zerteilten sie dann das Brot mit einem Faden. Eigentlich nicht mit einem, der hätte es schwerlich ausgehalten, man hatte ein ganzes System von Fäden erdacht und half sich bei der Herstellung gegenseitig. Die Verbrecher waren hier die Lehrmeister. Man trennte den Strumpf von oben her auf und erhielt dadurch meistens dünne und kurze Fäden, die man dann zusammendrehte, die Enden aber mit kleinen Stäbchen aus dem Birkenbesen versah. Mit diesem nun vielfältigen Faden gelang es, das Brot so dünn zu schneiden, daß man durchsehen konnte, und außerdem war diese Beschäftigung eine angenehme Verwendung der Zeit, die man ja hier im Überfluß hatte. Die Brotkrümelchen, die dabei abfielen, wurden mit dem angefeuchteten Finger aufgelesen, gegessen und kamen dann bei der Tagesaufteilung nicht in Betracht.

Es gab noch eine Art der Aneignung des Brotes, obwohl nur wenige zu ihr griffen. Sie weichten das Brot im heißen Wasser auf und salzten dieses Gemisch. Wir bekamen nämlich einen Eßlöffel Salz im Monat, mit dem sich auch sonst gut handeln ließ.

Ich selbst fand es richtig, das Brot sofort aufzuessen, was zwar keine Sattheit ergab, aber immerhin das Verschwinden des nagenden Gefühls im Magen. Leider hielt dieser angenehme Zustand nicht lange an. Das Brot war unsere Nahrung, aber es war auch ein Tauschobjekt. Eine Streichholzschachtel, mit Tabak gefüllt, mit grob geschnittenem bäuerlichen, kostete eine Hälfte des täglichen Brotes. Der Unratkübel, den wir Tag und Nacht benützten, mußte morgens dann mit Hilfe einer Kollegin auf das Klosett getragen werden, was wir der Reihe nach zu tun hatten. Um es aber nicht zu tun, mußte man die Hälfte seines Brotes abgeben, und ich gab es ab. Das Läusesuchen kostete ebenfalls soviel, denn wir hatten sonst keine Mittel, uns ihrer zu erwehren.

Man konnte jedoch Brot mit einer recht ungewöhnlichen Beschäftigung verdienen, nämlich mit Wahrsagen. Man benutzte dazu, wenn ich nicht irre, 52 Stäbchen, die der Birkenbesen hergeben mußte, die einer gewissen Anordnung unterzogen wurden. Man konnte Antwort auf verschiedene Fragen erhalten, persönlicher und politischer Natur, z. B. ob man zum Verhör gerufen werden würde (es war dies eine der üblichen Fragen), ob der Mann treu geblieben sei (was äußerst selten verneint wurde, welchen Zweck hätte es auch gehabt?), ob ein Etappenweg bevorstehe, was hier zu den Schrecknissen gehörte. Die Fragen über den Krieg waren mannigfaltig, vorsichtig und ganz und gar nicht vorsichtig.

Es wurde hier auch das siderische Pendel* zum Wahrsagen benutzt, und eine Usbekin hatte damit besonderen Erfolg. Da man aber keinen Ring zu diesem Zweck hatte, schwang einfach, mit gütiger Nachhilfe der Wahrsagerin, ein Stöffknäuelchen auf einem Faden über der Hand, und dies war dann hinreichend, um das Schicksal zu erkunden.

Viele gaben sich damit ab, glaubten daran, auch durchaus gebildete Menschen, die der Hunger bereits verwirrt hatte. Das ewige Halbdunkel des Tages und das Grauen der langen Nächte gebaren diese Selbsthilfe.

Ich selbst hätte einmal ein Stück Brot verdienen können, schämte mich aber, es zu tun. Eine alte Bäuerin bat mich, für sie zu beten. Als ich sie ganz verwundert fragte, warum sie es nicht selbst besorge, antwortete sie mit einem Seufzer: „Wir sind ein dunkles Volk, wir kennen keine Gebete, wir verstehen nicht zu beten!“ Vielleicht hat Gott sich ihrer späterhin erbarmt, oder der Todesengel, was allerdings wahrscheinlicher ist.

Das war das Brot, das liebe, gesegnete Brot, das in den nächsten Zeiten so vielen Wandlungen unterworfen war, aus so verschiedenen Dingen bestand, daß sein angeborener Inhalt fast verlorenging und nur seine Form uns einige Sicherheit zu seiner Erkennung bot.

Ganz anders verhielt es sich mit dem Zucker. Vielleicht hatten wir sogar ein Recht auf ihn, aber niemand wußte dies genau, sodaß er eine Himmelsgabe für uns wurde, wenn er einmal erschien. Wir hatten ihn bereits drei Monate nicht gesehen, als sich die Tür zu unserem Raum öffnete und ein weiblicher Soldat ein Stück Zucker auf den

Tisch legte. Der Befehl, der dabei gegeben wurde, war klar und eindeutig, wir sollten ihn selbst unter uns verteilen.

Das Stück Zucker war faustgroß, natürlich nur wie eine weibliche Faust, also eigentlich nicht übermäßig. Wir waren so an die hundert Frauen, die daran teilhaben sollten, hatten aber keine Möglichkeit, ihn zu zerkleinern. Das war so deutlich für uns, daß wir sogar darüber nicht sprachen. Wir starrten auf ihn und dann auch wieder auf die junge Frau, die sich erboten hatte, den Zucker zu zerbeißen. Sie zeigte, als Beweis für diese Fähigkeit, ihre Zähne, die anscheinend ohne Fehl waren. Obwohl kein anderer Ausweg bestand, zögerten wir doch einzustimmen, nicht etwa deshalb, weil uns dieses Vorgehen ekelhaft gewesen wäre, der Grund dazu war ganz anderer Natur: Wenn nämlich die Frau den Zucker im Munde halten würde, wäre es nicht zu vermeiden, daß sie einen Teil der Süßigkeit dadurch abbekam, was unerträglich schien. Wie lange man auch überlegte, ein anderer Ausweg wollte sich nicht ergeben, und die Frau begann, unter dem Schweigen aller, ihre Arbeit. Sie spuckte vor allen auf den Fußboden. Hungrige haben immer zuviel Speichel im Munde, besonders dann, wenn sie an Nahrung denken oder vor sich sehen, wie diese Frau hier. Sie nahm den Zucker in die Hand, bewegte diese ein wenig auf und ab, wog ihn gewissermaßen. Er schien nicht allzu schwer zu sein, sie hatte sich ihre Aufgabe wohl leichter vorgestellt, als sie sich dann ergab. Sie biß ein Stückchen ab und ließ es auf den Tisch fallen. Es war entschieden naß. Es gefiel uns nicht, daß sie dann eine kleine Pause machte und schluckte, obwohl wir schwiegen. Das Stückchen war zwar beunruhigend klein, und dennoch bestand die Möglichkeit, das sahen wir sehr rasch ein, daß der Zucker für alle kaum ausreichen konnte, und er tat es auch nicht. Auf dem Tische lagen so unansehnliche Stückchen, daß selbst der Gedanke an eine gerechte Verteilung nicht aufkommen konnte. Das erste, was geschah, war, daß man der Frau, die mit ihren Zähnen so fleißig gearbeitet hatte, das Recht auf ihren Teil absprach. Die allgemeine Ansicht konnte nur sein, daß sie sich mit dem Schlucken genügend Zucker angeeignet hatte, wenn auch ihr Ausschalten uns nicht helfen konnte.

Plötzlich geschah etwas ganz Unvorhergesehenes. Wer sich dazu entschlossen hatte, wer unsere Ratlosigkeit für seine Zwecke benutzte, ist schwer zu sagen. Eine Hand, eine unbekannte, namenlose Hand, fuhr über den Tisch hin und nahm sich mit einem Griff nicht nur ein, sondern mehrere Stückchen auf einmal. Wieviel ihr in die Hand gefallen war, wußte niemand. Ohne Zeitverlust begann danach ein Angriff fast aller auf alle.

Anfänglich standen die Frauen eng gedrängt in mehreren Reihen um den Tisch, kaum aber hatte sich dieser Diebstahl ereignet (die Sanftheit dieses Ausdrucks paßt nicht: es war ein Raub!), als sie auch schon zur Eroberung ihres vermeintlichen Eigentums übergingen. Jede von ihnen war nun ein Feind geworden, der dem Ziele anscheinend näher stand als man selbst. Das war aber gewiß nur eine der ersten Regungen, welche die Frauen erfüllte, denn schon nach kurzem bemächtigte sich ihrer eine dumpfe Hoffnungslosigkeit, die dann, wie nicht anders zu erwarten, in einen überwältigenden Zorn umschlug, der ein Kampf um das Leben war und der Selbsterhaltung diente. Man riß sich an den Haaren, was hier ein altbewährtes Mittel war, seinen Gegner hilflos zu machen. Man schlug mit Händen und Füßen um sich, trat ohne Erbarmen auf Gefallene, die sich in ihren unteren Regionen anderer Kampfmittel bedienten – sie bissen und kniffen. Der Kampf war zuerst ziemlich stumm vor sich gegangen, ein Ringen eines keuchenden Knäuels von Menschen, der sich erst allmählich zum Schreien genötigt sah, erst dann, als der Zorn im Verlöschen und der Schmerz fühlbar geworden war.

Dieser Lärm war es, der das Gerassel der Schlüssel verschlang, fast niemand achtete dazwischen auf das Eintreten der Soldaten. Sie standen so plötzlich vor den Frauen und schrieen mit einer solchen Wucht auf sie ein, daß diese nach kurzem von dem Tische zurückprallten. Bis auf eine allerdings. Eine Bucklige, nicht viel höher als der Tisch selbst, hatte die Verwirrung benutzt, hatte sich durchgedrängt, neigte nun ihren Kopf über ihn und leckte schnell, mit einer unwahrscheinlich langen Zunge, seine Fläche dort ab, wo der Zucker gelegen hatte oder vielleicht gelegen haben konnte. Sie schien vollig abwesend zu sein, die Welt war für sie verschwunden, sie leckte.

Die Soldaten sahen ihr eine Weile zu, nicht jeden Tag gab es ein solches Schauspiel, lachten dann brutal auf und riefen ihr endlich ein vollwertiges Schimpfwort zu. Danach, und erst nach diesem, schaute sie blöde erstaunt auf, ihr Gesicht begann sich langsam zu einem Grinsen zu verziehen – sie lächelte.

Die Menschen waren hier recht verschiedenartig, es gab Französinnen (viele alte Gouvernanten), die des Russischen fast nicht mächtig waren. Es gab Deutsche, Ehefrauen von ausländischen Spezialisten, denen man ihre kleinen Kinder abgenommen hatte, die fast die Verzweifeltsten waren. Die Dienstmädchen der Botschaften erzählten immer wieder, wie man sie ausgiebig ernährt hatte, selbst das Futter der Hunde wurde in diesem Zusammenhang erwähnt. Es waren hier russische Frauen, die im Auslande gearbeitet hatten, Sekretärinnen ausländischer Journalisten, einfache ungebildete Frauen, die nicht einmal ihren Namen schreiben konnten, von den Verbrechern gar nicht zu reden, die wir erst allmählich, in ihrer strengen Sonderung, ihren Kategorien, kennenlernten. Niemals werde ich das Mädchen Stella vergessen, die eine Großmutter und eine Schwester zurückgelassen hatte, was ihr so überaus herben Kummer bereitete. Die Eltern waren schon im Jahre 1937 verhaftet worden (der Vater, ein Pastor) und seitdem verschollen.

Ganz in meiner Nähe lag eine Irrsinnige, die mich immer wieder darauf aufmerksam machte, daß draußen vor der Tür der „Weiner" stehe und auf sie warte. Sie hatte noch eine andere Eigentümlichkeit. Sie fürchtete, ihr Geschlechtsorgan zu verlieren, es könnte ihr abhanden kommen, meinte sie, deshalb überprüfte sie mehrere Male am Tage sein Vorhandensein.

Der Raum war von einem summenden Lärm erfüllt, die Leute lagen noch nicht ruhig auf ihren Brettern, wie es weiterhin geschah, sie trösteten sich noch am Leid des Nächsten, der nur allzugern sein Leben vor ihnen aufschloß, allzuoft mit prahlerischen, verlogenen Erzählungen.

Wir alle waren sicher, daß wir das Ende des Krieges hier erleben würden, gewiß ohne Gericht und Strafe – wofür auch? Dieses uns zugefallene Los nannten wir so schön „Isolation", und es trug zu unserer Beruhigung bei, uns eingeordnet zu sehen, dies aber nur bis zu den ersten Verhören. Wir vernahmen nun, daß wir Spione seien, was uns etwas lächerlich vorkam, ohne allerdings ein Lachen hervorzurufen. Als aber die meisten dann zu „Verrätern an der Heimat" ernannt wurden, kam ein dumpfes Gefühl der Angst auf.

Von da an war der Tag der Gefangenen bedingt, die Zeit hatte sie eingeholt, jedes Verhör wurde nun erzählt und besprochen, schon damals begannen sich die Menschen zu gruppieren. Es gab welche, die ihr nächtliches Erleben – die Verhöre waren nur zu dieser Zeit – mit Weinen und Schluchzen erzählten und die dann alles unterschrieben, was man ihnen vorlegte. Es gab aber auch die anderen, die es nicht taten, d. h. weder das Weinen noch das Unterschreiben. Sie waren in weit geringerer Zahl vorhanden und kamen nur vereinzelt vor.

Die Verhöre wurden nicht im Gefängnis selbst vorgenommen, wir wurden dann nachts in einem Gefängniswagen abgeführt, der seine Eigenarten hatte. Seine Farbe ist dunkel, er wird hier der „Schwarze Rabe" genannt. In seinem Inneren hat er an beiden Seiten kleine Abteile, in denen nur ein Mensch sitzen kann und dies nur einigermaßen, wenn er sich recht zusammennimmt. Die Ventilation, wenn sie überhaupt vorhanden ist, reicht nicht aus, und es sind Erstickungsanfälle seiner Insassen nicht selten. Das vordere Abteil, das über die ganze Breitseite des Wagens geht, hat diese Nachteile nicht, birgt indessen andere, weit gefährlichere. Man setzt nämlich in seine Finsternis Leute, welche die Aufgabe hatten, unsere unvorsichtigen Worte, unser Geflüster, aufzufangen und weiterzugeben. Hier war Schweigen recht am Platze, aber es dauerte lange, bis wir dies begriffen.

Morgens kamen wir dann von diesen Verhören zurück, müde, hungrig und mit neuen Sorgen, mit einer neuen ungeahnten Beschuldigung, die wir nun als Zugabe zu den bereits vorhandenen, mit denen wir auch nichts anzufangen wußten, zu ertragen hatten.

Wirklich unerträglich wurde aber unser Leben, wenn wir nach einer solchen Nacht in das Bad gehen mußten. Das werden die Menschen draußen, in der weiten Welt, schwer verstehen können, denn sie verbinden mit der Vorstellung eines Bades sicherlich nur Angenehmes.

Der Vorraum dazu war groß und mehr als zureichend, er ermangelte aber des Lichtes fast ganz, was wir der Kriegszeit zugute hielten. Unsere nackten Leiber erhellten ihn, wie es schien, sie befanden sich in einer geschäftigen Bewegung. Wir mußten nämlich unsere Sachen zur Desinfektion vorbereiten, was keine leichte Aufgabe war. Wir knüpften Stück für Stück recht unbarmherzig zusammen, einen Strumpf mit einer Bluse, ein Taschentuch mit einem Hemd, einen Rock mit einer Hose, Waschbares mit nicht Waschbarem in einem langen Strick, den wir dann durch das Fensterchen reichten. Die Schuhe waren von der Prozedur ausgenommen, sie blieben für immer feucht und schimmlig.

Wir standen nackt, wie wir eben waren, in einer Menge. Das wäre vielleicht noch nicht das Schlimmste gewesen, wenn wir nicht ein zugehöriges literarisches Erbe besessen hätten, das uns, ob wir wollten oder nicht, zu Vergleichen zwang: Diese Zeilen seien dem Andenken Dantes gewidmet.

Noch unerträglicher wurde es aber, wenn wir uns durch eine schmale Tür drängen mußten, dabei die engste Berührung mit den nackten und feuchten Leibern nicht vermeiden konnten. Es erhielt jeder an ihr einen Eßlöffel voll flüssiger Seife in die Hand, wobei es die mit großen Händen natürlich leichter hatten als die anderen. Wie es auch war, jede der Frauen rieb sofort die Seife in die Haare, um ja kein Tröpfchen davon zu verlieren.

Der eigentliche Baderaum enthielt nichts als dicke Röhren mit Löchern, die an der Decke entlang liefen und die, zu unserer Verzweiflung, nur an zwei Stellen Wasser durchließen, das sich dann in dünnen Strahlen auf die unter ihnen Stehenden ergoß, von ihnen abspritzte, zugunsten der weniger Bevorzugten. Der Schmutz rann uns von den Haaren den Körper entlang, aber nur die wenigsten, die

Stärksten, die Rücksichtslosesten konnten die Seife abwaschen, denn man gab das Wasser nur zehn Minuten. Wir anderen aber gingen schmutziger, als wir vorher waren, aus dem Bade.

Danach begann der Kampf um die abgegebenen Kleidungsstücke, die im Nebenraum in einem Haufen auf einem langen Tische lagen. Jede von uns zog mit mehr oder weniger Schnelligkeit, wie es den verschiedenen Fähigkeiten der Frauen entsprach, an einem Stück, das sie als ihres erkannt hatten. Die Sachen hatten sich verwirrt, innigere Verbindungen geschlossen als ihre Besitzer selbst, waren nur schwer voneinander zu trennen. Das Ende war immer dasselbe, man vermißte einiges von seinem Eigentum. War es irrtümlicherweise von anderen genommen worden, oder durchaus nicht irrtümlicherweise, das war danach nicht mehr festzustellen. Wie es auch war, das Bad hatte anscheinend die Aufgabe der allmählichen Enteignung auf sich genommen.

Hatten wir endlich unsere Sachen erhalten, so war es für uns keine Neuigkeit mehr, wenn wir entdeckten, daß sie nun die verschiedensten Grade der Feuchtigkeit aufwiesen. Sie waren anscheinend durch Dampf gegangen, aber dann nicht getrocknet worden, was man uns dann großmütig selbst überließ. Sich aber schon im Sommer mit feuchter Wäsche zu begnügen mag nicht jedermanns Geschmack sein, aber dieses im Winter zu überleben, war gewiß nicht leicht. Ja, das Bad war eines der unangenehmsten Dinge, die wir hier erlebten.

Wir waren hier viele, und wir vermehrten uns stündlich. Das Gerassel der Schlüssel, das Knarren der schweren Riegel, die dem Öffnen der Türe unseres Kerkers vorangingen, das uns zunächst zum Aufhorchen, zum Erschrecken gebracht hatte, war uns nun kaum mehr des Aufsehens wert.

Die Fläche der Bretter, die in vielen Reihen auf Böcken lagen, konnte uns kaum noch aufnehmen. Sie ließen auch nur enge Durchgänge frei, sodaß wir dauernd an Füße und Köpfe stießen, wenn wir die Suppe holten, die knapp an der Tür, an dem einzigen Tische ausgegeben wurde, der aber eine doppelte Aufgabe hatte, er war ein Tisch und gleichzeitig der Himmel über einer Lagerstätte, die eine Frau unter ihm, auf dem Asphaltboden, aufgeschlagen hatte.

Vielleicht würde ich das Letztere nicht besonders erwähnen, wenn es nicht mit mir selbst etwas zu tun hätte. Wir waren viele, und nur zufällig erfuhr ich, daß eine meines Namens darunter war, gerade jene, die unter dem Tische ihre Wohnung aufgeschlagen hatte. Ich machte mich mit ihr bekannt, eine Wolgadeutsche mit naheliegenden kleinen Augen, die etwas schielten, der ich eine Verwandtschaft nicht recht zubilligen konnte. Sie nannte mich sofort „Tante", obwohl unser

Alter so ziemlich gleich war, versprach mir Speck, den sie, irgendwo zu Hause, vergraben hatte, wohl für alle Fälle.

Kurz darauf, es waren vielleicht ein oder zwei Tage vergangen, erhob sich morgens ein großes Geschrei, und ich hörte, daß sich meine Namensschwester in der Nacht erwürgt hatte. Man zog sie unter dem Tische hervor, ein Strumpf war so fest um den Hals geknüpft, daß man ihn mit bloßen Händen nicht lösen konnte. Sie wurde, sozusagen als Leiche, fortgeschafft, was ihr aber nicht viel anzuhaben schien, denn sie kam nach einem Tage wieder zurück, so als ob gar nichts geschehen wäre.

Ich suchte nun diese Frau auf, kroch unter den Tisch, hockte neben ihr und stellte eine, nach diesem Ereignis wohl ganz natürliche Frage. Ich wollte wissen, warum sie das Leben satt habe, was trotz allem hier Erlebten für mich kein genügender Grund sein konnte. Sie antwortete mir mit einem listigen Lächeln, beugte sich zu mir hin, so als ob sie mir allein das große Geheimnis mitzuteilen gewillt wäre, seufzte ein wenig auf und sagte dann: „Es ist so angenehm, so süß, ich habe es schon früher einige Male versucht!“

Nein, es bestand kein Zweifel, die Frau war irrsinnig. Sie nahm auch späterhin ein böses Ende, und nur der Zufall, eine Art Pedanterie meinerseits, rettete mich, da wir nun einmal Namensschwestern waren, vor einer Katastrophe und vielleicht sogar vor dem Tode. Man öffnete die schwere Türe und schrie die Anfangsbuchstaben in den Raum, die der Irrsinnigen, aber auch mir gehörten. Zuerst schwieg ich, was mir jedoch nicht half. Die Verbrecher hatten verstanden, daß es hier um Deutsche ging, ihre schrecklichsten Feinde, und wollten mich unter lautem Geschrei ausliefern, was ihnen aber nicht gelang.

Wir lagen tagein tagaus in einer sparsamen Weise auf unseren Brettern, und niemand wäre es eingefallen, in der Rückenlage zu verharren oder gar in ihr zu schlafen. Der Ort, der uns zugemessen war, reichte nämlich dazu nicht aus. Wir waren gezwungen, uns seitlich an dem Nachbarn anzulagern. Da es sich um Frauen handelte, die hier eingeschlossen waren, hatten wir immer fremde Haare im Gesicht oder Munde. Wir lagen immer, monatelang in unseren Kleidern, und dies hatte seine Gründe. Einer davon war, daß man jederzeit zu einem Verhör abgeholt werden konnte, und kein Wachsoldat wäre gewillt gewesen zu warten. Ihre gleichförmigen Rufe: „Schneller, schneller!“ kannten wir nur zu gut. Im übrigen gab es kein Verbot, sich seiner Kleider nicht zu entledigen, wir haben wenigstens nichts davon gehört.

Es war Winter geworden, für uns aber, obwohl nicht geheizt

wurde, gab es vorläufig keine Kälte. Man hatte uns versprochen, daß wir selbst, mit unserem Atem, den Raum beheizen würden – und das taten wir nun. (Fenster wurden niemals geöffnet, eine Ventilation gab es nicht.) Die Fenster waren mit Brettern verschlagen, die Scheiben zersprungen und oft zerbrochen, in einer wunderlichen Weise dicht mit Schneekristallen bedeckt. Es war unser Atem, der erfroren an ihnen saß, er, der auf der Flucht festgehalten worden war. Wir saßen in einem Dämmerlicht, nicht gerade so, daß wir einander nicht sehen konnten, wir waren uns noch durchaus deutlich. Die Wände waren in einer dunkelgrünen Ölfarbe gestrichen, die uns schwarz erschien. Auf ihnen lief unser Atem herab, es war eine seltsame Art des Weinens. Auf dem Boden sammelte sich dann das so verwandelte Übermaß, bildete Pfützen unter unseren Brettern, dort, wo die Schuhe standen und faulten.

Schlimm war, daß es in unserer Gemeinschaft wirkliche Verbrecher gab, Diebinnen und Mörder, die aber nach der Meinung unserer Behörden weniger schädlich waren als wir, die Politischen, und die uns verachteten. Diese „Alltagsgefangenen“, wie ich sie nennen möchte, durften auf Arbeit gehen, in die Freiheit hinaus. Sie sorgten lange Zeit für unsere Suppen und taten dies mit einer Hacke, mit der sie den verlassenen, den erbarmungslos erfrorenen Kohl unter der Schneeschicht freilegten.

Haben Sie schon einmal ein solches Gemüse gesehen? Es ist ganz von Trauer über sein so sinnloses Sterben erfüllt, es ist eine Speise der Unterwelt, seine Blätter sind schwarz! Die Suppe, die daraus gekocht wurde, hatte dieselbe Farbe, ihr fehlte alles, was zu einer Nahrung gehörte, und sie vermochte nichts anderes, als einen Geruch zu verbreiten, der an menschliche Ausdünstungen erinnerte.

Lange Zeit hatte man uns in den Kammern gehalten, zweimal am Tage auf das Klosett geführt, worüber ein besonderes Kapitel nötig wäre, um es anderen verständlich zu machen, wie es da zuging. Wie schon erwähnt, besuchten wir auch das Bad, aber als unsere Kräfte zusehends abnahmen, führte man uns „Spazieren“. Viele konnten allerdings den Spaziergang nicht mehr mitmachen, sie waren dazu zu schwach. Wir anderen aber standen dann schweigsam in dem fast dunklen Gang, schweigsam, wie es gefordert wurde, gingen die Treppen zu einem Abteil hinab, das im Hofe lag. Die hölzernen Wände dieser Abgeschlossenheit waren vier Meter hoch, über ihnen ragte eine kleine Veranda, es ist schwer einen anderen Ausdruck dafür zu finden, ein Aussichtspunkt für den Soldaten.

Die Arme mußten wir auf den Rücken halten. Wir durften uns nicht bücken und auch nicht stehenbleiben. Ganze zehn Minuten waren uns gegeben, um Licht und Luft aufzunehmen, aber so erfreulich dieses auch für uns sein sollte, dachte doch niemand daran, und keine atmete hier tiefer als gewöhnlich. Wir hatten hier andere Notwendigkeiten, wir suchten Spuren von Menschen. Das machte die kurze, die flüchtige Zeit, so überaus lebendig.

Wir bewegten uns im Kreise, langsam schleppend, aber unsere Augen suchten selbst das kleinste Fleckchen dieser Erde ab. Konnte doch jemand etwas hingeworfen haben, was uns Nachricht bringen konnte, vielleicht von einem Nahen selbst oder von den Dingen, die sich draußen in der Welt zutrugen.

Eines Tages nun sahen wir ganz an der Wand unter dem Soldaten einige Worte im Sand geschrieben. Eine von uns hatte diese Schrift entdeckt und sprach flüsternd zu uns: „In der Ecke ist etwas geschrieben!“ Das „wo“ flog von einer zur anderen, beschleunigte unsere Schritte und machte den Soldaten auf uns aufmerksam. Er gebot uns stehenzubleiben. Da er aber seinen Posten nicht verlassen durfte, mußte er Hilfe herbeirufen. Diese Zeit genügte, um uns alle zum Lesen kommen zu lassen. Einige buchstabierten mit krauser Stirne ohne jeden Erfolg, andere verstanden, was sie gelesen hatten. Als nun der Soldat unser Abteil öffnete und uns herausführte, mehr herausjagte, war uns dieses schon ganz gleichgültig geworden. Wir hatten gelesen und verstanden, dort waren nur zwei Worte geschrieben: „Einige Engländer“, in ihrer Sprache.

Wir hatten danach nur den dringenden Wunsch, schneller zu den „Unseren“ zu kommen. Wir teilten ihnen mit, was wir gelesen hatten, daß man auch Engländer verhafte. Es war klar, daß es sich um Männer handelte, das hatten sie ja selbst geschrieben. Welche von ihnen aber waren in ihre Hände gefallen? Darüber gab es viel Gerede, bis man sich endlich einigte, daß es nur Leute aus der Partei sein könnten. Die Gewißheit aber, daß man alle verhaftete, war, wie seltsam es auch klingen mag, keine zusätzliche Beunruhigung, sondern vielmehr eine Erleichterung für uns.

Nicht oft hatten wir das Glück, hier Neues zu finden. Wir konnten im Hofe, in unserem Abteil, nicht bis an die Wand herangehen, das Hinhorchen war uns genommen, es war um uns noch ein Stacheldraht gezogen, der uns in Grenzen wies, und doch war er es, der uns dann eine Nachricht übermittelte. Man durfte also die Hoffnung nur nicht aufgeben!

Eines schönen Tages, und schön war er gewiß schon deshalb, weil er uns etwas Ungeahntes aufzeigte, gingen wir in ein Abteil, und gleich, fast schon beim Eintreten, erblickten wir auf der obersten Reihe des Stacheldrahtes ein Vögelchen aus Brot verfertigt, überaus klein und zart. Es war aufgespießt und hatte um seinen Fuß ein rotes Wollflöckchen gebunden.

Wer konnte aber in dieser Zeit noch das kleinste Stück Brot entbehren, um einen Vogel daraus zu formen? Wielange mußte man dieses Brot in Händen kneten, um es schmiegsam, brauchbar zu machen? Wie konnte man dabei der Versuchung widerstehen, um es dann, es war ja Brot, während der Arbeit nicht zu essen? Wollte man damit ein Lebenszeichen geben, seine Gefühle dartun? Das alles wäre vielleicht begreiflich gewesen, wenn wir den Vogel allein, ohne Zutat, gesehen hätten. Wozu war aber das rote Wollflöckchen gut? Wer von uns wagte es noch, die rote Farbe hier aufzuzeigen? Hatten wir es nicht erlebt, daß sie uns vor allen Feiertagen nackt hinstellten, unsere Sachen auf diese Farbe hin untersuchten, alles abnahmen, was nur im geringsten an sie erinnerte? Wir waren diejenigen, die kein Recht hatten, auch nur einen roten Faden zu besitzen.

Es wollte mir nicht gelingen, die Erinnerung an ein Wissen zu verdrängen. Es wurde mir, je länger ich über das Wollflöckchen nachsann, immer deutlicher, was es bedeuten könnte. War der rote Faden nicht schon von jeher ein Mittel des Schutzes gegen das Böse gewesen, und dies fast bei allen Völkern? Sie legten ihn um den Hals, um den Leib, flochten ihn in ihre Zöpfe. Hier, wie man sehen konnte, war er um das dünne Beinchen geschlungen. Wenn er dazu vorhanden war, den Vogel zu schützen, so war seine Kraft merkwürdigerweise ausreichend. Obwohl man nach jedem Spaziergang dieses traurige Viereck genau untersuchte, jede Spur im Sande mit einem Rechen vernichtete, schien niemand das Vögelchen bemerken zu können. Wir haben es nämlich nach einigen Tagen noch einmal gesehen, und selbst die traurigsten Gesichter hellten sich dabei auf.

Später stieß uns etwas ganz anderer Natur zu. Es war kein Zeichen für einen Einzelnen, es wandte sich sozusagen an alle. Es wandte sich auch an uns, aber was wollte es im Grunde, wozu rief es uns auf? In der Ecke, jener, die auch die Engländer gewählt hatten, unter dem Standplatz des Soldaten, war nur ein Wort geschrieben: „Hunger". Wir wiederholten es, leise zuerst und dann wohl immer lauter, bis eine Frau, weniger gehemmt als wir, oder vielleicht verzweifelter, mit aller Stimme, die noch in ihr war, dieses Wort schreiend dehnte. Es schien fast, als wollte sie kein Ende dafür finden.

Der Soldat hob sofort sein Gewehr, richtete es auf uns und drohte zu erschießen. Es kam aber nicht dazu, denn das Türchen wurde mit einer solchen Geschwindigkeit geöffnet, sein Kollege stieß uns mit dem Gewehrkolben so gekonnt aus diesem Abteil, daß wir lebendig zurückgebracht wurden.

Wir waren voller Angst, was man mit uns tun werde. Wir waren entschlossen, die Frau nicht zu verraten, jene nämlich, die geschrieen hatte. Man konnte sich aber auf dieses, unser Versprechen nicht verlassen. Diese Frauen hier waren so zermürbt, daß ein drohender Befehl alles, und selbst das Unmöglichste, aus ihnen herausholen konnte.

Man bestrafte uns schweigend. Man ließ sich nicht auf eine Untersuchung ein,man nahm uns nur für lange Zeit den Spaziergang.

Nicht einfach, glaube ich, war unsere Einstellung zum Hunger. Er selbst war anscheinend nicht die größte Qual, die wir hier erlitten. Vielleicht konnten wir sogar verstehen, daß in dieser Kriegszeit andere, draußen in der Welt, ebenfalls darbten, obwohl dieses Wissen für uns ganz unbrauchbar war, uns nicht half. Der Hunger, diese Qual des Hungerns, vereinigte sich mit etwas, das zutiefst in uns saß, mit einem Erbe, einem Instinkt, eben der tierischen Notwendigkeit, auf Nahrungssuche gehen zu können, was uns genommen war. Die Unfreiheit, in der wir uns befanden, jene für uns so unerklärliche, machte uns aber nicht nur hilflos, sie löste auch das Gefühl jeder Gemeinschaft auf. Ich sah gebildete Menschen zu Dieben werden, zu ganz sinnlosen, verwirrten, die dann den Unterschied zwischen Eß- und nicht Eßbarem nicht mehr treffen konnten. Eine Frau, mit bereits geschwollenem Leib, hatte meinen Waschlappen gestohlen und ihn auf ihren Strumpf, für alle sichtbar, genäht. Für sie war die Notwendigkeit der Aneignung ganz allgemein geworden, sie war nicht die einzige unter uns, die ähnliches tat.

Jede von uns hatte, wie es schien, ihre eigenen Krankheiten in das Gefängnis mitgebracht, mit denen sie sich schon zu Hause, in der Freiheit, abgegeben, sich, wie man so sagen könnte, geeinigt hatte. Sie zählten hier nicht, hier hatten wir es mit fremden, noch nie erfahrenen zu tun, die dann immer allgemeiner wurden, sich über alle hier Anwesenden ausbreiteten. Zuerst bekamen wir die Krätze. Diese Milbe kroch in unsere Haut, und Tag und Nacht konnten wir nichts anderes tun als kratzen. Dieses hätten wir vielleicht ertragen, wie unangenehm es auch war, wenn nur der Raum dazu, zu eben dieser Beschäftigung, ausgereicht hätte. Eng aneinander liegend brachte uns dies fast um den Verstand. Als die Klagen, die man der für uns unsichtbaren Schwester durch das Fensterchen, einer Klappe in der Tür, zuflüsterte, überhand nahmen, entschloß man sich zu einer Behandlung. Man führte uns, immer nur einige, in einen kalten Kellerraum, in dem wir uns gegenseitig mit einer übelriechenden Flüssigkeit einreiben mußten. Die Krankenschwester stand dabei, sie berührte uns nie und schien vor Ekel schwer zu atmen, oder war es nur der Geruch, der sie störte? Wie sahen wir aber auch aus! Unsere mageren Leiber waren mit Wunden bedeckt, die sich unter dieser Flüssigkeit noch mehr röteten und brannten. Die Heilung dauerte einige Tage und kam eigentlich nie zu Ende. Ich selbst habe die Krätze in der Zeit meiner Gefangenschaft sieben Mal, und dies mit allen ihren Eigenheiten, erlebt.

Das war die Krätze, aber was war sie schon gegen den Durchfall? Zu dieser Zeit ging es nicht mehr an, uns eine Medizin durch das Fensterchen zu reichen, man mußte die Tür öffnen. Wir standen dann in dem dunklen Gange, in einer langen Reihe, und erhielten jede ein Gläschen übermangansaures Kali. Die Lösung war so stark, daß sie dunkelviolett aussah und schlecht schmeckte. Wenn dieses aber nicht helfen wollte, konnten wir auch einen Eßlöffel Salzsäure erhalten, selbstverständlich verdünnt, ungereinigt gelb, mit einem stechenden scharfen Geruche.

Trotz dieser Maßnahmen wuchs die Zahl der Kranken. Man hatte es ja hier nicht mit einer eigenständigen Krankheit zu tun, es war der Hunger, an dem man starb. Zu dieser Zeit beneideten wir diejenigen, auf deren Körper sich Flecken zeigten, rote zuerst und dann große blaue. Man nahm nämlich die von ihnen Befallenen in das Krankenhaus, und wie zugemessen auch die Nahrung dort war, konnte die unsere doch keinen Vergleich mit ihr aufnehmen. Unser Zahnfleisch blutete, die Glieder schmerzten, wir hatten Skorbut. Konnte aber das Krankenhaus Tausende aufnehmen? Wir hörten, und wie es uns zu Ohren gekommen war, ist schwer zu sagen, daß man uns auf eine Etappe schicken werde, dorthin, wo es Kartoffel geben sollte, und lebten nun in der Hoffnung auf diese.

So war es um uns bestellt, als wieder einmal die Tür mit Geknarre geöffnet wurde und eine neue Gruppe Gefangener über uns hereinbrach. Wir lagen ganz still, wir schwiegen. Wir schmiegten uns eng aneinander, wir stellten uns schlafend, in der Furcht, von unseren Orten vertrieben zu werden.

Plötzlich hörte ich ganz in meiner Nähe, über mir, eine Stimme, so wie sie Menschen haben, die an einer unguten Krankheit leiden, sie war heiser. Die Stimme befahl mir, Platz zu machen, und um es zu gestehen, sie erregte mich nicht besonders, da ich die Unmöglichkeit einsah, ihrem Befehl nachkommen zu können. Da aber die Forderung so dringend wurde, verziert mit schwer wiederholbaren Worten, als ich einen Faustschlag auf das Bein erhielt, mußte ich endlich die Augen öffnen. Ich sah über mir ein junges und freches Gesicht, einen geschorenen Kopf, der vor kurzem, vielleicht gerade an diesem Tage, in Arbeit genommen war. Kaum hatte ich dieses Geschöpf in Augenschein genommen, als es sich auch schon mit einer Wucht, mit einem sozusagen stehenden Anlauf (wie seltsam dieses auch bei unserer Enge klingen mag) auf mich fallen ließ.

Ich schrie, ohne es zu wollen, auf, denn bei jeder einfachsten Überlegung mußte man verstehen, daß dieses sinnlos war. Sinnlos schon deshalb, weil ich nicht die einzige war, die sich in einer solchen Lage befand, denn das, was ich erlitt, war nun ganz allgemein geworden. Wir waren einfach das Opfer einer Art, die wohl schon lange geübt und auch gekonnt war. Ja, wir erlebten das Faustrecht.

Man kann sich den Lärm, den wir selbst und auch die anderen machten, kaum vorstellen. In der Erregung steigen alle Menschenstimmen gewissermaßen zum Himmel auf, sie werden hoch, aber sie versteigen sich dann leider zu solchen Höhen, die ihre Mittel nicht mehr tragen, sie schlagen um. Dieses war es, was man hörte, geteilt durch dumpfe Schläge.

Die Frauen, die sich zunächst der Türen aufhielten, begannen auf sie einzuschlagen, aber es dauerte ziemlich lange, bis endlich jene eintraten, in deren Händen wir uns befanden. Sie selbst waren scheinbar ohne Waffen, zumindest sahen wir sie nicht. Die Soldaten aber, die sie begleiteten, umstellten, hielten ihre Gewehre sichtbar in Händen.

Man hatte es anscheinend nicht eilig, man sah uns eine ganze Weile zu, bis sich der Lärm etwas gelegt hatte, bis sie aus einigen aufgefangenen Worten, aus dem Durcheinander von Stimmen entnehmen konnten, was wir forderten.

„Zu wenig Platz?" hörten wir den vordersten der Männer sagen. Er wendete sich aber damit nicht an uns, er kehrte sich vielmehr halb zu jenen, die hinter ihm, zwischen der Tür, standen. Er nickte ihnen zu, nicht gerade lachend, aber doch mit einer gewissen Freudigkeit. „Mehr Platz wollen sie haben", sagte er, „gut, sehr gut, sie werden ihn erhalten."

Ihr Abgang war, wenn man ihn so nennen kann, feierlich. Die Soldaten traten in den Raum ein, öffneten eine Gasse und verstellten uns die Sicht auf die Abziehenden.

Nach dieser Zusage herrschte ein Zustand, für den das treffende Wort noch nicht gefunden ist: Es war eine hörbare Stille, es war vielleicht sogar ein kleiner Lärm, einer, der in einem Pferdestall hätte entstehen können, wenn man sich an solche Orte erinnern mag, an seine dumpfen Laute und an seine Luft. Niemand dachte, den Kampf wieder aufzunehmen. Diejenigen, die ihre Plätze verloren hatten, standen hilflos in den engen Zwischenräumen der Bretter, und auch ich gehörte dazu. Meinen Platz hatte der geschorene Kopf eingenommen.

Wielange es bis zu dem nächsten Ereignis dauerte, kann ich nicht sagen. Wir hatten schon lange das Gefühl der Zeit verloren, den Schlag der Uhr konnten wir zwar nicht vergessen, da unsere Herzen, wenn auch hohl, doch in diesem Takte schlugen, aber das, was die Zeit war, wozu sie diente, war uns entgangen: Sie war für uns endgültig zu einem Geheimnis geworden. Da aber alles Warten irgendwie zu einem Ende kommt, hörten wir die Schlüssel klirren, zwei Türen öffneten sich fast gleichzeitig, und wir hörten den Befehl, der besagte, daß wir mit unseren Sachen herauszutreten hätten.

Der Gang, unter einer niedrigen gewölbten Decke, war breit. Der Steinboden, auf dem wir standen, weniger feindselig als der von uns verlassene, er war trocken. Man stellte uns zu Vieren auf und ließ uns Zeit, darüber nachzudenken, was uns wohl erwarten möge. Wir standen, und das war eine beschwerliche Sache für die durch Hunger Geschwächten. Unsere Gedanken waren träge, es konnte wohl einer aufkommen, den es sich lohnte, gedacht zu haben, aber im Grunde waren wir stumpf und müde.

Endlich setzten wir uns in Bewegung, schlurfend schoben wir uns weiter. Unser Gehen war schon lange unsicher geworden, wir vertrauten mehr unseren Armen, deren Ellenbogen wir von uns abhielten, um uns im Gleichgewichte zu halten. Wir hatten uns, ohne es zu wollen, ohne darüber auch nur ein Wort zu verlieren, ohne Einigung sozusagen, auf ein weites Gehen eingerichtet. Dieses gemeinsame Hoffen war bedingt durch unsere Lage, aus der es nur einen Ausweg zu geben schien, und das war die Flucht.

Wir sollten uns aber irren, obwohl sich die Enttäuschung auf unseren Gesichtern nicht besonders zeigte. Man führte uns nicht einmal den langen Gang bis zur Treppe hin, man ließ uns vor einem Tore halten, das offen stand. So, wie wir es bereits gewöhnt waren, mehr oder weniger erfolgreich einen Platz zu erobern, die wenigsten kamen dabei auf dem Boden zu liegen, strömten wir in den Raum.

Es war uns schon lange schwer geworden, verschiedene Dinge zu gleicher Zeit aufzunehmen, deshalb konnten wir auch anfangs nicht darauf achten, wohin man uns gebracht hatte. Er selbst, der Raum, war uns noch nicht deutlich geworden, wir hatten ihn uns noch nicht zuordnen können, wir sahen ihn erst jetzt und hielten mit unserem Hasten ein. Einzelne zuerst, dann mehr und immer mehr, bis wir schließlich alle eng gedrängt standen, mit einem Unverständnis, mit blöden Blicken um uns schauten.

Wir befanden uns in einer Kirche, aber anscheinend in einer solchen, aus der nicht nur Gott, sondern auch fast alle Heiligen geflohen waren. Diejenigen aber, die es für notwendig gehalten hatten auszuharren, den Ort ihrer Anbetung nicht zu verlassen, sahen uns mit drohenden Gesichtern an. Ihr Abbild saß fest an den Wänden, aber ihr tätiger Teil sprach aus den Augen, die groß und fremd auf uns gerichtet waren.

Platz war in der Kirche für mehrere hundert Menschen, wir konnten uns nun darüber nicht beklagen, daß er uns mangle. Wir hatten nun freie Wahl, unsere Liegestatt aufzuschlagen, wo es uns gefiel. Kaum aber hatten wir uns eingerichtet, als auch schon diese oder jene den Platz zu wechseln begann. Warum schien es ihnen, daß es besser sei zu wandern? Das war es, das war der Grund, es war so überaus kalt in diesem Raum. Die Fenster waren zerbrochen und ebenso dicht mit Schneekristallen bedeckt, was an bereits Geschautes erinnerte. Nur, daß dies nicht unser erfrorener Atem war, der sich an ihnen hielt, er war hier ein Erbe, das wir von denen übernommen hatten, die in diesem Raum vor uns gelebt hatten. Aber auch anderes hatten sie uns hinterlassen: Große Kübel mit Unrat standen offen bei den Türen, sahen so bodenständig aus, daß wir sogar nicht die Hoffnung aufbringen konnten, sie jemals von hier fortzuschaffen.

Das Licht drang nur spärlich durch die Ritzen der Verschläge, und die Schneeschicht hielt noch das wenige, das sie freigaben, von uns ab. Der Kirchenraum war düster, seine Decke erhob sich zu einer Kuppel, die völlig im Dunkel lag. So sah es bei uns am Tage aus, die Nacht aber unterschied sich. Die Kälte wuchs in ihr an. Ein Lämpchen brannte an der Tür, es war so klein, daß es sich zusammennehmen mußte, um für sich selbst genügend Licht aufzubringen. Für uns war es nur ein Punkt, auf den wir zutappten, um den Kübel nicht zu verfehlen.

Am Tage gingen wir ein wenig herum, der Atem kam in Wolken aus uns heraus, die Kälte machte sich für uns derart deutlich, wurde dadurch erträglicher als in der Nacht, wo sie eine unsichtbare Macht war. Was war schon der Hunger, wenn man eng aneinander gepreßt in einer dumpfen, warmen Luft lag, gegen diese nächtliche Kälte?

Es kam eine Nacht, in der niemand schlief, in der wir versuchten, uns auf jede mögliche Weise zu helfen. Freunde hatte man nicht, es herrschte ein allgemeines Mißtrauen, man wußte nicht, wer ein Verräter war, obwohl man ja gar nichts zu verbergen hatte. Damals nun, in dieser Nacht, fanden wir zueinander, wir häuften uns, wir legten uns Rücken an Rücken, damit die Luft nicht dazwischen fahren sollte. Wie litten aber unsere Knie unter dem Frost, wie schmerzten unsere Glieder in dieser starren, dieser unbeweglichen Lage! Wir lagen schweigend da, als eine einsame Stimme in diese Stille einbrach, aus der Dunkelheit her zu uns sprach: „Die Toten liegen auch immer in Kirchen!"

Ja, das war es. Wir hatten schon lange das Unheimliche dieses Raumes empfunden. Sollte man uns bereits zu diesen Toten zählen? Das Nachsinnen darüber war uns genommen, denn wir hörten nun einen langen, grellen Schrei, aber nicht nur einen, der sich aus einem Traum gelöst hatte, es waren ihrer viele, einer nach dem anderen, in fast gleichmäßigen Abständen, die uns aufjagten. Ich glaube, daß nur die Todesangst eine solche Art hat, um das, was noch als Leben vorhanden ist, als seinen letzten Rest auszusäen.

Eine Frau wand sich in Krämpfen, aber nicht etwa, daß wir sie sehen konnten, nein, wir hörten nur, wie ihre Glieder aufschlugen. Lebten wir auch hier in einem feindlichen Nebeneinander, jede nur auf sich selbst bedacht, so versperrte uns dieses Schreien nun alle Wege zu uns selbst, wir warfen alles von uns, das, was uns hinderte gemeinsam zu fühlen. In dieser Nacht waren wir offen und leer. Diese gehörte Not war auch unsere, aber doch umfassender, größer als unser Leben selbst. Die Angst bahnte sich ihren Weg, wir schrien. Sie, jene Angst, hatte hundert heisere, kreischende und gellende Stimmen. Wir schrien, aber wie lange wir es taten, ist schwer zu sagen.

Die Kirchenwände waren von jeher daran gewöhnt, die Gebete und Gesänge aufzunehmen und anscheinend weithin an den Ort ihrer Bestimmung zu tragen. So dienten sie uns auch jetzt, ohne einen Unterschied zu machen. Man kann wohl annehmen, daß das Gefängnis von unseren Schreien widerhallte, und es ist kein Zweifel, daß sich die Köpfe in den Zellen hoben, daß der Atem vieler zum Stocken kam.

Endlich schloß man die Tür auf, und ein blendendes Licht fiel auf uns. Soldaten drängten sich in den Raum, ihre Gesichter sahen erschrocken und unmutig auf uns. Die Laternen waren auf uns gerichtet, und das, was sie aufzeigten, waren aufgesperrte Münder, deren Gesichter wie heulende Hunde nach oben gekehrt waren, wild und wirr hingen die Haare um sie, die Augen hatten das Weinen vergessen, oder war es nur, daß bei Hungernden die Träne klein und unansehnlich wird?

Nicht die Soldaten brachten die Menge zur Besinnung, es waren ihre Vorgesetzten, die dann, etwas zögernd und von ihnen umringt, Fragen zu stellen begannen. Eigentlich war es nur eine einzige, die man hörte: „Unzufrieden?" Sie kam ganz unneugierig, gelangweilt von ihren Lippen, ohne eine Antwort abzuwarten, beeilten sie sich dann, ganz dieselbe Frage an die Nächsten zu richten. Daraufhin teilte man schnell und ohne Zögern Frauen von uns ab, einige, die geantwortet, aber auch solche, die es nicht getan hatten. Alles war so rasch vor sich gegangen, wir hatten uns noch nicht recht aus der Zeit des Schreiens in eine Ruhe hinüberretten können. Man wählte einfach die, welche der Tür am nächsten standen und schob sie zu ihr hinaus. Die Schlüssel klapperten, und wir blieben in der Dunkelheit zurück. Danach, nach diesem Ereignis, wagte man nur zu flüstern. Wir sprachen von denen, die man mitgenommen hatte, man verstand nicht und konnte es sich nicht vorstellen, was sie mit ihnen machen wollten und durften.

Diese wüste Nacht ging auch vorbei, und wir konnten am Tage dann kaum verstehen, was sich in der Finsternis zugetragen hatte. Man wollte auch anscheinend nicht darüber sprechen, es hielt uns etwas davon ab, wir konnten uns der Scham nicht erwehren, die für uns zwar unbegreiflich, aber die ganz allgemein zu sein schien. Abermals begannen die Gespräche über das Essen, was hätte man sonst noch machen sollen? Ich weiß nicht, wie sich die Männer in dieser Zeit geholfen haben, sie hungerten doch auch, und sie mußten diesen Hunger stärker als wir empfinden. Die Frauen erinnerten sich an alle Kochvorschriften, an alle Speisen, die sie je im Leben gekocht, gegessen hatten. Sie sprachen sogar gezielt davon und tauschten Erfahrungen aus, nicht anders, als hätten sie sofort Gäste zu empfangen, und die Zeit genüge nicht zu allen Vorbereitungen. Ihre Rede war etwas behindert, sie mußten oft den Speichel schlucken, der sich bei der Erinnerung an so viel Gutes ungebührlich schnell bildete.

Meine Nachbarin ertrug den Hunger besonders schlecht. Sie lebte nur in der Erinnerung an eine Nußtorte. Überaus höflich wendete sie sich, zu allen Tages- und Nachtzeiten, mit der Bitte an mich, ihr das Rezept dieser Torte mitzuteilen. Ich muß gestehen, daß ich wohl schon oft eine solche gegessen hatte, ihre Zubereitung aber nicht kannte. Dieses meiner Nachbarin anzuvertrauen wäre ganz sinnlos gewesen, sie hätte es mir nicht geglaubt. Ich zählte ihr deshalb alle Dinge auf, die man vermutlich dazu verwenden konnte. Manches Mal schwieg sie dann eine lange Zeit, es kam aber auch vor, daß sie mich fast unmittelbar danach fragen konnte: „Entschuldigen Sie, wieviele Eier haben Sie genommen?“ Ja, besonders die Eier hatten es ihr angetan.

Sie tat mir leid, ich wußte, daß sie bereits für das Leben verloren war, aber ich mochte sie nicht leiden, und das hatte seinen Grund. Sie erzählte mir einiges aus der Zeit des Bürgerkrieges, wo sie den Hunger zum ersten Mal erlebt hatte. Sie erzählte mit einer solchen Leidenschaft vom heißen Wasser, daß es für mich sein Wesen als Getränk verlor und zur Speise wurde. Das wäre noch nicht schlimm gewesen, wenn sie dieses so Köstliche nicht durch Vernichtung alter Mahagonimöbel erhalten hätte. Sie erinnerte sich besonders eines Sekretärs, mit vielen kleinen Laden, der so überaus handliche Brettchen für dieses Feuer geliefert hatte.

Die Frauen, die in jener Nacht verschwunden waren, gehörten nun für uns schon fast zu den Vergessenen. Nach ungefähr zehn Tagen kamen einige zurück, die anderen aber sahen wir nicht wieder. Das waren nun traurige Geschöpfe, die wir umringten. Sie hatten einen so merkwürdig fernen Ausdruck in ihren Gesichtern, ihre Arme gehorchten ihnen nicht ganz. Sie klagten, daß sie unsäglich müde seien, und so sahen sie auch aus. Das, was sie uns dann allmählich erzählten, das, was sie erlebt haben wollten, war schwer zu glauben, und wir lehnten es auch ganz und gar ab. Wenn es die Wahrheit gewesen sein sollte, das, was sie uns mitteilten, hätte es uns doch auch treffen können. Es war besser und ganz richtig, daß wir solche Dinge nicht an uns herankommen ließen.

Eines Nachts nun, in der ich nicht zum Schlafen kam, ganz eingehüllt in ein kaltes Dunkel, dem Denken fern und der Erinnerung absichtlich entfliehend, ich hatte mich zusammengeballt, die Knie fast bis an das Kinn hinaufgezogen wie ein Kind im Mutterleibe, kam es mir in den Sinn. Sollte es dort, jenes Ungeborene, vor der Kälte sicher sein? Ich konnte mich der trügerischen Hoffnung nicht hingeben.

Es war still in dem weiten Raum der Kirche, als ich plötzlich eine Vogelstimme hörte. Nein, es konnte keine Täuschung sein, ein Vogel hatte sich zu uns verirrt, verirrt aus der gewiß noch größeren Kälte draußen in der Welt. Er hatte sich zu uns herübergerettet. Welches Glück! Wir hatten es anscheinend noch nicht am schlechtesten, wenn er diese Wahl getroffen hatte. Ich war bereit, sogar etwas von meinem Brote abzugeben, um ihn zu ernähren, wenn er nur nicht wieder wegfliegen, wenn er nur bei uns bleiben wollte. Ich horchte hin, ich vernahm seine klägliche, dünne, und wie es mir schien, lockende Stimme abermals. Ich konnte dieses Gefühl, das mich ganz einnahm, selbst nicht verstehen, es hatte eine gewisse Fremdheit an sich. Kam es denn früher vor, daß ich dem Gesang der Vögel lauschte? Ich erinnere mich, daß ich mich so ziemlich gleichgültig dazu verhalten hatte. Jetzt aber schien mir diese dünne Stimme von allem zu zeugen, von dem Walde und den Wiesen, dem längst vergessenen Bach meiner Kindheit, die Freude war so groß, so überwältigend, daß ich sie allein nicht länger tragen konnte. Ich begann meine Nachbarin zu wecken, und dazu brauchte es nicht viel. Wir hatten in dieser Zeit alle einen leichten Schlaf, die Gefahren, die uns umgaben, hatten uns diesen gelehrt.

„Ein Vogel", flüsterte ich, „ein Vogel!" Wir saßen nun beide und starrten in eine Dunkelheit, die zuerst undurchdringlich schien. Wir hörten den Vogel abermals. Wir hielten uns an allen Körperteilen fest, eigenen und fremden, die sich gerade dazu erboten, um eine Unbeweglichkeit, eine größere Hörbarkeit zu erzielen. Allmählich löste sich aber aus dem Dunkel etwas ab, das noch dunkler war als dieses, das sich bewegte, eine schreitende Gestalt.

Eine Frau mit einem künstlichen Bein ging durch unsere Nacht. Mit jedem Schritt, den sie machte, gab sie einen Laut von sich, dünn und quiekend, vielleicht doch nicht so ähnlich einer Vogelstimme, wie es mir zuerst erschienen war.

Die Zeit

Nein, wir blieben nicht mehr lange in der Kirche. Wir hatten unsere Möglichkeit dazu erschöpft. Merkwürdig war nur, wie und auf welche Weise sie dieses wissen konnten. Wie es aber auch war, die Gründe für ihr Tun waren uns nicht ersichtlich und werden es wohl auch niemals sein. Man nahm uns aus dieser Kirche heraus, stellte uns so, als ob gar nichts Besonderes geschehen wäre, in dem dunklen Gange auf, zählte uns ab und teilte uns dann verschiedenen Räumen zu.

Der Raum, in den unsere Gruppe eintrat, war nicht leer. Die Menschen hielten hier, wie überall, an ihren Plätzen fest, und es war schwer, einen zu finden. Das galt uns jetzt aber gleich. Die Luft, die uns hier umgab, war warm, wenn auch dumpf und übelriechend. Dieses letztere fühlten wir aber nur die kürzeste Zeit. Wir waren so froh, nicht zu frieren, daß wir bereit waren, dieses und noch viel mehr auf uns zu nehmen.

Ich selbst hatte keinen Platz erhalten, es war wirklich keiner mehr frei. Ich mußte mich deshalb neben den Unratkübel legen, obwohl der Boden dort nicht trocken war. Ich verbrachte übrigens nur eine Nacht an seiner Seite, allerdings war sie recht lang und vielfältig, sodaß es bei mir zu rechnerischen Ausschreitungen kam. Immer wieder, in den kürzesten Zeitspannen, besuchte jemand diesen Ort, stieß mich dabei an, trat sogar verschlafen auf mich, was ich aber nicht weiter übelnehmen konnte, denn es war dunkel.

Das, was ich aber dann am wenigsten hätte erwarten können, war geschehen. Ein Mädchen, von ganz unzweideutigem Berufe, nahm mich zu sich auf ihr Brett, nannte mich Mütterchen, was mir zwar nicht recht gefallen wollte, was ich aber hinnehmen mußte.

Wir hatten uns hier schnell eingelebt, es war nur etwas beunruhigend, daß dieses „merkwürdige Frauenvolk" in ziemlich großer Zahl hier vorhanden war. Es benahm sich durchaus gekonnt, bewegte sich frei in seinem Tun und Reden, handelte und tauschte untereinander und auch mit den „Unseren", wobei das Brot die Währung hergab. Blusen, Hemden und Strümpfe wechselten ihre Besitzer. Es war, wenn man es richtig betrachtete, ein äußerst sinnvoller Handel. Man entledigte sich allmählich der wenigen Sachen, die man hatte, die früher oder später doch den Dieben zum Opfer fallen mußten, und erwarb dadurch einige Bissen Brot, die eine überaus süße Speise waren. Die Aussage über das „bittere Brot der Armut", von der man draußen in der Welt gesprochen hatte, schien uns die reinste Lüge zu sein.

Es gab hier zwei Mädchen, die sich selbst und die wir dann auch, gewiß mit ihrer Erlaubnis (es war mit ihnen alle Vorsicht geboten), die große und die kleine Walja nannten.

Der Großen ihres Namens sah man ihre Beschäftigung durchaus an, die Kleine aber hatte die Gestalt eines zwölfjährigen Kindes, der sie schon einige Jahre hätte entwachsen sein müssen. Ihr Revier war das Kaffee Metropol* in Moskau gewesen, und sie sprachen darüber ohne jede Hemmung. Meistens hatten sie japanische Freunde gehabt, die es nach ihren Erzählungen gewohnt waren, wenn ihnen ein Mädchen gefiel, außer Geld auch noch einen seidenen Strumpf zu geben. Unser Erstaunen darüber fanden die Mädchen mehr als komisch, ich glaube, sie hielten uns einfach für dumm. Auf unsere Frage, was denn ein Mensch mit einem Strumpf anfangen könne, antworteten sie mit einem schallenden Gelächter. Die kindliche Walja erklärte sich danach etwas näher: „Er holt sich den zweiten, bekommt einen dritten, der auch nicht allein zu leben braucht!"

Eines Tages wurde die kleine Walja krank, aber es war nicht eine Krankheit, die zu diesem Ort gehörte. Sie begann zu bluten und tat dies in einer durchaus ergiebigen Weise. Sie war dabei aber nicht etwa traurig oder geängstigt, ihr Gesichtchen, schmal und blaß, leuchtete sogar in einer gewissen Zufriedenheit. Sie lehnte zwar alle Hilfe ab, aber als sie stiller und stiller wurde, veranlaßten wir doch ihre Entfernung. Man sah nicht ohne Neugierde zu, als man sie hinaustrug. Man starrte auf ihren Platz, der blutige Spuren aufwies und der dann auch, aus unerfindlichen Gründen, frei blieb. Nein, sie starb nicht! Sie hatte sich mit Hilfe ihrer Freundin aus einer recht prekären Lage befreit, übrigens ziemlich spät für ein solches Vorhaben.

Die große Walja, die sich nicht wenig Vorwürfe gefallen lassen mußte, fand zu ihrer Verteidigung recht drastische Worte: „Das wäre ja noch schöner, für das bißchen Geld und die Strümpfe auch noch einen Japaner in die Welt zu setzen!"

Somit war alles für uns klar, und ob die Verwaltung von der Ursache dieser Erkrankung Kenntnis genommen hat, ist gewiß unwesentlich. Eine Strafe scheint das Mädchen nicht erhalten zu haben, wenigstens sprach sie dann nach ihrer Gesundung nicht darüber, was sie aber, ihrer sonstigen Gewohnheit gemäß, hätte tun müssen.

Eine ganz andere Bewertung erhielt das Tun einer Frau, die eines

Nachts in den Schreckensruf: „Feuer, Feuer!" ausgebrochen war. Manche von uns hörten ihn, schauten zuerst, aber nur die kürzeste Zeit, auf, denn im Grunde konnten wir uns einer Täuschung überhaupt nicht hingeben. Um uns war eine tiefe Dämmerung, ja, eine traurige Dunkelheit, die wir vom Licht oder gar vom Feuer noch gut unterscheiden konnten. Nicht so sehr diese schrillen Laute, als das Geschimpfe einiger aus dem Schlafe Geweckten machte uns ganz wach. Die noch vom Traume Verstörte hatte zu weinen begonnen, und ihre Worte waren deshalb nur den zunächst Liegenden verständlich. Endlich aber wußten wir, daß Moskau brenne.

Man sollte meinen, daß sich danach die Ruhe bald und vollständig eingestellt hätte, es war aber nicht der Fall. Die Frauen sprachen erregt miteinander, und aus manchen ihrer Worte war zu entnehmen, daß sie dieses Geträumte für möglich und vielleicht sogar für sicher hielten. Das hätte man noch alles verstehen können, wenn diese Träumende nicht deshalb zu einem Verhör gerufen worden wäre. Der Untersuchungsrichter hatte von diesem nächtlichen Rufe Kenntnis erhalten, und die Fragen, die er dann an die Frau richtete, wollten in Erfahrung bringen, wer nun eigentlich Moskau angezündet habe. Konnte aber irgendein Mensch annehmen, daß er daran glaubte? War dieser Verdacht nicht nur ein Vorwand zur Anwendung von Handgreiflichkeiten? Die Frau kam nach dieser Unterredung in einer recht traurigen Verfassung zu uns zurück.

Nicht lange nach diesem Ereignis begann man, durch die Türklappe Buchstaben in kurzen Abständen aufzurufen – Buchstaben, die uns darstellten. Ich weiß nicht, ob es der menschlichen Würde abträglich ist, mit ihnen oder mit einer Nummer versehen zu werden. Im Grunde diente der Buchstabe hier aber nur zu einem Spiel, denn er, der im Korridor erklang (die Akustik war dort gut), bekam aus der Zelle her Personalien traurig gedämpft zu hören, die dann seltsamerweise zu ihm gehörten.

Ja, die Institution, die uns gefangen hielt, liebte das Geheimnisvolle. Kaum waren wir uns noch recht der eigenen Person bewußt, scheint es so, daß jene sonderbaren Übungen sie uns in das Gedächtnis zurückrufen sollten. In dieser Gefangenschaft verloren wir unsere gewohnte Einstellung zur Zeit, dem Tage und selbst zu der Stunde. Wir lebten in einer kalendarischen Verwirrung.

Endlich näherte sich auch mir der Buchstabe, kam auch ich an die Reihe. Ich ging danach hinter dem Soldaten den Gang entlang die breite Treppe hinab und in den Hof. Ich trug meine wenigen Sachen in einem Kissenbezug. Wenn sie auch nicht schwer waren, waren sie mir doch eine Last. Wir gingen, was meine Kräfte anbetraf, einen weiten Weg, der uns endlich zu einem roten Ziegelbau führte, der, wie ich später erfuhr, „Regime-Corpus"* genannt wurde. Es war jener Gefängnisteil, der als der strengste galt.

Man führte mich in einen Keller, öffnete eine Zelle, die mich, wie ich glaubte, nicht mehr werde aufnehmen können. Sie war sehr klein, ursprünglich wohl nur für einen Menschen bestimmt, der sich straffällig gemacht hatte, einfach ein Karzer. Jetzt aber waren viele Frauen in ihr, die sich auf einem Brett wie auf einer Insel hielten. Vom Boden sah man nur in der Nähe der Tür einen schmalen Streifen.

Das Brett, auf dem wir leben sollten, lag von einer Wand zur anderen, seine Länge reichte wohl für einen Menschen aus, aber seine Breite gab höchstens fünf von ihnen, eng aneinander gepreßt, Raum. Aus diesem Grunde teilten wir das Brett mit unseren Bündeln in zwei Teile. Die Frauen, die ihr Gesicht dem Fensterchen zukehrten, konnten die Beine niemals ausstrecken, die anderen aber, die zur Tür sahen, ließen sie einfach über den Rand des Brettes hängen. Dieses war vielleicht auch nicht angenehm, aber doch gewiß leichter zu ertragen als unser Verkrümmtsein.

Unsere Zelle lag unter der Erde, übrigens nicht sehr tief, das vergitterte Fenster saß auf ihr und hatte keine Scheiben. Was uns dieses Fensterchen geben konnte, das erfüllte es nach seinen Möglichkeiten: Ein wenig Licht, wenn wir lagen, wenn wir aber auf dem Brette standen, konnten wir die Beine der Vorbeigehenden sehen. Fast immer waren es Uniformierte, an deren Anblick uns nichts weiter lag, wir vermieden es, genauer hinzusehen.

Gegen Abend oder des Nachts kam es vor, daß eine Ratte auf uns fiel, denn wir bedeckten das Brett voll und ganz. Es wäre noch verständlich gewesen, wenn sich der Ekel vor diesem Tiere in Ausrufen, ja, Schreien Luft gemacht hätte. Dieser war es aber scheinbar nicht allein, der den Tumult veranlaßte, denn das Gehörte stand in gar keinem Verhältnis zu dieser unglücklichen Ratte. Alles Entsetzen, längst verhaltene Angst und Zorn fanden hier seinen Ort. Die Frauen versuchten stehend dem Tier zu entweichen, stießen einander dabei erbarmungslos, fielen übereinander. Sie wollten das Tier von dem Brette vertreiben, was aber gewöhnlich nicht gelang, denn die in der Mitte aufgehäuften Sachen, unsere Kopfunterlagen, versperrten ihm den Weg.

Der Soldat, an Weinen und plötzlichen Lärm gewöhnt, brauchte eine lange Zeit, bis er eingriff, als er es aber dann tat, hörte man die gebräuchlichen Schimpfworte, die er mehr für sich selbst als für uns hinausschrie. Ob er wohl selbst an ihre Wirkung glaubte? Er öffnete die kleine Tür und drohte mit dem Erschießen, verlor aber bei dem

Anblick der Ratte sogleich die Lust dazu, wurde zu einem Jungen, der sich auf die Jagd machte.

Die Ratte schoß inzwischen umher, hatte sicherlich nicht weniger Angst als wir selbst. Wenn sie nicht den Weg zum Boden fand, begann der Soldat mit dem Gewehrkolben auf sie einzuschlagen. Das Leben dieser Tiere ist zäh. Wir konnten ihren Sprüngen nicht immer ausweichen und bekamen manchen Schlag dabei ab. Wir waren oft mit Blut bespritzt, und unsere Kleider litten unter diesem Kampfe.

Zehn Menschen waren hier zusammengepfercht, und jede Nacht wurde die eine oder die andere zum Verhör geholt. Das war wegen der Enge, in der wir lebten, nicht ganz leicht zu bewerkstelligen. Um einen Menschen aus unserer Menge herauszunehmen, mußten sich fast alle erheben, auf das Brett stellen, wobei die Köpfe fast an die Decke stießen. Gut war es, wenn die Gerufene freiwillig der Aufforderung des Soldaten folgte, sich zwischen uns hindurchdrängte, über Liegende hinwegstieg. Schlimm wurde es aber, wenn sie es nicht tat, wie meine Nachbarin. Ich weiß es bis heute noch nicht, was sie sich dabei dachte, worauf sie hoffte. Sie war klein und schwach, 24 Jahre alt, eine Arbeiterin aus Moskau, Parteimitglied und lebte unter der Beschuldigung, die Absicht gehabt zu haben, Stalin zu erwürgen.

Kaum hatte sie die Anfangsbuchstaben ihres Namens gehört, als sie sich auch schon an mich klammerte und zu schreien begann: „Ich gehe nicht, ich gehe nicht!" Dieses konnte ihr selbstverständlich nicht helfen, denn der Soldat, der schon alle Geduld verloren hatte (ich weiß nicht, ob er sie jemals besaß), versuchte sie aus unserer Mitte zu reißen. Das wäre wohl nicht allzu schwer gewesen, wenn sie sich nicht mit aller Kraft an mich gehängt hätte. Der Soldat zerrte, und ich fiel deshalb oft mit ihr zusammen auf die anderen, die uns in Erwiderung manchen Stoß versetzten, was man letzten Endes verstehen konnte. Wie immer siegte natürlich der Soldat.

In welchem Gemütszustand mochte sich aber das Mädchen befinden, der es ihr ermöglichte, diesen Versuch jede Nacht zu wiederholen? Ich war ihr nicht böse, ich konnte sie verstehen, sie wehrte sich eben, was die anderen nicht taten. Sie kam jeden Morgen in einem beschädigten Zustande zu uns zurück.

Meine andere Nachbarin war eine Deutsche aus Riga, eine sehr große Frau, die so lange Beine hatte, daß sie sich nicht anders helfen konnte, als sie an die Wand hinaufzustrecken. Sie klagte niemals und gab sich auch selten zu Erklärungen her. Von ihrer Bluse waren eigentlich nur Teile zurückgeblieben, Reste aus Handgemengen.

Unsere Gesellschaft war recht bunt. Wir müßten, unseres roten Ziegelbaus eingedenk, eigentlich annehmen, daß wir als politische

Gefangene zu gelten hätten, aber wer gehörte hier zu uns? Einige leichte, fast gewichtlose Mädchen, eine Frau mittleren Alters, die wegen Ausübung religiöser Zusammenkünfte verhaftet worden war. Eine russische Frau, die weder lesen noch schreiben konnte und einen italienischen Arbeiter geheiratet hatte. Ein Schulmädchen aus der zehnten Klasse, die Jessenin* verehrte, war nun den Einflüssen dieses Ortes ausgesetzt.

Waren wir früher alle Spione gewesen, so hatte man uns schon längst zu Landesverrätern erhöht, obwohl ich den Unterschied zu diesen nie recht begreifen konnte. Sie, diese Landesverräter, wurden hier in zwei Gruppen eingeteilt: In solche, die dieses Gewerbe schon vor dem Kriege betrieben haben sollten, und die anderen, die erst zu Kriegsbeginn damit begonnen hatten, was somit zwei gesonderte Gesetzesparagraphen ergab, die sich in der Verschiedenheit der beigefügten Buchstaben ausdrückte. Die zweite Gruppe war in einer recht schwierigen Lage, da sie bereits zu Beginn des Krieges verhaftet worden war und man nicht wußte, wo sie die Zeit zu ihrem Verbrechen hernehmen sollte.

Obwohl wir sonst nur des Nachts zum Verhör gerufen worden waren, hatte sich in der letzten Zeit eine Neuerung herausgebildet, eine Art Tagesverhör, und zwar über unseren Köpfen, eine Etage höher. War die Decke so dünn, oder gab es sonst eine für uns unsichtbare Verbindung zu diesem Raum? Wir hörten mit aller Deutlichkeit das Schreien und das Klatschen der Schläge. Es ist recht merkwürdig, wenn Frauen in ihrer Angst nach der Mutter rufen, und das tun sie.

Auf mich hätte dies keine besondere Wirkung ausgeübt, wenn nur meine Mitgefangenen sich auch damit hätten abfinden können – aber sie taten es nicht. Sie waren ganz und gar verängstigt. Kaum fielen die ersten Schläge, als sie auch schon, wie bei ländlichen Totenklagen, in ein Schluchzen, in gemurmelte Worte ausbrachen. Dieses alles war aber nur die Begleitung zu einer hellen Stimme, die der frommen Frau angehörte, und die ihr Gebet, in endlosen Wiederholungen, fast alles übertönend, mehr sang als sprach. Sie war anscheinend der Meinung, daß Gott entweder sehr weit entfernt oder ein wenig schwerhörig sei, denn sie versuchte lauter und immer schriller ihren Ruf zu ihm zu senden, bis endlich der Soldat, wie schon so oft, mit dem Erschießen drohte. Die Stille, die sich danach allmählich ergab, war vielleicht für viele noch unerträglicher als der Lärm, denn sie erlaubte nun ein noch besseres Hören.

Auch mich hatte man einmal in diesen, über uns liegenden Raum geholt. Ein noch ziemlich junger Mann in Uniform saß an einem Tische, hinter dem eine leere, eiserne Bettstatt stand. Ich war es schon gewohnt, in einer Ecke sitzend, das Kommende zu erwarten, ohne Angst übrigens, vielleicht sogar mit einer gewissen Neugierde.

Ich hörte die übliche Formel, die mich aufforderte, über meine verbrecherische Tätigkeit als Spion zu berichten, worauf ich meinerseits die mir bereits geläufigen Worte wiederholte, die zu verstehen gaben, daß ich leider davon nichts wisse und deshalb auch nichts aussagen könne.

Der Mann schien keineswegs erstaunt zu sein, dieses von mir zu hören. Er wurde weder unruhig noch zornig, sagte vielmehr geradezu freundlich: „Wenn Sie nicht sprechen werden, werde ich Sie auf Ihre weiche Stelle schlagen!"

Ich war über die Gewähltheit seines Ausdrucks erstaunt, denn ich wußte, daß er sonst auch einen ganz anderen Wortschatz zur Verfügung hatte. Ohne weiter zu überlegen, bot ich ihm an, wenn es die Sowjetgesetze erlaubten, zu tun, was er für notwendig halte. Ich sagte dieses ganz ohne Aufregung, denn ich war gewiß, daß es solche Gesetze nicht geben könne, und schlimmstenfalls ging die Zeit des Schlagens auch vorbei, wenn er sich widerrechtlich dazu entschließen sollte. Meine Sicherheit machte den Mann stutzig, und er rührte mich nicht an. Später, viel später, sollte ich erst erfahren, daß es solche Verordnungen gab, die noch weit schlimmere Handlungen erlaubten, ja er das volle Recht gehabt hätte, mich zu schlagen.

Nach einiger Zeit änderte man unseren Aufenthaltsort, man verlegte uns zwei Etagen höher. Wir bekamen eine Zelle, die allem Anschein nach, in der guten alten Zeit, eine Einzelzelle gewesen sein mochte. Sie enthielt nun vier eiserne Bettstellen, auf denen wir zu zweien zu liegen kamen. Zwischen den Betten lagen zwei Frauen auf dem Boden. Das kleine, mit Brettern verschlagene Fenster war sehr hoch angebracht, und was wir sehen konnten, war nicht mehr als eine Handvoll Himmel.

Wir waren nun schon recht geübte Gefängnisinsassen. Unser Geruchs- und Gehörsinn hatten sich fast bis zu ihrer möglichen Grenze entwickelt. Wozu dieses gut sein sollte, wußten wir allerdings selbst nicht recht, denn was konnte es nützen, wenn wir zur Mittagszeit von der Ferne, vom Ende des Ganges her, dort, wo die Töpfe mit dem Essen niedergesetzt wurden, roch, was man uns bringen würde. Es gab doch nur Suppen, die einander so ähnlich waren und so gleichartige Gerüche entsandten, daß es wirklich oft an Hellseherei erinnerte, wenn wir ihnen verschiedene Herkünfte zuschrieben. Unser Gehör war so geschärft, daß wir aus dem Tone des in die Blechschüssel Fallenden genau sagen konnten, wieviel Stückchen getrockneten Brotes wir heute als Suppe zu erwarten hatten, die ohne Raten einfach heißes Wasser war, in dem sie schwammen. Es war uns notwendig, auf all dieses zu achten, vielleicht war das schon eine Art des Essens, und daß es uns eine Befriedigung gab, war gewiß.

Wir hatten aber auch noch andere Beschäftigungen. Die Wände unserer Zelle waren mit dunkelgrüner Ölfarbe gestrichen, die uns erlaubte, mit einem Stückchen Seife (dem letzten heimatlichen Rest), etwas an die Wand zu schreiben, was dann nicht von überall her zu lesen war. Ich selbst hatte mir am Fußende des Bettes einige Worte hingeschrieben und sogar einen kleinen Baum gezeichnet. Es kam vor allem auf das Wiederlesen an, man erfühlte diese Worte dann, sie hatten die Kraft, von diesem Orte hinwegzuführen, ich konnte sie dann dort hören, wo sie einstmals für mich gesprochen worden waren. Vielleicht habe ich ihnen den Baum nur hingemalt, damit sie nicht so einsam und verlassen dazustehen brauchten.

Unser Stockwerk hatte nur ein Klosett, das abwechselnd von Männern und Frauen benutzt wurde und das deshalb ein Ort war, an dem wir hoffen konnten, etwas von Mitgefangenen, Angehörigen zu erfahren. Seine Wand war dunkel wie die der Zelle und bot sich geradezu zu einer Vermittlung an. Die Seife war zwar außerordentlich wertvoll, und doch wagten wir ihren Besitz. Es gab Menschen, die dann einfach Glück hatten, eine Frau fand den Namen ihres Mannes auf dieser Wand.

Wir, die Neulinge, hörten wohl ab und zu klopfen, dumpfe Töne, denen wir aber keine besondere Bedeutung beimaßen. In den großen Räumen, in denen wir früher eingeschlossen waren, und auch in der Kirche hatten wir dergleichen nicht gehört, hier aber klopfte es nun jeden Tag. Es gab Frauen, die sich sogar bemühten, uns das Alphabet beizubringen, damit wir dann selbst mit anderen Gefangenen in Verbindung treten konnten. Sie zeigten uns auch, wie einfach es sei, gut zu hören. Man brauchte nur einen Becher mit der Öffnung an die Wand zu halten und das Ohr auf seinen Boden zu drücken.

Merkwürdigerweise störte die Soldaten diese Beschäftigung nie, und erst allmählich erfaßten wir die Wahrheit, den Grund, wozu man sie erlaubte. Die Verräter lehrten die Buchstaben, um uns zu Äußerungen zu veranlassen, die ein unbekannter Gehilfe von uns erhielt.

Ich selbst hatte auch einmal versucht, den Becher an die Wand zu halten, und ich muß sagen, daß man wirklich gut hören konnte. Das Alphabet lernte ich jedoch nicht, ich hatte kein Bedürfnis zu sprechen, es genügten mir dazu die Verhöre.

Jede Nacht fuhren wir zu diesen, meistens in dem vorderen Teil des Gefängniswagens, der undurchdringlich dunkel war. Zwei Sitze gab es in ihm in den entferntesten Ecken, die aber schon meistens eingenommen waren, von wem, war allerdings unerfindlich.

Die Kälte war zu dieser Zeit groß, wir waren ihr so hilflos ausgeliefert, daß es nicht verwunderlich gewesen wäre, wenn wir uns zum Weinen entschlossen hätten. Ich weiß nur von mir, daß ich, als ich eines Nachts in dieses Abteil trat, ganz unwillkürlich aufseufzte. Es war, wie es mir selbst schien, kein menschlicher Laut, den ich da von mir gab. Die Antwort darauf, die ich wohl kaum erwartet hatte, war ein schnelles Flüstern, das aus einer Ecke kam. Ich tappte darauf zu, stieß an eine Sitzende, die anscheinend dick war. „Ist Dir kalt?" sagte sie mit einer leisen, singenden Stimme, „ist Dir kalt?" Da ich mit den Zähnen klapperte, mochte sich wohl eine Antwort erübrigen. Sie begann an meinem Körper herumzutasten, was ich geschehen ließ, ohne zu verstehen, warum sie es tat, bis sie endlich meine Hände faßte und eine nach der anderen in ihre Achselhöhlen schob. Meine Handflächen lagen an ihren Brüsten, aber meine Finger hatte ich tief in etwas urweltlich Höhlenhaftes eingegraben. Mein Kopf überragte den ihren, ich stand vor der Sitzenden, und ich glaubte, ihren Atem auf meiner Brust zu spüren. Wir sprachen nicht miteinander, ich weiß nicht, wer sie war, und ich hätte sie auch niemals wiedererkannt. Ich berührte doch nicht ihr Gesicht, obgleich mir dieses auch nicht hätte dazu verhelfen können. Diese Frau hat mich in dieser Nacht vor der entsetzlichen Kälte bewahrt, nicht nur deshalb, weil meine Finger an ihrem Leibe lagen, vor allem deshalb, weil ein Mensch sich meiner erbarmt hatte.

Kurze Zeit danach wurde ich krank, ich bekam den Durchfall. Dies war in den ersten Tagen nicht das Schlimmste; schlimm, fast unerträglich war das Schimpfen der Frauen, die mich verfluchten, weil ich so oft den Kübel benutzen mußte, was, wie ich gut verstehen konnte, für sie nicht angenehm war. Ich hatte hohes Fieber, und mit den anderen gemeinsam auszutreten konnte ich schon nach dem zweiten Tage nicht mehr, aber auch einen Schritt außerhalb des Bettes zu machen war mir damals schon unmöglich. Ich blieb eben liegen, wie ich war, und tat, was ich nicht lassen konnte. Das Essen widerstand mir, und Wasser gab man mir nicht, weil man annahm, daß dadurch meine Entleerungen noch öfters erfolgen würden. Ich hatte Durst, aber soweit ich mich erinnere, verlangte ich von ihnen nichts, die Außenwelt verschwamm für mich.

An einem dieser Tage hatte man die Frauen abgeführt, und ich blieb mit nur einer von ihnen zurück, die keinen Bettplatz hatte und unweit von mir auf dem Boden lag. Ich hatte niemals ihre Stimme gehört, sie sprach nicht mit uns, hatte es aber dennoch verstanden, einen

Streit unter den Gefangenen hervorzurufen. Sie war 83 Jahre alt und wegen der Religion verhaftet worden. Aus diesem Grunde hätten die Frauen sie hier wohl kaum besonders gequält, aber sie hatte Läuse, die anscheinend an ihr nicht genügend Nahrung finden konnten und sich andere Gebiete eroberten. Kopfläuse hätte man ihr wahrscheinlich noch verziehen, denn diese hatten wir alle, aber die Kleiderläuse waren weitaus unangenehmer, obwohl wir davon auch nicht ganz frei waren. Einmal zog man ihr, gewiß wider ihren Willen, die wollenen Strümpfe aus und untersuchte sie. Zwischen jeder Masche steckte eine Laus. Man wurde darüber so zornig, daß man mit aller Wucht an die Tür schlug und einen Arzt verlangte, der wider allen Erwartens auch wirklich kam.

Die Tür öffnete sich unter Gerassel, und zwischen ihr stand eine junge Frau, hinter der ein großer Soldat mit einem Gewehr sichtbar wurde. Die Ärztin hatte sichtlich Angst, sie fürchtete sich, auch nur mit einem Schritt in unsere Zelle zu treten, obwohl der eine Schritt gerade noch möglich gewesen wäre. Plötzlich schrie der Soldat über ihren Kopf hinweg: „Verfluchte Traskisten, erschießen muß man Euch alle!“ (Er hatte sich den Namen Trotzkis* nicht genügend angeeignet.) Die Ärztin machte zu diesem Ausruf keinerlei Bewegung, sie verbot ihm diese Rede nicht. Sie hörte auch die Klagen über die Läuseplage mit einem unbewegten Gesichte an. Sie sah auf die auf dem Boden Liegende abschätzend und sagte ziemlich leise „gut“, und verließ uns. Was daran gut sein sollte, verstanden wir allerdings nicht, wir waren aber dennoch sicher, daß nun etwas geschehen werde, es geschah aber nichts, die Frau blieb mit allen ihren Läusen bei uns.

Ich war also mit dieser alten Frau allein, obgleich ich sie nicht sah und gewiß an sie auch nicht dachte. Die Stille um mich her wurde durch ein Ächzen unterbrochen, die Alte war bis zu meinem Bett gekrochen und richtete sich mit großer Mühe an ihm auf. Sie stand groß an dem Fußende des Bettes und schaute auf mich. War es nur deshalb, weil mir das Fieber die Sinne verwirrte, oder gab es mir gerade die Möglichkeit, mehr zu sehen als in gesunden Tagen – ich erblickte ein Gesicht, das nicht von dieser Welt zu sein schien. Es hatte sich von allem Irdischen zurückgezogen, zusammengefaltet, war klein und unwesentlich geworden. Es war nur der Fackelträger der Augen, die dunkel und flammend, überaus groß, auf ihr lagen. Sie sah mich lange und unentwegt an, ohne ein Wort zu sprechen. Alles Wissen um ferne Dinge sandte sie mir zu, nicht etwa begütigend, nein, drohend, und ich verstand gar nicht, daß ich nicht ein feuriges Schwert an ihrer Seite sehen konnte.

Endlich begann sie, mit ihren dürren Fingern an der Brust zu nesteln, und brachte etwas zutage, was sie mir hinhielt. Es war ein kleines Stück Zucker, schwärzlich und gerundet. Ihre Stimme war ganz tief, verhüllt, als sie zu mir sagte: „Nimm, es hilft!" Sie ließ sich danach auf die Knie nieder und kroch anscheinend auf allen Vieren zurück. Ich hörte bereits die Schlüssel klirren, man kam zurück.

Ich hielt den Zucker in der Hand, und es kam mir gar nicht in den Sinn, ihn zu essen. Ehe sich noch die Tür öffnete, hatte ich ihn unter die Zunge geschoben, es war mir nicht leicht, die Hand bis zum Gesicht zu heben. Warum wohl unter die Zunge? Wollte ich ihn verstecken, sollte niemand von diesem Geschenke erfahren? Ich glaube es war so. Niemals werde ich die fragwürdige Güte dieser Greisin vergessen.

Am siebenten Tag meiner Krankheit, wie man mir später erzählte, als man glaubte, ja, ganz sicher war, daß ich sofort sterben werde, forderte man meine Entfernung aus der Zelle. Ich hörte es wohl, sie schrien es durch die Tür, was aber gar keinen Eindruck auf mich machte.

Ihre Bemühungen hatten Erfolg. Gegen Abend öffnete sich die Tür, und ein Soldat befahl mir, mich schnell zurecht zu machen. Das war aber, wenn man meine Möglichkeiten bedachte, ein ganz sinnloser Befehl. Ich lag da und ließ es geschehen, daß man mich aufsetzte, obgleich ich wieder zurückfiel. Alle Versuche, mich auf die Beine zu stellen, mißlangen. Man gab es endlich auf, mich dem Soldaten handlicher zu machen.

Er stand dann vor meinem Bett und nahm mich von diesem wie ein Bündel unter dem Arm, es schien ihm keinerlei Mühe zu bereiten, ich war sicherlich nicht schwer. Meine Beine reichten nicht bis zum Boden, da er mich gleichmäßig aufgeteilt in der Mitte gefaßt hatte, mein Kopf lag vor ihnen. Er trug mich auf den Gang hinaus, hängte mich einfach über das Gitter, das den Gang rings um die Zellen begrenzte, einen leeren Raum einschloß, der erst ein Stockwerk tiefer von einem Eisennetz überspannt war.

Ich hing nun so, den Kopf nach unten, und kann mich nicht erinnern, ob ich dabei Schmerzen empfunden hatte oder nicht, daß ich aber um mich schaute, weiß ich genau, denn ich sah in einiger Entfernung von mir einen Mann, der genau in derselben Lage war wie ich, er hing ebenfalls über dem Gitter. Wielange ich mich in diesem Zustande befunden hatte, ist mir nicht bekannt. Der Soldat nahm mich wieder unter den Arm, schleppte mich eine eiserne Wendeltreppe hinab, wobei allerdings meine Beine zu Schaden kamen, denn sie schlugen bei jedem Schritt des Mannes auf. Der Soldat setzte mich dann in ein kleines Abteil des Gefängniswagens, ließ aber seine Tür offen, da an eine Flucht wohl nicht zu denken war. Er holte dann den anderen, der mit mir das Gitter geteilt hatte, einen großen Mann, wie ich jetzt sehen konnte. Er war sicherlich unbequemer zu tragen gewesen als ich, und der Soldat ließ ihn die Mühe, die er sich hatte machen müssen, dann auch entgelten. Er warf ihn einfach in ein Abteil und schlug die Tür krachend an seine Beine, die scheinbar zu lang waren, um sich dem kleinen Raume einzuordnen. Der Kranke stöhnte, murmelte auch etwas vor sich hin, was ich aber nicht verstehen konnte. Er hatte anscheinend nicht die Kraft, die Beine an sich zu ziehen, und der Soldat wiederholte sein Tun noch etliche Male, wobei er schimpfte.

Später habe ich erfahren, daß der Mann Steklow*, der erste Redakteur der Prawda gewesen sein soll, der dann hier starb. Er und ich hatten die Dysenterie (Ruhr).

Im Krankenhaus wusch mich eine alte Frau in einer mir nicht geläufigen Art. Sie setzte einen Stuhl in die Badewanne, hob mich darauf und übergoß mich mit Wasser, was aber weniger einer Reinigung, als einer Erfrischung gleichkam. Sie zog mir dann ein Hemd an, trug mich zu einer Zelle, die man nicht gut ein Krankenzimmer nennen konnte, denn sie hatte ein schweres Vorhängeschloß.

Am Morgen fragte mich die Ärztin ganz freundlich, ob ich Salzwasser trinken könne. Es war für mich eine Kleinigkeit, einen halben Liter davon zu mir zu nehmen. Ich spürte jetzt die Schmerzen ärger als früher, und außerdem bissen mich die Kopfläuse in der gemeinsten Weise. Ich wagte deshalb eine Bitte, war mir aber nicht sicher, ob man sie mir erfüllen werde. Ich bat die Ärztin zu veranlassen, daß man mir die Haare abschneide. Sie war sofort damit einverstanden, und in einer kurzen Zeit kam ein Mann mit einer Maschine und fing seine Arbeit an, wobei ich unbeweglich dalag. Er zog nicht etwa breite Bahnen auf meinen Kopf, nein, er griff die Haare von allen Seiten fast gleichzeitig an, bis endlich eine Perücke zu Boden fiel. Meine Haare, lange ungekämmt, hatten sich vollkommen verwirrt.

Als mich die Ärztin dann sah, konnte sie sich eines Ausrufes nicht enthalten: „Ach, Sie sehen ja aus wie ein hungernder Inder!" Warum Inder? Das war nicht ganz zu verstehen, wir alle hungerten, und es war wirklich eine internationale Versammlung, die sich hier dieser Beschäftigung hingab.

Ich hatte schmerzhafte Wunden auf meinen Rücken, denn es war keine Kleinigkeit gewesen, so lange in der Nässe zu liegen. Der Chirurg, der mich besah, machte ein durchaus abwehrendes Gesicht. Die Ärztin, die es für notwendig gehalten hatte, ihn zu rufen – schließlich war ich eine Kollegin von ihr –, meinte es gewiß mit mir gut, bekam aber eine vernichtende Antwort, nämlich, daß es sich nicht mehr lohne. Wenn das Fieber auch alle Laute dämpfte, unwirklicher machte, hörte ich doch diese Worte deutlich. Ich wollte nicht sterben und tat es auch nicht. Ich war dabei durchaus nicht von irgendwelchen gewissenlosen Worten abhängig.

Ich war zufrieden, daß ich allein liegen, ohne Vorwurf krank sein konnte. Als ich einen Eßlöffel Bakteriophag* bekam, fühlte ich mich bedeutend besser. Dieser Phag hat sicherlich zu meiner Rettung beigetragen, und ich bin der jungen Frau, eben jener Ärztin, die ihn mir gegeben hatte und auch nicht hätte geben können, durchaus dankbar. Es hing doch ganz von ihr ab und unterlag keinerlei Nachprüfung.

Ich lag fast unbeweglich auf dem Rücken, zwei Mädchen, ebenfalls Kranke, halfen mir abwechselnd die Suppe zu essen, die sie in mich hineinlöffelten. Diese Suppe war aus Knochen gekocht, die wir selbst nicht zu sehen bekamen, eben aus unbekannten Knochen; sie sah milchig aus, undurchsichtig und hatte keinerlei Geschmack. Sie war nicht gerade ein Wasser, dazu war sie zu trübe, sie war eine warme Flüssigkeit. Ich bekam auch getrocknetes Brot, das ich aber nicht essen konnte, weil mein Mund entzündet war und etwas blutete. Ich bewahrte das Brot in einem Säckchen auf und mußte es vor den Zugriffen meiner Nachbarn schützen.

Meine Ernährerinnen lagen ganz in meiner Nähe. Wie es nicht anders zu erwarten war, drangen ihre Reden bis zu mir. Zuerst waren sie für mich ganz unverständlich, vielleicht war ich damals zum Zuhören noch zu schwach, späterhin erregten sie meine Aufmerksamkeit, sie drehten sich nämlich nur um Morde. Sie sprachen darüber einfach, ohne die kleinste Erregung, in einer durchaus sachlichen Art. Der Mord war anscheinend für sie ein Mittel, um zu leben, und sie benahmen sich wie Tiere, die einander töten, aus der Notwendigkeit heraus, selbst nicht zu verhungern.

Ich hatte natürlich eine gewisse Scheu, mich in dieses Gespräch zu mischen, vor allem, weil sein Gegenstand nicht zu den alltäglichen gehörte, gewisse Kenntnisse, die ich nicht besaß, voraussetzte, aber auch, weil ihre Sprache von der meinen so ganz verschieden war. Sie nannten alle Dinge ganz unumwunden beim Namen, der fast in allen Fällen einen Irrtum ausschloß.

Eines Tages nun, als wieder eine von ihnen über einen Mord, bei dem sie hilfreiche Hand geleistet hatte, sprach, konnte ich mich nicht enthalten, eine Frage an sie zu richten. Es war verständlich, daß ich mit einer moralischen Bemerkung ihr Wohlwollen nicht gefährden durfte, obwohl mir eine solche Predigt nur ganz flüchtig in den Sinn gekommen war. Für mich war es unverständlich, wie und auf welche

Weise sie die Angst überwanden, nicht etwa die, von den Gerichten erfaßt zu werden, nein, eben jene schreckliche Kinderangst, die in der Dunkelheit alles heraufbeschwört und die auch den Erwachsenen nicht fremd ist.

Ich fragte also ganz vorsichtig, ob sie denn keine Angst hätten, es könnte sie doch ein Toter im Traume besuchen, das wäre wohl möglich? Darauf folgte ein lautes, recht unangenehmes Gelächter. Nein, sagte die eine, und ihre Freundin bestätigte es sofort, das käme niemals vor, davor seien sie sicher. Ich stand vor einem Rätsel, das man mir aber mit aller Schnelligkeit löste, obwohl diese Mitteilung dann Bilder erzeugte, die sich in meinem eigenen Traum eine gewisse Freiheit erlaubten.

Die Worte, die ich nun hörte, waren mit einer ernsten Stimme gesprochen, geschäftlich könnte man sagen, und vielleicht ehrten sie mich sogar dadurch, daß sie mir ein großes Geheimnis ihres Berufes verrieten. Eine von ihnen erklärte mir: „Wenn man eine nasse Sache beendet hat, muß man sofort einen Schluck Blut trinken, das schützt vor allem!" So, jetzt wußte ich es. Ich schwieg daraufhin, denn eine Unmenge von Vorstellungen drangen auf mich ein, bis ich endlich zu der Vermutung kam, daß es sich hier anscheinend um eine Frage des Zeitablaufs handelt, die ihnen solches ermöglicht. Sie, jene Mörder, standen demnach in einer von uns längst überlebten Zeit, die in unsere nur mehr recht spärlich hineinragt. Bei dem Bluttrinken konnten sie sich ja eine ungute Krankheit holen, kam mir in den Sinn, darauf schienen sie ganz vergessen zu haben. Die Knochensuppe rann nun nicht mehr so lustvoll in meine Kehle als vorher, ich konnte die Berührung dieser Hand schwer ertragen.

Auf der anderen Seite von mir lag Nikitina. Ich erinnere mich ihres Vornamens nicht, und ich habe ihn wohl auch niemals gekannt. Man hatte sie aus dem Krankenhaus heraus verhaftet. Sie sagte mir, daß sie einen hohen Blutdruck habe, huste, und daß der Husten für sie besonders gefährlich sei. Das war zu verstehen, aber sie ließ sich vom Erzählen nicht abhalten, wenngleich es sie anstrengte.

Sie war dabei, als in der zaristischen Zeit eine Frauengruppe aus dem Nowitzkij-Gefängnis* entfloh, und nicht nur aus ihm, sondern sogar aus dem Lande selbst. Sie kannte Sawinkow* und sprach sich durchaus nicht lobend über ihn aus, nur, daß er dann im Sowjetgefängnis Selbstmord begangen haben sollte, konnte sie nicht glauben. Nein, er gehörte nicht zu jenen, die solches tun, sagte sie. Nikitina hatte ein Buch in ukrainischer Sprache über die revolutionäre Bewegung im zaristischen Rußland geschrieben und lebte nun schon viele Jahre berechtigt in diesem Lande. Merkwürdigerweise sprach sie nicht unumwunden über die letzte Zeit, sie brachte nur Beispiele des, wenn man so sagen kann, nicht normalen Verhaltens der Behörden. Sie erzählte mir, daß mit ihr gleichzeitig ein Mädchen verhaftet worden war, das noch einen Verband um den Brustkorb hatte, es waren ihr nämlich einige Rippen entfernt worden. Der Untersuchungsrichter war der Meinung, daß unter dem Verbande Geheimmaterial verborgen sein könnte, und riß ihn ihr deshalb vom Leibe. Das Mädchen starb, vielleicht wäre sie aber auch so gestorben, das kann man natürlich nicht wissen.

Es war nicht besonders befriedigend, diese Erzählungen, die oft von einem heftigen Husten unterbrochen wurden, anzuhören, ungeachtet des Neuen, das sie mir brachten. Wie die Frauen aus dem Gefängnis entflohen sind, wird wohl oft beschrieben worden sein, ich sehe davon ab, es zu wiederholen, aber eine Kleinigkeit, eine winzige Begebenheit, die vielleicht für dieses Unternehmen ausschlaggebend war, will ich aufschreiben.

Alle Vorbereitungen waren für die Flucht getroffen, aber noch waren die Frauen nicht auf der Straße. Man wußte, daß ein Polizist dort auf und ab gehe, der alles in Frage stellen konnte. Zur verabredeten Zeit ging ein Betrunkener an dem Gefängnis vorbei, torkelte, fiel hin, raffte sich wieder auf und versuchte, mit aller Anstrengung in die Nähe des Polizisten kommend, einen Gegenstand aus seiner Tasche zu ziehen. Wie er aber auch zerrte, dieser ließ sich nicht aus ihr entfernen, und mit Staunen sah der Polizist, der dieses Manöver aufmerksam beobachtete, daß der Betrunkene dabei eine Menge Kleingeld verstreute, worunter auch Silbermünzen waren. Sie fielen klirrend auf das Pflaster und rollten nach den verschiedensten Richtungen. Der Betrunkene sah anscheinend nur die zunächst liegenden, er bückte sich, was ihm sichtlich schwer fiel.

Der Polizist hatte mit schnellem Blick die Möglichkeit erkannt, seinen Anteil an diesem Geldregen zu erhalten. Gutmütig hob er zuerst einige Kopeken auf und reichte sie dem Manne, um dann immer hastiger zu suchen, wobei die Münzen in seine Tasche verschwanden. Der Eifer, den er dabei entwickelte, machte ihn blind für andere Vorgänge, und so geschah es, daß die Frauen entkamen.

Ich kann nicht sagen, daß mir Nikitina sehr viel erzählt hat, es kam ihr nicht leicht an, ich veranlaßte sie auch nicht dazu. Eines Tages, als wir gerade beim Essen waren, hustete sie kurz auf und erbrach, übrigens nur eine Kleinigkeit, und fiel zurück. Das war ein böses Zeichen. So weit es meine Stimme hergab, rief ich, und die anderen stimmten ebenfalls ein, wir waren ja eingeschlossen, man kam nur recht selten zu uns.

Unser Schreien hatte Erfolg, eine Schwester trat ein, hatte aber nur eine Medizin bei sich, eine nicht gerade schädliche, aber, in diesem Falle, ganz unnütze. Sie versuchte der Besinnungslosen Baldriantropfen einzuflößen. Auf meinen Hinweis, daß es sich hier anscheinend um einen Schlaganfall handle, gab sie mir eine schnelle Antwort, nämlich, daß ich mich um meine eigene Krankheit kümmern solle und das Bett weniger beschmutzen möge, worauf ich schwieg.

Nikitina lag viele Stunden röchelnd da, bis man sie endlich von uns entfernte. Ich hatte das Gefühl, etwas verloren zu haben, ohne jedoch zu wissen, was es eigentlich war.

Das Bett blieb nicht leer, eine deutsche Frau nahm es ein, eine Schwangere, die mir fast gleich ihre ganze Geschichte erzählte. Sie lebte mit einem russischen Manne zusammen, und sie lebten, wie sie mir sagte, nicht schlecht miteinander. Sie lagen noch im Bette, als sie das Radio hörten, das den Krieg verlautbarte. Kaum aber hatte ihr Mann diese Nachricht gehört, als er sie sofort und ohne weiteres aus dem Bette warf, sie und ihre Nation verdammte. Sie war schwer aufgefallen. „Nein", sagte sie, „ich schrie nicht, ich verstand sehr gut, daß ich als Deutsche kein Recht dazu hatte. Ich tat mir sehr weh und begann fast sofort zu bluten. Ich wußte nicht, was ich tun sollte, aber sehr bald nahm man mir diese Sorge ab. Mein Mann zeigte mich an, ich weiß nicht, was er über mich aussagte, jetzt bin ich hier. Ich glaube nicht, daß ich das Kind gebären kann, ich blute von Zeit zu Zeit, aber sie wollen es mir nicht nehmen."

Wie hätte man diese Frau trösten können? Selbst wenn dieses Kind lebenfähig gewesen wäre, das Kind dieses Mannes, könnte das Schicksal der Frau dadurch erträglicher werden? Ich will es hier gleich vorwegnehmen, die Frau starb bei der Geburt, das Kind war um diese Zeit bereits tot.

Ich kann nicht sagen, daß ich gesund war, als man mich in meine Zelle entließ. Es ist wahr, ich konnte, wenn auch nur langsam, gehen. Ich hatte das Säckchen mit trockenem Brote bei mir, und wie nicht anders möglich, brachte ich es als Gastgeschenk meinen Mitgefangenen. Es waren dieselben, die ich vor einem Monat verlassen hatte. Ich teilte das Brot ehrlich auf, kann mich aber nicht erinnern, daß sich auch nur eine bedankt hätte.

Die Ärztin hatte mir für einen weiteren Monat Krankenkost verschrieben, die ich in meiner Zelle erhielt. Ich aß aber nur die Hälfte davon und gab der Reihe nach die andere ab. Ich teilte sehr gewissenhaft und glaube nicht, daß auch nur eine der Frauen mich verdächtigte, sie benachteiligt zu haben. Wie ist aber dieses, mein Vorgehen zu verstehen, wie habe ich es selbst verstanden? War es denn überhaupt möglich, einen Plan zu machen? Wer könnte die Augen der Zuschauer ertragen, die jeden Bissen bis in den Mund hinein verfolgen? Das ist das eine, ich wußte, daß sie den Hunger schlechter vertrugen als ich, die ich mich mit einem ganzen System von Gedanken und Vorstellungen aufrecht hielt. Es war auch nicht ratsam, sie herauszufordern, sie waren bereits vieler Hemmungen verlustig, und es war eine gewisse Vorsicht meinerseits, sie nicht zu reizen. Alles in allem blieb von der vermeintlichen Güte, die man vielleicht annehmen könnte, nur ein ganz kleiner Teil übrig, eben soviel, daß ich dieses alles ohne Bedauern tun konnte. Die Freude der an diesem Tage Essenden zu teilen gelang mir höchst selten, da ihre Gier wenig angenehm war, sie aßen geräuschvoll.

War ich während meiner Krankheit von den Verhören verschont geblieben, was übrigens nicht alle Kranke von sich sagen konnten, erinnerte man sich jetzt meiner, der nächtliche Weg wurde in gewohnter Weise wiederholt. Damals, im Krankenhaus, war es wegen eines nächtlichen Verhörs zu einem traurigen Ereignis gekommen.

Es war anscheinend gegen Morgen, in unserem Raume war es dunkel, obwohl es ja eigentlich niemals hell wurde, als mich ein heftiges Weinen weckte. Dicht neben meinem Gesicht lag ein anderes. Die Frau kniete auf dem Boden hart an meinem Bette, ich weiß bis heute nicht, warum sie gerade mich dazu erwählt hatte, ihren Kummer zu hören.

Sie war eigentlich noch keine Frau – ein Mädchen, eine Krankenschwester, und nicht einmal eine richtige, eben nur eine, die eine kurze Lehrzeit hinter sich hatte. Sie war Mitglied des kommunistischen Jugendverbandes. Zuerst verstand ich gar nicht, was sie von mir wollte, denn sie flüsterte hastig unter Tränen. Erst allmählich wurde es mir klar, daß man sie beleidigt hatte, so tief beleidigt, daß es ihr unmöglich schien, noch weiter zu leben. Sie war von dem Untersuchungsrichter als Frau beschimpft worden, er hatte sie beschuldigt, mit den Deutschen intime Beziehungen gehabt zu haben. Es gab da aber noch einen anderen Teil der Beschuldigung, den sie gar nicht zu verstehen schien und der wirklich gefährlich war. Der Richter sprach nämlich auch von einem Auftrag, den ihr die Deutschen gegeben haben sollten. Es blieb mir nichts anderes übrig, als sie durch Fragen dahin zu bringen, mir ihre Geschichte zu erzählen, was auch dann zu ihrer Beruhigung beitrug.

Sie war 18 Jahre alt und arbeitete als Krankenschwester in der Armee, im eingeschlossenen Kiew. Sie sprach über diese schreckliche Lage recht seltsam, iher Worte ergingen sich in den verschiedensten Tonstärken. Über das große Bombardement der Stadt Kiew* sprach sie so leise, als ob jeder mehr hörbare Laut die vergangene Gefahr verstärken könne. Als die Lage unhaltbar geworden war, versuchten die Belagerten den Ring der Einkreisung zu durchbrechen. Soweit ich verstanden habe, gab es nur eine Möglichkeit zu entkommen und das war über ebenes Land, auf dem die Züge mit den Verwundeten standen. Man brach also nach dieser Seite hin aus, und die Deutschen verfehlten dann nicht das so sichtbare Ziel. Das Mädchen entwich mit sieben Soldaten aus der Umkreisung. Sie hatten eine Landkarte bei sich und wollten auf Umwegen zu den Ihren zurückkehren. Sie gingen nur nachts, einer von ihnen hatte die Landkarte, die für sie ein gefährlicher Gegenstand war, denn wenn die Deutschen sie mit ihr gefaßt hätten, wäre ihnen das Erschießen sicher gewesen. Sie hatten beschlossen, sie bei der geringsten Gefahr zu vernichten.

Vier Tag- und Nachtgleichen waren sie schon unterwegs, hungrig und unendlich müde, als eine Streife deutscher Soldaten sie aufgriff. Die Karte war rechtzeitig verschwunden, die größte Gefahr abgewendet, aber sie waren nun Gefangene. Ein Offizier vernahm sie, wie sie sagte, ohne besonderes Interesse zu zeigen, bot dem Mädchen an, als Krankenschwester zu arbeiten, was sie auch tatsächlich drei Tage lang tat. Die Bewachung war so unzulänglich, daß sie mit einigen Soldaten entfliehen konnte. Glücklich entronnen, glücklich, endlich die Ihren zu treffen, stellten sie sich den Behörden und wurden unverzüglich verhaftet. Die Beschuldigung, die man gegen sie vorbrachte, war ihr unklar, sie verstand die Gefahr nicht, in der sie schwebte. Die Beleidigung, die sie als Frau erlitten hatte, schien ihr das Wichtigste zu sein.

Es war nicht leicht für mich, dem Mädchen eine Frage zu stellen, aber ich mußte es tun, um ihr zu helfen. Ich glaubte sicher zu sein, daß sie noch ein Mädchen war, aber ich hatte doch eine so heftige Reaktion auf diese Frage nicht erwartet. Sie schlug sich danach mit aller Kraft auf die Brust, so daß sie einen Ton von sich gab, und keuchte unter Schluchzen: „Ich bin es, ich bin es!"
Ich hoffe nur, daß sie verstanden hat, was ich ihr erklärte. Sie mußte eine Ärztin verlangen, die ihr das „Mädchensein" bestätigen konnte. Ob sie dieses dann auch getan hat, weiß ich nicht, meine Krankenzeit war zu Ende.

Es schien mir nichts Außergewöhnliches zu sein, wieder zu den Verhören zu fahren und einen neuen Untersuchungsrichter vor mir zu sehen. Der vorige war auch nicht der erste gewesen, er war aber durchaus menschlich mit mir verfahren, er trug einen symbolischen Namen. Dieser hatte etwas mit „zerstreuen, verstreuen" zu tun. Ich sagte ihm lachend, daß sich meine Sache sicherlich in alle Winde zerstreuen werde. (Das grenzte schon fast an Prophetie, wenn es auch

Jahre dauerte, bis es zur Wirklichkeit wurde.) Er konnte mich aber auch nicht zu einem Geständnis bringen. Deshalb bekam ich nun einen strengen Herrn, es war der vierte.

Der neue Untersuchungsrichter hatte seine eigenen Methoden, die ich aber nicht gerade loben konnte. Er wußte sicher nur vom Hörensagen, was Hunger war, hatte sich aber theoretisch soweit damit beschäftigt, daß er meinte, dieses Wissen jetzt verwenden zu können. Sein Tisch war immer wie für einen Empfang hergerichtet, einen Studentenempfang. Es standen auf ihm Teller mit belegten Broten. Von meinem Platze aus konnte ich gut sehen, daß Schinken, Wurst und Käse darauf lagen. Der Belag häufte sich auf ihnen, Schachteln mit Zigaretten waren recht demonstrativ beigeordnet.

Der Mann aß aber nicht zu einer vorgesehenen Zeit, es kam auf den Zustand seines Opfers an, wann er für richtig hielt, es zu tun. Sicher versprach er sich manches schon von dem bloßen Aussehen dieser Schätze, es konnte ihm nicht entgangen sein, daß man sie nicht aus den Augen ließ und den Speichel schluckte. Er wollte es erreichen, daß man die Aufmerksamkeit von jenen Fragen abwendete, die er dann, so ganz von ungefähr, stellte.

Ich hatte am Morgen mein Brot gegessen, hatte die halbe Krankenkost in mir und saß nun, tief in der Nacht, vor dem Manne, der mich angrinste und aß. Er hatte soeben eine Frage an mich gerichtet, die nicht nur sinnlos, sondern auch grausam war. Er hatte mich gefragt, wie es mir gehe. Ich bin noch heute überzeugt, daß er 64 Zähne hatte, wirklich tadellose Zähne, aber etwas zuviel für einen einzelnen Menschen.

Wir wußten, daß diese Richter einfach nicht zum Schlafen kamen, sie holten es manches Mal in unserer Gegenwart nach. Ich ertappte mich bei dem Gedanken, daß der arme Mensch nicht einmal Zeit zum Essen habe und es jetzt nachhole. Dieser Gedanke kam mir selbst komisch vor, sodaß ich etwas lächelte. Das war aber für diesen Mann etwas ganz und gar Verbotenes, er schrie mich auch in dem entsprechenden Tone an: „Was gibt es hier zu lachen?“ Eigentlich hatte er ja recht, das war wirklich nicht der Ort für ein Gelächter, obwohl ich es nur ganz leise, fast unmerklich versucht hatte. Es gehört zu meinen Eigenheiten, die Wahrheit zu sagen, vielleicht einfach aus Faulheit, wenn ich es nicht vorziehe zu schweigen. Deshalb antwortete ich ihm, daß er mir leid täte; ein Mensch, so von Arbeit überhäuft, der sich nicht einmal Zeit zum Essen nehmen könne. Wir aber wären in der angenehmen Lage, ausruhen zu können, allerdings ohne Essen.

Meine Erklärung verschlug ihm die Rede, er hatte in der Verwirrung ein besonders großes Stück Brot abgebissen, das ihn nun zu einem heftigen Husten brachte. Er hustete danach lange und mit Unterbrechungen. Ich will nicht annehmen, daß er sich für diese Niederlage dann späterhin gerächt hat, obwohl es so aussehen könnte.

Ich verstand die russische Sprache nicht genügend, bekam aber keinen Übersetzer. Die Anspannung, eine ganze Nacht hindurch jedes Wort, das man hört, nicht nur zu verstehen, sondern es auch auf seine gefährlichen Auswertungen hin zu betrachten, wäre gewiß auch für einen satten Menschen eine Qual gewesen. Ich aber war hungrig und fror. Abgelenkt durch irgendein Manöver, konnte man leicht zu einem Todesurteil kommen.

Eines Nachts kam es dazu, daß ich mich weigerte, das Protokoll zu unterschreiben, weil ich ein Wort nicht verstehen konnte und meinte, daß man damit, wenn auch nicht mich, so doch einen anderen, mir bekannten Menschen, beschuldigte. Ich verlangte einen Übersetzer, den es, wie gesagt wurde, nicht gab. Ich verlangte ein Wörterbuch, das ich ebenfalls nicht erhielt.

Als ich bei meiner Weigerung blieb, drückte der Untersuchungsrichter auf einen Knopf, worauf sich sofort die Tür öffnete. Ein Soldat bekam einen, mir unverständlichen Befehl und führte mich ab. Wir gingen die Treppe hinunter, man setzte mich in ein kleines Abteil des Gefängniswagens. Ich saß die erste Zeit, wenn es auch recht kalt war, zufrieden da. Ich dachte nichts anderes, als daß man mich in das Gefängnis zurückfahren werde. Hier aber Selbstverständliches zu erwarten, gehörte zu den kleinen Irrtümern, die man sich nicht abgewöhnen konnte. Ich saß und fror, sicher habe ich nichts Besonderes gedacht, dazu gehört eben auch Kraft. Ich aber, um diese zu sparen, ließ mich gehen, denn ich hatte schon lange die Erfahrung gemacht, daß die Fähigkeit, die Gedanken auszuschalten, sie ausschalten zu können, dazu verhilft, nicht nur die Zeit unmerklich, sondern auch in vielen Fällen sogar schmerzlos vergehen zu lassen. Natürlich kann ich nicht sagen, daß ich die Kälte nicht unangenehm fühlte, hatte ich doch nur einen leichten Mantel und Sommerschuhe an, aber wenn ich auch meine Füße nicht mehr bewegen konnte, beunruhigte mich dieses nicht besonders, ich hatte es schon früher ohne Schaden erlebt.

Plötzlich wurde die Wagentür zurückgeschlagen, der Soldat öffnete mein Abteil und forderte mich auf mitzukommen. Das war mir allerdings nicht möglich. Ich konnte mich, selbst zu meinem Erstaunen, nicht bewegen. Der junge Soldat glaubte mir anscheinend, daß es mir wirklich unmöglich sei zu gehen und rief seinem Kollegen zu, ihm zu helfen. Sie stützten mich unter den Armen und schleppten mich die Treppe hoch. Hier war es wärmer als in dem Wagen, der

Gang nahm mich wie einen Freund auf, aber als man mich dann in eine „box“ steckte, war ich voll und ganz zufrieden. Es war dort warm. Die „box“ war, wie sie es ihres Namens nach sein sollte, klein, vielleicht hatte sie einen Meter im Quadrat. Eine ihrer Ecken war durch eine dicke, heiße Röhre ausgefüllt.

So, wie man mich an die Wand angelehnt hatte, stand ich da, genoß die Wärme, die auf mich einströmte, sättigte mich an ihr bis zum Übermaß. Ich begann zu schwitzen, ich glitt auf den Boden herab, weil ich nicht mehr die Kraft hatte, länger zu stehen. Was dann aber weiter geschah, kann ich nur ahnen, denn ich verlor die Besinnung. Ich muß wohl mit dem Kopfe an die Tür geschlagen haben, denn wie hätten sie sonst wissen können, daß ich einer Hilfe bedürfe, und diese wurde mir zuteil. Ich wachte auf dem Gange liegend auf, man hatte mir kaltes Wasser über den Kopf gegossen, was ich in meiner Lage für überflüssig erachtete. Das Gehen war nach diesem Erlebnis nicht leicht, und der Soldat führte mich in den Wagen zurück.

Ich saß nun in demselben Abteil, das mir schon einmal gedient hatte, obgleich dieser Ausdruck nur bei einer ganz sachlichen Bewertung seine Richtigkeit haben konnte. Es war eben so, daß die Kälte außerhalb des Wagens noch größer war als bei mir. Jetzt war ich, um es genau zu sagen, noch hungriger, noch müder und außerdem naß. Es war ein Glück, daß meine Haare kurz geschoren waren, das Tüchelchen, das meinen Kopf sonst schützte, hatte ich abgenommen. Auch der Mantel war nicht trocken geblieben, um den Hals schmiegte er sich eng und kalt, ja, würgend an. In solchen Zuständen kann man leider nicht schlafen, was die Lage wesentlich erleichtert hätte, aber daß man dabei an ein Wachsein glaubt, ist einfach unrichtig. Was ist da noch zu sagen? Die Zeit verging, man brachte mich endlich in das Gefängnis zurück.

Kaum hatte ich mich aber ein wenig ausgeruht, an Schlaf war nicht zu denken, man erwartete das Brot und das heiße Wasser, als man mich wieder zum Verhör rief. Die Sache, die mir soviel Unannehmlichkeiten bereitet hatte, stellte sich dann als ganz nichtig heraus. Ich hätte das Protokoll ruhig unterschreiben können, wenn man mir nur das Wort erklärt hätte, wozu man sich jetzt herabließ.

Danach, nach dieser Nacht, begann eine schmerzhafte Zeit für mich. Ich bekam eine beiderseitige Mittelohrentzündung, und um es gleich zu sagen, da man sie nicht heilte, waren die Ohren jahrelang krank. Wie man aus all diesem sicherlich erfühlen kann, ergab ich mich nicht, der Untersuchungsrichter hatte kein ganz leichtes Leben mit mir. Es kam nicht nur vor, daß ich lächelte, ich lachte sogar einmal hell auf, als man mich beschimpfen ließ. Man hatte zu diesem

Zwecke besondere Männer, die keine Uniform trugen, die Schimpfer, die dann bei besonderen Fällen zu Hilfe gerufen wurden, um die Autorität des Richters zu wahren, der sich seinem Range angemessen verhalten wollte. Es gab allerdings auch andere, die ihre Methoden vereinfacht hatten, die sich dem Vergnügen dieser Beschäftigung ausgiebig selbst und ohne jede Hemmung hingaben. Mein Untersucher hatte anscheinend alle seine Möglichkeiten erschöpft, er wiederholte sich bereits.

Eines Abends setzte man mich in den Wagen, nicht in das große vordere Abteil, sondern in eines jener kleinen, engen und ließ mich eine ganze Weile sitzen, ohne daß ich etwas Außergewöhnliches hören konnte. Der Wagen füllte sich nur allmählich, was mich wunderte, denn wir waren es gewohnt, daß alles schneller und schneller gehen sollte, wie aus den uns nur zu gut bekannten Zurufen der Soldaten hervorging. Endlich fuhren wir ab. Der Weg war mir bekannt, obwohl ich ihn niemals gesehen hatte, ich fühlte ihn in der Dunkelheit, in jeder Bewegung des Wagens. Sonst fuhren wir immer zuerst rechts, die Straße war glatt und ohne jedes Hindernis, dieses Mal aber, gewiß zu meinem Erstaunen, bogen wir nach links ab. Sollte man uns vielleicht zu einer höheren Behörde bringen? Das wäre ja immerhin möglich, dachte ich. Wir fuhren aber kreuz und quer, ich hatte die Richtung schon lange verloren, als unser Wagen zu holpern begann, und es mir klar wurde, daß wir uns nicht mehr in der Stadt befanden. Ich hatte ein ähnliches Erlebnis schon einmal gehabt, als man uns in Moskau aus dem Butyrki-Gefängnis verfrachtete; nur, daß wir damals viele waren, die das erlebten, jetzt war ich aber allein und auf mich selbst angewiesen, wenngleich mein Wagen nicht leer war.

Wir fuhren lange, Geräusche, die ich hörte, waren unwesentlich, in Kriegszeiten lärmen die Menschen nachts weniger. Die Stille um mich her war alles andere als anheimelnd. Der Wagen machte noch einen Sprung, der meinen Kopf an die Wand warf und blieb stehen. Fast sofort hörte man Hundegebell. Es gibt Menschen, die diese Laute, unter ähnlichen Umständen vernommen, hassen, die Hunde danach nicht mehr sehen können. Ich selbst liebe aber Hunde und halte von einer solchen Gefühlsverwirrung nicht viel.

Es war nicht schwer, auf den nächstliegenden Gedanken zu kommen, wenn sich auch manches in mir dagegen sträubte, ihn aufzunehmen, denn er war wenig erfreulich. Wozu konnte man uns hierher gebracht haben? Man fährt doch Gefangene nicht spazieren, und noch dazu in der Nacht! Ich tastete in meinen Gedanken weiter, ich dachte langsam, es war kalt, die Ohren schmerzten.

Mit einem Knarren öffnete sich die Tür des Wagens und auch fast sofort mein zunächst liegendes Abteil. Man zerrte seinen Insassen heraus, was genau zu hören war. Wer er auch war, er gab nur ein leises, fast zufälliges Stöhnen von sich. Niemand sprach, weder der Soldat, noch der Unbekannte. Die Tür wurde krachend zugeschlagen, wir blieben allein.

Plötzlich knallten Schüsse, es waren mehrere auf einmal. Was hatte es nun für einen Sinn, sich noch länger zu täuschen? Man hatte uns also zum Erschießen hierher gebracht, es blieb mir nur noch eine kurze Zeit zu leben übrig. Das erste, das mir danach in den Kopf kam, was mir einfiel, war eine Frage, die ich an mich selbst richtete, vielleicht deshalb, weil ein anderer sie wohl schwerlich mir hätte stellen können. Ich fragte mich also, fast neugierig, ob ich Angst habe, horchte sogar in mich hinein, um eine Gewißheit darüber zu gewinnen. Es war aber kein Nachdenken, das diesem folgte, es war ein von irgendwoher kommendes helles Wissen: Nein, ich hatte keine Angst! Ich hatte aber etwas, das weit schwerer zu ertragen war als diese. Ich wußte nun, daß ich mir leid tat, daß ich mir schmerzlich leid tue. Wie konnte aber dieses Gefühl zustande kommen, da ich doch niemals empfunden habe, daß ich mich liebe?

Ein ausgiebiges Denken gehörte aber anscheinend nicht zu den Möglichkeiten dieser Nacht, man nahm den zweiten Mann aus dem Wagen, was dann, wie nicht anders zu erwarten war, dieses störte. Ich fühlte jetzt die Kälte nicht mehr, wenn sie mich auch an meinen Bewegungen hinderte. Ich wollte nämlich meine Beine auf den Sitz hinaufziehen, was mir aber nicht gelang. Zusammengekrümmt meinte ich die letzten Augenblicke leichter zu ertragen. Ich war wirklich ganz erstarrt, aber das wahre Hindernis, das, was mein Vorhaben unmöglich machte, war die Enge des Raums. Ich war nicht gerade verzweifelt, kam aber in einer inneren Dunkelheit vom Wege ab, so daß ich glaubte, schreien zu müssen. Der Mund versuchte sich schon zu öffnen, als ich mich noch rechtzeitig besann, er blieb stumm. Warum schrieen aber die anderen nicht? Ihr wenig gehemmtes Wesen kannte ich doch von früher her.

Wie verständlich wäre es gewesen, wenn sie sich hier in irgendeiner Weise gewehrt hätten, obgleich ich die Aussichtslosigkeit dieses vielleicht möglichen Tuns verstand.

In diese Nacht hätte man nämlich alles werfen können, Hilferufe, Verwünschungen, Bekenntnisse und Gebete, sie hätte alles bereitwillig aufgenommen und wäre davon dennoch unberührt geblieben. Ihre Feindseligkeit war für mich so deutlich, wie die der freien Menschen hier, die mich zu töten gedachten.

Merkwürdigerweise schmerzten meine Ohren nicht mehr, ich

mußte mich sogar an sie erinnern, um zu verstehen, daß sie es nicht taten. Ich spürte auch keinen Hunger. Das, was ich jetzt tun wollte, war schwer auszuführen – ich wollte mein Gesicht in die Hände legen, einfach dieses und nichts mehr. Der Grund dazu war mir unbekannt, ich konnte mich auch nicht darum kümmern, ihn zu erfahren.

Es wurde das vierte Mal geschossen. Es war sogar eine Art Erleichterung zu denken, daß sie die Kugeln nicht sparten, denn niemals hörte man nur einen Schuß, es war immer eine ganze Salve, die sie abgaben. Die Möglichkeit, lebendig in die Erde zu müssen, war erschreckend, es gab also scheinbar noch Unangenehmeres als den Tod selbst, was ich anfänglich in meinem Leichtsinn gar nicht in Betracht gezogen hatte. Das Unsparsame ihres Tuns mußte zu meiner Beruhigung beitragen.

Die Zeit verging langsam, abermals öffnete man die Tür, aber es war die Reihe noch nicht an mir, ich atmete auf. Soviel wußte ich, daß ich den Weg, der nun vor mir lag, nicht werde gehen können. Nicht aus Feigheit würden sich die Beine nicht bewegen, gewiß nicht deshalb, vielmehr weil ich von der Kälte erstarrt war. Sie würden mich also schleppen müssen, das mußte für sie natürlich eine Kleinigkeit sein, aber wie würden sie mich dann erschießen? Würden sie mich dazu an einen Baum binden oder mich einfach auf die Erde legen? Es ließ sich dagegen nichts tun, obwohl es so gegen alle Überlieferung war. Liegend also, sagte ich mir und sah vor mir viele Bilder von Hingerichteten, in ihren unordentlichen Stellungen, die mir seltsamerweise nicht gleichgültig waren, obgleich hier an ein Photographieren nicht zu denken war.

Die Soldaten würden mich nicht bedauern, daran war nicht zu zweifeln. Ich konnte es ihnen auch nicht übel nehmen, sie glaubten an ihre Sache, die, so merkwürdig es auch klingen mag, nicht die ihre war.

Zwischen den Salven wurde immer eine große Pause eingelegt. Erholten sich dabei die Soldaten von ihrer Arbeit, oder begruben sie vielleicht in dieser Zeit die Toten? Es war wohl auch hier noch ein Geheimnis zu bewahren, wir sollten nicht in unseres Vorgängers totes Gesicht schauen.

Es wäre unrichtig anzunehmen, daß ich mein Ende nicht klar vor mir gesehen hätte. Jede Hoffnung auf eine wie immer geartete Möglichkeit einer Errettung schien grundlos. Ich verstand, daß ich sterben mußte und daß es hier allein um die Zeit gehen konnte, in der es geschehen werde. Vielleicht kam ich als die Letzte an die Reihe? Ich gab bereitwillig allen anderen den Vortritt zu einem Tode, der mir doch sicher war. Ich fühlte ganz unvorhergesehen dieses als Hoffnung, nämlich daß sich die Zeit dadurch bis zum Morgen hin strecken könnte, wenn es auch schwer war, diesen Wunsch als Hoffnung zu erkennen.

Was konnte es aber bedeuten, daß solange nichts geschah? Hätte ich darüber nicht zufrieden sein müssen? Woher kam diese ganz unnötige Hast in mir auf? Ich versuchte meinen Kopf zu drehen, zu nikken und sogar etwas zu sprechen, was aber nicht gelang. Die Lippen, kalt und leblos, konnte ich nicht befeuchten, weil mein Mund vollkommen trocken war.

Von draußen her kamen nun Befehle, die ich nur dem Klange nach als solche erkennen konnte, sie hatten etwas Bellendes an sich. Sie waren nicht einfach Wörter, die ich zu hören bekam, es waren mißtönige Bündel von Lauten, die zu mir drangen. Ich zog mich von ihnen zurück, ich entfernte mich, machte mich taub, und ich weiß es selbst nicht, wie es geschah, daß ich mit einem Male die Zeit empfand, wie sie wirklich war, ihre Kostbarkeit verstehen konnte, und die Dauer, das Gleiten meines eigenen Lebens. Die Nichtzeit aber, in die ich eingehen sollte, war mir ebenso deutlich geworden. Wie seltsam es auch scheinen mag, die beiden hatten sich in mir gefunden, ich konnte sie nicht mehr voneinander unterscheiden.

Plötzlich war ein Motor ganz in meiner Nähe zu hören, der mich aufschreckte. Anscheinend stand eine Maschine neben der unseren, von der ich nichts gewußt hatte, die sich jetzt auf den Weg machte. Kaum aber war dieses geschehen, kaum war dieser Lärm vorbei, als auch schon unser Wagen sich ruckweise zu schütteln begann, um dann in eine abermalige Ruhe zu verfallen. Ich hörte alles genau, ich nahm es auf, konnte es aber nicht mit meinem Leben, meinem Schicksal, in Verbindung bringen. Erst als wir fuhren, als wir die erste scharfe Wendung machten, die mich an die Seitenwand warf, kam mir der Gedanke, daß ich anscheinend gerettet sei.

Ich habe mich schon oft gefragt, ob ich damals Freude empfunden habe. Ich weiß es aber auch heute noch mit aller Bestimmtheit, daß es dieses Gefühl nicht gewesen ist. Ich stand damals außer mir, war aus mir herausgetreten und wußte nun sicherlich nicht recht, wie ich mich zu mir verhalten, wie ich in diese Leere zurückkkehren konnte.

Mein Leib begann heftig zu schmerzen, ich dachte darüber nach, aus welchem Grunde dies wohl geschehen konnte. Es war sozusagen ein berufliches Denken, das mich von der wirklichen Erfassung meiner Lage bewahren sollte. Ich war in meinem Innersten getroffen, schwer verwundet, das fühlte ich. Es hatte dieses aber nicht die Gefahr des nahen Todes zu tun vermocht, es erschütterte mich vielmehr etwas anderes, das mich mir selbst entfremden mußte. Wie konnte ich nur, um mein Leben noch die kürzeste Zeit zu erhalten, die anderen Gefangenen dem Tode preisgeben? Gewiß nur in Gedanken, ohne Möglichkeit auf dieses Ereignis auch nur irgendwie einwirken zu können, aber das Unfaßbare war, daß ich wünschte und hoffte, man möge die anderen vor mir aus dem Wagen zerren und erschießen.

Wir fuhren im Morgendämmern in die Stadt zu dem Haus zurück, in welchem ich immer meine Nächte in nutzloser Qual verbrachte. Ein Soldat führte mich den langen Gang entlang, bis zur Tür des Untersuchungsrichters. Nach seinem Klopfen hörte man ein recht undeutliches Gemurmel, mein Begleiter öffnete die Tür und schob mich hinein.

Ich blieb gleich an ihrer Wand lehnen. Der Richter saß an seinem Schreibtisch und sah mir entgegen. Ich glaube, daß sein Blick sich mit dem meinen in der Mitte des Zimmers traf. Seine Augen schienen mir starr und von übernatürlicher Größe zu sein, seine Augenlider bewegten sich nicht. An meine Augen dachte ich gewiß nicht, aber ich meine, daß sie ähnlich ausgesehen haben müssen. Er berührte mit keinem Wort diese schreckliche Nacht, es lag eine unheimliche Stille zwischen uns. Endlich sagte er ziemlich leise: „Sie können gehen!"

Ja, es war das letzte Mal, daß ich ihn zu sehen bekam. Er war der vierte Untersuchungsrichter, der sich bemüht hatte, mich zu einem Schuldbekenntnis zu bringen. Ich verstand, warum er mich dieser Qual ausgesetzt hatte, es war dies seine letzte Möglichkeit gewesen, mich zu brechen. Seine Selbstliebe hatte schon sicher lange darunter gelitten, es nicht zu können.

Übrigens habe ich damals diesen Mann zum letzten Male gesehen. Er gab es auf, und meine Verhöre waren damit abgeschlossen.

Die Fahrt in das Gelobte Land

Die Zeit wuchs in das Jahr 1942 hinein. Wir hatten uns allmählich und immer weiter in einer recht unnatürlichen Weise verändert. Wir waren abgemagert, was wir aber sicherlich mit anderen Menschen dieses Landes auch gemeinsam hatten, es war Krieg. Beängstigend war aber, daß sich unsere Haut immer mehr veränderte, es waren auf ihr die verschiedensten Flecken zu sehen, die Muskeln der Beine verkrampften sich, und die Glieder schmerzten.

Schon vor langem hatten wir erfahren, daß man uns auf eine Etappe schicken werde, an einen Ort, an dem es Kartoffel geben sollte. Wie zwiespältig war doch das Verhalten jener Behörde, die uns in diese Lage gebracht hatte. Sollte ihr doch etwas an unserem Leben liegen? Sollten nicht alle sterben, und hatte sie für die Überlebenden für die so „unnatürliche Auslese“ etwas vorgesehen?

Man begann, Gruppen zu bilden, aber nicht alle, denen es nötig gewesen wäre, zu ihnen zu gehören, hatten Glück.

Wir füllten dann einen leeren Zug aus, Männer und Frauen schickte man auf die Reise. Obwohl wir in einen richtigen Gefängniswagen geschoben wurden, hatten wir es doch recht eng. Auf eine Möglichkeit, zum Liegen zu kommen, hatte niemand gehofft, aber daß auch die Sitzplätze nicht ausreichten, war bedrückend. Das Wissen aber, daß es eine Fahrt von nur vier Stunden sein sollte, wie der Arzt versichert hatte, ermöglichte eine Ergebung, ein wortloses Fügen.

Wir fuhren am frühen Morgen ab. Wir hatten Brot und heißes Wasser erhalten, das für dieses Unternehmen genügen sollte. Unser Zug war nur ungefähr eine Stunde gefahren, als er zum Stehen kam. Zuerst nahmen wir an, daß dieses eine Station bedeute, aber um uns war eine Stille, deren sich nur von Zeit zu Zeit die Bomben bemächtigten, die anscheinend nicht weit von uns fielen. Was konnte es uns helfen, auf freiem Felde stehenzubleiben, wenn die Deutschen schossen? Wurden wir dadurch unsichtbarer, es war doch heller Tag? Konnte nicht aber auch eine andere Ursache für diesen Stillstand vorhanden sein? Vielleicht waren die Geleise vor uns getroffen, aufgerissen worden, sodaß wir zurückfahren müßten. Das war allerdings eine schreckliche Aussicht – vor uns der Tod, und wenn wir zurückkehrten, war es sicher, daß er sich nur einen anderen Namen beigelegt hatte.

Unser Zug stand stundenlang. Wir waren zwar hungrig, aber vor allem hatten wir Durst. Man kümmerte sich nicht darum, und auch unsere sonstigen Bedürfnisse ließ man außer acht. Wir waren müde, aber diese Müdigkeit war nicht eine, die schleichend und allmählich uns überfallen hatte, nein, sie kam ganz plötzlich über uns, sie war allgemein. Die standen, konnten sich nicht mehr auf den Beinen halten und verlangten von den Sitzenden einen Tausch. Die aber saßen, wollten darauf nicht eingehen, sodaß die Fordernden sich einfach auf sie fallen ließen. Es kam zu einem Stöhnen und Ächzen, unter dem viele ungute Worte gesprochen wurden. Nur die wenigen, die sich noch mit der Hoffnung trugen, daß eine solche Fahrt auch zu Ende gehen müsse, verhielten sich schweigend.

Endlich schienen wir in eine Station einzufahren, sehen konnten wir sie zwar nicht, aber der Lärm um uns herum war deutlich zu vernehmen. Alle wurden merkwürdig still, man horchte hin, denn es war nicht ausgeschlossen, daß wir bereits den Ort erreicht hatten, der allein unsere Lage ändern konnte. Wir warteten viele Stunden in der Hoffnung, daß man uns aus dem Waggon befreien werde. Die Nacht brach herein, der Lärm um uns verstummte, es geschah aber nichts. Wir sanken zusammen, fielen eine über die andere, wie es gerade kam und schliefen wohl auch endlich ein.

Morgens begannen wir wieder zu fahren, und die Verwirrung, die unter uns herrschte, steigerte sich noch. Plötzlich kam eine Rede auf, die bezweifelte, daß man uns überhaupt an einen bestimmten Ort bringen wolle. Die vier Stunden, sagte die Frau, wären längst vorbei, alles sichtlich erlogen, einfach ein Märchen, worauf sie in ein ganz unnatürliches Gelächter ausbrach. Wir erschraken, wohin brachte man uns wirklich? Die Angst, durch diese Worte geweckt, ließ schreckliche und gewiß auch unsinnige Vorstellungen zu. Eine heisere Stimme erklärte uns, daß man uns solange herumfahren werde, bis wir alle Leichen wären, und das dauere nicht mehr lange.

Der Hunger war wohl dann stärker als alles Gerede. Eine Frau, die lange geschwiegen hatte, die mit starren Blicken vor sich hinsah, begann ohne allen Übergang: „Brot, Brot!“ zu schreien. Sie blieb nur die kürzeste Zeit mit ihrer Forderung allein. Man schloß sich ihr an, zuerst etwas zögernd, aber kaum hatten sich einige Stimmen vereinigt, hielten sie sich nicht nur gegenseitig, sondern steigerten sich bis zu einer solchen Stärke, daß sie auch in die anderen Abteile des Waggons drangen. Es dauerte nicht lange, bis alle in einem mehr und mehr sich ordnenden Takte nach Brot schrien.

Der Soldat, der anscheinend für solche Fälle keinen besonderen Befehl erhalten hatte, wußte sich nicht anders zu helfen, als daß er auch selbst zu schreien begann und endlich mit dem Erschießen drohte.

Nützlich war, wie wir meinten, daß wir gerade in eine Station einfuhren und unser Ruf jetzt wirksamer sein könnte als auf freier Strecke. Es half uns aber alles nichts. Wir schrien noch lange Zeit und gaben es dann auf, als unsere Kraft versagte. Danach fuhren wir schweigend weiter, wir horchten auch nicht mehr in eine ungewisse Ferne hin, hörten aber trotzdem das Einfallen der Geschoße.

Ich stand hart an dem Gitter, das unser Abteil von dem Gang trennte, auf dem der Soldat auf und ab ging, wenn es ihm nicht gefiel, uns mit Verachtung, ja Ekel, zu betrachten. In der langen Zeit meiner Gefangenschaft habe ich nur einen einzigen gefunden, der nicht von unserer Schuld überzeugt war.

Ich stand und schaute, ohne etwas zu sehen, aber mein Gehör nahm, gewiß ohne mein Dazutun, alle Geräusche auf. Aus allen Abteilen drangen Laute, Husten und Stöhnen auf mich ein, aber dieses war so gewohnt, so alltäglich, daß es mich nicht weiter berührte. Nur in Irrenhäusern stehen wohl Menschen derart abgetrennt von aller Welt. Daß wir bereits Irre waren, der eine weniger und der andere mehr, das war für mich klar. Unser Denken war langsam, so kam es auch, daß ich einem an diesem Orte ganz sinnlosen Gesang zuhörte, ohne anfänglich seine Bedeutung zu verstehen. Ich hörte eine Totenmesse. Anscheinend hatte man mit dem Gesange erst begonnen, die Stimmen hatten sich noch nicht ganz geeinigt, und erst als mit aller Macht das „Herr, erbarme Dich“ erklang, schrie ich auf: „Ein Toter! Es ist jemand gestorben!“ Alle Fragen, die sich daraufhin hören ließen, versanken schnell in dem Gesange, in welchen alle einstimmten.

Diese Totenfeier zog sich lange hin, ungeachtet der Drohungen der Soldaten. Man sang, man war auf die Knie gefallen oder hätte es wenigstens tun wollen, wenn nur der Platz dazu ausgereicht hätte. Selbst die Bevorzugten, die einen Sitzplatz hatten, wollten sich von ihm hinweg auf den Boden niederlassen, was aber nicht gelang. Man sang das Totengebet für „Unbekannt“. Der Jammer, der alle erfaßt hatte, konnte aber nur, so wie es war, der eigene sein, man hatte ja nicht mehr die Fähigkeit, über sich hinauszudenken, und hielt so auf diese Art die eigene Totenmesse ab.

Man nahm die Leiche nicht aus dem Abteil, die Menschen mußten mit ihr verbleiben, was nach den hiesigen Vorschriften übrigens ganz begreiflich war. Wie sollte man sie registrieren, begraben, und zwar unter welchem Vorwand? Im Gefängnis selbst war alles leicht zu bewerkstelligen und konnte ohne jede Schwierigkeit vor sich gehen. Man darf aber nur nicht glauben, daß dann späterhin besonders viel darüber gesprochen worden wäre, jeder hatte mit sich selbst genug zu tun.

Soweit wir die Tage noch zählen konnten, war es der vierte, an dem wir zu einer Station kamen, von der wir anfangs auch nicht sagen konnten, ob sie die unsere sei. Unser Zug stand lang und ausgiebig, die Aufregung, die er hervorgerufen hatte, war für uns zu hören. Vielleicht gab es noch andere Tote, die gewiß eine besondere, eine heimliche Beförderung verlangten, die Zeit kostete.

Wir waren in Balaschow* angekommen, daran zweifelten wir jetzt nicht mehr. Aus welchen Gründen die Männer zuerst aus den Waggons genommen worden waren, verstanden wir erst später, als wir sie sahen. Sie hätten sich wohl sonst nicht freiwillig in den Brei von Schnee und Wasser gesetzt, wenn sie nicht noch schwächer gewesen wären als wir, die wir uns auch kaum auf den Beinen hielten.

Zuschauer auf dem Bahnsteig gab es eigentlich nicht, man hatte ihn anscheinend geräumt, die Bediensteten schienen ohne Anteilnahme das traurige Bild in sich aufzunehmen. Etappen ohne Hunde gab es selten, und man kann sich die unsere vorstellen, zu der man sie nicht mehr bedurfte. Waren wir selbst hilflos, so waren es unsere Betreuer in nicht geringerem Maße. Sie liefen an unseren Reihen entlang, bis sie endlich zu einem Entschluß kamen, der sich dann in einem klaren Befehl auswirkte: zwei Frauen nehmen einen Mann in die Mitte. Das war etwas Unerhörtes, noch nie Geschehenes. Hatten sie vergessen, daß wir dadurch die Möglichkeit bekommen mußten, Dinge zu erfahren und auch mitzuteilen? Das zu verhindern, hatten sie doch ein ganzes System von Maßnahmen aufgebaut, das sie nun selbst zerstörten.

Es dauerte eine ziemliche Weile, bis sich der Zug geordnet hatte und wir zu gehen begannen. Ja, war es denn eigentlich ein Gehen? Wir schleppten uns, und wir schleppten den Mann in unserer Mitte, dabei zu reden war ganz unmöglich. Keiner dachte daran, es zu tun. Wir gingen einen Weg, einen Weg ohne Häuser, der uneben, unter Schnee und Wasser, den Füßen keinen Halt bot. Es kam vor, daß einer von uns stolperte, und wie nicht anders möglich, fielen wir dann alle drei auf die Gesichter. Zu einem schnellen Aufstehen hatten wir keine Kraft. Es gab Soldaten, die uns, wenn auch nicht gerade freundlich, aufzerrten, es gab aber auch solche, die mit dem Gewehrkolben nach uns stießen. Ich habe die Schritte nicht gezählt, nach denen wir wie nach einem ungeschriebenen Gesetze hinfielen. Da der Weg zum Gefängnis ungefähr zwei Kilometer betrug, taten wir es oft. Unsere Kleider waren durch diese Stürze durchnäßt und schwer geworden, Gesichter und Hände arg beschmutzt. Es gab unter uns niemanden, der der Jahreszeit gemäß gekleidet gewesen wäre, denn wir waren fast alle im Sommer verhaftet worden, wir froren.

Das Gefängnis, ganz vereinzelt zwischen Feldern stehend, nahm uns endlich auf. Man führte uns in das Bad, von dem ich nur hoffe, daß ich es einmal werde vergessen können, daß es mir endlich aus dem Gedächtnis schwinde. Der Raum war ungeheizt, unser Atem stieg in Wolken aus unseren Mündern auf, das Wasser, das wir nur in geringer Menge erhielten, war fast kalt. Jeder von uns hätte sich gerne schnell gewaschen und angezogen, was aber nicht gelingen konnte, da man uns die Kleider zur Desinfektion abgenommen hatte. Wir standen nackt und naß in dieser Kälte und warteten.

Es war abends, als wir endlich in einem Raum untergebracht waren und das Essen bekamen. Man soll aber nicht denken, daß der Hunger besonders groß war, der dritte Tag ist der schlimmste, wenn man gar nichts zu essen hat, wir waren vor allem durstig. Als wir die Suppe bekamen, sollte sie für uns vor allem Getränk sein, aber was erhielten wir? Man hatte unsere Etappe Tage vorher erwartet und für uns eine Suppe gekocht. Kartoffelstückchen waren in ihr vorhanden, nicht etwa geschälte, das war gegen das Gesetz, aber richtige Kartoffel waren es doch, nicht nur Schalen. Nudeln waren in ihr gequollen, aber alles war in eine gärende Masse verwandelt, die sauer roch und schäumte.

Man kann von Menschen, deren Kehlen ausgetrocknet, deren Zungen sich kaum noch im Munde bewegen, keinen kritischen Sinn fordern. Wir aßen diese Suppe, so wie sie eben war, lagen dann eng aneinander gepreßt auf den Brettern, die ohne Unterbrechung an beiden Seiten des Raumes angebracht waren. In seiner Mitte standen noch einige Pritschen, zu deren Eroberung aber Glück und Geschicklichkeit erforderlich waren.

Die Nacht war finster, eine Beleuchtung fehlte. Die Ruhe im Raum war recht flüchtig, schon nach wenigen Stunden war ein Schlürfen und Tappen, ein Ächzen und Stöhnen zu hören. Begegnende stießen sich in der Eile aus dem Weg, was Aufschreie, aber auch ganz verflochtene Flüche gebar. Was gesucht wurde, das war der Unratkübel, der aller Überlieferung gemäß an der Tür zu stehen hatte und der nach allem, was man zu hören bekam, selten oder gar nicht erreicht wurde. Ich selbst konnte mich von diesen Gängen auch nicht ausschließen, ich fühlte mich recht elend. Es gab Frauen, deren

Zustand so schwer war, daß sie sich nicht erheben konnten und sich auf ihren Schlafplatz entleerten. Die Gegenwirkung war verschieden, je nach der Nachbarschaft, es konnte zu Vorwürfen, aber auch zu Handgreiflichkeiten kommen.

In einem lichten Moment versuchte ich, mir den Puls zu zählen, kam aber nur bis 120. Ob ich danach die Besinnung verloren oder einfach eingeschlafen war, weiß ich bis heute nicht. Ich kam erst zu mir oder wachte auf, als man mich mit aller Gewalt an den Beinen zog und rüttelte. Wie im Traume hörte ich eine Stimme: „Helfen Sie, eine Frau stirbt!"

Ich schob mich mit Mühe seitlich von dem Brette herab. Die Frau, zu der man mich hinzog, lag nicht weit von mir auf einer Pritsche. Es mußte schon gegen Tag sein, der Raum stand in einem grauen Dämmerlicht, ich erkannte sie sofort. Es war eine ältere Frau, eine Deutsche aus Moskau, die, soviel ich mich erinnern konnte, niemals geklagt hatte. Als ich mich zu ihr hinbeugte, lag sie merkwürdigerweise nicht auf dem Rücken, sie saß halb aufgerichtet da. Sie antwortete nicht auf meine Frage, sah mich nur mit geweiteten, entsetzten Augen an, blies ihren harten Atem in mein Gesicht und fiel tot zurück. Wenn es eine Seele geben sollte, so hatte sie mir die ihre geschenkt. Wenn sie nicht vorhanden war, so galt ihr Atem zumindest als ein Symbol ihres vielleicht doch möglichen Seins.

So schnell es mir möglich war, schleppte ich mich zur Tür, schlug mit aller Kraft, die noch in mir saß, an sie und schrie: „Eine Frau ist gestorben, eine Frau ist gestorben!" Ich hörte endlich eine Antwort, daß ich von der Tür wegzugehen habe und man mich herausholen werde, wenn ich es nicht tue. Was dieses aber bedeutete, wußte ich von anderer Seite her, wenn es mich auch nicht abhalten konnte, weiter auf sie einzuschlagen. Endlich öffnete sich die Tür, um sich gleich wieder zu schließen.

Ich kehrte mich von ihr ab und erstarrte. Was ich zu sehen bekam, hielt mich an Ort und Stelle. Auf beiden Seiten der Toten hatten sich die Diebinnen, die Mörderinnen versammelt und stritten sich um die Kleider der Leiche. Sie zogen sie aus, den linken Ärmel zerrte die eine, den rechten die andere, und die Tote wälzte sich zwischen ihnen. Es gab bei diesem Schauspiel auch Zuschauer, die nicht eingriffen. Vielleicht waren sie zu schwach dazu, oder sie fürchteten sich bloß, was aber nicht ersichtlich war. Übrigens ging alles so schnell vor sich, daß, als sich dann die Tür abermals öffnete, die Tote nur mehr mit dem Hemde bedeckt war.

Der Gefängnisleiter fragte barsch, warum die Frau hier und nicht im Krankenhaus gestorben sei, was man anscheinend nach dem Gesetz tun durfte. Als man ihm antwortete, daß wir erst am vorigen Abend angekommen seien, schien er sich zu beruhigen. Er schaute auf die Tote. Erst nach einer Weile schien es ihm aufzufallen, daß sie fast nackt dalag. Er richtete die Frage, wie das geschehen konnte, an eine ihm zunächst Stehende, die sich rasch und schnippisch hören ließ: „Nackt? So ist sie angekommen!" Er glaubte ihr? Nein, er konnte ihr natürlich nicht glauben, wenngleich er so tat. Er stellte sich damit auf die Seite der Verbrecher, gegen die Politischen, wie es immer geschah; er war auf der Seite jener, die sie ausgezogen hatten, die noch nicht Zeit gefunden hatten, sich mit den gestohlenen Sachen zu entfernen und sie hinter ihren Rücken hielten.

Es war offensichtlich, daß der Raum, den wir einnahmen, für unsere Gruppe zu klein war. Wir wurden wohl deshalb umgesiedelt, erhielten einen größeren, wenn auch recht düsteren Raum. Die Bretterreihe, die uns aufnahm, lag ebenfalls den Wänden entlang, nur die Mitte war freier. Auf ihr stand ein langer Tisch, der eigentlich zu nichts gut war. Wir saßen niemals um ihn herum, es gab ja keine Stühle hier, er machte sich nur dann in einer anderen Weise nützlich, wenn man es so nennen darf.

Die Fenster waren mit Brettern verschlagen. Wenn diese auch kleine Ritzen freiließen, konnten wir doch nicht versuchen, durch sie zu schauen. Kaum hatte sich jemand dem Fenster genähert, als auch schon von draußen, vom Korridor her, ein drohender Ruf zu hören war. Eine runde Öffnung in der Tür erlaubte es nämlich, uns zu überwachen. Warum sie aber eine so zärtliche Benennung erhalten hatte, sie wurde das „Wölfchen" genannt, konnten wir allerdings anfangs nicht verstehen, obwohl wir dann dem Wölfchen ganz und gar ausgeliefert waren.

In den Ecken dieses Raumes wurde es niemals Tag, wenngleich er auch sonst nicht recht zu übersehen war. Gerade gegenüber meines Platzes konnte ich hoch oben an der Wand einen großen, eisernen Haken erkennen, der die Ursache erschreckender Erzählungen geworden war. An ihm sollte sich eine Frau erhängt haben, aber was es mit den Gründen dazu für eine Bewandtnis hatte, das war uns selbst überlassen, das gab man unserer Phantasie anheim. Die Frau sollte sich aber auch zeigen, an gewissen Tagen sollte man sie an der Wand hängen sehen. Es ist nicht einfach die Erzählung über eine Erhenkte, die sich vielleicht an ihrem Geburts- oder Todestag zeigte (was immerhin noch verständlich wäre, Tote sollen Gewohnheiten haben), diese Frau machte sich in einer geheimnisvollen Weise deutlich, gewissermaßen anonym. Sie hing zwar an ihrem Haken, sagte man, aber niemals zeigte sie das Gesicht, wendete uns vielmehr den Rücken zu. Es gab einige unter uns, die sie gesehen haben wollten, wozu ich leider nicht gehörte. Sie hatte nur insofern einen Einfluß auf meine Zeiten, daß ich öfters als notwendig in die Ecke schaute, obwohl dies für mich ganz fruchtlos war.

Der Raum schien überhaupt etwas gespenstisch zu sein, das heißt, zum Aufenthalt übernatürlicher Wesen geeignet.

Eines Tages rief mich eine Frau, die auf der Gegenseite lag, zu ihr zu kommen, da sie mir Wichtiges mitzuteilen hätte. Mühsam erhob ich mich und schlich, mich an den Brettern haltend, hin. Sie richtete sich nicht auf, sondern blieb liegen, zog nur meinen Kopf etwas zu sich herab. Mit flüsternder Stimme verriet sie mir, daß ich ein glücklicher Mensch sei. Sie schaute mir dabei neugierig in das Gesicht, so als ob sie sich dieses Wissen von dort her bestätigen lassen könnte. Ich mochte wohl erstaunt ausgesehen haben, denn von einem besonderen Glück gerade jetzt konnte kaum die Rede sein. Auf meine Frage, woher sie diese Kenntnis habe, wurde ihre Stimme noch leiser als zuvor. Ich mußte mich schon ganz zu ihr hinabbeugen, um sie zu verstehen. „Ich habe heute Nacht alles gesehen", sagte sie und schaute mir erwartend in das Gesicht. „Gut", hörte ich sie murmeln, „im Grunde kann das für Sie gar keine Neuigkeit sein, Sie wissen natürlich besser als ich Bescheid!" Sie schwieg eine ganze Weile, bis sie sagte: „Ich habe ihn gesehen. Er stand neben Ihnen, beugte sich ganz tief herab. Er trug einen Mantel mit einer Pelerine, die fast Ihren Kopf streifte. Sie brauchen es vor mir nicht weiter zu verbergen."

Es wäre vielleicht angebracht gewesen, diese Frau einfach als eine Irrsinnige zu erkennen, obwohl mir etwas Ähnliches in den Kopf kam, tat ich es doch nicht, sagte vielmehr vollkommen sinnlos: „Nur einmal haben Sie ihn gesehen?" „Einmal", sagte sie hart, „aber Sie brauchen sich nicht zu fürchten, daß er Sie verläßt. Aus jeder seiner Bewegungen war Liebe zu ersehen. Er beschützt Sie! Er hat über Sie seine Arme ausgebreitet!"

Ich hatte nicht den Mut zu fragen, wer das nun gewesen sein konnte, ich sollte es ja eigentlich wissen. Ich glaube auch, daß es grausam gewesen wäre, den Glauben der Frau zu stören. Mich beunruhigte es, daß sie die Erscheinung gerade bei mir gesehen hatte, denn hier waren andere Menschen, die dazu geeigneter gewesen wären, solches zu erleben.

Nach unserem Gespräch schloß sie die Augen, hatte mich anscheinend bereits vergessen, sodaß ich nichts anderes tun konnte, als zu meinem Brette zurückzukehren.

Damals schlief ich am Tage viele Stunden und tat dies aus mancherlei Gründen, obwohl die Nächte sich dann gegen dieses Manöver sträubten. Ich lag dann lange Zeit wach, aber nicht deshalb, weil besonders schwere Gedanken mich am Schlafe hinderten, es geschah dies aus einem recht gewichtigen Grunde; die Wanzen bissen mich ganz erbärmlich. Ja, wir hatten ihrer viele. Unsere Bretter lagen auf Böcken, in denen sie ein fast ungestörtes Leben führten.

Am Tage des Bades mußte jede von uns zwei ihrer Unterlagen selbst mit sich nehmen, zwei schmale Bretter von Körperlänge, die uns zugeeignet waren, die dann dort in heißes Wasser getaucht wurden. Das Tragen der Bretter war eine Qual, unsere Kraft reichte dazu nicht aus, wir schleiften sie, die dabei einen wilden Tanz auf der Treppe klopften, was die Soldaten zu Schimpfworten brachte und den Lärm beträchtlich vergrößerte.

Nach unserer Rückkehr aus dem Bade, machten wir uns über die Holzgestelle, über die Böcke her. Wir stießen sie auf den Fußboden auf, die Insekten herausschlagend, die dann unter unseren Schuhen blutige Spuren hinterließen.

Die Verbrecherinnen unter uns, die gewiß mehr Erfahrung in all diesen Dingen hatten als wir, waren sie doch nicht das erste Mal im Gefängnis, erlaubten uns dieses Morden nur zu dieser Zeit, eben nach dem Bade, in der Nacht aber eine Wanze zu zerdrücken, hielten sie für einen Frevel. Sie erklärten uns, in allem Ernst, daß danach diese Tiere einen Rachezug gegen uns und auch gegen sie unternehmen würden. Es war vielleicht ein Glück, daß wir in unseren Kleidern schliefen, weil man meistens dort gebissen wurde, wo sich eine unbedeckte Stelle fand. So lagen wir in den ersten Stunden der Nacht wach und ertrugen still und ergeben die Zeit der Fütterung. Wir lagen doch so eng aneinander, daß jede versuchte Abwehr sofort erkannt und gerügt wurde. Man konnte dann zufrieden sein, wenn es ohne Stoß, ohne Strafe abging.

Die Nacht war lang. Das Lämpchen über der Tür, dessen wir uns noch im Saratower Gefängnis erfreut hatten, gab es hier nicht. In der Finsternis schlurfte eine nach der anderen zur Tür, auch ich gehörte natürlich zu dieser Zahl. Das Schlimme war nicht der Weg dahin, der wurde noch irgendwie gefunden, schlimmer war der Gang zurück. Den Platz, den man vorher eingenommen hatte, gab es dann im Grunde nicht mehr, der Spalt, den er dargestellt hatte, war geschlossen. Es war ein gutes Gedächtnis notwendig, sich an ihn zu erinnern. Das half in diesem Falle auch nur wenig, wenn man nicht die Hände eines Blinden sein eigen nannte. Man tastete sich vorsichtig an der Reihe entlang, faßte einen Fuß und mußte wissen, wem er gehörte, man erfühlte einen Strumpf, erkannte den Zipfel eines Rockes, den man zwischen den Fingern rieb, um sicher zu sein. Langsam schob man sich weiter, war endlich an seinem Platz angekommen, der aber schon von widerstrebenden Körpern eingenommen war. Geduldig drückte man sie auseinander, es dauerte manchesmal eine lange Weile, bis man wieder auf seinem Ort lag. Es ging allen so, ich war da keine Ausnahme, nur daß die Menschen hier verschiedene Möglichkeiten hatten, sich zurechtzufinden.

Die Verbrecherinnen orientierten sich leichter als andere, sie waren kühner, verschafften sich oft mit Gewalt Raum und achteten nicht des Geschreies, das dabei ausbrach.

Es gab aber auch eine Frau unter uns, die es schwerer hatte als alle anderen. Die Dunkelheit verwirrte sie so, daß sie nach diesem Gang zur Tür, ihren Platz nicht mehr finden konnte. Sie war es auch, die mich lange Zeit wach hielt. Ich wartete fast jede Nacht und immer mit derselben Hoffnung, daß es ihr doch endlich gelingen würde, ihn zu erreichen, was aber nicht geschah. Ich hörte ihr Tappen, sie versuchte so wenig Lärm wie nur möglich zu machen. Der einzige Ort, an dem sie jedesmal anlangte, war der große Tisch. Danach hatte sie die Richtung endgültig verloren, sie ging um ihn herum, seufzte und stöhnte leise und fürchtete sich wohl, auch ihn zu verlassen.

Ich hörte ihr eine ganze Weile zu und stand dann auf. Ich nahm sie an der Hand, die gläubig-folgsam war. Wenn ich endlich ihren Ort gefunden hatte, mußte ich ihr helfen, sich auf ihm zurechtzulegen. Sie war über alles Maß hinaus hilflos. Ich kann mich ihres Namens gut entsinnen, will hier aber nur sagen, daß sie eine Verwandte der Mathematikerin Kowalewskaja* war und hier in diesem Gefängnis starb.

Wir waren in diesem Raume nur 17 Deutsche. Wenn auch politische Gefangene anderer Nationen hier lebten, waren die Verbrecher doch in der Überzahl, die vor allem aus der Stadt Balaschow und ihrer nächsten Umgebung stammten. Sie waren die Mächtigen, die uns duldeten oder die gegen uns vorgingen, je nachdem sie es für richtig hielten.

Es herrschte hier eine junge Frau, vielleicht sogar ein Mädchen, ungefähr 25 Jahre alt, die mit ihrer Mutter gleichzeitig zu uns gekommen war. Sie sah klug und bescheiden aus, hatte zwei lange Zöpfe um den Kopf gewunden, große aufmerksame Augen und eine gepflegte Sprache. Ihre Mutter war dagegen höchst unangenehm, häßlich, ein altes Weib mit einem verwüsteten Gesichte und einer dicken, unförmigen Gestalt. Sie verhielt sich zum Tun ihrer Tochter vollkommen teilnahmslos und verkehrte mit ihr kaum. Die Tochter selbst war auch wenig bemerkbar, so daß wir erst nach langem verstanden, daß sie eine Diebesbande leitete, die sie anscheinend mehr mit Gesten und geheimen Zeichen als mit Worten zur Arbeit anhielt. Sie selbst tat nichts, was ihr zum Vorwurf gemacht werden konnte. Sie saß die ganze Zeit recht unbeteiligt auf ihrem Bette, empfing Besuche, wie es andere Frauen auch taten.

Der Diebstahl war gut organisiert, man stahl nur das, was sogleich vernichtet werden konnte, nämlich Nahrung. Ein Diebeszug hatte immer ein Festessen zur Folge, welches dann ganz offen und ohne jede Heimlichkeit abgehalten wurde. Wer kam schon auf den Gedanken, wenn er die Essenden sah, es waren doch fast alles Hiesige, die Lebensmittel von Verwandten erhielten, daß sie sich an fremden Speisen gütlich taten. Der Verlust wurde erst entdeckt, wenn die Opfer selbst unter die Bretter krochen, wo sie weit hinten, an der Wand, ihre Speisen versteckt hielten. Alles Geschrei würde nichts geholfen haben. Man könnte sich außerdem die größte Unannehmlichkeit zuziehen, wenn darüber gesprochen oder gar geklagt worden wäre. Es sah hier fast so aus, als ob die Benachteiligten sich eines ungewöhnlichen Taktes befleißigten und nur deshalb schwiegen. Ich glaube, daß sie sich nach ihren Verlusten vorgenommen haben mögen, alles, was sie auch immer bekommen sollten, sofort aufzuessen, vielleicht sogar wider jedes Verlangen und wider jede Lust.

Die Diebe arbeiteten gekonnt. Neben der Leiterin dieser Beutezüge, sie hatte den letzten Platz zum Fenster hin inne, war ein Spalt frei geblieben, in welchem sich die Untergebenen unmerklich hinabließen, unter den Brettern auf dem Bauche weiterkrochen, alles, was zu nehmen war, nahmen und dann in derselben Weise wieder auftauchten. Wie und wo die Verteilung aber geschah, konnten wir nicht in Erfahrung bringen. Uns selbst berührte diese Sache eigentlich nicht, man konnte uns Eßbares nicht stehlen, weil wir es nicht besaßen. Die anderen konnten sich zwar nicht schützen, sie konnten sich aber rächen.

Es kam eine Nacht, die scheinbar ihren natürlichen Verlauf nahm. Man wanderte zur Tür und auch wieder zurück, nur waren die üblichen Geräusche, die ich sonst mit einer bestimmten Regelmäßigkeit hörte, nicht vorhanden. Es war etwas Ungewohntes, Unverständliches, und da meine Ohren krank waren, kam ich sogar auf den Gedanken, das Gehör verloren zu haben, taub geworden zu sein. Am Morgen entlud sich allerdings dann ein mächtiger Skandal. Es erhob sich ein titanisches Geschimpfe, dem ich sprachlich nicht ganz gewachsen war, und das zu verstehen, ich vergebens versuchte. Was war also geschehen? Es handelte sich um eine Vergeltungsmaßnahme der Bestohlenen, und es waren ihrer viele. Gewiß konnte es nicht die Tat einer augenblicklichen Eingebung sein, sie war wohl überlegt und mit Vorsicht ausgeführt worden. Man hatte nämlich die Filzstiefel beider

Frauen, der Tochter und der dazugehörigen Mutter, die sie vorsichtigerweise für den winterlichen Etappenweg mit sich führten, versenkt, man hatte sie behutsam in den Unratkübel hinabgelassen, so daß dann die Aufgequollenen jeden Ton verschluckten. Nun war es mir klar, daß ich die nächtlichen Besucher dieses Ortes nicht hatte hören können, und war es zufrieden, nicht taub zu sein. Niemals erfuhr man, wessen Hand diese so ungewöhnliche Rache ausgeführt hatte. Bei dem schimpfenden Geschrei, das ausbrach, konnte es sich nur um die Kunst, seinen Gegner im Wortgefecht zu übertrumpfen, und nicht darum handeln, Umstände zu klären. Die Vielfältigkeit in Wort und Phrase brachte Dialoge von klassischer Abgeschlossenheit zustande, wenngleich man sich auch in Dreier- und Vierergesprächen übte, was allerdings die größte Aufmerksamkeit erforderte, um kritischen Anteil, wenn auch schweigsam, nehmen zu können.

Ein Soldat erlaubte es dann gütigst, den überaus schweren Kübel in den Waschraum zu schleppen, die Filzstiefel herauszuholen und zu spülen. Die von uns so Bestraften verließen, unter ihrer Last keuchend, den Raum, dessen Tür sich hinter ihnen schloß. Kaum aber war dieses geschehen, als auch schon ein Gelächter ausbrach, das sicherlich zu den seltensten zu zählen ist, das je eine menschliche Gesellschaft von sich gegeben hat. Es gibt gewiß manches ungute Lachen in der Welt, aber eine solche Vereinigung von bösen Lauten ist wohl noch nirgends gehört worden. Der erste Ton, der Beginn sozusagen, war ein ganz hohes Gekicher, das schrill und lang gezogen verlief und das dem folgenden eine Stütze bot. Man lachte zuerst, ohne dieses Gelächter mit irgendwelchen Bewegungen zu begleiten, obwohl sich die Leiber unter ihm schüttelten. Allmählich aber befreite sich dieses Lachen, machte sich selbständig, beugte die Frauen, verkrümmte sie. Es gab nicht wenige, die sich schon nach kurzem auf dem Fußboden schreiend wälzten.

Von seiten der Verwaltung störte man unseren Lärm nicht, was vielleicht an einem gewissen Verständnis für diese Situation, ihrer Komik lag. Es konnte aber auch möglich sein, daß sich die Soldatenweiber draußen ebenfalls lachend die Bäuche hielten.

Als die Frauen zurückkehrten, trat eine plötzliche Stille ein. Man wischte sich zwar die Tränen aus den Augen, schnaubte sich die Nasen, machte sich mit den Haaren zu schaffen, aber gelacht wurde nicht mehr. Mit diesem einmaligen Ausbruch war die Angelegenheit erledigt und abgetan.

Nicht lange danach rief man mich auf den Korridor hinaus, der nur wenig Licht durch seine mit Brettern verschlagene Fenster erhielt. Man stellte mich an die Wand und las mir mein Urteil vor. Es lautete auf fünf Jahre Lager, Konfiskation war nicht ausgesprochen und von einer Beschränkung des Wahlrechts war ebenfalls nicht die Rede. Der Uniformierte las so schnell, daß ich außer dem Eindruck einer amtlichen Handlung nichts weiter aufnehmen konnte. Es schien nur, als ob ich etwas von fünf Jahren gehört hätte, was unwahrscheinlich war. Man hatte mich zu lange und zu ausgiebig mit dem Tode bedroht, mir versprochen, mich in das strengste Lager zu sperren, als daß ich dieses Gehörte ohne weiteres hätte glauben können.

Ich bat den Mann, mir das Urteil noch einmal vorzulesen, was er auch ohne Entgegnung tat. Wieder waren es nur fünf Jahre, die ich vernahm. Es schien mir, daß hier ein Irrtum obwalten müsse, und ich ersuchte, mir zu erlauben, es selbst zu lesen. Es stimmte, und da ich wohl recht erstaunt ausgesehen haben mochte, sagte der Mann ziemlich streng: „Ja, glauben Sie denn, daß man Sie ohne Krieg verhaftet hätte?"

Ich konnte aber nicht verstehen, warum ich eine kürzere Frist erhalten hatte als fast alle meine Mitgefangenen (zehn Jahre war das Übliche), warum ich besser sein sollte als die andern, von denen ich genau zu wissen glaubte, daß sie ebenfalls unschuldig waren.

Man brachte mich danach in einen anderen Raum, in dem ich Bekannte traf, die dann über meine Frist ebenfalls verwundert waren. Wenn man früher gesagt hätte, daß fünf Jahre einer Gefangenschaft eine Kleinigkeit wären, hätten wir sicher an der Zurechnungsfähigkeit des Sprechenden gezweifelt, hier aber maßen wir die Zeit in anderen Abschnitten, was sozusagen ein Triumph der Relativität war.

Eine Frau flüsterte mir sogar recht schelmisch zu, daß ich wohl meinem Untersucher schöne Augen gemacht haben müsse, anders könne sie mein Urteil nicht verstehen. Auch ich verstand nicht, nur daß ich an die Augen nicht recht glaubte, ich hatte das Bild meines Vielzähnigen noch gut im Gedächtnis.

Es dauerte nicht lange, bis auch andere von mir so plötzlich Verlassene zu uns kamen, alle mit einem handfesten Urteil versehen, auch die Bandenfüherin war unter ihnen.

Ein Unterschied in der Behandlung der nun Verurteilten zu den Untersuchungsgefangenen war nicht zu bemerken, nur daß die Gefangenen hier ein Dominospiel erhalten hatten, das sie zum Wahrsagen benutzten.

Ein vielleicht nicht ganz alltägliches Ereignis belebte unsere Welt, die Ankunft eines Hermaphroditen. Dem Äußeren nach eine Frau, die sich aber dann weigerte, mit uns in das Bad zu gehen, und dazu gezwungen, die verschiedensten Teile ihres Körpers verdeckte. Diese Scham hinderte sie jedoch nicht, in der Nacht ihr Wesen zu treiben.

Ihre erste Geliebte war die Bandenführerin, die im Laufe der Tage eine ungewöhnliche Eifersucht entwickelte, was mit Genugtuung aufgenommen wurde und zur allgemeinen Unterhaltung beitrug.

Die einzigen Nachrichten, die wir von der Außenwelt erhielten, brachten uns die Neuen, die, wenn sie von Balaschow waren, uns mitteilten, daß die Deutschen ungefähr 80 Kilometer von uns entfernt standen. Für uns war diese Nachricht recht betrüblich, denn wir hatten schon lange gehört, daß man bei Annäherung des Feindes die Politischen erschieße, die Verbrecher aber laufen lasse. Ob dieses der Wahrheit entsprach, konnte ich weder damals noch später erfahren, soviel war aber klar, daß nach allem, was ich schon erlebt hatte, auch dies möglich sein könnte. Anscheinend wollte ich aber nicht daran glauben, verbannte diese mögliche Gefahr aus meinen Gedanken, denn als ich mich mit einer Frau besprach, die bereits im Lager gewesen war, tat ich dies mit einer gewissen Hoffnung.

Sie war eine abgezehrte Frau, eine Jüdin, die ein für mich wenigstens recht unverständliches Russisch sprach. Sie versuchte mir Ratschläge zu geben und riet mir, wenn möglich niemals auf Arbeit außerhalb des Lagers zu gehen. Sie meinte, immer könne man sich irgendwie krank stellen, die Hauptsache wäre, in der „Sonne" zu bleiben. Kaum hatte ich dieses Wort gehört, als ich auch schon ein Gefühl des Glückes empfand. Wer hatte für das Lager eine so warme Benennung erfunden? Wenn ich nämlich früher draußen in der Welt spazierengehen wollte, sagte ich, daß ich in die Sonne gehe. Das war vielleicht sprachlich nicht ganz richtig, stimmte aber mit der Art meines Fühlens überein, und selbst jetzt schien mir das Leben aus diesem Worte zu erwachsen. In diese aufsteigende Freude mischte sich aber ganz plötzlich ein Mißtrauen, das Ahnen einer Wirklichkeit, aber erst nach langem Gerede wurde mir deutlich, daß mir die Sprache der Frau etwas vorgetäuscht hatte, daß es sich einfach um die „Zone" handelte, das Lager, etwas Fernes und Fremdes, das mir nichts Gutes versprach.

Unsere Tage vergingen langsam, sie schlichen, waren oft so einförmig, daß sie sich in einen einzigen Tag verwandelten. In den ersten Zeiten unseres Aufenthaltes in Balaschow hatten wir gehaltvollere Suppen erhalten als in unserem früheren Gefängnis. Die Dauer war aber gegen uns. In den langen Wochen und Monaten unseres Hierseins hatten sie sich sehr zu ihren Ungunsten verändert, sie erkannten sich selbst nicht mehr. Man ernährte uns jetzt ausschließlich mit Nudeln, mit Suppen, in denen sich einige von ihnen in einem trüben Wasser zur Ruhe gesetzt hatten, da ihr Gewicht doch immerhin größer war als das der Flüssigkeit. Wir konnten gar nicht verstehen, daß wir früher, in unserem anderen Leben, das Wasser, in dem sie sonst gekocht wurden, einfach weggegossen hatten. Hier war es dagegen unsere Nahrung, wenn man vom Brote absah, das, auf 24 Stunden verteilt, einen recht symbolischen Wert darstellte. Wir lebten von Brot und Wasser, wobei aber das Brot nicht ganz seinen Namen verdiente, und die Suppe zu trübe war, um als Wasser zu gelten.

Die Menschen starben leise und unmerklich, sie schwanden dahin. Es war uns schon fast selbstverständlich geworden, einen Tod zur Kenntnis zu nehmen. Wie eintönig unser Leben aber auch war, stand es doch unter einer heimlichen Bewegung, man ließ uns nicht ganz zur Ruhe kommen, von Zeit zu Zeit sorgten unsere Wächter dann für eine Abwechslung.

Eines Tages trieb man uns in einen nicht sehr großen Raum, der sonst zur Untersuchung Erkrankter diente. Eng aneinander stehend, konnten wir nicht gleich erraten, was sie mit uns vorhatten. Es geschah dies ungefähr im fünfzehnten Monat unserer Haft, als sie beschlossen, uns gründlich zu untersuchen, wobei ihnen seltsamerweise unser körperlicher Zustand ganz gleichgültig schien. Vielleicht waren sie der Meinung, daß sich doch noch etwas bei uns finden ließe, vielleicht hatte aber ihr Tun auch rein sportlichen Charakter. Es war ihnen anscheinend nicht genug, daß sie uns unzählige Male nackt hingestellt hatten, uns die Zunge herausstrecken ließen, die Haare durchstöberten, sie hatten sich jetzt noch einiger Öffnungen entsonnen, mit denen sie sich zu beschäftigen gedachten. Äußerst strenge, wortlose Frauen untersuchten uns, sie taten es sozusagen partiell. Sie kümmerten sich ausschließlich um unsere diskreten Öffnungen. Folgen aber, die sich für uns aus ihrer Tätigkeit ergeben konnten, waren ihnen scheinbar gleichgültig. Die Frauen schrien, weinten und fielen in Ohnmacht, aber alles half nichts.

Den größten Lärm machte eine junge Rothaarige, von der wir gehört hatten, daß sie Mutter sei, ein Brustkind habe. Man konnte ihren so heftigen Widerstand kaum begreifen, sie litt nicht nur anscheinend selbst, sie verstärkte auch mit ihrem Geschrei die Aufregung der anderen, die sich nun auch zu weigern begannen.

Endlich wurde sie mit Gewalt niedergehalten, wobei ein Soldat Hilfe leistete, da die weiblichen Kräfte dazu nicht ausreichten. Die Rothaarige stieß gellende Schreie aus, die mich zur Annahme brachten, daß es sich bei ihr aller Wahrscheinlichkeit nach um das Benehmen einer Hysterischen handle, und doch war es nicht ganz so. Sie war nämlich noch eine Jungfrau, was, dann erkannt, die Untersucher zu einem schallenden Gelächter brachte.

Es ist vielleicht schwer zu verstehen, warum sie sich zur Mutter gemacht hatte, aber immerhin erfühlbar, wenn man bedenkt, in welcher Umgebung sie sich befand. Sie hörte täglich das Klagen der Frauen, denen man ihre Kinder abgenommen hatte. Sie vernahm die in alle Einzelheiten gehenden Erzählungen über jene kleinen Leiber, sie sah ihre Augen vor sich, die sich immer wieder und jeden Tag von neuem für diese Mütter mit Tränen füllten, wie sie es in der Nacht des Abschieds getan hatten. Sie sah die ausgestreckten Arme, die Händchen, die ihre Finger gespreizt hielten und verzweifelt in die Luft griffen, wie es die Mütter in Erinnerung hatten.

Eine Deutsche nannte ihren einjährigen Sohn immer nur den „kleinen Mann". Sie konnte es jeden Tag erzählen, wie er sie bei der Nase gepackt hatte und sie nicht loslassen wollte. „Er hielt so fest", sagte sie, „daß er mir weh tat, ja, er hatte Kraft!" Sie bedeckte bei diesem Sprechen ihre Nase mit der Hand, verlor uns aus den Augen und schwieg danach lange.

Es ist anzunehmen, daß die Rothaarige nicht weniger sein wollte als diese Frauen selbst, und vielleicht ist ein großer Schmerz auch eine Gabe, um die man zu bestimmten Zeiten beneidet werden kann, vor allem dann, wenn man jenes fremde Glück, das zu dem Schmerze gehört, niemals erreichen kann. Ich weiß von ihrem Leben nichts, habe nur zu berichten vergessen, daß sie etwas hinkte, nicht sehr viel, aber doch genug, um sich dann in Bildern zu ergehen, in Vorstellungen zu leben, deren Gehalt ihr das eigene Leben versagte. Ihr Schreien, ihr Entsetzen war berechtigt, man hatte ihr jetzt das Kind ebenfalls abgenommen.

Lange Zeit hatte man uns nicht zum Spaziergang zugelassen. Wir waren es zufrieden, es genügte uns schon die Anstrengung des Bades. Jetzt aber, es war Sommer geworden, entließ man uns in den Hof, Abteile gab es in ihm nicht, den wir in seiner ganzen Weite übersehen konnten. Öfters trafen wir in ihm Kinder an, was uns einigermaßen wunderte. Es waren Zehn- bis Vierzehnjährige, wenn es auch in dieser Zeit schwer war, das Alter richtig zu bestimmen, die sich um einen Mann scharten. Alles Raten konnte uns natürlich nicht helfen, und erst als uns eine der Diebinnen, die man in der Wäscherei verwendete, die Geschichte dieser Kinder erzählte, eigentlich nur eine nackte Tatsache, erschraken wir. Wir hörten, daß sie Menschenfleisch gegessen hatten, was uns auf ganz verschiedene und widersprüchliche Art traf. Viele von uns empfanden vor allem Ekel, was tiefere Gründe haben mochte; ihre Abscheu erging sich in den banalsten Worten. Was die Verbrecher aber dazu sagten, weiß ich nur von ungefähr, sie machten vor allem überhebliche Gesichter, so als ob sie jemand in einem Wettbewerb zu Außergewöhnlichem geschlagen hätte. Ein richtiges Erbarmen hatten die wenigsten mit diesen Kindern. Das Wort „Menschenfresser“ war so oft zu hören, daß ich endlich den Vorschlag machte, sie Leichenesser zu nennen, was mehr der Tatsache entsprach. Die Russen weigerten sich aber mit dem Hinweis, daß ein solches Wort in ihrer Sprache nicht vorhanden sei, was übrigens auch auf das Deutsche zutraf. Sie beide hatten vergessen, daß sie in ihrem früheren Leben die Leichen von Tieren mit mehr oder weniger Vergnügen gegessen hatten.

Ich selbst habe die nächste Zeit ausgiebig über diese Unglücklichen nachgedacht. Warum hatte man sie in das Gefängnis gesperrt, für wie lange oder vielleicht auf ewig?

Natürlich, wie schon Kinder einmal sind, hätten sie wohl selbst draußen in der Welt von ihrem so ungewöhnlichen Tun erzählt und nicht geschwiegen, wie es die Klugheit forderte. Konnte man sie denn unter solchen Voraussetzungen in einem Kinderheime unterbringen? Würden sie nicht unter Hohn, Gespött und Verachtung ein noch traurigeres Leben führen als hier?

Der Mann, der mit ihnen ging, war wohl eine Art Erzieher, nur konnte ich mir seine Rolle nicht gut vorstellen. Wiederholte er ihnen tagein, tagaus, daß man Menschenfleisch nicht essen dürfe, daß es tabu sei? Dieses war unwahrscheinlich, er hatte schwerlich selbst eine Ahnung von diesen von Menschen gemachten und dann auch wieder übertretenen Gesetzen. Welche Gründe konnte er ihnen angeben, wie ihnen ihre Schuld begreiflich machen, die allein darin bestand, daß sie diese sonst nutzlosen Leichen gegessen hatten. Konnte denn das Leben, das sie dafür erhalten hatten, keine Rechtfertigung sein?

Ich versuchte, mir die Kinder richtig anzuschauen, obwohl man uns nicht in ihre Nähe ließ. Soweit ich unterscheiden konnte, waren es Kinder wie viele andere auch, mager und blaß. Das Schreckliche, das sie getan haben sollten, sah man ihnen nicht an, und ich fürchtete auch nicht, daß sie sich auf uns stürzen könnten, um ihre Zähne in unsere Leiber zu schlagen, was aber andere Gefangene durchaus für möglich hielten. Gefangene sind im allgemeinen recht romantisch veranlagt, sie entfliehen dem Selbstverständlichen und hängen sich mit Vorliebe an das Unwahrscheinliche.

Im Hofe wuchs das Gras nur spärlich, und doch war es ein erhebender Augenblick, es – wenn auch nur aus der Ferne – zu sehen. Die Neugierde trieb eine Frau an, sich in die Nähe des Fensters zu schleichen und durch eine Ritze zu schauen. Sie sah eine Wiese, auf der viele Menschen lagerten. Ganz erregt teilte sie uns dieses mit. Wir versuchten dann selbst mit aller Vorsicht, auch einen Blick auf dieses Volk zu werfen. Es waren, wie nicht anders möglich, Flüchtlinge,

Frauen und Kinder mit Sack und Pack, die ein Feuer unterhielten, kochten. Es wagte sich immer nur eine von uns an das Fenster, um die glücklichen Fliehenden zu sehen, während sich die anderen vor dem „Wölfchen“ herumtrieben, um es zu verdecken.

Danach war es uns klar, daß die Deutschen tatsächlich in unserer Nähe sein mußten und uns nichts Gutes, wenn nicht der sichere Tod erwartete.

Eine der Politischen, eine durchaus gebildete Frau, machte uns den Vorschlag, eine spiritistische Sitzung abzuhalten, um zu erfahren, was unser harre – Leben oder Tod. Wir waren durchaus nicht abgeneigt, es zu versuchen, nur war es schwer, die dazu notwendigen Dinge aufzutreiben. Wer von uns hatte schon ein Tellerchen, das nach allem, was wir wußten, eine unumgängliche Notwendigkeit dazu war? Nach langem kamen wir überein, einen großen Mantelknopf an seiner Stelle zu verwenden. Er mußte dazu einen Pfeil tragen, um ihn richtig benutzen zu können. Das Glasstückchen, das notwendig war, um ihn zu zeichnen, konnte aber nur zufällig gefunden werden.

Unsere Gruppe benahm sich danach bei den Spaziergängen recht sonderbar. Wir suchten den Boden ab, wir hatten ihn vielleicht noch niemals so gründlich besehen. Glas war das Verbotene, Verborgene, und niemand würde es hier offen auf dem Wege liegen lassen. Wir sahen das Gras nur mehr als ein Versteck für das Erwünschte an. Der Sand flog unter unseren Füßen auf, er war für uns nur mehr die Decke für das Gesuchte, das er dann auch endlich freigab.

Auf einem Taschentuch hatte man mit einem Stäbchen und nassem Staube Buchstaben gezeichnet, undeutlich zwar, aber mit gutem Willen zu lesen, denen sich noch zwei Abteile „Ja“ und „Nein“ in ihrer Rundung einfügten.

Es war gefährlich, sich längere Zeit vor dem Guckloch aufzuhalten, um diese gewiß das Licht scheuende Tätigkeit zu verdecken. Ich selbst war bei dem Rufe der Geister nicht anwesend, ich gehörte nur zur Schutztruppe. Es hatte für mich keinen Sinn, mich von diesem Versuche auszuschließen, und im Grunde war ich neugierig, die Meinung Abgeschiedener, unserer Vorfahren zu erfahren.

Der Bericht, den ich dann darüber hörte, entbehrte nicht eines gewissen Humors. Es meldete sich ein Geist, der Geist einer englischen Prostituierten, die sich ohne Scham zu ihrem Gewerbe bekannte. Sie erklärte den mehr oder minder Geängstigten, daß man uns verschleppen werde. Auf die Frage aber, ob es zum Erschießen komme, antwortete sie nicht. Sie schwieg darauf eine lange Weile, so daß man fast die Hoffnung verlor, noch etwas von ihr zu erfahren. Plötzlich und überaus eifrig begann sie Ratschläge zu erteilen, sie legte den größten Wert auf eine gute Vorbereitung zur kommenden Fahrt. Anscheinend war sie eine recht praktische Natur gewesen.

Wie merkwürdig es auch war, fast niemand zweifelte an der Möglichkeit dieser Voraussage, und wir begannen nach dieser Sitzung streng verbotene Dinge zu tun. Wir rissen schmale Streifen von den Säcken, auf denen wir lagen. Sie waren zwar grob und grau, aber doch als Träger unserer Bündel geeignet. Nadeln, diese dann auch zu befestigen, gab es nicht, sie waren uns schon von jeher verboten. Es gab unter uns einige Frauen, die mit ihrer Anfertigung vertraut waren, obwohl diese dann wenig Ähnlichkeiten mit ihren stählernen Schwestern hatten. Man machte sie aus dem Zahn eines Kammes, der mit einem Glasstückchen so dünn wie möglich geschliffen, vielmehr geschabt, wurde. Das war aber noch nicht das schwerste, man mußte auch ein Nadelöhr bohren. Dank einer Frau, die mit viel Geschicklichkeit eine Sicherheitsnadel versteckt hatte, konnte dieses gelingen. Eine solche Nähnadel, zu deren Herstellung viel Zeit und Geduld notwendig war, zählte man zu den Kostbarkeiten, aber mit ihr umzugehen war einfach eine Kunst. Sie geht niemals freiwillig in den Stoff, man streichelt sie in ihn hinein, und sie kann jederzeit abbrechen, was sie gewöhnlich nach kurzem tut. Hat man sie selbst verfertigt, ist zwar das Unglück auch nicht klein, aber hat man sich einer fremden Nadel bedient und sie zerbrochen, muß man dafür mit Brot zahlen.

Wenn es auch lange dauerte, so hatten wir doch endlich unser kümmerliches Gepäck in Ordnung. Die Arbeit und der Eifer hatten uns etwas beruhigt, wir hatten uns nun auf ein Warten eingestellt. Schwer war es für uns zu verstehen, daß die Gefängnisverwaltung gerade zu dieser Zeit beschloß, mit Arbeiten zur Instandsetzung des Hauses zu beginnen. Es hallte und schallte an allen Ecken und Enden, was uns die Gefahr, die Annäherung der Deutschen, ganz unwahrscheinlich machte.

Man brachte uns in einen anderen Raum, in einer Dachkammer, unter. Sie war ganz und gar leer, was vielleicht einen Vorzug hatte, Ungeziefer gab es in ihr nicht. Der Raum war aber für uns nicht ausreichend, wir bedeckten den Fußboden in allen seinen Ausmaßen.

Eigentlich kamen hier im Gefängnis immer nur zwei Orte für uns in Betracht: der, wo wir uns gerade aufhielten, und der andere, wo wir notgedrungener Weise hingehen mußten, eben das Klosett. Hier war es klein und hatte einen hohen runden Ofen in der Ecke. Da wir gewohnt waren, alles zu untersuchen, konnte uns seine Rückwand auch nicht entgehen, allerdings dann nicht zu unserer Freude. Wir fanden dort eine Inschrift, die in die gekalkte Wand eingeritzt war, die von einem Mädchen stammte, das mit uns aus Saratow hierhergekommen war. Ich will nicht sagen, daß sie mir besonders sympathisch gewesen wäre. Ich hatte solche Charaktere draußen im Leben selten getroffen, im Gefängnis dagegen schienen sie zu gedeihen. Sie war eine Lügnerin, obwohl diese Bezeichnung im ganzen weder auf sie noch auf viele andere ihrer Art ganz zutraf. Sie war Tagträumer, glaubte vielleicht sogar an ihr Gespinst und wenn auch nicht, so hatte sie doch zumindest ihre Freude daran. Dieses Mädchen erzählte mir, daß sie sechs Pelzmäntel gehabt hatte: einen aus Karakul, einen Fuchspelz, einen aus Chinchilla, einen aus bläulichem Eichhörnchenfell, einen, den ich vergessen habe, aber der sechste war ein Jaguar, der ihr nach ihren Worten der liebste war.

Soweit ihre Wünsche auch reichen mochten, konnte sie doch keinen Vergleich mit einem anderen Mädchen aushalten, das mir allen Ernstes versicherte, daß sie zu Hause nur auf goldenem Geschirr gegessen hatten. Ihre Mutter mußte aber dieses gleich nach der Benutzung in eine Truhe einschließen, um es vor den Nachbarn zu schützen. Lerie war ungefähr 20 Jahre alt, war aus Moskau und hatte dort in einem Buchladen gearbeitet. Sie war groß und mager, was jedoch zu einem Verstehen ihrer Handlung, mir das Brot unter dem Kopfe hinwegzustehlen, nicht ausreichte. Sie starb an einer Lungenblutung, deren Beginn wir miterlebten und die eine nicht geringe Aufregung hervorrief.

Das andere Mädchen, das mit den sechs Pelzen, nahm aber ein noch traurigeres Ende, sie wurde erschossen. Vielleicht hatte ihr nur die Einbildungskraft einen Streich gespielt, oder sollte es möglich sein, daß die Behörde, welche die Menschen verhaftet, sie auch beraubte? Wie es auch war, sie hatte Einzelheiten darüber erzählt und mußte es mit dem Leben büßen. Sie sollte es übrigens nur einem einzigen Mädchen erzählt haben, nämlich der Verehrerin Jessenins. Ja, solche Dinge gab es hier.

Lügen, Übertreibungen, Trugbilder, waren hier an der Tagesordnung, aber das hatte nichts mit der Legende zu tun, die jeder Verbrecher hat, pflegt, und wie ich glaube, zum Schluß auch selbst für wahr hält. Diese Legende ist niemals eine Erzählung schlechthin, es ist in ihr immer ein Teil des wirklichen Lebenslaufes miteingewoben, dem jeweiligen Verbrechen angepaßt, dessen man ihn beschuldigt. Meistens setzt er sich dann mit seiner Geburt, mit ihren Umständen in eine Umgebung, die das Verbrechen mehr oder weniger ausschließt oder es entschuldigen kann. Er lehnt niemals den möglichen sozialen Grund ab, er kennt ungefähr die Forderungen der Gesellschaft, in der er lebt. Der Verbrecher hat Sinn für die Wirklichkeit, obwohl seine Erzählung manchmal nicht danach aussieht. Seine Legende ist nicht einfach eine nutzlose Lüge wie die Prahlerei der Mädchen, sie hat immer einen zielbewußten Aufbau. Je größer seine Fähigkeit ist, sie logisch zu gestalten, umso größer ist ihre Glaubwürdigkeit, und es kann vorkommen, daß sie sogar die richtigere, bessere Erklärung für einen Diebstahl, einen Mord abgibt als die Gerichtsakten selbst.

Wir hatten nur wenige Tage auf dem Dachboden verbracht, als man uns wieder in unseren früheren Raum führte. Er war ohne jede Veränderung, die Arbeiten waren anscheinend abgesagt, das Klopfen hatte aufgehört. Wir waren der Meinung, daß die Nähe des Feindes sie aufgehalten haben mußte.

Es kam vor, daß wir nun öfters Schießen hörten, gewiß aus einiger Entfernung, was uns aber weniger beunruhigte als das ewige Laufen, der ungewohnte Lärm auf dem Korridor. Wir hörten Zurufe, die wir nicht zu deuten wußten. Mit Sicherheit konnten wir annehmen, daß sie die Gefängnisstille, die ihnen zu unserer Bewachung notwendig schien, aufgegeben hatten, was kein gutes Zeichen sein konnte.

Plötzlich brach in einer dieser Nächte ein Lärm aus, der uns in einen noch nie erlebten Zustand versetzte. Flugzeuge surrten und knatterten, sie flogen aber nicht einfach ihres Weges, nein, sie tanzten über uns. Die Bomben, mit denen sie uns bedachten, machten das Gefängnis erbeben, und das Schloß an unserer Tür zum Pendel einer kranken Uhr. Pfeifende Geschoße entflohen der Erde und zerschnitten das Getöse, das uns in der Finsternis des Raumes traf.

Die Verbrecher, die uns Deutsche als die Ursache ihres möglichen Unterganges ansahen, hatten sich in der kürzesten Zeit zusammengerottet. Sie kreischten und schrien uns entgegen, soweit wir es bei diesem Lärm verstehen konnten, daß wir früher als sie selbst würden daran glauben müssen, wobei sie unseren Tod mit Bezeichnungen belegten, die normalerweise nur für Tiere verwendet werden. Leider konnten wir ihre Worte nicht als leere Drohungen hinnehmen, denn wir waren keine Anfänger mehr, die noch an das Bestehen von Recht und Gesetz glaubten, und waren sogar sicher, daß unser Tod keine üblen Folgen für sie zu haben brauchte.

Wir waren wenige und konnten uns in dem Tumult, der aufgebrochen war, nicht finden. Man schlug an die Tür, rief um Hilfe, aber ohne Erfolg. Die Soldaten saßen in ihren Unterständen, sie hatten uns dem Schicksal überlassen. Es begann ein Gerenne um den Tisch, von dem man nicht sagen konnte, daß es aus einer Verfolgung entstanden sei. Die Gedanken, die sonst schwer zu zügeln sind, die sich auf einer ewigen Wanderung befinden, entfielen uns. Unsere Glieder wurden urzeitlich, sie spielten tierische Flucht. Das Schreckliche war nur, daß wir ihnen nicht, wie wir wollten, gehorchen konnten, es fehlte uns die Weite.

Hatten wir die ganze Zeit im Dunkel getappt, Feind und Freund nicht gut auseinander halten können, wurde es plötzlich taghell, die Deutschen hatten Leuchtraketen abgeworfen. Noch niemals hatten wir so deutlich gesehen, wo wir uns befanden. Das Licht fiel über uns her und zeigte uns nicht nur verzerrte Gesichter, starre blinde Blicke, sondern wir sahen auch die Verwüstung um uns. Kleidungsstücke lagen verstreut auf dem Boden, der arg beschmutzt war, die Angst hatte sich erbrochen, ihre Notdurft verrichtet.

Obwohl die Helle, von einem Lautstrom nie gehörter Stärke begleitet, nicht lange anhielt, war sie doch genug, uns zu retten: sie lähmte.

Danach, nach diesem Ereignis war die Stille, die Dunkelheit schwer zu ertragen, und lange war an einen Schlaf nicht zu denken. Die Spannung, die auch noch den nächsten Tag anhielt, hatte ein recht merkwürdiges Aussehen. Wir waren jetzt ganz deutlich in zwei Lager gespalten, die sich gegenseitig belauerten. Warum sollten sie uns nur in der Nacht totschlagen und nicht auch am Tage? Ihre Erregung schien sich aber gelegt zu haben, sie beachteten uns nicht besonders, hatten sicherlich mit ihren eigenen Sachen zu tun, von denen wir ausgeschlossen waren. Natürlich kam uns auch in den Sinn, daß sie einen Plan zu unserer Vernichtung ausheckten, dagegen konnten wir aber nichts unternehmen.

Es mag begreiflich sein, daß uns das Bombardement der zweiten Nacht nicht so erschreckte, obwohl es nicht weniger stark gewesen war. Die Angst war etwas abgeflaut, wir brachten die Kraft für eine vollwertige nicht mehr auf. Unsere Gegner hielten sich im Rahmen des Ertragbaren, und auch Todesdrohungen waren nicht zu hören.

Sechs Nächte wurde die Stadt beschossen, sechs Nächte duckten wir uns unter den Einschlägen. Der siebente Tag fing für uns früh an. Hätten wir zu dieser Stunde schon das Brot erhalten, wäre es uns gewiß nicht weiter aufgefallen. Man gab uns jedoch nichts, nicht einmal das leere Wasser und befahl uns, schnell mit unseren Bündeln herauszutreten.

So war also endlich die Etappe zu uns gekommen, und es waren wohl nur wenige unter uns, die nicht an den versprochenen Tag des Geistes dachten. Da man uns aber nüchtern wegführte, mußte dies die größte Befürchtung hervorrufen, denn solches gehörte gewiß nicht zu ihren Gewohnheiten, die wir einigermaßen kannten. Gewiß, wozu sollte man die Menschen noch ernähren, wenn es zum Erschießen ging? Das kam sicherlich vielen in den Sinn, und sie verbargen auch nicht ihre Angst, die sich in läppischen Reden auslebte. Von außen her war Hundegebell zu hören. Man trieb uns die Treppe hinunter, auf der wir uns stauten, in den Hof einzutreten war beschwerlich, er war von Gefangenen, Männern und Frauen, eingenommen. Für mich war dieses Bild zufriedenstellend, denn eine Möglichkeit, irgendjemand zu erschießen, gab es nicht, wir standen allzu eng aneinander.

Wir redeten nicht, obwohl es uns niemand verboten hatte, wir hatten keine Zeit dazu, wir achteten auf alles, wir suchten unter den vielen Gesichtern Bekannte, die wir glaubten erkennen zu können, was aber nicht gelang. Die Menschen hatten sich bis zur Unkenntlichkeit verändert.

Endlich öffnete man das große Gefängnistor, die Menschen quollen aus ihm auf das freie Feld, auf unbestelltes Land hinaus, vielleicht nicht so freiwillig, wie es den Anschein hatte, denn sie wurden durch Befehle und mancherlei Nachhilfe zu dieser Eile gebracht. Die wenigsten von uns wußten, in welcher Himmelsrichtung wir gingen, stolperten und auch hinfielen, und dennoch blieb niemand zurück. Wir gingen nicht in Reihen, von einer Ordnung konnte gar keine Rede sein, wir wälzten uns in einem ganz ungleichen Hasten vorwärts. Wir waren so sehr im Gehen begriffen, daß jedes Hindernis uns so feindlich war und wir den Fallenden ungeduldig und über unsere Kräfte hinaus halfen, sie aufzerrten und stützten. Gewiß war es möglich, daß wir einem Tode entgegen gingen, die Angst saß in uns, und doch schien dieser Weg als Flucht zu gelten, sie, die uns von allen Dingen am nächsten war.

Wir umgingen große Trichter, stiegen über Querrippen, welche die Tanks in ihrer Gewichtigkeit hinterlassen hatten, gingen in Räderspuren, nur nicht auf einem ebenen Wege. Trotz aller Beschwerlichkeiten kamen wir in die Nähe des Bahnhofes, der zu unserem Glück ziemlich unversehrt dastand, die Bomben hatten nur seine nächste Umgebung getroffen. An dieser Stelle angekommen, war es uns schon klar, daß man uns nicht erschießen, sondern in den Zug setzen werde, was man auch tat.

Kaum hatten wir Platz gefunden, als unsere Erinnerung durchaus lebendig wurde, wir gedachten unserer Wäsche, die man uns zwar zur Reinigung abgenommen, aber nicht zurückgegeben hatte. Jetzt forderten wir sie mit allem Nachdruck und erhielten auch die Zusicherung, daß wir sie erhalten würden. Wir saßen stundenlang in diesem Zuge, hungrig und stumpf. Erst gegen Abend warf man einen Haufen nasser Wäsche auf den Boden des Waggons und befahl uns, selbst die Verteilung vorzunehmen. Alles, was irgendwie brauchbar sein konnte, war nicht mehr vorhanden, und das, was wir erhielten, fand, wenn auch nicht seinen Besitzer, so doch zumindest seinen Liebhaber.

Endlich fuhren wir in die Nacht hinein und fuhren bis Saratow wirklich nicht mehr als einige Stunden. Dieser Ort nahm uns nicht freundlich auf, was vielleicht bei der Menge der Gefangenen auch nicht gut möglich war. Man brachte uns in einen Kellerraum unter, der nichts als seine Leere hatte und der sich wohl selbst gewundert haben mag, wieviele Menschen dann in ihm Platz fanden. Wir hockten auf dem Steinboden, ohne die Beine ausstrecken zu können, was vielleicht am Tage noch nicht so schlimm war, in der Nacht aber eine wahre Qual. Die menschlichen Glieder haben ihre eigene Notwendigkeit, sich zu strecken, und es war schwerlich ihre Schuld, wenn sie dann dabei auf andere ihrer Art trafen. Der Leib war im allgemeinen geduldiger als der Kopf, der Schläge und Stöße weniger gut ertrug als dieser und sich zu seiner Verteidigung der Stimme bediente. Aufschreie und Geschimpfe machten die nächtliche Stille zunichte.

Zwei Tage und zwei Nächte verbrachten wir in diesem Raum. Die Untersuchung, die nach ihnen folgte, war streng. Alle Vorbereitungen, die wir damals mit solcher Mühe, vom Geiste angeregt, unternommen hatten, schienen jetzt sinnlos, man zerschnitt die Träger unserer Bündel und nahm uns das Geschirr ab. Der Verlust der irdenen Schüsselchen, die wir mit viel Geschick aus dem Gefängnis entwendet hatten, bedrückte uns, obwohl wir verstanden, daß sie das Recht hatten, ihr Eigentum zurückzunehmen. Sie wüteten aber mit einer solchen Willkür in unseren Sachen, brachten sie so durcheinander, daß wir sie dann nur mit Bitten und Drohungen von den Mitgefangenen, die in aller Schnelligkeit vermocht hatten, Fremdes zu erraffen, erhalten konnten.

Die medizinische Betreuung, die diesen ernüchternden Eingriffen folgte, bestand nicht etwa in einer Untersuchung und Beurteilung unseres Zustandes, sie beschränkte sich lediglich auf eine Injektion. Jede bekam in den Rücken, unter das Schulterblatt einen heftig schmerzenden Stich. Wir erfuhren nicht, wozu er gut sein sollte, wir verstanden nur, daß wir nun für die große Reise zugelassen waren.

Über das Gewicht des Brotes, das man uns danach gab, konnte kein Zweifel bestehen, es waren 600 Gramm. In dieser Zeit erfühlten wir bereits den kleinsten Unterschied zu dem vermeintlichen Gewichte, man konnte uns nicht täuschen, aber für welche Zeit es reichen sollte, wußten wir nicht.

Wir saßen dann in dem Waggon und aßen mit großem Eifer dieses Brot. Das war gut und vernünftig, denn schon nach kurzem hatten wir alle das Fieber, unser Körper wehrte sich gegen das Gift, das man uns fürsorglich eingeimpft hatte. Der Hunger war verschwunden, wir hatten Durst.

Viele von uns redeten irr. Ihre Worte waren aber nicht etwa nur, wie man vielleicht annehmen könnte, böse, obgleich es auch an solchen nicht fehlte. Es kamen dabei auch recht komische Dinge zum Vorschein, es wurde dabei auch gelacht, allerdings immer nur von dem Erzähler selbst. Niemand stimmte in ein solches Gelächter ein, das dann ganz unvorhergesehen in schrillen Tönen abbrach. Andere waren streitsüchtig geworden, nichts war ihnen mehr recht, und ihre Vorwände für ein Gezänke holten sie nicht etwa nur aus den Unzulänglichkeiten ihrer Umgebung. Eine Frau war unter uns, die sich stundenlang nicht beruhigen konnte, weil eine andere sie mit „Du" angeredet hatte. Dieses war für sie ein genügender Grund, vor uns, die wir kaum hinhorchten, ihr verlassenes Leben aufzurollen, das ihr allein Hilfe zu bieten schien.

Weinende gab es nur ganz vereinzelt, obwohl hier das Weinen natürlich sein sollte und sich geradezu anbot. Es forderte weniger Kräfte als anderes, man konnte es leise und nur so von ungefähr tun.

Unser Zug fuhr langsam, tat es recht holpernd, und jeder seiner Stöße endete in uns, verfing sich in unseren schmerzenden Leibern.

Die Diebin

Wir fuhren, vielmehr richtiger: Wir wurden gefahren. Je länger dieses Rütteln und Rattern dauerte, umso mehr verlor es seine Fremdheit, es wurde uns allmählich selbstverständlich, so als ob wir unser ganzes Leben nichts anderes getan hätten als eben dieses. Wir schliefen sitzend, und wir wachten sitzend auf, die Nachbarn hielten uns in dieser Lage.

Am dritten Tage unserer Fahrt bekam jeder von uns eine Schnitte Brot, die wir auf 300 Gramm schätzten, das war aber nicht das Merkwürdige an ihr, es beunruhigte uns vielmehr ihr Aussehen. In Gefängnissen ist das Schneiden des Brotes anscheinend ein Beruf, es ist gekonnt, während das Brot hier in einer recht bäuerlichen Art zerteilt worden war. Man stelle sich nur vor: ein runder Laib, an die Brust der Mutter gedrückt, und dann mit einem recht unhandlichen, großen Messer angegangen. Es war vor allem ein Brotschneiden dem Gefühl nach. Jedes der Stücke fing dünn an und endete ziemlich unförmig, es verdünnte sich wieder. Die Teile kamen ungleich aus der fernen mütterlichen Hand, die für uns nun eine soldatische war, eine, die sich scheinbar gut an ihre Kindheit erinnern konnte. Das erste Mal, als wir dieses Brot zu Gesicht bekamen, auf einem Brette gehäuft, nahmen wir es ohne weiteres hin. Der Hunger hatte, nach unserem Fieber, noch nicht jenes Ausmaß erreicht, das er um diese Zeit schon hätte haben müssen. Es war uns aber um Wasser zu tun, das uns der Soldat ebenfalls zumaß, wenn auch selten. Es hing, und das konnten wir gut verstehen, nicht allein von ihm ab. Er konnte es nur auf einer der Stationen holen, und die waren rar, wir standen nämlich häufiger auf totem Geleise, weitab von ihnen. Wenn es aber doch dazu kam, sie – jene Stationen – zu erreichen, hielt unser Zug nur verschwindend kurze Zeit. Die Soldaten brachten dann in aller Eile, je nach ihrer Geschicklichkeit, einen vollen Eimer Wasser oder einen schon halbverschütteten bis zu uns.

Zur Verteilung benutzte man einen Becher aus Blech, und da man seinen Inhalt kaum erwarten konnte, trank man dann in einer solchen Hast, daß dabei ein rechter Genuß nicht aufkommen konnte. Es gab für uns alle nur dieses eine Gefäß, das sich dann selbst beim Schöpfen in eben diesem Eimer spülte. Die Gabe des Wassers wurde wortlos hingenommen, obwohl der Atem schneller ging, und die Hände zitterten, wenn sie den Becher hielten. Die Geräusche, die dabei zu hören waren, hatten etwas Unmenschliches an sich. Sicher verliert die ausgetrocknete Kehle die Möglichkeit, sich der Flüssigkeit lautlos zu öffnen, vielleicht war aber auch die Hast daran schuld, daß man sich öfters verschluckte. Es gab Unglückliche, die danach in ein bellendes, atemringendes Husten ausbrachen, was eine Verzögerung veranlaßte, die nicht nur den Soldaten, sondern auch die Gefangenen aufbrachte.

Ich kann mich gut an eine Diebin erinnern, die auf den Becher wartete, dessen Inhalt sich in der Kehle einer Ausländerin verfangen hatte. Sie kreischte zornig auf, sah nach dem Soldaten mit Blicken hin, die dieser ganz gut zu verstehen schien. Sie schrie der Hustenden entgegen: „Wasser hast Du wohl Dein Leben lang nicht getrunken? Es ging Dir nur der Wein glatt durch die Gurgel? Gut, daß man Dich gefaßt hat, daß man Euch alle endlich vernichtet!“

Man konnte aber von einer nach Atem Ringenden keine Antwort erwarten, die sie auch nicht gab. Eine kleine unscheinbare Frau begann sich nun in das Gespräch zu mischen. Sie gehörte gewissermaßen einer Zwischenstufe an, sie war keine Politische und war auch nicht einfach eine Diebin, sie war vielmehr eine Buchhalterin, die sich zu ihren Gunsten verrechnet hatte. Sie behauptete, unschuldig zu sein, ein Opfer ihrer Beziehung zu dem Leiter der Arbeitsstelle, aber wie es auch gewesen sein mag, es gab niemanden, der ihr diese Geschichte glaubte. Ihre Stimme war ziemlich tonlos, etwas unsicher, als

sie sich an die Diebin wendete: „Was hast Du schon davon, wenn man sie vernichtet? Ohne die Reichen bleibst Du doch ohne Arbeit!"
Es war gut zu verstehen, daß sie sich mit denen, die nach ihrer Meinung reich waren, nicht verderben wollte, obwohl sie ihre Zuneigung zu den Verbrechern auch nicht gut unterdrücken konnte.

Die Diebin zögerte nicht lange mit der Antwort: „Du Dummkopf, habe ich denn von den Reichen, von unseren Schäfchen gesprochen? Sie ist doch eine Faschistin, ein verfluchter Spion, der uns verkauft hat. Sie hat das Sündengeld versoffen, und deshalb schmeckt ihr jetzt das russische Wasser nicht. Man soll es ihr überhaupt nicht mehr geben, was für ein Recht hat sie darauf?"

Der Soldat hatte grinsend diese Rede vernommen und war, soweit man es sehen konnte, mit ihr einverstanden. Es stürzten nur leider zu viele Gedanken auf ihn ein, so daß er das notwendige Wort dazu nicht rechtzeitig finden konnte. Nach einem tiefen Aufatmen schrie er endlich: „Schweigt!" Das war natürlich nicht das Wort, das er gesucht hatte, es kam ihm nur zufällig der einfachste Befehl in den Mund, den er schon früher unzählige Male herausgeschrien hatte.

Man dachte nicht daran zu gehorchen, das Wortgeplänkel setzte sich fort, denn die Gefahr, daß die Verbrecher uns das Wasser nehmen könnten, war durchaus vorhanden. Nicht etwa so, daß sie uns den Becher aus der Hand schlugen, viel einfacher war ein Stoß mit dem Ellenbogen, der dann den größten Teil seines Inhaltes zum Verschütten brachte. In der Enge, in der wir lebten, war das leicht zu bewerkstelligen.

Die Lehrerin aus Riga, die Frau mit den langen Beinen, die ich schon in dem kleinen Kellergeschoß in Saratow kennengelernt hatte, ließ die Sache nicht auf sich beruhen. Sie verteidigte nicht etwa die Ausländerin, von der sie offenbar annahm, daß sie es nicht notwendig hatte, sie wollte nur mit ihren Worten die Verbrecher zurechtweisen: „Seit wann ist Diebstahl Arbeit?" sagte sie streng. „Ihr lebt allein von dem Zufall, von der Gelegenheit, die ihr eurer Natur nach nicht ungenützt lassen könnt!"

„Ha, da sieht man, daß Du von unserem Gewerbe nichts verstehst", antwortete die Diebin verächtlich, „eine Gelegenheit, die sich ergibt, ist meistens nicht viel wert. Unsere Sachen muß man auskundschaften, dazu ist oft eine wochenlange Arbeit notwendig. Man muß alles in Betracht ziehen, und dazu gehört mehr Klugheit, als jemand mit zwei Fingern in die Tasche zu fahren, ohne daß er es merkt. Zu unserer Arbeit gehört ein Köpfchen!"

„Anscheinend hast Du aber dieses Köpfchen nicht, da Du hier sitzt", sagte langsam mit heiserer Stimme eine ältere Person, die nur ein Ohr hatte. Sie galt als Mörderin, war aber nach ihren Worten völlig unschuldig. Sie gab lediglich zu, das Kartenspiel zu lieben, und hatte letzthin das Mißgeschick gehabt, ihr Ohr dabei zu verlieren, da sie, in der Gewißheit zu gewinnen, ihren Körper als Pfand einsetzte und sich einfach verrechnet hatte.

Man sollte meinen, daß dieser Vorwurf den Zorn der Diebin von der Lehrerin ablenken würde, es war aber nicht so. Was eine Mörderin sagt, konnte man, ohne sein Gesicht zu verlieren, hinnehmen, denn, wie es auch war, stand sie in der Bewertung jener Kreise höher als ein Dieb.

Es trat eine Stille ein, in der sich nur die Geräusche der toten Dinge breitmachten, der Wagen ächzte und krachte in allen Fugen. Es war ersichtlich, daß sich die Diebin auf eine Antwort besann, vielleicht sogar auf ein Handeln, was wir durchaus für möglich hielten. Sie stierte mit halb geöffnetem Munde nach dem „Baltikum" hin, und es war ersichtlich, daß ihr die notwendigen Worte noch immer fehlten. Ganz plötzlich brach sie in einen Strom von Schimpfworten aus, die sich überstürzten, die sich in ihrem Zorn nicht recht geordnet hatten und die für diese Gelegenheit nicht ganz am Platze waren. Sie hatte sich in das Gebiet der animalischen Sphäre begeben, die, wie man in aller Welt weiß, nichts oder nur das wenigste mit der Arbeit des Kopfes zu tun hat.

Wir, die sogenannten Politischen, horchten aufmerksam zu, prüften die Kunst der Schimpferei, ohne daß uns die Worte der Frau zu besonderen Vorstellungen anregten. Es waren für uns Laute aus einer fremden Welt, mit denen wir nichts verbanden. Wir wußten aber, daß es bestimmte Regeln des Schimpfens gab, daß es vor allem darauf ankam, seine Benennungen nicht zu wiederholen. Nach allem, was wir zu hören bekamen, war unsere Diebin nur eine mäßige Kennerin jenes ungeschriebenen Gesetzes, und wenn auch ihr Wortschatz eindeutig und mächtig war, umfaßte er doch nur ein kleines Gebiet des in solchen Fällen zu Gebote stehenden.

Die Lehrerin antwortete nicht, was ganz selbstverständlich war. Sie schaute sogar etwas gelangweilt in die Ecke, hörte vielleicht überhaupt nicht hin, wenn sie auch in unserem kleinen Raum die Worte treffen mußten.

Schimpfen macht müde, und wenn auch unsere Diebin lange nicht so schwach war wie wir, tat sie doch in der Verzweiflung über ihre Niederlage etwas, was uns wie eine Selbstbestrafung vorkam, sie spuckte. Wer von uns hätte sich noch dazu entschlossen? Wer würde sich freiwillig des kleinsten Tröpfchens dieser Flüssigkeit entäußern? Wir waren doch schon zufrieden, wenn unser Mund soviel Nässe enthielt, um unserer Zunge freie Bewegung zu erlauben. Ja, sie spuckte, aber sie spuckte nicht einfach auf den Boden, nein, sie spuckte in der Richtung der Schweigsamen hin, traf sie aber nicht. Die Spucke flog an den Hals einer ihrer Kolleginnen, allerdings einer niederen Ranges, einer Taschendiebin, die aufkreischte und zum Schlage ausholte. Sie schlug jedoch nicht zu – fürchtete sie die Gegnerin oder mangelte es ihr an Raum dazu? Wie es auch war, sie schlug nicht, begann aber zu schimpfen. Dieses Mal hatten wir eine Meisterin des Faches vor uns. Womit konnte sie denn die andere treffen, die doch für dasselbe Vergehen verurteilt worden war wie sie selbst und es nicht einmal leugnete? Dennoch war es ihr leicht, sie zu erniedrigen, sie machte sie mit ihren Worten zu einer Prostituierten. Dieses Gewerbe war, wie wir bereits wußten, das letzte, das verachtetste von allen, dem sie sich hingeben konnten.

Der Soldat stand am Gitter, schaute in unser Abteil hinein und hielt das Gewehr so vor sich hin, daß das Bajonett an seinem Gesichte lag. Er hörte aufmerksam zu, er war noch jung und hatte wohl bei all dem Gerede vergessen, daß er eigentlich eine solche Freiheit in Wort und Handlung nicht hätte zulassen dürfen. Es sah nämlich so aus, als ob gleich und ohne Zögern eine Prügelei ausbrechen würde. Wir hatten schon die Beine ganz an den Leib gezogen, um den Kämpfenden Platz zu machen. Es geschah aber nichts. Bevor man noch irgendeine Bewegung machen konnte, schrie der Soldat ein solches Übermaß an widrigen Worten in das Abteil, die uns zwar schon alle bekannt waren, die uns aber, aus seinem jungen Munde kommend, erstaunten. Hatte er sie sich erst jetzt zu eigen gemacht, oder sollte er sie schon von Kindheit an in sich getragen haben? Merkwürdigerweise wirkten sie, wenn auch nur für kurze Zeit. Die Diebin, die zutiefst Beleidigte, konnte sich aber nicht anders an dem Soldaten rächen, als daß sie, wenn auch nur flüsternd, ihn des Diebstahls bezichtigte.

Unser Abteil nahm regen Anteil an dieser Beschuldigung. Er war es, so behauptete die Diebin, der das Brot austeilte und der zumindest die Hälfte davon stahl. Es kam ihr gar nicht in den Sinn, eine Verwaltung für unser Elend, unseren Hunger, verantwortlich zu machen. Ihren gelegentlichen Reden nach war diese zwar ihr Gegner, aber als solcher ein ebenbürtiger, mit dem man zwar kämpfte, den man aber achtete und zu Recht bestehend empfand.

Je mehr die Frau sprach, umso mehr waren wir von der Wahrscheinlichkeit seines Verbrechens überzeugt, nur daß es uns nichts half, wir konnten keinen Ausweg finden. Wir sahen nur diesen einen Soldaten, es gab für uns keine Stelle, an der wir uns hätten beschweren können, wir waren ihm ausgeliefert. Viel später erst, es waren schon Wochen vergangen, als man in einem Gefängnis Halt machte, hörten wir, daß die Soldaten unser Brot an den Stationen verkauften. Jetzt aber, noch unberührt von jenem Wissen, konnten wir allerdings nichts anderes denken, als daß der Soldat selbst unser Brot aß. Diese Vorstellung war uns näher, wir konnten ihn geradezu sehen, wie er sich große Brocken unseres Brotes in den Mund schob.

Das einzige, was wir daraufhin beschlossen, war, alles daran zu setzen, unser Brot selbst auszuteilen, es nicht aus der Hand des Soldaten zu empfangen. Wir erhielten zu unserem Erstaunen und ganz ohne Kampf diese Möglichkeit. Der Soldat war zufrieden, einer Arbeit ledig zu sein. Die Stücke wurden dadurch aber auch nicht größer.

Im Grunde war es ein Spiel, das wir uns danach ausgedacht hatten, und wenn es auch nur eine kurze Zeitspanne des Tages einnahm, war es doch höchst aufregend. Die Diebin, eben jene, die den Soldaten beschuldigt hatte, schlug es vor, und wenn es auch nicht neu war, sicherlich schon in Gefängnissen oder auf Wegen der Etappe gespielt, brachte es doch Abwechslung in unsere Tage. Man verband einer Frau die Augen, und sie war es dann, die in ihrer Blindheit das Brot zuteilte. Wir alle schauten auf die Brotstücke, von denen wir uns schon eines, gewiß das größte, ausgesucht hatten in der Hoffnung, daß die Sibylle unseren Namen nennen werde, wenn die Diebin mit dem Finger auf das Erwählte tippte. Selten, äußerst selten erfüllte sich das Verlangen. Wichtig war vielleicht nicht einmal dieses, wichtig war der Zufall, nicht nur in bezug auf das Brot, sondern in bezug auf das Leben selbst. Wer aber konnte in dieser Zeit das Brot noch vom Leben trennen? Danach, nach dieser mystischen Verteilung, kauten wir schweigend und ergeben. Heute war es uns zwar nicht geglückt, das größte Stück zu erhalten, aber die nächste Verteilung konnte es bringen. So und in dieser Art hielten wir uns aufrecht, obwohl der Unterschied in den Gewichten des Brotes nicht erheblich war, manchesmal nur ein einziger Bissen, um den es ging.

Die Beleidigung, welche der Diebin nicht durch eine ihres Kreises zugefügt worden war, ließ sie nicht zu Ruhe kommen. Einige Tage später begann sie daraufhin eine Erzählung, die dartun sollte, daß sie selbst an ihrem Arreste nicht schuldig sein konnte und durchaus im Besitz eines „Köpfchens“ war. Anfangs redete sie so im allgemeinen über ihren Beruf, wie sie schon als kleines Mädchen angefangen hatte, ihn auszuüben, und kam erst ganz allmählich auf jenen betrüblichen Fall zu sprechen, der sie in die jetzige Lage gebracht hatte. Sie begann so von ungefähr spöttisch und überlegen über Menschen zu sprechen, die sich einbildeten zu verstehen, was ein Diebstahl sei, die aber nicht ahnten, was das Bestehlen einer Wohnung für Schwierigkeiten mache, da selbst dem besten Kundschafter Dinge unterliefen, unerwartete, die nicht nur seine mühsame Arbeit gefährdeten, die sie oft einfach vernichten konnten.

Unsere Aufmerksamkeit war anfangs nicht besonders groß; war es unsere Schwäche oder unsere Überheblichkeit (wir waren ja Gott sei Dank keine Diebe), ist schwer zu sagen, wir horchten kaum hin. Als sie aber bereits dabei war, die Wohnung aufzuschließen, fragte plötzlich meine Nachbarin: „Woher hattet Ihr denn die Schlüssel?“ „Eine dumme Frage“, antwortete die Diebin, „wißt Ihr nicht, daß zu jedem Schloß ein Schlüssel zu finden ist?“

Ich selbst habe mir diesen Diebstahl nicht weiter vorgestellt, ich verstand nur mit aller Deutlichkeit, so als ob es nur für mich gesagt worden wäre, daß jedes Schloß seinen Schlüssel habe, was mir in seiner Bestimmtheit, in der Art seiner Aussage zur Beruhigung diente. Die Gefangenschaft hatte, wie nicht anders möglich, die engste Beziehung zum Schlüssel, und er konnte mich befreien. Ich hörte dann weiter, daß die Tür der Wohnung aufgeschlossen, die Diebin in den Korridor eingetreten war und das erste Zimmer beschaut hatte. Es standen in ihm nur ein Schreibtisch und Bücherschränke, was ihr die Gewißheit gab, daß hier nichts zu holen sei.

Ganz unerwartet unterbrach sie die Buchhalterin mit einer Frage: „Was hättest Du gemacht, wenn Menschen in der Wohnung gewesen wären?“

Unwillig antwortete die Diebin: „Da sieht man den Unterschied in den Berufen. Einer, der eine Kasse ausräumt, kann es noch lange nicht mit einer Wohnung aufnehmen. Wochenlang hat man das Haus beobachtet, und man wußte genau, daß um diese Zeit niemand anwesend sein konnte.“

Die Zuhörer liebten solche Unterbrechungen nicht, und obwohl sie Schweigen geboten, konnten sie es doch nicht verhindern, daß ein Mädchen, ein ganz junges Ding, ihre Neugierde nicht zu zähmen verstand und fast flüsternd fragte: „Und in dem zweiten Zimmer?“

Jetzt war die Diebin in ihrem Element: „Ja“, sagte sie mit aller Lebendigkeit, „ja, das zweite Zimmer, das war es eben, das hatte es in sich!“ Sie schaute uns mit ihren frechen Augen an, und trotzdem ich ihr Gesicht schon lange kannte, hatte ich es doch niemals so unverhüllt, so deutlich gesehen, wie eben jetzt. Es war nicht Diebstahl darauf geschrieben, der die Augen schlau und beweglich macht, es hatte nicht das Unstete dieses Berufes an sich, ihre Augen waren starr geworden, der Mund mit seinen schmalen Lippen ließ die spitzen Zähne sehen, das Kinn brutal vorgeschoben – es blickte mir eine Mörderin entgegen. Sie triumphierte, das war ersichtlich, wenn wir auch den Grund dazu noch nicht kannten. Sie fuhr mit ihrer Rede nicht einfach fort, sie wollte die Spannung erhöhen und tat es auch. Endlich schien es ihr genug zu sein, sie räusperte sich und sagte erstaunlich ruhig: „Als ich in das zweite Zimmer trat, sah ich Schränke, die sich wohl auszuräumen lohnte, aber hinter der Tür lag ein Hund!"

„Ein Hund?" schrie eine kleine, alte Französin auf, „ein Hund?" „Schrecklich, schrecklich!" setzte sie hinzu. Die Augen, die ihr schon immer ein froschähnliches Aussehen gegeben hatten, quollen ihr nun noch mehr aus dem Gesichte.

Die Diebin stand von ihrem Platze auf, reckte sich zu ihrer ganzen Größe auf und sprach nun ausschließlich nur mehr zur Französin. „Ja, ein Hund, aber was für einer! Groß wie ein Kalb! Er lag ganz ruhig und schaute mich an. Ich stand ihm gegenüber und dachte, wenn er weiter so liegen bleibt, kann ich einfach auf ihn spucken. Ich machte einige Bewegungen, sozusagen nur zur Probe, er aber rührt sich nicht. Ich öffne den Schrank, ich lasse den Hund aber nicht aus den Augen, er liegt da und zeigt mir ein wenig die Zunge. Ich ziehe das Tischtuch herunter, breite es auf den Boden aus, werfe die Kleider darauf und mache ein Bündel. Das hat sich gelohnt, denke ich, und bin so froh, daß ich fast den Hund vergesse. Der ist aber schneller als ich, er steht bereits vor der Tür und blinzelt mich an. Als ich aber ein wenig den Arm hebe, zeigt er mir die Zähne. Seine Augen sind hell, fast farblos und erinnern mich an einen Menschen. Es ist mir klar, daß ich den Hund mit Namen nennen muß, damit er mich hinausläßt. Mir fallen die verschiedensten ein, ich spreche sie mit meiner sanftesten Stimme, einen nach dem anderen, aber alles vergebens. Er fletscht bereits die Zähne. In mir steigt eine solche Wut auf, daß ich den teuflischen Namen, den sie ihm gegeben haben, nicht finden kann. Ohne es zu wollen, sagte ich für mich selbst ganz unerwartet: ‚Iwan Iwanitsch', und der Hund spitzt die Ohren. So hieß nämlich der Richter, der mich ausgiebig gequält hatte, und kein anderer Mensch als er hatte solche Augen. Eine gefährliche Bestie, dieser Hund! Wenn ich nur ein Messer gehabt hätte, wäre er nicht am Leben geblieben. Ich weiche bis zur Mitte des Zimmers zurück und sehe, daß seitlich noch eine Tür vorhanden ist. Ich springe auf sie zu und bin schneller als der Hund. Wie ich dann durch den Gang gelaufen bin, habe ich vergessen, aber der Hund begann schon damals zu bellen. Er tat dies nicht wie ein gewöhnlicher Hund, er hatte eine Stimme, die ich noch hörte, als ich schon in der engen Gasse war und zwischen mir und ihm ein weiter Platz lag. Was ist da weiter zu sagen? War das Arbeit oder nicht?" Sie sah dabei niemanden besonders an, aber es war ganz klar, für wen sie das alles erzählt hatte, für wen sie den Beweis liefern wollte.

Gewiß waren alle von dieser Geschichte sehr beeindruckt, ohne aber recht befriedigt zu sein, denn sie konnten nicht verstehen, warum sie trotz des Erfolges nun im Gefängnis saß. Natürlich war es gefährlich, eine Frage, die sich auf dieses Mißverhältnis bezog, zu stellen, und doch fand sich eine Mutige, die es tat, eine alte Frau, eine Bäuerin, die zu zehn Jahren verurteilt worden war, weil sie das Gehörte, nämlich daß Hitler schön sei, weitergegeben hatte. Das hört sich komisch und außerdem recht unwahrscheinlich an, aber ich habe es selbst aus ihrem Munde vernommen.

Diese Bäuerin fragte nun ganz einfach: „Warum haben sie Dich genommen?“ Das war eine der üblichen Umschreibungen für das unangenehme Wort „verhaftet“. Die Antwort kam fast sofort. Mit einer Schnelligkeit sprudelte die Diebin Schimpfworte vor sich hin, die sich aber nicht auf uns und auch nicht auf die Fragerin bezogen. Sie trafen ihre Kollegen, welche die Dummheit begangen hatten, auf dem Markte in eben derselben Stadt Sachen aus ihrem, fast möchte man sagen, persönlichen Diebstahl zu verkaufen und dabei gefaßt worden waren.

Nach dieser Geschichte fühlte sich unsere Diebin von jedem Makel befreit, fühlte sich als Heldin, und da diese gewöhnlich großmütig sind, antwortete sie sogar der kleinen Französin, was sie sonst wohl kaum getan hätte. Diese interessierte sich für die Farbe des Hundes, die doch eigentlich in gar keinem Zusammenhang zu seiner Größe und noch weniger zu seiner Gefährlichkeit stehen konnte. Vielleicht wollte sich unsere Heldin auch nur über das alte Mädchen lustig machen, als sie ihr die verschiedensten Farben in Vergleichen anbot, oder dachte sie, ihr das Verstehen damit zu erleichtern? Sie sagte lachend: „Schwarz wie ein Rabe, verstehst Du? Schwarz!“ Dieses Wort war anscheinend verstanden worden, der alte Kopf nickte, aber der Rabe hatte ihr in dem Bemühen des Verstehens den Mund geöffnet, der nun gleichsam wie ein versunkenes Auge zu uns aufsah.

Die Diebin hatte daraufhin die Stimme erhoben, sie meinte, je lauter sie spräche, desto eher würde sie verstanden werden. Als sie aber in die leeren, glotzenden Augen sah, wurde sie gereizt und schrie: „Glaubst Du denn, wenn er weiß gewesen wäre, hätte er nicht gebissen? Schwarz wie der Teufel war er!“

„Teufel“ war ein so gebräuchliches Wort, daß es nach ihrer Meinung jeder verstehen mußte. „Teufel, Teufel“, wiederholte danach Mademoiselle und wehrte erschrocken mit den Händen ab.

„Schwarz wie ein Teufel war er, und die Nase rosa wie der Bauch einer Jungfrau", beschrieb die Diebin unter allgemeinem Gelächter den Hund. Man kann aber annehmen, daß nicht nur die Französin, sondern auch andere von uns die rosa Farbe schwerlich in einer solchen Verbindung gebraucht hätten.

Die Taschendiebin lachte zwar auch, wartete aber sichtlich auf eine Gelegenheit zu sprechen, um der anderen ihre Fehler aufzuzeigen. Sie sagte deshalb gewissermaßen anerkennend: „Ja, der Hund, das war eine unangenehme Geschichte, aber zum Schluß ging doch alles gut aus, das heißt natürlich nicht alles, und ich glaube, daß die Schuld nur an der gemeinsamen Arbeit lag. Man muß allein arbeiten, dann weiß man wenigstens, woran man ist. Was ich verdiene, habe ich, ich bin unabhängig, und keiner verdirbt mir das Geschäft!"

„Nein, wirklich nicht?" höhnte die Angeredete, „und wer hat es Dir denn zuletzt verdorben? Warum sitzt Du hier?"

Ehe aber eine Antwort erfolgen konnte, machte unser Zug einen solchen Ruck, einen förmlichen Sprung, der von dem oberen Brett eine Frau auf uns warf, was weder für sie noch für uns besonders angenehm war, obwohl sie sich nicht weiter dabei beschädigte. Unser Waggon wurde danach einige Male hin und her gerissen, klappte hart an die Puffer und kam zum Stehen. Wir erfuhren natürlich nicht, was geschehen war, im Grunde war es uns auch gleich. Wir hatten nur durch die Unterbrechung die beginnende Auseinandersetzung unserer Diebe etwas vergessen, die uns aber mit aller Schnelligkeit unsere „Heldin" durch ihre ironische Frage ins Gedächtnis rief: „Warum sitzt Du hier? Hat Deine ‚selbständige' Arbeit Dich auch nicht davor bewahrt?"

„Warum ich hier sitze? Das ist eine ganze Geschichte, und es ist klar, daß ich keine Schuld daran habe!"

„Was Du nicht sagst, das ist aber eine Neuigkeit! Wer von euch ist schon schuldig?" spottete eine der Frauen, und selbst die Mörderin, die sich allerdings nicht ganz zu ihrem Gewerbe bekannte, stimmte ganz wider alles Erwarten ein, war derselben Meinung.

„Ihr wollt es nicht glauben? Ich aber kann es beweisen, daß auch ihr, in meinem Falle, verloren gewesen wäret."

„Wir glauben nicht, uns fällt es gar nicht ein zu glauben", riefen die Weiber durcheinander, neckten sie damit, selbst die Politischen waren zu hören, allerdings nur mit halben und recht unsicheren Stimmen.

Die Taschendiebin gab sich aber nicht geschlagen, sie wandte sich nun an alle, als sie die Frage stellte: „Kann man etwas für sein Aussehen? Ist man für dieses verantwortlich?"

„Es kommt darauf an", sagte nachdenklich eine Prostituierte, die gewiß an Schminke und andere Mittelchen dachte.

„Es kommt ihnen nur auf das Aussehen, auf die Form an", versicherte die Taschendiebin, die ihre langen Finger vor ihrer Brust bewegte, um nicht ganz aus der Übung zu kommen.

„Auf was für eine Form? Auf Deine Nase? Auf Deine Schweinsaugen?"

„Und wenn auch Schweinsaugen, ich habe sie mir nicht selbst gemacht. Du bist auch gerade keine Schönheit!"

„Nun gut, aber warum bist Du hier? Rede nicht solange herum! Soviel weiß ich, daß man die Leute nicht wegen einer krummen Nase verhaftet!"

„Da bist Du aber im Irrtum. Wenn sie nur zu Deiner krummen Nase noch eine finden, die ihr ähnlich ist, schon haben sie Dich!"

„Du hast doch keine krumme Nase, sollten sie noch andere Schweinsaugen gefunden haben?"

„Zum Teufel mit Deinen Schweinsaugen! Dieses Mal hast Du aber recht. Man hat mich einfach verwechselt!"

„Ach, Du bist nicht die, die Du bist? Das ist aber interessant. Wer sollst Du denn eigentlich sein?"

„Ich kann doch nichts dafür, wenn so ein junger Kerl auf der Straße den Ehrgeiz hat, die Menschen in gute und schlechte einzuteilen. Er hat mich dort gefaßt, weil er mich für eine andere gehalten hat. Ich habe übrigens ihre Photographie gesehen, ein ganz stattliches Frauenzimmer. Sie ist Mitglied einer Bande, gerade das, was ich nicht bin und auch niemals sein werde."

„Und sie haben Dir nicht geglaubt? Sie haben Dich für das stattliche Frauenzimmer gehalten? Das gefällt mir aber, sind sie denn blind?"

„Sei nicht so dumm! Natürlich sitze ich nicht für dieses Weib. Mein Richter machte sich den Scherz und stellte sie mir sogar vor, das war eine Komödie. Ich saß da bei ihm, er wollte nicht, daß ich stehe, er gehört nämlich zu den Galanten. Wir mußten lange warten, aber endlich öffnete sich die Tür, und sie kam herein. Sie war ganz frisch von draußen und hatte noch ihren Hut auf. Da mußte ich aber lachen! Das sollte ich sein? Da sah man gleich, wie die Behörden arbeiten! Wenn bei ihnen auch nur ein Teilchen stimmt, sind sie schon zufrieden."

„Und worin hat es gestimmt?"

„Das könnt Ihr nicht erraten, und wenn Ihr hundert Jahre lebt!"

„Das wäre ja noch schöner, wenn wir das nicht könnten. Wir wissen doch, auf was sie schauen!"

„Nichts wißt Ihr, und darauf könnt Ihr gar nicht kommen. Auch ich hätte es nicht sagen können. Denkt Euch nur, der Richter schaute von mir zu ihr, wiegte ein wenig den Kopf hin und her, schnalzte sogar mit der Zunge und sagte endlich: „Ähnlichkeit, Ähnlichkeit, darüber läßt sich nicht einmal streiten, sie ist einfach nicht da. Der Ausdruck aber, der Ausdruck, ja, der ist derselbe!“

„Der dumme Junge, der mich verhaftet hatte, war mächtig stolz nach diesen Worten, war stolz auf seinen Fang, der ich war und der nach meiner Meinung nicht das mindeste mit einem ‚Ausdruck‘ zu tun hatte.“

„Wegen des Ausdrucks haben sie Dich doch aber nicht halten können?“

„Natürlich nicht! Sie versuchten es zwar und redeten mir lange zu, daß ich es zugeben solle, zu der Bande zu gehören. Diese Freude machte ich ihnen nicht, aber leider bin ich bei diesem Gerede so zornig geworden, daß ich mich verschnappt habe.“

„Wieso verschnappt? Du bist doch nicht auf den Kopf gefallen!“

„Er hat es damit auch bei mir nicht besonders versucht. Er hat mir gut zugeredet. Er behauptete, daß die anderen schon alle gestanden hätten und nur ich übrig geblieben wäre. Da schrie ich vor Wut, daß ich lieber meine ganze Arbeit aufdecke, als diesen Unsinn noch länger anzuhören, und da hatten sie mich.“

„Ach, Du Idiotin! Wo sie gegen Dich nichts in den Händen hatten!“

„Du meinst, daß ich ihnen alles gesagt habe? Für wen hältst Du mich eigentlich? Gerade soviel, daß es für ein Jahr ausreicht. Jetzt ist Krieg, da muß man doch irgendwie unterkriechen, und dann kommt die Freiheit!“

Dieses Wort machte alle aufhorchen, selbst die, denen das ganze Gerede gleichgültig gewesen sein mochte, hoben die Köpfe.

„Ich kann mir nicht denken, was Du Dir unter einer solchen Freiheit vorstellst?“

„Freiheit sollte ich nicht kennen? Ich habe mein Gedächtnis noch lange nicht verloren! Bei mir war es immer dreiteilig gewesen: Geh’, wohin du willst, iß, was du willst, schlaf, mit wem du willst!“

Eine, die bis dahin geschwiegen hatte, sprach nun langsam und zögernd, fast zu sich selbst: „Ich habe noch niemals gehört, daß Liebe etwas mit Freiheit zu tun hat!“

„Ach, Du armes Schäfchen, das konntest Du auch nicht hören. Wer hat denn hier von Liebe gesprochen? Du mußt geträumt haben! Wir sprachen doch nur von der Freiheit!“

Eigentlich waren diese Gespräche für mich recht aufschlußreich, nur schienen sie der Frau aus Riga ganz und gar nicht zu gefallen. Sie gebot ihnen streng zu schweigen.

Eine der Frauen rief daraufhin mit einer gar lustigen Stimme: „Gewiß Madame, Bürgerin, gnädige Frau, wir werden schweigen, aber nicht deshalb, weil Sie es wünschen, einfach deshalb, weil die Freiheit für uns einen Ausdruck bekommen hat!"

Ganz unerwartet legte unsere Heldin, der Wohnungsdieb, ihre Hände trichterförmig an den Mund, tutete etwas, wohl um die Aufmerksamkeit auf sich zu lenken, und schrie mit aller Stimme, die sie aufbrachte: „Kaufe, kaufe gut erhaltene Freiheit! Freiheit ohne und mit Ausdruck! Zahle bar!"

Es entstand ein Lärm, der weniger Lachen enthielt, als man nach dieser Vorstellung hätte annehmen sollen, es war vielmehr ein vielstimmiges Gezänke, an dem sich sogar die Politischen beteiligten, wenn auch vorsichtig und nur mit einigen Zurufen.

Dem Soldaten konnte das natürlich nicht gefallen, er schimpfte so anhaltend und mit einer solchen Deutlichkeit, daß endlich Ruhe eintrat. Merkwürdig war, daß die Frauen dann so ganz ohne Übergang in sich versanken, förmlich einstürzten. Es folgte ein schweres Schweigen.

Unser Zug hielt, gewiß zu unserem Erstaunen, an einer Station. Ich bin sicher, daß alle nur einen Gedanken hatten: Man hoffte auf Wasser. Es kam aber anders. Nach einer langen Zeit, die wir mit Hinhorchen zubrachten, öffnete man den Waggon. Aussteigen konnte man das, was wir taten, nicht gut nennen. Das lange Sitzen hatte unseren Körper gekrümmt, wir konnten uns nicht ganz aufrichten, die Beine knickten ein. Die Luft, die auf uns eindrang, war kalt und gleichsam lebendig, sie machte uns schwindlig. Hatten wir uns doch die ganze Zeit mit einer begnügt, die schwer war, die sich aus einem Menschen in den anderen geflüchtet hatte, eine, die einen tiefen Atemzug nicht mehr erlaubte. Sie glitt gleichsam nur an unserer Oberfläche hin, unsere Brust hob sich dabei kaum merklich.

Der Etappenweg

Wir standen auf einem Felde, sahen den Bahnhof, bellende Hunde, die einen Menschenhaufen umkreisten, der nun anscheinend unsere Plätze einnehmen sollte. Als wir endlich zu gehen begannen, taumelten nicht wenige von uns. Der Weg war schwer und verlangte alle Aufmerksamkeit. Er war gefroren und uneben. Als wir nach langem Gehen das Gefängnis sahen, konnten wir nicht annehmen, daß man uns nicht einlassen werde, und man tat es auch nicht.

Man befahl uns, wenn auch wortlos, sich auf den Boden niederzulassen. Es wurde dies mit einer Handbewegung gemacht, gleich einer Hundedressur: „sit down!“, wobei sie uns die Wahl ließen, in welcher Form wir uns dabei behelfen wollten.

Merkwürdig, daß gerade die Verbrecher eine besondere Art des Hockens bevorzugten, eine orientalische Gewohnheit des Ausruhens, die wir selbst schon nach dem ersten Versuche aufgeben mußten, denn unsere Beine fielen dabei in ein Vergessen, sie schliefen ein. Viele von uns knieten auf ihren Bündeln, eine Haltung, die meistens schwer zu ertragen ist und die uns ebenfalls schon fremd geworden war.

Wer liegt schon heute noch auf den Knien? Die Kirche, die sich zwar dazu als Schauplatz anbietet, hat dabei einen recht trüben Mitbewerber – das Schafott, einen Ort, an dem man nicht stehend sein Haupt verliert.

Man hatte uns so eng umkreist, so eng aneinander geschoben, daß wir keinen Raum hatten, die Beine auszustrecken, selbst wenn wir uns dazu entschlossen hätten, einfach auf dem Boden zu sitzen. Wir froren untätig, widerstandslos.

Dieser Aufenthalt vor dem Tore des Sol-Iletzker* Gefängnisses war nicht nur quälend, er war auch ganz unverständlich. Sollte diese Stätte vergessen haben, daß sie ihre Berechtigung nur durch uns erhielt?

Als wir dann endlich aufgenommen wurden, war keine unter uns, die noch die Notwendigkeit gehabt hätte zu reden oder dazu imstande gewesen wäre, wir waren ganz erstarrt. Man brachte uns, so wie es üblich war, geraden Weges in das Bad. Es war gut geheizt, und wir tranken uns in ihm zu allererst satt. Ob dieses Wasser dazu bestimmt war, glaube ich kaum, es roch nach Erde und Schlamm und vielleicht noch nach vielem anderen, was uns jedoch nicht hinderte, nicht nur zu trinken, sondern dieses gewissermaßen auf Vorrat zu tun. Es hat uns übrigens nicht geschadet. Ich habe nicht gehört, daß jemand danach erkrankt wäre.

Das Trinken hatte uns viel Zeit genommen, so daß wir uns nur höchst mangelhaft waschen konnten, denn die Zeit dazu war immer sehr kurz bemessen. Mit dem Zustand unserer Wäsche und Kleider, die wir nach der Desinfektion fast naß zurückerhielten, mußten wir uns abfinden. Was hätten wir auch sonst tun sollen?

Man brachte uns in einen Kellerraum, in den die Kälte der Straße geflüchtet war. Ein Glück, daß er menschenleer war und wir die unteren Bretter, die in vollkommener Dunkelheit lagen und etwas Unheimliches an sich hatten, meiden konnten. Wir nahmen die über ihnen liegenden ein, die nah an der Decke waren und die wir mit großer Mühe erkletterten.

Wir froren, aber dieses Wort genügt nicht, unseren Zustand zu erfassen, es enthält nicht das ganze Entsetzen dieses Frierens. Unsere Kleider, unsere Wäsche waren naß und nahmen uns den letzten Rest einer Wärme, die uns noch von dem Zustand einer Leiche trennte. Wie wir uns zu dieser Kälte verhielten? Gewiß verschieden. Man klapperte mit den Zähnen, man zog die Beine bis zum Kinn herauf, einige weinten, aber nur eine Frau heulte.

Es ist nicht leicht, eine Vorstellung ihrer Person zu geben, denn sie änderte sich unaufhörlich. Sicherlich geschah das auch mit uns, nur daß sie es selbst in der Hand hatte, während wir kraftlos waren, die Veränderungen aufzuhalten. Anfänglich war sie wohl dick gewesen. Ich konnte sie mir gut vorstellen, wie sie, als gute Hausfrau, auf dem Markt um jede Kopeke feilschte. Das Fett hatte sie zwar verloren, aber nicht die Haltung. Sie war ziemlich groß und konnte sich wie eine Kobra aufrichten, wenn sie es für notwendig hielt, sie war aber auch imstande, zu einer solchen Jämmerlichkeit zusammenzusinken, daß sie selbst das Mitleid der Soldatenweiber erregte. Sie konnte, ganz nach Belieben, die rechte oder linke Schulter so hängen lassen, daß sie das Bild eines Invaliden abgab. Sie hatte die Fähigkeit, bei jeder möglichen und unmöglichen Gelegenheit zu weinen, einfach auf Bestellung. Vieles, was sie tat, konnte ihr natürlich in unserer Lage nicht helfen, aber in Gemeinschaft mit einer anderen Eigenschaft, auf Wunsch in Ohnmacht fallen zu können, brachte sie es doch dahin, einige Tage, es war dies in Balaschow, im Lazarett zu liegen.

Diese Frau war es nun, die heulte. Ich habe sie besser kennengelernt als andere, weil ich das Unglück hatte, sie späterhin als Gehilfin zu ertragen, was nichts anderes hieß, als alle Arbeit allein zu tun.

Die Frau heulte, und ich sah nach ihr hin. Man konnte nur ihre Umrisse erkennen, sie lag auf dem Rücken und stützte den Kopf auf ihren Sack, der ziemlich groß war, so daß sie fast saß. Bei jedem schauerlichen Laut, den sie von sich gab, bäumte sie sich auf und machte danach eine Pause, vielleicht eine Wirkung abwartend oder aber nur, um neue Kräfte zu sammeln.

Wir, die sogenannten Politischen, ließen sie gewähren, was hätten wir dagegen auch tun können? Gewiß verurteilten wir sie als Feigling, was aber anscheinend keine ganz zutreffende Kritik war. Sie entlud sich eben. Alle Beleidigungen, die sie erfahren, aller Zorn, den sie geschluckt hatte, suchten einen Ausweg in dem Geheule. Aber wie es sich auch damit verhielt, es war eine gewisse Schwäche in ihrem Tun, das fühlten wir alle. Die Verbrecherinnen waren weit ungeduldiger als wir, sie wehrten sich. Sie ergingen sich in Schmähreden, in höhnischen Bemerkungen, nannten sie zum Schluß eine Gebärende, die einen Hund zur Welt bringen werde.

In unserem Raum war es bereits dunkel geworden, und es ist ein großer Unterschied, ob man Laute bei Licht oder in der Finsternis zu hören bekommt. Die Dunkelheit öffnet ihre Leere besonders für solch abwegigen Lärm, er fällt in ihr auf den fruchtbarsten Boden und versetzt die Menschen in Angst. Es ist gewiß, daß wir alle litten, und doch hatte dieses Heulen mit uns nichts zu tun, es war nicht unsere Verzweiflung, wir lehnten eine solche unmittelbare Äußerung ab.

Spät am Abend bekamen wir eine Suppe. Hatte man uns bis dahin vergessen, oder waren so viele Gefangene hier, daß sie die Arbeit nicht bewältigen konnten, das war für uns nicht klar. Die Suppe war fast kalt. In einem trüben Wasser lagen Maiskörner, die zu zählen gewesen wären, wenn sich jemand der Mühe unterzogen hätte, es zu tun. Unser Raum war finster, und wir sahen sie deshalb nur flüchtig bei halb geöffneter Tür. Sie zu zerbeißen war uns ganz unmöglich, denn sie waren nicht gekocht, sondern nur gequollen. Der Skorbut hatte unsere Zähne arg beschädigt, sie standen in dem leicht blutenden Zahnfleisch nicht fest, und wir konnten deshalb nichts anderes tun, als diese Körner wie eine Medizin zu schlucken. Es gehört anscheinend nicht zu den menschlichen Künsten, gleichzeitig zu heulen und zu essen. Sicherlich war dies der Grund, warum die Frau endlich verstummte. Man hörte jetzt Schlürfen und vereinzelt kleine Schreie, hervorgerufen durch den Versuch, ein Korn zu zerbeißen. Wir gewöhnten uns übrigens an diese Suppe, die sich gleichblieb und die wir nun jeden Tag erhielten.

Die Zeit war es ja eigentlich nicht, die wir empfanden, vielmehr die Dinge, die in ihr auftraten, und da bei uns fast nichts geschah, verschwand sie für uns unempfunden. Unsere Tage waren so einförmig, daß nur die Kälte und der Hunger sich zu ihnen bekannten.

Es war ein großes Ereignis für uns, als man eines Tages einige Frauen zu uns einließ. Sie kamen bereits aus dem Lager und versorgten uns mit Erfahrungen, die uns fremd waren. Ihr Wissen um manche Dinge empfanden wir als eine Art Prophetie. Sie erzählten von den Kohlengruben in Barnaul*, für die wir anscheinend bestimmt waren. Sie sprachen so ausführlich über die Schrecken, die man in ihnen erleben konnte, daß alle Drohungen der Richter lebendig wurden, sich zu bewahrheiten schienen. Diese Gespräche, wie seltsam es auch klingen mag, machten uns den so quälenden Aufenthalt in diesem Gefängnis erträglicher. Die Kohlengruben konnten wir nicht anders aufnehmen als unser Grab, und zwar ein so tiefes, daß eine Auferstehung gar nicht mehr in Frage kam.

Wir waren alle krank, hatten aber nicht solche Erkrankungen, die sie fürchteten, nicht jene Infektionen, die dem Heere gefährlich werden konnten. Unsere Erkrankungen ließen die Gefängnisverwaltung kalt. Erst viel später habe ich den Ausdruck gehört, mit dem sie diesen Zustand benannten, er hieß: „praktisch gesund".

Die Krankenschwester öffnete wohl von Zeit zu Zeit die kleine Klappe an der Tür, was sie uns aber zu geben vermochte, war so gut wie nichts. Sie hatte nicht das kleinste Stückchen Watte. Ich mußte den Saum meines Hemdes abreißen, um mir damit die Ohren zu verstopfen, aus denen es rann.

Spaziergänge machten wir nicht, was verständlich war, sie hätten als Probe unserer Kräfte gelten können, die hier einer Überprüfung nicht mehr unterlagen. Wir mußten für den langen Weg taugen und taten es dann auch.

Eines Tages, es mag wohl der zehnte gewesen sein, rief man einige von uns auf. Soviel war uns klar, daß man eine Etappe abschickte, zu der wir nicht gehörten. Waren sie die Glücklichen, oder waren wir es, das wußten wir nicht, nur daß sich unsere Lage durch ihre Abwesenheit noch weiter verschlechterte, war gewiß, es wurde im Raume noch kälter. Wir litten sehr. Es war uns jetzt fast schon gleich, wohin die Reise ging, wir sahen nicht mehr soweit, wir hofften auf einen Platz in einem Abteil des Zuges. Wie er auch immer aussehen mochte, es war dort warm, und wenn wir selbst die Beine nicht würden ausstrecken können, wollten wir es zufrieden sein. Was half es aber, daß wir es hier tun konnten und es doch nicht taten? Wir hatten alle das Aussehen von Bündeln angenommen, wir lagen verkrümmt da.

Es dauerte aber nicht mehr lange, es konnte kaum eine Woche vergangen sein, als auch wir an die Reihe kamen. Man führte uns auf den Hof. Eine dünne Schneeschicht bedeckte seinen Boden, auf dem menschliche Spuren nicht zu sehen waren. Es war ein öder Hof, auf dem wir standen, ein gleichsam gelangweilter, der auf Laute nicht hinhörte, sie nicht aufnahm, unser Geflüster erstarb in seiner Weite, brachte die Soldaten nicht zum Aufhorchen. Wir standen lange, und es schien fast so, als ob man uns vergessen hätte. Plötzlich traten aus dem Gebäude zwei Soldaten, die eine Frau führten. Ich erkannte sie sofort. Sie sah auf uns, sie suchte unsere Reihen ab. Ihr Gesicht war blaß und gedunsen, die Unterlippe des geöffneten Mundes hing schief herab, so daß das Gesicht dadurch einen Ausdruck einer gewissen Beschränktheit erhielt. Die Augen schauten angsterfüllt auf unsere Reihen. Wenn ich auch nicht mit aller Sicherheit sagen kann, daß sie mich erkannte, so schien es mir doch wenigstens so. Man ließ ihr keine Zeit, sich richtig umzusehen, man zerrte sie in der Richtung des Bades weiter. Es war Nikitina, die mit mir in dem Saratower Gefängnis im Krankenhaus gewesen war, wo sie einen Schlaganfall erlitten hatte.

Zu allen anderen Zeiten und an allen anderen Orten wäre es natürlich gewesen, sie anzurufen, hier aber tat man solche Sachen nicht, es kam einem sogar nicht in den Sinn, daß man es tun könnte. So sah ich sie zum letzten Mal, sie verschwand für mich für immer.

Endlich machten wir uns auf den Weg, der aber für die Gefängnisverwaltung nicht einfach zu sein schien. Kaum waren wir aus dem großen Tor herausgetreten, als es wieder zu einem Aufenthalt kam. Wir standen nun auf jenem Platz, der uns noch gut in Erinnerung war, wir standen dort, wo wir bei unserem Kommen so überaus lange auf dem gefrorenen Boden hatten hocken müssen. Die Soldaten hielten die Hunde knapp an der Leine, die uns böse ansahen und die damit weitaus tätiger waren als ihre Herren, deren Blicke nur aus einer gewissen Verachtung erwuchsen, die anscheinend die geringste Kraft beanspruchte, wenn schon überhaupt geschaut werden mußte.

Nach langem Warten näherten wir uns dem Zuge, der weitab von der Station stand und dessen Trittbretter deshalb zu hoch für uns waren. Wir halfen uns gegenseitig hinauf, wobei es nicht ohne Stöhnen und Verletzungen abging. Obwohl wir nun fast in der gleichen Lage waren wie bei der früheren Fahrt, hatte sich doch für uns manches geändert. Es war die gleiche Enge, in der wir uns zurechtfanden, und ob wir schwächer geworden waren, ist schwer zu sagen, da wir doch keine Vergleichsmöglichkeit hatten, es zu ermessen; nur daß wir stumpfer geworden waren, das war gewiß. Wir waren unendlich müde.

Unser Soldat war dieses Mal keiner von den jungen, sondern ein alter kränklich aussehender Mann, der uns sicherlich als Hindernis zu einem ruhigen Leben ansah und wohl auch deshalb keine rechte Beziehung zu uns aufnahm. Er machte keinen Unterschied zwischen uns, er knurrte in gleicher Weise die Politischen wie auch die Verbrecher an, vielleicht konnte er sie sogar nicht auseinander halten. Irgendwo mochte er aber in seinem Herzen ein Restchen Pflichtgefühl haben, vielleicht eine Religion, denn er gab uns mehr zu trinken, und er ließ uns auch, auf unsere Bitte hin, öfters austreten. Brot bekamen wir zwar nicht in größeren Stücken, aber er gab es uns jeden Tag. Er teilte zwar nicht unseren Kummer, hatte aber anscheinend seinen eigenen, der ebenfalls nicht klein sein mochte.

Jene Frau, die sich noch vor kurzem mit Heulen abgegeben hatte, sprach jetzt mehr als wir alle zusammen. Durch welchen Zufall, aus welchen für uns unerfindlichen Gründen hatte sie mehr Sachen bei ihrer Verhaftung mitnehmen dürfen als wir? Sie hatte einen prallen Sack bei sich und bereitete sich schon jetzt auf eine Wanderung vor, da wir letzthin gehört hatten, daß man die Gefangenen oft tagelang zu Fuß durch die Taiga treibe. Sie wollte nun jemanden finden, der ihr dabei die Last abnahm, eine Dienerin, so sah es wenigstens aus, und sie war bereit, ein Paar Modellschuhe dafür abzugeben. Es fand sich auch eine Diebin, die mit dem Preis einverstanden war, aber nur in dem Falle, wenn ihr die Schuhe auch paßten. Das aber zu überprüfen war für die Besitzerin ein höchst gefährliches Unternehmen. Sie mußte den Sack vor allen öffnen und seine Schätze ausbreiten, was einen Anlaß zu ihrer Eroberung abgeben konnte.

Diese derart in die Enge getriebene Frau, eine Moskauer Deutsche, die den Vatersnamen Adolfowna trug, der sie in dieser Zeit fast zur Tochter Hitlers machte, kämpfte mit sich selbst und siegte insofern, als sie sich entschloß, den Sack nicht zu öffnen. Sie wollte es, wie sie sagte, im Gefängnis tun, dort, wo es leichter sei, die Schuhe richtig zu beschauen. Es fiel ihr jetzt außerdem noch ein, daß ihre Schuhnummer 39 sei und die Schuhe der Diebin wohl schwerlich passen könnten.

Kaum war es den Verbrechern klar, daß ihnen die Sachen entglitten waren, fingen sie, ohne daß sie sich irgendwie hätten besprechen oder sonst wie verständigen können, alle fast gleichzeitig mit einem Geschimpfe an. Sie nahmen nun die Deutsche zum Vorwand, um alles zu schmähen, was mit ihr zu tun haben konnte. Aus ihren Reden ging hervor, daß sie von unserer Schuld voll und ganz überzeugt waren, an der Gerechtigkeit des Urteils nicht den geringsten Zweifel hatten. Eine Verteidigung wäre in diesem Falle ganz sinnlos gewesen. Wir ließen die Flut von Worten über uns ergehen, die in Ermangelung neuer Nahrung endlich versiegte.

Die Fahrt litt danach an einer gewissen Einförmigkeit, die sich erst änderte, als wir an einer Station einige Frauen aufnahmen, die ihrem Benehmen nach anscheinend zum ersten Male in einem solchen Zug saßen. Gleich, sobald sie nur ein Plätzchen gefunden hatten, begannen sie zu essen, aßen das so wertvolle Brot ohne Scheu vor uns, zeigten es offen her.

Es waren Arbeiterinnen und eine Bäuerin, die mich dann zum Weinen brachte, was ihr selbst ganz unverständlich gewesen sein mag, womit sie nichts anzufangen wußte. Wie man bald erfuhr, hatten die Frauen dort gearbeitet, wo man Fallschirme erzeugte. Man hatte sie als Schädlinge entfernt und als solche verhaftet. Aus ihren Reden war wenig zu entnehmen, nur soviel, daß sie die Schwere der Anklage nicht verstanden. Ein Mädchen verteidigte sich, erklärte uns, daß sie die Schnüre doch nicht selbst gemacht habe und nicht verantwortlich sein könne, wenn sie dann späterhin rissen.

Die Bäuerin selbst sprach nicht, sie saß mir gegenüber oben auf dem Brett und ließ ihre Beine herunterhängen. Es wäre gewiß natürlich gewesen, wenn ich meine Augen nur auf ihren Schuhen oder vielleicht Strümpfen hätte ruhen lassen. Ich tat dies aber nicht, ich schaute ganz zu ihr auf, drehte meinen Kopf nach oben und sah ihr ins Gesicht, eigentlich nur auf den Mund, der große Bissen Brotes in sich aufnahm und sie langsam zermalmte. Ich sah ihr beim Essen zu, was für mich ein reines Vergnügen war. Es kam mir gar nicht in den Sinn, sie um das Brot zu beneiden, was immerhin zu verstehen gewesen wäre. Natürlich hatte ich meine Augen nicht in der Gewalt, ich konnte an sie überhaupt nicht denken. So kam es, daß sie, ohne Aufsicht geblieben, etwas verrieten, was die Frau zu einem schnellen Handeln veranlaßte. Sie brach ein Stück Brot ab, nicht gerade sehr viel, aber doch immerhin einige Bissen, und reichte sie mir von oben herab, während sich mein Arm, ganz ohne mein Dazutun, schon zu ihr erhoben hatte. Kaum aber war das Brot in meiner Hand, als ich auch schon zu weinen begann. Ich dachte nicht einmal daran, der Frau zu danken, ich weinte und aß, und ob ich von der Bäuerin ein Wort erwartet hatte, kann ich nicht sagen. Sie blieb stumm, deckte damit ihre Tat und machte sie ungeschehen.

Unsere Gefangenen versuchten auf alle mögliche Weise von den Neuen zu erfahren, wo die Deutschen hielten, und ob sie uns einholen könnten. Im Grunde wußten sie nicht mehr als wir, es gehörte aber zu ihren Notwendigkeiten, den Feind als fast vertrieben zu sehen. Eine von ihnen, die große dunkle Augen hatte, sagte verächtlich: „Er rennt bereits." Das sagte uns aber wenig, denn als wir von ihr die Richtung seines Rennens wissen wollten, tauchten wir in ein solches Gewirr von Städten, Flüssen und Bergen unter, daß wir gezwungen waren, unser Suchen aufzugeben.

An einem der vielen Tage, zu einer recht späten Stunde, es dämmerte bereits, hatte man uns dann aus dem Zuge entlassen. Es war eine große Stadt, in deren Nähe wir uns befanden. Auf den Geleisen standen viele Züge mit Kriegsmaterial, Kanonen und auch einer mit Soldaten, die uns sehr unfreundliche Worte zuriefen, als wir wartend neben unserem Waggon knieten.

Man zählte uns ab, rief uns auf und zählte wieder. Waren wir zu wenige oder zu viele, das erfuhren wir nicht, aber endlich begannen wir doch zu gehen. Warum lud man uns immer außerhalb der Station ab? Schämte man sich unser, oder wollte man damit unseren Zug besonders eindrucksvoll gestalten, der dann doch den langen Weg durch den Ort nehmen mußte? Wir haben es niemals erfahren, woran es eigentlich lag.

Wir waren in Tscheljabinsk*, und das Gefängnis war weit von uns entfernt. Obwohl uns die Soldaten dauernd den Befehl „Schneller" entgegenschrien, hatten sie doch damit so gut wie keinen Erfolg. Wir schlichen, wir schoben uns vorwärts, setzten langsam ein Bein vor das andere, und das war auch alles, was wir tun konnten. Sie waren gegen uns machtlos, sahen es wohl ein, gehorchten aber einem anscheinend für alle Zeiten gegebenen Befehl, der sie zu sinnlosem Geschrei brachte.

Vor dem Gefängnis angekommen, machten wir halt, und es wiederholte sich das Warten, das wir schon so ausgiebig früher geübt hatten. Man brachte uns dann in einem Kellerraum unter, der zerbrochene Fensterscheiben und einen leeren Steinboden hatte. Wir saßen kraftlos und erstarrt auf ihm, versuchten zu schlafen, was aber nicht gelang.

Es mag wohl Mitternacht gewesen sein, als man uns in das Bad führte. Es war ein sehr gutes Bad, heiß und sehr angenehm, nur daß wir nicht mehr die Kraft aufbrachten, uns auch richtig zu waschen. Wir nahmen aber soviel Wärme auf, wie wir nur vermochten, atmeten sie tief in uns hinein, um sie fortzutragen, verloren sie aber bald in jenem Keller, in welchen man uns danach zurückbrachte. Die Nacht ging vorbei, denn was hätte sie auch sonst tun sollen?

Am Morgen bekamen wir ein Stück Brot und heißes Wasser und wurden danach aufgeteilt. Man führte uns in kleinen Gruppen weg, auch ich kam mit einer solchen an die Reihe. Der Raum, in dem wir eingelassen wurden, lag tief unter der Erde, war lichtlos. Es waren viele Menschen in ihm und auch Kinder, die man an ihren Stimmen erkannte. Wenn man dann später die Tür öffnete, konnte ich nur die, die ihr zunächst saßen, erkennen. Dort hatten sich die Verbrecher niedergelassen, die dann, wenn es zum Austeilen der Suppe kam, dieses Amt übernahmen, sehr zu Ungunsten der in der Dunkelheit Lebenden. Ungefähr acht Tage saßen wir auf dem kalten Boden, der uns nicht genug Raum gab, unsere Beine auszustrekken, als man uns zu einem Spaziergang aufforderte. Da geschah etwas, was gewiß niemand vorausgesehen hatte, wir waren in diesen Tagen fast blind geworden, wir konnten das Tageslicht nicht mehr ertragen. Wir hielten uns die geblendeten Augen zu und versuchten durch die Finger, durch ihre Gitter den Tag zu erschauen. Dieser Gang war für uns durchaus nicht notwendig, er strengte uns über Gebühr an, gab uns unseren Zustand deutlich zu fühlen. Außerdem waren wir voller Angst, da wir unsere Sachen schutzlos in der Finsternis zurückgelassen hatten. Als ich mich ein wenig an das Licht gewöhnt hatte, als man uns bereits abführte, nahm mir eine Frau eine große weiße Maus vom Ärmel, die ich selbst nicht bemerkt hatte.

Die Wärme, die Luft, die wir nach diesem Gehen in unserem Keller vorfanden, war so schlecht, so ekelerregend, daß es lange Zeit brauchte, bis wir sie nicht mehr fühlten, bis wir uns an sie gewöhnt hatten.

An einem der nächsten Tage öffnete sich die Tür, und ich hörte den Buchstaben, mit dem mein Name anfing. Zuerst schwieg ich, es konnte doch möglich sein, daß sich hier noch jemand aufhielt, der ihn ebenfalls als sein Eigentum erkannte. Da aber alle stumm blieben, mußte ich mich, nach einem abermaligen Aufruf, melden. Ich sagte meine Personalien jetzt schon recht gekonnt auf. Da sie stimmten, wurde mir mitgeteilt, daß ich schnell mit meinen Sachen herauszutreten habe.

Ich nahm tastend mein Bündel auf, wobei mir jedoch ein Tüchelchen verlorenging, das meine Ohren hätte schützen sollen. Während ich mich auf meinen Abgang vorbereitete, wurde noch ein zweiter Buchstabe aufgerufen, der sich dann zu mir gesellte. Das war jene Adolfowna, mit der man mich belastete, mit der ich verschickt wurde. Nur wir zwei waren genommen worden, um einer Männeretappe als Arzt und Krankenschwester angeschlossen zu werden.

Der Weg, den wir dann mit ihr zu gehen hatten, machte viele Windungen. Der Bahnhof selbst war für uns schon von jeher ein verbotenes Gebiet gewesen, und der Zug, der uns erwartete, stand weitab von ihm.

Die Männer, mit denen wir zu gehen hatten, sahen elend aus, sicher litten sie unter Hunger noch mehr als die Frauen. Ihre Kräfte waren ungleich, sie konnten nicht miteinander Schritt halten, so daß wir in einer rechten Unordnung dahingingen. Die Reihen verschoben sich dauernd, und so kam es, daß ich neben einem Manne einherging, der mich fragte, ob ich aus dem Saratower Gefängnis käme. Soll ich es Zufall nennen, daß er dort meinen Mann getroffen hatte und nicht nur dieses? Er wollte ihm auch geholfen haben, so wie er erzählte, seine Decke in den Sommermantel einzunähen. Das erfuhr ich zuerst, aber dann sagte er noch, daß mein Mann dort gestorben sei. Er sagte es ganz ruhig, einfach sachlich, er dachte gar nicht daran, mir diese Nachricht vorzuenthalten oder sie mir weniger schwer zu gestalten, was ich aber gut verstehen konnte. Das Sterben war allen so selbstverständlich geworden, daß nicht viel Aufhebens damit gemacht werden konnte. Merkwürdigerweise klopfte mein Herz danach, nach dieser Nachricht, nicht schneller, es machte nur gewissermaßen einen Sprung und fiel dann in eine Leere.

Ich gab dem Mann als Dank für die Hilfe, die er dem nun Toten erwiesen hatte, ein winziges Säckchen, das einen Eßlöffel Salz enthielt. Das war aber auch alles, was ich ihm geben konnte, mein Brot hatte ich schon vor langem gegessen.

Wir, Adolfowna und ich, bekamen dann im Zuge ein Abteil allein, weil wir doch Frauen waren. Eigentlich hätte ich mich darüber freuen müssen, tat es aber nicht. Ich war jetzt auf diese Frau angewiesen oder vielmehr, ich mußte sie nun allein ertragen. Ich hörte ihr weinerliches Klagen, solange der Zug stand. Dies war nur im Grunde eine Art, die sie gewählt hatte, die Zeit hinzubringen. Als wir aber fuhren, hatte sie sich auf Fragen verlegt, die sie so stellte, daß ich unmöglich darauf antworten konnte. Das Ende dieser Tirade war aber etwas, das mich nicht unberührt lassen konnte, und es auch nicht tat. Sie sprach nämlich davon, daß, wenn wir vielleicht in einem Krankenhause Arbeit bekommen sollten, es dort sicher auch Grießbrei geben müsse. Ja, den hatte ich vergessen, und ich glaube, daß ich in der ganzen Zeit meiner Gefangenschaft nicht an den Brei gedacht hatte. Jetzt aber fiel er mir ein, und zwar mit allen seinen Zutaten, die er in meiner Kindheit gehabt hatte: Seine Oberfläche war mit geriebenem Lebkuchen bestreut, der sich in zerflossener Butter niedergelassen hatte. Ich erschrak sogar, als sie von dem Grießbrei zu reden begann, ich empfand so etwas wie ein Schuldgefühl, nur war es schwer zu sagen, worauf es sich bezog. Vielleicht auf meine verlassene Heimat? So kam es dazu, daß ich meiner Nachbarin, nun schon selbst an die Möglichkeit glaubend, ihn zu erhalten, den Brei versprach.

Danach, etwas beruhigt, begann sie sich eine Zigarette zu drehen, was ihr aber nicht gelingen wollte, da der Bauerntabak aus vielen harten Stückchen bestand und sie nur braunes Packpapier hatte, um eine Hülse dazu herzustellen.

Ich sah ihr aufmerksam zu und wünschte, daß es ihr nicht gelingen möge, und dies aus einem ganz einfachen Grunde. Ich glaube, draußen in der Welt kann man sich gar nicht vorstellen, wie köstlich selbst eine solche Zigarette munden kann, wenn man hungrig ist – sie ist Nahrung. Mein Denken verlief ganz geradlinig – sollte sich die Frau die Zigarette nicht selbst machen können, mußte sie meine Hilfe in Anspruch nehmen und dafür, das war ungeschriebenes Gesetz, Tabak geben. Ich sah recht ängstlich auf ihre Finger, die verstehen sollten, das Packpapier in Schichten zu teilen, um ein Gelingen zu ermöglichen. Ich fürchtete, daß sie selbst darauf kommen könnte, wie es zu machen sei, und versuchte, an diesen Vorgang nicht zu denken, in der Angst, daß sie vielleicht meine Gedanken würde erraten können. Es gelang ihr nicht, die Zigarette zu drehen, gewiß zu ihrem tiefen Bedauern. Sie reichte mir deshalb ein Gebilde hin, daß ich erst in seine Teile auflösen mußte, um das Papier zwischen den Fingern zu reiben. Dadurch sollte es weich werden, aber auch nicht zu weich, um die einzelnen Schichten nicht zu verletzen. Ich brachte danach, nach diesem Reiben und Glätten, eine prächtige Zigarette zustande und konnte mir dabei auch fürsorglicherweise ein Stückchen Papier zurechtmachen, worauf ich dann, wenn auch nicht viel, so doch immerhin genügend Tabak für eine eigene Zigarette bekam.

Die Schwierigkeit, die nun vor uns stand, war die Beschaffung des Feuers, denn Streichhölzer hatten wir schon lange nicht mehr zu sehen bekommen. Um dieses Erwünschte zu erreichen, stellte sich Adolfowna, ein ganz jämmerliches Gesicht machend, mit der Zigarette zwischen den Fingern an das Gitter, das uns vom Gang trennte. Sie wartete auf den Soldaten, der in absehbarer Zeit vorbeistapfen mußte. Als er aber dann vor uns stand, sah er nicht auf uns, sah zuerst auf die Zigarette, nahm sie sozusagen ins Auge, wodurch sich eine günstige Gelegenheit ergab, ihn um Feuer zu bitten. Da er aber vor allem an diese und nicht an das Feuer dachte, starrte er nur und tat weiter nichts. Es blieb nur das eine übrig, ihm Tabak anzubieten, den er auch ohne alles Bedenken entgegennahm. Er zog aus seiner Tasche ein richtig zugeschnittenes Stückchen Zeitungspapier und hielt es knapp an das Gitter hin. Die Frau legte ihm den Tabak sparsam auf, was ihm jedoch nicht recht gefallen wollte. Er gab einen brummigen

Laut von sich, ein noch nicht geborenes Wort und beruhigte sich erst, als die Zulage nach seiner Meinung genügte.

Jetzt konnte nichts mehr das Feuermachen hindern, und er ging an diese Arbeit, denn eine solche war es. Er klemmte ein Stückchen Feuerschwamm zwischen die Finger und schlug mit zwei Steinen Funken darauf. Nach einigen Versuchen gelang es auch, durch Blasen das Feuer, vielmehr das Glimmen des Schwammes, anzufachen. Bei dieser Arbeit, die mit einem knabenhaften Eifer vorgenommen wurde, veränderte sich das Gesicht des Mannes, das nun einem Soldaten ganz und gar nicht mehr ähnlich war.

Das Feuer, das wir erhielten und das sich auch der Soldat selbst zukommen ließ, machte uns stumm, wir waren mit dem Rauchen beschäftigt. Wir taten dies langsam und bedächtig und taten dies gewissermaßen unter der Aufsicht des Mannes, der vor uns stehen geblieben war. Endlich brach die Frau das unheimliche Schweigen. Sie sah wehmütig zu dem Manne hin und sagte mit einer gemacht zitternden Stimme: „Ach, sagen Sie mir doch, wird das alles noch lange dauern?"

Obwohl ich solche Reden für ganz sinnlos hielt, schaute ich doch aufmerksam auf den Soldaten hin, um seine Entgegnung zu vernehmen, die aber auf sich warten ließ. Das Gesicht des Mannes war schmutzig, unrasiert und runzelig, einfach nicht erfreulich. Er hatte aber an sich einen Ernst, der anscheinend weder mit uns noch mit dem Rauchen zu tun hatte. Es war einer, der sicherlich nur aus einer Geduld erwachsen konnte und bei flüchtigem Beschauen einer Gleichgültigkeit ähnelte.

Nach langem entschloß er sich zu sprechen. Er sagte langsam, scheinbar ganz unberührt von dieser so ungehörigen Frage: „Ob dies noch lange dauern wird?" Daraufhin machte er eine Pause, zog den Rauch des Tabaks tief ein und blies ihn der Frau in das Gesicht, was aber weiter mit ihr nichts zu tun hatte. Es war nicht seine Schuld, daß sie gerade im Bereiche seines Rauches stand. Er wiederholte danach die Worte der Frage abermals und antwortete mit einer Sicherheit, die keinen Zweifel zuließ: „Das wird solange dauern, bis jeder von uns einmal im Gefängnis gewesen ist!"

Jetzt wußten wir es ein für alle Mal, und da es in diesem Lande der Menschen viele gab, mußte dieser Zustand noch eine ganze Weile anhalten. Der Ernst des Mannes deutete geradezu auf diese Dauer hin, paßte zu ihr, und wie nicht anders zu erwarten, konnte die Fragende nichts tun als tief aufseufzen, was dieser Rede einen dazugehörigen Abschluß gab.

Wir fuhren übrigens für unsere Begriffe nicht sehr lange, die Reise erstreckte sich nur auf einige Tage und hatte nach diesem gewiß nicht unwichtigen Ereignis, eben der Rede des Soldaten, nichts Auffälliges mehr an sich. Die Gefangenen sahen wir erst in Nishnij Tagil* wieder, wo wir sie bis zu einem Lager begleiteten, um sie dann für immer zu verlassen. Uns selbst brachte man zu einer Baracke, einem großen hölzernen Gebäude. Kaum hatte sich sein Tor für uns geöffnet, als wir auch schon entsetzt, ohne einen Schritt zu machen, an seinem Eingange stehen blieben. Der Raum war mit Bretterreihen, die auch einen Oberstock bildeten, gefüllt. Von überall her sahen uns Frauen entgegen, die ein Geschrei, vermischt mit Zurufen, Schimpfwörtern und Gelache machten, das sich aber kaum auf uns beziehen konnte.

Wir kamen aus der Kälte, aber hier war eine solche Hitze, daß sich die Frauen fast nackt auf ihren Lagern aufhielten. Das wäre noch irgendwie zu verstehen gewesen, aber warum sie ihre Haare befreit hatten und warum sie endlich mit diesen unordentlichen, flatternden auf uns zuliefen, konnten wir nicht verstehen.

Wir mußten uns einen Platz erobern, obwohl wir hier nur vorübergehend bleiben sollten. Wir waren an einem Ort, der die Gefangenen aufteilte, sie eigentlich nur eine kurze Zeit halten durfte, was er jedoch ihrer Menge halber nicht imstande war. So blieben Hunderte von Frauen wochenlang in diesem Raum.

Wir standen noch immer unentschieden in der Nähe des Tores und sahen gewiß nicht besonders mutig aus. Mich selbst konnte ich ja nicht sehen, aber meine Begleiterin war mehr als erschrocken, als sich eine richtige Prozession auf uns zubewegte, die sich anscheinend im hinteren Teil des Raumes gebildet hatte. Wir konnten uns über Unfreundlichkeit dieser Frauen nicht beklagen, man umringte uns, hielt uns an den Kleidern fest, zeigte eine solche Freude, die wir nicht verstehen konnten. Das merkwürdigste aber war, daß man sich um uns stritt. Jede von ihnen bot uns nach ihrem Dafürhalten einen besseren Platz an. Wir wurden solange hin und her gezerrt, bis eine Gruppe siegte. Eine junge Frau, die mir wegen ihres violetten Auges auffiel, hatte mich besonders in ihr Herz geschlossen und verteidigte mich gegen eine kleine Schwarze, die einer Zigeunerin glich und, wie es sich dann heraustellte, auch eine war.

Wir erhielten einen Platz in der oberen Ecke des Hinterraumes, und nicht einmal einen schlechten. Wir wurden mit vielen Fragen bestürmt, und man wußte deshalb in Kürze, daß ein Arzt und eine Krankenschwester angekommen waren (und diese Neuigkeit verbreitete sich schnell).

Das violette Auge hatte sich zu meinen Füßen niedergelassen und gab mir auf meine Frage über ihr seltsames Aussehen auch ohne weiteres Antwort. Sie hatte sich ein Stückchen Tintenstift hinter das Augenlid geschoben, um von ihrem Lagerpunkt, in welchem sie sich aus Gründen, die sie nicht weiter berührte, nicht wohl fühlte, zuerst in das Krankenhaus und dann an einen Ort gebracht zu werden, der wie alles Zukünftige besser sein sollte als der Verlassene. Das war für mich der erste Fall einer Selbstbeschädigung, den ich sah, aber dann späterhin nur allzuoft erlebte.

Das Geschrei um uns hielt an, wir saßen auf kahlen Brettern, gewiß in Erwartung einer Suppe, die wir schon tagelang nicht erhalten hatten. Was aber kam, und das verhältnismäßig schnell, war ein Befehl, sich in das Kontor zu begeben. Nahe des Tors stand ein Soldat zu unserer Begleitung bereit, attackiert von den Frauen, die sich über den Jungen lustig machten. Sie versuchten, ihn an der Uniform zu zupfen, wobei er grob, wenn auch unter Lachen, zuschlug. Sie quietschten wie Gekitzelte, wenn er sie abwehrte, und fanden das Spiel sicher recht vergnüglich.

Wir selbst waren mehr als betroffen, nicht gerade deshalb, weil man uns sprechen wollte, obwohl dieses nach Abschluß unserer Verhöre nicht mehr geschehen war. Wir waren in Sorge um unsere Sachen, die wir hier zurücklassen mußten, wir ahnten bereits, in welcher Umgebung wir uns befanden. Die Frauen um uns verstanden unsere Angst ganz gut, sie versuchten uns zu beruhigen, versicherten uns ihrer Freundschaft, und soweit es in der kurzen Zeit möglich war, brachten sie es auch dahin, daß wir ihnen glaubten, den letzten Blick auf unser Gepäck warfen, von den Brettern herunterkletterten und den Raum verließen.

Das Kontor war menschenleer, der Mann, der uns verhören sollte, war abwesend. Wir standen in einem gut geheizten Zimmer und atmeten eine Luft, die nach Tabak roch. Die Zeit verging, es mochte wohl eine Stunde verflossen sein, als ein Uniformierter hastig die Tür aufriß. Die Frage, die er dann an uns richtete, selbstverständlich jeder einzeln, hatte nach meiner Meinung nicht das geringste mit unserer Lage zu tun. Sie bezog sich ausschließlich auf die Kenntnis von Fremdsprachen, die wir haben oder vielleicht auch nicht haben sollten, das wurde uns nicht klar. Das Ergebnis dieser Unterredung schien völlig gleichgültig zu sein. Er entließ uns, ohne sich darüber zu äußern, übergab uns dem Soldaten, der uns zurückbrachte.

Schien es uns nur so, oder war unser Raum tatsächlich stiller geworden? Wir durchschritten den Mittelgang, und die Frauen, die sich in ihm aufhielten, schauten uns kaum an. Wir kletterten mühsam auf unsere Bretter, ohne daß man uns half, was wir jedoch verstanden, als wir sie menschenleer vorfanden.

Die Ahnung, daß etwas mit unseren Sachen geschehen werde, hatte sich als zu Recht bestehend erwiesen. Mein Sack, klein und unscheinbar, einfach ein weißer Kissenbezug, stand gerade, so wie ich ihn verlassen hatte, an seinem Platze, aber der pralle meiner Gehilfin, obwohl vorhanden, hatte sich verändert, war scheinbar gealtert, trug Falten und Runzeln und verbarg nicht seine fast vollständige Leere.

Hemmungen kannte die Frau, die sich Adolfowna nannte, nicht. Sobald sie nur ihren Sack in der jetzigen Gestalt erblickte, stürzte sie sich mit einem Schrei zu ihm hin. Dieses Stürzen sah aber recht seltsam aus, da sie sich nicht aufrichten konnte, die Höhe, die uns zugemessen war, reichte dazu nicht aus. Sie kroch deshalb auf allen Vieren zu ihm hin, was fast einer religiösen Handlung, dem Abschied von einem geliebten Toten, gleichkam. Mit aller Hast hatte sie den Sack geöffnet, und das, was noch in ihm vorhanden war, auf das Brett geworfen. Weinend und kreischend gab sie den Verlust jedes einzelnen Stückes zur Kenntnis, wozu sich die Frauen, weitab sitzend, vollkommen unberührt verhielten, die Tauben spielten, ihr den Rücken zukehrten. Als aber dieses Geschrei so laut wurde und nicht mehr zu überhören war, sodaß auch Gefahr bestand, daß es von draußen vernommen werden konnte, näherten sich uns die Frauen, obwohl sie nicht zu uns hinaufkletterten. Sie standen am Rande der unteren Bretter, sie wurden zu Zaungästen, wir bekamen nur ihre Köpfe zu sehen, die uns dann scheinbar ganz erschrocken fragten, was hier los wäre. Sie taten so, als ob sie von dem Diebstahl nicht das geringste wüßten und konnten anscheinend gar nicht verstehen, wie ein Diebstahl hier bei ihnen hatte geschehen können.

Adolfowna zählte heulend alle jene Sachen, die in dem Sack gesteckt haben sollten, zum zweiten Male auf, und es waren ihrer viele. Seidenstrümpfe und Hemden, die bewußten Modellschuhe, die noch ganz neu gewesen sein sollten, Kleider und eine Wolljacke, Hand- und Taschentücher, abgesehen von einem Stück Toilettenseife, das in unserer Lage nicht wenig kostbar war.

Wie es schien, hatten die ihr Zuhörenden früher niemals gewußt, was ein so praller Sack alles beherbergen konnte. Sie schauten sich gegenseitig verwundert an, schüttelten die Köpfe und brachten es zu Ausrufen, von denen man allerdings nicht sagen konnte, worauf sie sich eigentlich bezogen. Mein violettes Auge sagte ganz empört: „Eine solche Gemeinheit!“ Eine andere, nicht minder erregte Stimme schrie: „Und das am hellen Tage!“ Sie wiederholte diesen Ausruf sogar einige Male, was wohl ein Hinweis auf die nächtliche Zeit sein sollte, in der es erlaubt war zu stehlen.

Bei allen brach aber das Vergnügen über diesen Diebstahl sichtlich aus allen Poren, ihre Gesichter sahen uns offen und gutmütig an, nur ein süßliches, etwas unsicheres Lächeln verriet manches. Man konnte sogar annehmen, daß ihnen die Weinende leid tat, was sie aber nach der Art ihres Gewissens nicht ändern konnten. Nur selten verzerrte sich ein Gesicht zu einer Grimasse und auch nur dann, wenn ihm eine der aufgezählten Sachen nicht erinnerlich war, und es an der gerechten Teilung der Beute zweifeln mußte.

Endlich beschloß die Bestohlene, sich dort zu beklagen, wo es nach ihrer Meinung mehr Sinn haben mußte. Sie machte sich auf den Weg, um einen Soldaten herbeizurufen, was sie aber nur bewerkstelligen konnte, wenn sie, durch den Raum gehend, auch die Tür erreichte. Das konnte aber den Dieben nicht genehm sein, und sie versuchten deshalb auf jede mögliche Weise, sie daran zu hindern. Man redete ihr gut zu, schlug ihr vor, noch zu warten, denn es kam ihnen anscheinend darauf an, Zeit zu gewinnen. Sie sagten und versicherten ihr, daß man sich nur einen schlechten Scherz erlaubt hatte, sie gewiß alle ihre Sachen wieder bekommen werde. Da sich aber die Weinende in ihrer Absicht nicht abhalten ließ, schon vom Brett herabkletterte, dabei aber nicht sehen konnte, was hinter ihrem Rücken geschah, stellte man ihr ein Bein, so daß sie hinfiel. Es war aber nicht so, daß man ihr nicht geholfen hätte aufzustehen. Man tat es, setzte sie dann auf das untere Bett hin, hielt sie fest, so als ob man sie stützen wollte, und gab ihr Wasser zu trinken. Man goß es ihr in die Kehle, das sie gar nicht haben wollte, so daß sie sich verschluckte. Sie hustete lange, und als sie endlich verstand, um was es sich hier handle, stieß sie so laute, so gellende Schreie aus, daß man ihr den Weg freigab. Sie fiel dann aus ihrem Lauf, der sich, genährt von ihrer Angst, schwer hemmen ließ, auf das Tor hin, schlug mit aller Kraft darauf ein, bis es sich öffnete. Was sie den Soldaten dort erzählte, weiß ich nicht, aber entschieden löste sie dadurch eine Handlung aus, die nicht nur für die Diebe, sondern auch für alle anderen ein rechtes Schauspiel abgab.

Nach kurzem, es mögen wohl keine zehn Minuten vergangen sein, öffnete sich das Tor, ließ Soldaten ein, die unter dem Befehl eines großen hageren Mannes standen, der im Verhältnis zu seiner Magerkeit eine überaus laute und füllige Stimme hatte. Sofort, bei seinem Eintritt, kommandierte er: „Alles auf seinen Platz!"

Die Untersuchung, die dann begann, konnte man eine gründliche nennen. Die Soldaten waren anscheinend nur vorhanden, um ein Gehen, eine Bewegung der Massen zu verhindern, während der Hagere, nur von der Leidtragenden begleitet, die Überprüfung vornahm. Er untersuchte selbst jedes Bündel, jeden Ort, an dem man etwas hätte verstecken können. Es entging ihm fast nichts.

Diese Frauen hatten die Gewohnheit, Sachen auf ihrem Leib zu verbergen, was die Untersuchung mehr als vielgestaltig machte. Der Mann fuhr ihnen deshalb zwischen die Brüste, um dann einen Gegenstand oder auch nur seine eigene leere Hand herauszuziehen. Er ließ sie mit erhobenen Röcken, die Beine spreizen, die gegebenenfalls ihre Möglichkeiten benutzten, selbst unbequemere Dinge als die hier Gesuchten zu halten.

Diejenigen aber, die nicht gestohlen hatten, kamen dem Untersucher recht bereitwillig entgegen, drängten sich förmlich auf. Sie öffneten früher als notwendig ihre Kleider, zeigten ihre Brüste her, hoben die Röcke bis über den Bauch und kehrten dem Manne wohl auch den Rücken zu, ihr Hinterteil aufweisend. Dies geschah vielleicht aus Verachtung, obwohl das Vorhandensein anderer Gründe nicht ganz zu verneinen war.

Die Soldaten, das Gewehr bei Fuß, standen den Pritschen gegenüber und erlebten dabei ein besonderes Vergnügen. Hatten sie hier auch keine Möglichkeit einzugreifen, konnte ihnen aber auch niemand und selbst nicht der strengste Befehl verbieten, ihre Augen zu gebrauchen. Sicherlich hätte hier, bei diesem Schauspiel, ihr Gejohle, Pfeifen und Geschrei ganz allgemein sein müssen, wenn es für sie nur angängig gewesen wäre, sich derart zu äußern. Alles, was sie erfühlten, sammelte sich auf ihren Gesichtern, verfärbte sie, die ein Rot in allen Schattierungen aufwiesen und trieb ihnen den Schweiß auf die Stirne. Die Weiber aber taten ihr Möglichstes, diese Unterhaltung nicht verebben zu lassen.

Solange man noch suchte und noch nichts gefunden war, gaben sich die Frauen einer fast theatralischen Lustigkeit hin. Sie wollten anscheinend die Unmöglichkeit eines solchen Diebstahls dartun, wenngleich für sie wenig Hoffnung bestand, ihr Ziel zu erreichen, denn der Mann, von dem alles abhing, ließ sich nicht stören. Dieses mag dann auch der Grund gewesen sein, weshalb sich ein großes, knochiges Weib unmittelbar an ihn wandte. Ihre Stimme, die ihren Ausweg durch große Zahnlücken suchte, klang süßlich und falsch. Sie begann damit, daß sie ihn, und dies einige Male, als „Bürger Kommandant" anredete, worauf er endlich den Kopf hob, was das Verstummen der anderen zur Folge hatte, die gewissermaßen einen Raum für die Rede der Frau freigaben.

„Ja, das ist nun einmal so, wir sind Diebe. Wir leugnen es nicht, das wäre auch recht komisch. Wir wissen, daß Sie uns kennen, daß Sie uns durchschauen. Sie kennen aber auch unsere Gesetze, und deshalb wissen Sie, daß wir an dem Ort, an dem wir leben, niemals stehlen."

Plötzlich verwandelte sich diese Frau, spielte die Zornige, schrie ihre Frage mit der lautesten Stimme hinaus: „Was hat diese Faschistin sich da ausgedacht? Modellschuhe will sie besessen haben! Schauen Sie sich nur ihre Füße an, die sind so groß und plump, daß sie allein für Lagerstiefel taugen!"

Adolfowna, die durch den bisherigen Mißerfolg des Suchens ganz verzweifelt war, warf diesem Weibe einige Worte hin, die allerdings nicht zu den gewähltesten gehörten, obwohl sie möglicherweise nicht einmal persönlich werden wollte, vielleicht nur die Notwendigkeit empfand, ihre Nation zu verteidigen. Der Kommandant hielt es sicher unter seiner Würde, der Diebin zu antworten, die Geschädigte aber schrie er hart an, verbot ihr das Reden, obwohl sie sich zum Schweigen schon selbst entschlossen hatte. Endlich und wider alles Erwarten hatte man bei einer Diebin die Schuhe gefunden. Die Stille, die nach diesem Ereignis eintrat, war gewiß nicht vollkommen, aber doch deutlich empfindbar. Der Untersucher brach in sie mit einem heftigen Geschimpfe ein, was zum Schluß verständlich war, aber daß auch alle, die sich in der Nähe befanden, sich ebenfalls zu Schmähreden gegen die Entlarvte entschlossen, war verwunderlich. Sie wollten diesen Diebstahl offensichtlich zu einem Einzelfall umgestalten, was aber nicht gelingen konnte, da man kurz danach auch bei anderen Frauen Gestohlenes vorfand.

Das Benehmen der Überführten war schwer vorauszusehen. Obwohl sie sich gegen ihre Angreifer mit einigen saftigen Worten wehrten, schienen sie doch durch das Benehmen des Mannes nicht gekränkt zu sein. Sie billigten ihm ohne weiteres das Recht zu, alle seine Möglichkeiten in diesem Spiele einzusetzen, und die Beziehung, die sie dabei zu ihm hatten, war ganz eindeutig.

Übrigens übergab man das Aufgefundene seiner Besitzerin nicht zurück, man nahm es mit sich, um es, wie man sagte, bei der Verhandlung als Tatsachenbeweis auszuwerten.

Der Rest des Tages und dann die Nacht, die darauf folgte, waren für uns recht unangenehm. Niemand sprach mit uns, man vermied unseren Blick oder sandte uns solche zu, die uns in Angst versetzen sollten. Für mich war es unverständlich, daß man mich so ganz unberührt gelassen hatte. Ich wußte zu dieser Zeit noch nicht, daß man Ärzte im allgemeinen schont, um sie dann für mancherlei Zwecke und als Beschützer zu gebrauchen, was sie im Grunde auch hätten sein sollen, aber dann doch nur recht selten waren.

Der Morgen des nächsten Tages brachte uns ein zusätzliches Wissen um jene Umgangsformen bei, die hier geübt wurden. Wir hatten gewiß nicht daran gedacht, daß man die Frauen zur Arbeit verwenden werde. Sie schienen damit auch nicht einverstanden zu sein und suchten sich auf alle mögliche Weise davon zu befreien. Sie stellten sich krank, lagen auf ihren Brettern lang ausgestreckt wie Tote. Auf die Soldaten hatte dies jedoch keinerlei Wirkung, sie zerrten sie ohne jede Vorsicht herab, was zu Geschrei und Geheule Anlaß gab. Diesen Männern machte es gar nichts aus, sie an den Füßen ziehend herunterzuholen, was geradezu lebensgefährlich aussah. Das Sammeln der Weiber dauerte ziemlich lange, wenngleich auch viele von ihnen zurückblieben. Die Gründe dazu kannten wir nicht. Da man mit uns nicht sprach, konnten wir sie auch nicht erfahren.

Knapp nach dieser wüsten Szene wurden wir selbst aus der Baracke gerufen. Für mich war dieses Fortgehen eine Erleichterung, für Adolfowna aber war es einfach schrecklich, sie konnte ihre abhanden gekommenen Sachen nicht verschmerzen. Sie verzog ihr Gesicht in bittere Falten, bereitete sich anscheinend auf ein Weinen vor.

Ob der Soldat, der uns mitnahm, einen Befehl erhalten hatte, mit uns nicht zu sprechen, oder ob ein solcher Befehl ganz im allgemeinen bestand, wußten wir nicht. Meine Gehilfin begann fast sofort, ohne dieses zu bedenken, auf ihn einzureden, sprach unter Tränen in kurzen, abgehackten Sätzen, um nur ja keine Zeit zu verlieren. Sie erzählte ihm die Geschichte des Diebstahls, und da er schwieg, brach sie in ein solches Schluchzen aus, das ihr dann anscheinend die Besinnung nahm, so daß sie auf den Boden fiel.

Der Soldat, der wohl derartiges schon oft erlebt haben mußte, stieß sie ein paarmal mit seinem Stiefel an, um sie zum Aufstehen zu veranlassen, hatte aber keinen Erfolg. Da wir uns aber noch auf dem Gebiete des Lagers befanden, war es für ihn leicht, Hilfe herbeizurufen, und er tat es auch. Zwei Soldaten hoben die Frau auf, trugen sie über den weiten Hof in ein Zimmer, das wir bereits kannten, in dem wir uns zu den verschiedensten Fremdsprachen bekannt hatten.

Als man sie dann, und dies nicht gerade sanft, auf einen Stuhl setzte, blinzelte sie ein wenig, versuchte den Raum zu übersehen, was mich in dem Glauben bestärkte, daß sie wieder einmal eine Ohnmacht gespielt hatte.

Der hagere Mann sprach sie schnell und, ohne Aufklärung von den

Soldaten zu fordern, mit einer recht höhnischen Stimme an: „Ach, Du bist es! Hat man Dir schon wieder etwas gestohlen? Glaubst Du, ich habe keine andere Arbeit, als Deine lausigen Sachen zu suchen?" Seine Rede wurde in ihrem Verlaufe immer zorniger, er machte dabei einen Schritt auf sie zu, der einem Sprunge ziemlich ähnlich sah, kam ihr damit so nah, daß sie sein Gesicht nicht mehr sehen konnte. Sie senkte den Kopf, vielleicht um eine Ergebung anzudeuten, oder war es nur ein Nachdenken, das irgendeinen Ausweg suchte?

Lagerärztin

Wir gingen nicht weit, um in unbebautes Gelände zu kommen. Das Lager, aus dem wir kamen, hatte sich an der Grenze der Stadt niedergelassen. Das Gehen war durch den vereisten Weg erschwert und mühsam, und der Wind versuchte alles, um uns am Weiterkommen zu hindern. Der Soldat marschierte vor uns her, sah sich recht selten nach uns um in der Gewißheit, daß wir ihm nicht entgehen konnten.

Es mochte wohl eine Stunde vergangen sein, bis wir an ein Geleise kamen und halt machten. Es lagen da hölzerne Schienen auf einem Damm, einer kleinen Erhöhung über dem Ackerboden, schmale Bretter, um die Räder der Lastautos zu tragen. Die hiesige Bezeichnung für einen solchen Weg ist in keinem Wörterbuch zu finden. Er heißt „nur, oder bloß", ein Schienenweg, den ich allerdings dann späterhin an vielen Orten vorfand, in den Tiefen der sibirischen Taiga, in den Sumpfgebieten der Lager.

Endlich kam ein Lastwagen, der uns mitnehmen sollte. Er rumpelte heran, die Schienen, auf denen er sich bewegte, lagen anscheinend nicht genügend fest auf dem Boden und klapperten. Er war voll beladen, so voll, daß ich keine Möglichkeit sehen konnte, auf ihm noch Platz zu finden. Solches zu denken war gewiß unrichtig, und ich habe es mir dann auch bald abgewöhnt. Ich mußte einsehen, daß in der Sphäre des Lagers alles, selbst das Unwahrscheinlichste noch möglich ist.

Man zog und stieß uns, bis wir endlich auf einem Berg von Säcken saßen, die uns nur einen geringen Halt gewährten, denn unsere erstarrten Finger konnten die prall gefüllten nicht fassen. Wir waren ständig in Gefahr herunterzufallen. Der Wagen machte Sprünge, der hölzerne Weg hatte nämlich Lücken, über die er ratterte, so gut es eben ging. Er tat dies übrigens nicht lange, vielleicht nur einige Stunden, aber diese Zeit war gerade genug, um mir die Zehen eines Fußes abzufrieren.

Zuerst fuhren wir über freies Feld, dann durch einen hohen Wald, eben durch die Taiga. Ich möchte sie geheimnisvoll, ja diskret nennen, sie erlaubt nur schwer einen Einblick, es wird in ihr niemals voller Tag.

Unser Wagen blieb endlich vor einem Lagertor stehen. Er sollte sich wohl vor allem seiner lebendigen Last entledigen, was aber nicht ohne weiteres möglich war. Wir konnten den Befehl herunterzukommen beim besten Willen nicht ausführen, unsere Glieder gehorchten uns nicht, wir waren ganz erstarrt. Schwierigkeiten für andere, uns zu helfen, gab es eigentlich nicht, aber sie hielten es anscheinend unter ihrer Würde, es zu tun. Man versuchte uns lediglich mit dem Gewehrkolben zu erreichen, stieß aber nur in eine Leere, wir saßen für sie zu hoch. Endlich machte sich der Chauffeur auf, das Hindernis, das wir darstellten, zu beseitigen. Wir standen danach, wenn auch etwas benommen, auf dem Boden. Man nahm uns aber im Lager, so wie wir es erwartet hatten, nicht auf, führte uns etwas seitlich zu einem niedrigen Holzgebäude, das ein Lazarett war.

Wir wurden von einer bejahrten und bösen Frau empfangen, einer Ärztin, einer Gefangenen, die uns nach unserem Hunger fragte, so wie sich Leute in der Welt draußen nach dem Wetter erkundigen, gleichgültig, ohne Anteilnahme, wenn sie es auch für notwendig fand hinzuzusetzen, daß sie für uns kein Brot habe.

Man gab jedem von uns ein Schüsselchen Gerstenbrei, der schnell gegessen war. Wir konnten natürlich nicht auf mehr hoffen, aber wir waren fast sicher, daß man uns heißes Wasser zu trinken geben werde. Da aber lange nichts nachkam, wagten wir diese Bitte, aber kaum hatten wir das Wasser erwähnt, als uns auch schon ein Schwall von groben Worten bedeckte. Die Ärztin stand vor uns mit verzerrtem Gesicht, fuchtelte mit den Armen und schrie mit ihrer lautesten Stimme, daß sie eine solche Forderung von Gefangenen bis jetzt nie vernommen habe. Es sei eine unerhörte Frechheit, heißes Wasser zu verlangen, wo man uns doch schon ganz freiwillig Brei gegeben hatte, ohne daß wir in der Versorgungsliste eingetragen waren.

Das Wasser bekamen wir zwar nicht, aber dafür einen Platz, um zu schlafen. Es war ein kleiner Raum, der uns aufnahm, in dem nur ein großer Kessel eingemauert war, in welchem sich verunglückte Schaben abmühten, seinen Rand wieder zu erreichen. Wie sinnlos diese Versuche waren, hätten sie selbst verstehen müssen, denn sie fielen auf eine Schicht toter Leiber zurück, die vor ihnen diesen Bemühungen unterlegen waren.

Wir bekamen eine Unterlage, dünn und kurz, die in ihren Ausmaßen nur genügen konnte, wenn wir uns ganz zusammenrollten, was uns aber die Kälte auch ohne diese Beschränkung empfohlen hätte. Dieser Raum hatte aber auch ein Gutes, er war nicht vollkommen finster, man hatte vergessen, uns die Funzel abzunehmen, ein Medizinfläschchen mit Petroleum gefüllt. Wir hatten in der letzten Zeit unsere Nächte in vollkommener Dunkelheit zugebracht, und man kann sich schwer vorstellen, was so ein kleines Lichtchen einem Menschen geben kann. Wir hatten es auf den Rand des Kessels gestellt und behielten es im Auge. Es brannte nicht ruhig, es flackerte, hielt sich am Leben anscheinend gegen einen Widerstand, den wir nicht kannten, zu dem wir nicht hindenken konnten. Wenn die Flamme fast knisternd versank, erschraken wir wie vor einer Gefahr, die aber weniger dem Lichte als vielmehr uns selbst galt. Der Geruch, den das Lämpchen ausströmte, war uns fremd, aber doch erweckte er Erinnerungen, bildlose zwar, ferne Gefühle, die unserer jetzigen Welt nicht gehörten. Das Flämmchen rußte, und erst am Morgen, als wir uns betrachteten, als wir unsere schmutzigen Gesichter sahen, verstanden wir, daß wir widerrechtlich eine ganze Menge des kostbaren Öls verbraucht hatten, was uns Strafe einbringen konnte.

Geschlafen habe ich wenig in dieser Nacht, mein Fuß schmerzte. Übrigens konnte einem die Vorstellung, unter einer solchen Frau zu arbeiten, jede Ruhe nehmen. Es war mir unmöglich, einen Plan zu machen, ihre Existenz war für mich gleich einer seltsamen Krankheit, deren Diagnose ich noch nicht kannte.

Der Morgen brachte uns einige Einsichten. Einer der Sanitäter, ein alter Mann, ein Gefangener, erzählte uns, allerdings als großes Geheimnis, daß dieses Krankenhaus nur für diejenigen bestimmt sei, die an Durchfall litten und nicht mehr fähig waren zu gehen, einfach für Hoffnungslose. Der Stacheldraht war für sie bereits überflüssig, auch jede Bewachung. Die Kranken im Lager selbst seien aber nicht weniger krank als diese, aber dafür streng bewacht, was, wie er nachdenklich meinte, vielleicht mit den Gesetzesparagraphen zusammenhing, unter denen sie standen.

Ich bekam Brot und heißes Wasser, wonach ich eines Verhörs gewürdigt wurde. Es bezog sich auf meine medizinischen Kenntnisse. Ich mußte zugeben, ein Blutspezialist, ein Hämatologe, zu sein, was meine Examinatoren schockierte, ja bei ihnen geradezu Abscheu hervorrief. Man wiederholte sogar einige Male, daß eine so kleine Spezialität für sie gar nicht in Betracht käme, ihnen nicht notwendig wäre. Sie schauten sich so einig in die Augen und waren auch sofort bereit, mich in jene schreckliche Tagiler Baracke zurückzuschicken.

Ich weiß gar nicht, wo ich die russischen Worte hergenommen habe, um sie zu überzeugen, daß ich gewiß und außerdem als Therapeut etwas verstehe, daß man bei uns Arzt wird und dann erst Spezialist. Der Hauptarzt, übrigens ein Wolgadeutscher, kein Gefangener, sondern ein Verbannter, neigte sich mir etwas zu, aber das bissige Weib erklärte mit aller Bestimmtheit, daß sie mit einem Menschen, der ein so schlechtes Russisch spreche, nicht arbeiten werde, was den Ausschlag gab.

Wie man doch niemals weiß, was einem zum Guten gereicht, ich war zwar der Arbeit an diesem Orte verlustig, sollte aber dafür im Lager selbst arbeiten, was ich als eine glückliche Lösung ansah und was heißen will, daß das Unbekannte niemals so schrecklich ist wie das Bekannte, es erscheint immer im Gewande der Hoffnung, seine Blöße verdeckend. Man führte mich ab, Adolfowna mit ihrem guten Russisch durfte bleiben.

Ich nahm mein Bündelchen auf, mein Habe in dem einst weißen Kissenbezug und ging mit dem Hauptarzt durch das Tor des Lagers. Wir betraten es, und es machte auf mich keinen schrecklichen Eindruck. Ich sah eine Straße, auf der auf beiden Seiten Baracken standen, von denen eine dann meine Arbeitsstätte wurde. Sie sahen etwas tot aus, was aber verständlich war, die Gefangenen waren auf Arbeit. Für die Kranken war in dem Haus nur ein Raum vorhanden, eigentlich bestand es nur aus diesem. Er war bis zum letzten Platz mit Pritschen bestellt, nur in einer Ecke war ein niederer Holzverschlag, der mein Schlaf- und Arbeitsraum sein sollte.

Der Arzt verließ mich, ohne mir irgendwelche Instruktionen gegeben zu haben. Ich stand einem jungen Kalmücken gegenüber, der mein Gehilfe sein sollte, der mich anlachte und seine wirklich guten Zähne zeigte, was mich zur Vorsicht mahnte. Wie konnte ein Mensch unter den vorhandenen Bedingungen sie erhalten, ohne unehrlich zu sein, ich hatte damit dann auch recht.

Die Kranken warfen mir recht verschiedenartige Blicke zu. Ihre Gesichter waren blaß, einfach erdfarben. Ich sah gleichgültige und zornige, müde und verächtliche Blicke, aber auch ironische, eigentlich freche, die mich maßen, und vor denen ich Angst haben sollte, was ich verstand, ohne sie jedoch aufzubringen. Hilfesuchende Blicke waren recht selten, anscheinend hatte man den Glauben an das Wunder schon lange aufgegeben. Wenn er noch vorhanden war, gehörte er den Jungen, den Unmündigen. Manche lagen mit geschlossenen Augen da, so als ob der letzte Rest ihres Lebens sich in ihnen gesammelt hätte, um nur von dort her zu entweichen, sie bemühten sich dem Leben den Ausgang zu verwehren. Hier lagen auch Sterbende. Viele waren in dem Raum, aber die Stille entsprach nicht ihrer Zahl. Es war kein Grund da, der ein Flüstern gefordert hätte, und doch antworteten sie recht tonlos, was ich erst später verstehen konnte.

Die Krankengeschichten, in die ich einsah, konnten mir wenig helfen, sie waren recht lakonisch gehalten. Es sollten Menschen mit Verbrennungen hier liegen, mit Wunden, Erfrierungen, Tuberkulose, aber vor allem mit Pellagra* behaftete, was mich erstaunte, denn ihre Zahl war beträchtlich, aber die dazugehörigen Symptome waren nicht vorhanden.

In meiner Wohnecke gab es außer einer Pritsche nur ein kleines Medizinschränkchen, mit dem ich anscheinend auskommen sollte. Es enthielt eine verrostete Spritze und einen großen Tiegel mit einer braunen Salbe ohne Aufschrift. Auf meine Frage, was man damit anfangen könne, antwortete Asad, so hieß mein Gehilfe, daß man sie auf erfrorene Glieder streiche. Eine Flasche mit Salmiak diente zur Desinfektion der Spritze, die anscheinend vor allem zu Injektionen von Kampferöl benutzt wurde, das in genügender Menge vorhanden war. Einige Ampullen Strychnin lagen in einer Schachtel. Ein recht zierliches Fläschchen, an dem eine Pipette als Hinweis für den Benutzer befestigt war, enthielt Alkohol.

Kaum hatte ich mich etwas umgesehen, als auch schon meine Vorgesetzte, eine freie Ärztin, eintraf. Sie war eine Frühgeburt eines Arztes, eine in der Zeit des Krieges diplomierte Studentin, eine Ukrainerin, die meines Kommens anscheinend froh war. Sie konnte sich, wie ich dann später erfahren sollte, ganz und gar nicht an diese Arbeit gewöhnen und hatte auch leider nicht die Voraussetzungen dazu.

Gleich am ersten Tag erkrankte ich, es war die Leber, die sich bemerkbar machte. Ich konnte mich vor Schmerzen nicht gerade halten, schlich gekrümmt zwischen den Kranken einher und versuchte zu verstehen, womit ich ihnen helfen könnte. Gegen Abend verschlimmerte sich mein Zustand derart, daß der Hauptarzt, mein Examinator, beschloß, mich nun endgültig in die Verteilungsbaracke zurückzuschicken. Um das zu verhindern, mußte ich versuchen, Nachtdienst zu tun, mußte den Beweis liefern, daß ich arbeitsfähig sei.

Diese Nacht war lang und schrecklich. Es geschahen in ihr Dinge, die unwahrscheinlich waren, die sich dann zwar späterhin wiederholten, aber als schon einmal erlebt ihre Wirkung auf mich verloren.

Ich weiß nicht, wie die Gefangenen in der Nacht im Walde die Bäume fällen, es gibt doch dort keinerlei Beleuchtung außer jenen Feuerstellen, die zum Verbrennen der Zweige unterhalten werden. Die Stelle, an der man den Wald rodete, lag vom Lager recht entfernt, kein Hundegebell drang von dort her zu uns. Deshalb mag es wohl auch eine ziemliche Weile gedauert haben, bis man die nächtlichen Holzfäller, besinnungslos und vollkommen erstarrt, zu mir gebracht hatte. Alle Bretter, die Pritschen, auf die man sie hätte legen können, waren schon lange eingenommen, es blieb allein der Boden für sie übrig, und der war hart und kalt. Die Frage ihrer Unterbringung schien aber schon lange gelöst zu sein, man legte sie einfach, ohne zu fragen, auf den Boden hin. Sie der Kleider zu entledigen ging nicht an. Die Kälte und auch meine Kräfte erlaubten es nicht. Es blieb nur eines übrig, ihnen den Puls zu ertasten, der nicht oder kaum fühlbar war, und mit Injektionen an einem mehr oder weniger zugänglichen Körperteil zu beginnen.

Im Laufe der Nacht bedeckte sich der Boden des Raumes immer mehr und mehr, und über die Körper hinwegzusteigen war durchaus nicht leicht, ich stieg bereits über Tote. In dieser Nacht starben mir elf Männer, die man dann am Morgen abholte. Es waren Junge und Bejahrte, deren Namen ich nicht kannte, deren Todesursache ich nicht feststellen konnte, nur eines war mir klar, daß sie an dem Regime gestorben waren. Eines Koreaners erinnere ich mich besonders gut, ich glaube seine Nationalität richtig eingeschätzt zu haben. Sein röchelnder Atem hatte mich an seiner Seite festgehalten, die Bewegungen seiner Nasenflügel deuteten auf eine Entzündung der Lunge hin. Plötzlich schlug er die Augen auf und sah mich an, er gehörte anscheinend nicht zu denen, die sich bereits an das Sterben gewöhnt hatten. Seine Augen erstarrten in einer ungeheuren Angst, der Mund öffnete sich atemlos und schloß sich nicht wieder. Der Mann war tot.

Je mehr ich ihr Sterben sah, desto mehr entfernte ich mich von mir selbst, ich fühlte meine Schmerzen kaum, ich konnte mich nur nicht aufrichten, was aber auch nicht weiter notwendig war, da diejenigen, denen ich helfen sollte, auf dem Boden lagen. Es wäre sehr leicht möglich, so dachte ich zumindest, daß man mich des Morgens, dieser Toten halber, beschuldigen könnte, obgleich ich diesem Sterben ganz hilflos gegenüberstand. Nichts dergleichen geschah, es war dies wahrscheinlich eine ganz übliche, eine nächtliche Erscheinung, und wie man den letzten dann hinaustrug, kehrte ein Mann noch einmal zurück, schaute über den Boden hin und fragte: „Alle?"

Ich antwortete nicht, es schien mir nur, daß dieses Wort gleichsam ein Freibrief für mich sein konnte, eben soviele Tote zu liefern, wie es mir gefallen mochte.

Solche Nächte wiederholten sich, mehr oder weniger von einem Sterben gesättigt, das wie Flucht aussah und hier die sicherste Möglichkeit war, sich diesem Leben zu entziehen. Um uns war eine fruchtlose Taiga, Kälte und Schnee, und nur ganz unerfahrene Menschen wagten es, sich ihr anzuvertrauen, zu fliehen, der Gefangenschaft zu entgehen. Sie konnten es zwar wagen, aber gewiß ohne Erfolg. Ich kenne die geheimen Befehle nicht, die in solchen vorkommenden Fällen zur Anwendung gelangen sollten, nur daß die Flucht fast immer gleich dem Tode war, das weiß ich gewiß. Man erschoß die Leute oder erschlug sie dabei, wie es eben bequemer war. Vielleicht entstammt dieses Vorgehen zu einem Teil auch dem Haß der Soldaten, den man seit langem geschürt hatte, der dann auch ohne besonderen Befehl diese Opfer brachte.

Eines Tages stand ich ziemlich entfernt von dem großen, gekalkten Ofen, der eigentlich nur sich selbst erwärmte, als man einen Mann brachte und an seine Seite legte. Es war Tag. Er lag regungslos da, das hatten aber die Besinnungslosen auch an sich. Er war barfuß, was weniger den hiesigen Gebräuchen entsprach. Ich sah auf seine nackten Füße hin, die groß und knochig waren und wohl schon manchen Weg gegangen sein mußten, und hatte bei ihrem Anblick nur eine Gewißheit, daß sie einem Toten gehören. Sie hatten nämlich nichts mit schlafenden Füßen zu tun, aber was sie von denen unterschied, konnte ich nicht erraten.

Es gab Zufallstote, die im Grunde nichts mit meinem Amte zu tun hatten, man brachte sie mir und holte sie auch wieder ab, ohne daß ich ihren Namen, noch die Todesursache erfuhr. Das Bringen und Abholen war nichts anderes als eine Zeremonie, die sie zur Legalisierung des Todes brauchten, eben Bürokratismus. Für mich gab es damals nur eine Notwendigkeit, wenn es bei meinen Kranken zum Sterben kam, ihnen dieses zu erleichtern. Es ging dabei nicht ohne Gefühlsaufwand ab, da andere Möglichkeiten, ihnen zu helfen, nicht vorhanden waren. Es ist nicht angenehm, eine Stirne zu streicheln, die mit kaltem Schweiß bedeckt ist, den harten Griff der Hände zu ertragen, die sich in Todesangst anklammern.

Mein Arbeitstag hatte keine Grenzen, meine Nächte waren voll der Arbeit. Die Tuberkulösen hatten anscheinend einen größeren Lebenswillen als andere Kranke, sie richteten sich noch mit dem kleinsten Teile einer Lunge ein, hatten aber einen schlechten Schlaf. Einer von ihnen, Ignatjew, machte mir mehr Arbeit als andere, gab mir dafür aber etwas, ein Geschenk, das mir an diesem traurigen Orte weiterhalf. Er war überaus geduldig und er wünschte nur, dem Anscheine nach, sich selbst zu hören. Das erste Mal, als er mich zu sich rief, war sein Ersuchen für mich ganz unverständlich, und ich dachte, es mit einem Irrsinnigen zu tun zu haben. Er stellte an mich die Frage, ob er mir ein Märchen erzählen dürfe. Hier, in dieser Umgebung ein Märchen? Es war schwer, es ihm zu verweigern, obwohl meine Zeit dann eigentlich nicht ausreichte. Ich hörte die Geschichte von Alonoschka, hörte sie zuerst etwas ungeduldig an, aber späterhin mit einem solchen Vergnügen, daß es mir leid tat, als sie endete. Wie wenig dieses Erzählen zu unserer Umgebung paßte, mag man leicht erfühlen, schwerer vielleicht die gesegnete Hoffnung, die aus seinen Worten erstand.

Der Raum, der schon von allem Anfange an zur Aufnahme der Kranken nicht ausgereicht hatte, war nach kurzem so überfüllt, daß man uns eine große Baracke als Lazarett übergab. Woher plötzlich diese Flut kranker Männer gekommen war, habe ich zwar nicht erfahren, konnte mir aber gut vorstellen, daß Hunger und Arbeit sie zustande gebracht hatten. Es waren Hunderte, die ich nun aufnahm, die ich aufteilte. In dem Raum standen nun nicht mehr einfache Pritschen, sie hatten einen Oberstock erhalten, was noch irgendwie angängig gewesen wäre, sie bekamen aber noch eine dritte Etage, was gefährlich war. Gefährlich für den Kranken, der auf und ab klettern mußte, und auch für mich selbst, die ich den Kranken zu betreuen hatte. Ich habe fast niemals meine Kranken bestraft, aber einen von ihnen auf die dritte Etage zu legen kam einer Strafe gleich.

Zu dieser Zeit hatte ich einen Traum, der sich dann öfters, in gleicher Weise, wiederholte. In der linken Hand hielt ich eine gefüllte Spritze, mit der rechten klammerte ich mich an den Oberstock der Pritsche, um mich zu dem Kranken hinaufzuschwingen, wozu meine Kraft nicht ausreichte. Ich fühlte die ganze Schwere meines Körpers, eine ungeheure Last, die mich nach unten schauen ließ. Ich hing über einem Abgrund, einer bodenlosen Tiefe, und erwachte mit ungestümem Klopfen des Herzens.

Ich hatte meine Kranken aufgeteilt. Eine Hälfte der Baracke, die mehr Licht hatte, erhielten die Tuberkulösen, die anderen, die mit den verschiedensten Krankheiten behafteten, mußten sich mit einer etwas unheimlichen Dunkelheit begnügen. Schlimm war, daß sie ihre Krankheit zu ertragen hatten, die ihnen nur eine kleine Linderung eintrug, nämlich die Gewißheit, durch sie wenigstens für eine Zeit von dem Fällen der Bäume erlöst zu sein. Quälend war die „allgemeine" Krankheit, die sie befallen hatte. Alle, ohne Ausnahme, hatten nun die Krätze. Man kennt die Ursache dieses Übels, und sie hört sich ganz harmlos an. Die Krätzmilbe kriecht unter die Haut und bewegt sich dort recht häuslich, macht Gänge und vielleicht auch ein Zimmer, wer kann sie schon daran hindern? Das Jucken, das danach entsteht, ist unerträglich, aber das Kratzen, das zu seiner Abhilfe dienen soll, hat seine üblen Folgen, es entstehen gewöhnlich Geschwüre danach. Wenn ein sonst gesunder Mensch von dieser Krankheit befallen wird, wehrt er sich, so gut er kann, aber selten ohne Affekt, er wird meistens zornig dabei. Meine Kranken, die Gefangenen, kratzten sich nun Tag und Nacht, ungeachtet der Schmerzen, in einer durchaus masochistischen Art. Ihr Körper, auch sonst recht unerfreulich anzusehen, abgemagert und vertrocknet, war daraufhin mit Geschwüren bedeckt, deren Versorgung mir nicht nur unmöglich war, sondern auch ziemlich sinnlos vorkam, ohne sich der Krätze vorher zu entledigen.

Die Nächte waren erfüllt von dumpfen Geächze, Stöhnen und natürlich auch Husten. Schreie und Verwünschungen hatten einen besonderen Grund. Sie kamen meistens in Fällen vor, wenn sich ein Wäschestück zu innig mit dem Geschwüre verbunden hatte, an ihm klebte und dann losgerissen wurde.

Als einziges Mittel zur Bekämpfung der Krätze konnte man hier Birkenteer erhalten, eine dunkelbraune Masse, mit der man den Körper bestrich. Ich möchte gegen diese Mittel nicht viel sagen, es hat seine Vorteile. Ich glaube, daß die Krätzmilbe es wirklich nicht leiden kann, nur daß es leider auch seine Nachteile hat, läßt sich nicht verschweigen. Der Körper nimmt seine Farbe nur allzu willig an, ohne sie wieder abgeben zu wollen, wodurch Schwierigkeiten entstehen; die Wäsche aber verwandelt sich in einen starren, dunklen Panzer, der endgültig ist. Der Geruch des Birkenteers erinnert, vielleicht auch nur in der Verbindung mit jenen kranken Körpern, durchaus nicht an Waldesluft, er ist schwer ertragbar.

Die Schwierigkeiten, die ich erwähnte, hatten mit dem Bade zu tun. Wir erhielten höchst selten Seife, eigentlich geschah es nur ein einziges Mal während der Zeit, in der ich hier arbeitete. Ungefähr ein Kilogramm halbweicher Seife hatte man mir für über hundert Menschen gegeben, und ich hatte diese Kostbarkeit in meiner Kabine versteckt. Ich konnte wirklich nicht annehmen, daß sie den Ratten schmecken würde, aber sie tat es. Trotz des Verlustes der Seife mußte ich Bericht abgeben, in welcher Form und womit ich die Gefangenen gereinigt hatte. Im Lager gab es gelben Lehm, den ich zu „bolus flava"*erhöhte, um ihn medizinisch zu berechtigen. Für jeden Mann wurde ein Bastbündel angefertigt, um mittels des Lehms den Birkenteer zu entfernen. Das hört sich ganz annehmbar an, aber wie verhielt es sich in Wirklichkeit damit? Den Lehm mußte ich selbst herbeischaffen und zu Kugeln formen. Einmal bin ich bei dieser Arbeit nur ganz zufällig dem Tode entgangen. Ich wagte mich in die verbotene Zone. Ich hatte meine kranken Ohren verbunden und hörte demnach den Soldaten nicht, der mich mit dem Erschießen bedrohte, als ich Lehm sammelte. Ein Mann riß mich so schnell zurück, sodaß die Kugel daneben fuhr, ich aber auf den Rücken hinfiel, was den Soldaten zu lautem Lachen brachte.

Die Arbeit war mehr, als ich leisten konnte. Mein Gehilfe, der junge Kalmücke, hatte sich auf das Fiebermessen spezialisiert. Die junge, freie Ärztin besuchte mich zwar, war freundlich zu mir, nahm mir aber die Arbeit nicht ab. In dieser Ausweglosigkeit brachte ich eine Bitte zustande, die mir aber schon nach kurzem recht sinnlos vorkam, die aber nicht mehr rückgängig zu machen war. Ich bat, man solle mir Adolfowna als Hilfe beigeben, und sie kam. Sie dankte mir überschwenglich, daß ich sie aus dieser Hölle, wie sie das Lazarett außerhalb des Lagers nannte, gerettet hatte, was aber leider nur Worte waren, die Arbeit selbst ging ihr dann nicht von der Hand.

In der hintersten Ecke der Baracke war aus ungehobelten Brettern ein kleiner Raum zusammengefügt, der meine Schlafstätte enthielt, über der nun auch Adolfowna schlief. Es gab auch einen Tisch, auf dem eine Ölfunzel stand, die sich aber weniger dem Leuchten als der Rauchentwicklung widmete, obwohl sie die Aufgabe hatte, bei der Versorgung der Kranken zu dienen. Die Wände hatten Spalten, und nicht etwa kleine, kaum merkliche, man konnte gut einen Finger durchstecken, obwohl dies niemandem einfiel zu tun.

Irrsinnige und Epileptiker

Ich hatte unter meinen Kranken drei Irrsinnige und sechs Epileptiker. Die ersteren verhielten sich meist ruhig, während man dies von den anderen nicht sagen konnte. Schlimm wurde es aber, wenn unser junger Zigeuner, der Gehilfe des Kochs, dem es oblag, die Suppe zu bringen und auszuteilen, eben bei dieser Beschäftigung einen seiner Anfälle bekam. Er stürzte ohne jede Vorwarnung zu Boden, und es war noch gut, wenn er dabei nicht mit erhobenem Schöpflöffel die heiße Suppe über sich goß. Sein Fallen war das Signal für alle anderen seiner Art. Sie gehörten einem Bunde an, waren Kämpfer gegen eine unsichtbare Macht, der sie sich nicht ergeben wollten. Sie fielen von den Brettern, hämmerten mit ihren Köpfen auf den Boden, so als ob gerade sie das notwendig zu Vernichtende wären, und hatten vielleicht damit auch recht.

Das waren die Epileptiker, deren Erkrankung hier nur zusätzlich vorhanden war, sie kam bei der Bewertung ihrer Arbeitskraft nicht weiter in Betracht, und auch den Irrsinnigen ging es nicht besser, außer sie hatten sich schon so weit von der Gegenwart entfernt, daß sie zu ihr nicht mehr zurückfanden.

Einer von ihnen lag neben meinem Raum und guckte von Morgen bis in die Nacht durch die Ritze zu mir hin. Er hockte auf seinem Brett und schaute, ganz gleichgültig, ob sich jemand in meiner Kabine aufhielt oder nicht. Auf meine Frage, warum er dieses tue, bekam ich eine recht seltsame Antwort: „Dort ist es gut, ringsum ein Friedhof, ein Friedhof!“

Eines Tages fragte er mich, ob ich auch Beine auf Sprungfedern habe, wie sein voriger Arzt, der mit einem Schritt die Länge des Lazaretts nehmen konnte. Leider hatte ich solche Beine nicht, aber ich war in der Lage, ihm „schwarze Medizin“ zu geben. Ich habe es auch nicht gleich verstanden, als er mich um diese bat. Die wenigen Medikamente, die ich endlich erhalten hatte, waren weiß, sozusagen totenbleich, und erst nach langem fiel es mir ein, daß ich ihm einmal ein Stückchen Fruchttee, allerdings als Speise, gegeben hatte, da er doch ewig hungrig war, den er nun als „schwarze Medizin“ von mir erhoffte.

Auf meine tägliche Frage, wie es ihm gehe, erhielt ich fast immer nur eine Antwort: „Das Gehirn fließt!“ Er machte dann recht plastische Bewegungen mit seinen dürren Fingern, fuhr sich von den Schläfen über die Wangen zum Kinn entlang, um dann seine Hände zu wölben, um das Tropfende aufzufangen.

Es lag bei mir ein irrsinniger Jurist, ein noch ziemlich junger Mann, der nicht schlafen konnte und der an Verfolgungswahn litt oder zu leiden vorgab, was ich nicht zu entscheiden vermochte. Er saß auf seinem Brett mit hochgezogenen Beinen, hatte die Decke über den Kopf gezogen und fürchtete sich. Schlafend habe ich ihn niemals gesehen, vielleicht hatte er aber nur die Möglichkeit des leichtesten Schlafes einer Mutter, der uns als Säugling empfand, um nicht überrascht zu werden.

Er hatte einen phantastischen Fluchtversuch unternommen, eine unglaubliche Anstrengung, der er anscheinend nicht gewachsen war. Er floh von dem Orte seiner Arbeit – er war beim Baumfällen in der winterlichen Taiga beschäftigt. Um keine Spuren zu hinterlassen, die den Hunden den Weg gezeigt hätten, kletterte er auf einen Baum und sprang dann von einem Ast auf den anderen. Als er endlich an eine Bahnlinie kam, war seine Kraft zu Ende, er schlief ein und wurde verkauft. Der Bahnwärter bekam eine Prämie, die er auch erwartet hatte. Ob man den Erschöpften geschlagen hat, weiß ich nicht, es ist aber anzunehmen, oder waren es die Hunde, die seine Hand derart verunstaltet hatten?

Der dritte Irrsinnige war ein Mann, der nicht redete, der auf Fragen nicht antwortete, der schwieg und zusehends verblödete. In den ersten Tagen erzählte er noch seine Geschichte, die durchaus glaubwürdig war. Er war ein Partisan gewesen, der zusammen mit seinem Bruder gegen die Deutschen gekämpft hatte. Sie waren bewaffnet und hatten einen Hund. Eines Tages hörten sie ungewöhnliche Laute, worauf sich sein Bruder zu einem Aufklärungsgang entschied. Er wollte den Hund und ein Gewehr mitnehmen, was ihm aber von seinem Bruder nicht zugebilligt wurde. Er ging also folgsam, dem Älteren gehorchend, unbewaffnet durch den Wald und kam nicht wieder.

Unser Gefangener erzählte unter Tränen, wie er ihn gesucht, und wie er seine Leiche gefunden hatte, die Leiche des geliebten Bruders. Danach hatte er ein so großes Schuldgefühl, daß er sich den Behörden stellte, die ihn dann des Mordes bezichtigten und auch danach bestraften.

Anfänglich unterschied er sich von anderen Menschen wenig. Er hatte ein trauriges Gesicht, das aber unter den verschiedensten kummervollen nicht besonders auffiel. In kurzer Zeit wurde es jedoch runder, gedunsen, seine Lippen öffneten sich, und der Speichel näßte seine Brust. Zu dieser Zeit wäre eine ständige Aufsicht notwendig gewesen, und nicht immer konnte ich Freiwillige dazu erhalten, jeder hatte mit sich selbst zu tun oder war einfach zu müde, um anderen zu helfen.

Eines Tages schüttete der Mann seinen Brei auf die Bettdecke, breitete ihn zu einer ganz dünnen Schicht darauf aus, soweit er eben ausreichte, und alles deutete darauf hin, daß er das Bett für einen Ofen hielt, auf dem der Brei backen sollte. Das war natürlich nichts besonders Gefährliches, nur recht unangenehm, da er sich den Brei nicht abnehmen ließ und ihn hütete. Bei dem Kampf, der sich dabei entwickelte, zeigte er widernatürliche Kräfte und gab Laute von sich, die durchaus nicht menschlich waren. Schlimm aber war es, als er ein Postpaket bekam. Es war so selten, daß eines seinen Weg zu uns fand, sodaß das ganze Lazarett in Aufruhr war. Ohne militärische Kontrolle durfte es nicht abgegeben werden, aber auch nicht ohne ärztliche. Soldaten brachten also das offene Kistchen zu mir, es enthielt Nahrungsmittel. Ich gab den Männern zu verstehen, daß der Inhaber vollkommen irrsinnig sei und man ihm die Sachen nicht übergeben dürfe. Ich erbot mich, sie über die Tage hin richtig aufzuteilen. Damit waren sie aber nicht einverstanden, sie beriefen sich auf den Buchstaben, daß das Kistchen dem Besitzer abgegeben werden müsse. Der Irrsinnige wurde gerufen und kam. Er ging mit vorgestrecktem Kopf, wie zu einem Angriff gerüstet. Wenn ich auch den Inhalt dieser Sendung nicht genau betrachtet hatte, war es doch ersichtlich, daß er schon vor langer Zeit abgeschickt worden war. Es lagen Eier da, die etwas zerbrochen ihr schwarzes Innere aufzeigten. Ein unangenehmer Geruch stieg auf, und es war ganz deutlich, daß man den „Gruß aus der Heimat“ werde vernichten müssen, um eine Vergiftung zu verhindern. Die Soldaten waren aber dagegen. Einer von ihnen sagte, das sei nicht ihre Aufgabe, das könne nur der Besitzer selbst tun, wenn er es für notwendig halte.

Mit weit aufgerissenen Augen stand nun der Kranke vor uns, ohne zu sprechen, zeigte er auf das Kistchen, dann auf seine Brust, was ganz unzweideutig die Frage enthielt, ob dies sein Eigentum sei. Da die Soldaten nickten, riß er das Kistchen an sich und lief in großen Sprüngen zu seinem Bette, das am äußersten Ende der Baracke stand. Er stieß dabei dumpfe Schreie aus. Keiner der Kranken vertrat ihm den Weg.

Kaum hatten die Soldaten den Raum verlassen, als ich auch schon auf dem Wege war, ihm die Eier abzunehmen, kam aber zu spät. Nach den Schalen zu urteilen, zählten wir 17 Eier, schwarz und stinkend, die er in der kurzen Zeit geschluckt hatte. Er hielt das Kistchen zwischen den Knien und fraß. Um ihn herum standen die anderen, sahen ihm mit gierigen Augen zu und schluckten den Speichel.

Nach diesem allen konnte ich nichts anderes erwarten als ein ziemlich qualvolles Sterben, das aber ausblieb. Der Mann begann nach dieser Mahlzeit zu schlafen, tat es lange und ausgiebig, vielleicht wurde er danach sogar kräftiger, was ich allerdings nicht bemessen konnte. Vernunft scheint demnach nicht in jedem Falle das Richtige zu sein, um das Leben zu erhalten.

Ich hatte in meinem Lazarett einen merkwürdigen jungen Juden, der aus Rumänien in die Sowjetunion geflüchtet war, weil er gehört hatte, daß es hier keinen Antisemitismus gäbe. Er wurde aber gleich an der Grenze als Spion verhaftet und auch als solcher zu zehn Jahren verurteilt. Er hieß mit Vornamen Sola, war klein, mit einem runden Kopf, in dem ein außergewöhnliches Gedächtnis lebte. Er war 17 Jahre alt, trug bei mir den weißen Rock eines Sanitäters, der ihm viel zu lang war. Die großen Schuhe, in denen seine Füße staken, schleuderte er bei jedem Schritt gewissermaßen von sich. Da dies einiger Zeit bedurfte, verlangsamte sich sein Gehen zu einem Schreiten, wobei sein Rock priesterlich um ihn schwang.

Sein Gedächtnis ersetzte mir ein ganzes Archiv. Er erinnerte sich an jeden Vor- und Familiennamen unserer Kranken, den Tag und das Jahr ihrer Geburt, und selbst das, was ich gar nicht wissen wollte, den Grund ihrer Verhaftung, konnte er mir mit allen Buchstaben und Nummern hersagen.

Eines Nachts, als er Wache hatte, war ich beruhigt eingeschlafen, lag flach auf meinem Brett, da mein kleines Bündel den Kopf nicht sehr erhöhte. Warum ich plötzlich erwachte, weiß ich nicht, hinter meinem Kopf stand Sola und machte mir ängstliche Zeichen, mich ja nicht zu rühren. Er zeigte auf meine Bettdecke hin, auf der eine riesige Ratte saß, die mich aufmerksam betrachtete. Mit einer Schnelligkeit, die ich mir selbst nicht zugetraut hatte, warf ich die Decke über sie, die so im Nu verschwand. Sola war, wie er mir dann erzählte, lange unentschieden gestanden, denn er fürchtete, die Ratte könnte mir in das Gesicht springen, wenn er sie erschreckte.

Ich lag ziemlich flach auf meinem Brette da, und meine Kranken hatten es nicht besser. Unterlagen für den Kopf zu beschaffen war fast unmöglich, und ich beschloß, einfach Holzscheite, die wir zum Heizen erhielten, dazu zu verwenden. Sie boten natürlich keinen schönen Anblick dar, und eine Kommission, die das Lazarett besuchte, machte darüber abfällige Bemerkungen, obwohl sie im großen und ganzen mit meiner Arbeit zufrieden war. Ich kam ihr nur ein wenig dumm vor, da ich auf die Frage, wieviele Konstantinows ich im Lazarett habe, bereit war, ihnen die Krankengeschichten vorzulegen, worauf sie hell auflachten. Ich wußte nämlich nicht, daß man mit diesem Namen die Toten bezeichnete, daß dies der geheime Code war, unter dem sie geführt wurden.

Diese Kommission bestand aus Leuten, bedeckt mit Sternen und Borten, die mit den Gefangenen recht lustig sprachen, so als ob sie sich in einem Kriegslazarett befänden. Mein Irrsinniger, der mit dem „tropfenden Gehirn", machte ihnen besonderen Spaß, und als sie ihn fragten, was er sich wünsche, sagte er mit einem Grinsen: einen Eimer Suppe! Er wurde ihm zwar versprochen, aber an das Halten dachte natürlich niemand.

Einige Tage später, an einem besonders kalten Tag, stürzte der kleine Sola mit der Nachricht in mein Kabinett, daß dieser Irrsinnige entflohen sei. An der Tür des Lazaretts stand aber ein Mann, der sie öffnete und verschloß, wie konnte er demnach entfliehen? Er war nur mit der Unterwäsche bekleidet und barfuß. Er hatte den Wächter, wie mir dieser Mann dann erzählte, mit nicht zu erwartender Wucht beiseite gestoßen und war entwischt. Man verfolgte ihn sofort, konnte ihn aber nicht mehr einholen. Anscheinend kannte er das Lager genau, denn er lief geradewegs zu der Buchhalterei. Was sich dort abspielte, habe ich mit allen Einzelheiten erfahren. Er riß die Tür auf und stand in einer Dampfwolke zwischen ihr. Die kalte Luft, die in den gutgeheizten Raum drang, umhüllte ihn, er glich einer Erscheinung.

Zuerst waren die Leute dort wie gelähmt, sein Aussehen war erschreckend und versprach nichts Gutes. Viele schrien, und nicht wenige stiegen auf die Tische, was ihnen doch auch nicht helfen konnte. Mit brüllender Stimme forderte er, sich unaufhörlich wiederholend: „Einen Eimer Suppe!" Die Tür hatte er nicht geschlossen, er ging aber auch nicht weiter in den Raum hinein. Erst als die Männer aus dem Lazarett ihn faßten, wurde er mit einem Schlage still und ließ sich ohne Gegenwehr abschleppen.

Seine Kräfte waren verausgabt, er schien erst jetzt die Kälte zu spüren, seine nackten Füße fürchteten nun die Berührung mit dem eisigen Boden, so daß er sich mit kleinen hüpfenden Bewegungen begnügte, zwischen den Armen der Männer hängend.

Wir brachten ihn zu Bett, rieben seine Glieder, gaben ihm heißes Wasser zu trinken. Ich versprach ihm, sofort einen Eimer Suppe zu bringen, und tat es dann auch, obwohl der Eimer keiner war, einfach eine Holzschüssel, die aber doch zwei Portionen einer Suppe enthielt, seine und meine.

Ich fürchtete die Folgen dieser Eskapade. Wenn er nämlich unter diesen Umständen gestorben wäre, hätte ich die volle Verantwortung zu tragen gehabt. Es geschah aber nichts, er aß die Suppe mit einer besonderen Gier und schien zufrieden zu sein.

Die Kommission, die mir diese Unannehmlichkeit einbrachte, kam ganz unerwartet, wurde mir nicht angekündigt, aber eine andere, die von allen gefürchtete, die als ewige Drohung über allen stand, kam niemals.

Ein Gefangener, die rechte Hand des Lagerleiters, hatte mich darüber aufgeklärt, was es heiße, wenn „Uralez" inspiziere. Er war der Schrecken aller Lager des Urals, und soweit ich in Erfahrung bringen konnte, hatte ihn noch kein Mensch gesehen, und alle wußten dennoch, wie er sich benahm. Ich hörte, daß er in alle Winkel kröche, Wanzen und Läuse suche, was übrigens andere Kommissionen auch taten – seine Spezialität waren die Spinnweben und die Strafen, die er danach verhängte. Ein Arzt soll für eine Spinnwebe zehn Tage Karzer erhalten haben, während seine Kranken ohne seine Hilfe starben.

Gab es diesen Mann „Uralez" wirklich, oder war er nur ein Schreckgespenst, das weiß ich nicht, aber daß er wirkte, das war gewiß.

Hier starben die Menschen gewöhnlich einige Tage nach dem Bade, und das war verständlich. Welcher entkräftete Organismus konnte es ertragen, nur mit der Unterwäsche bekleidet, die dünne Bettdecke über den Kopf gezogen, vom Bad zum Lazarett zurückzugehen bei minus 30 oder 40 Grad Kälte? Es war ein großer Kampf notwendig, bis man mir erlaubte, zehn Wattejacken im Lazarett zu halten, die, wie sie sagten, eine Möglichkeit zur Flucht darstellen sollten. Ich ließ damit die Kranken in kleinen Gruppen vom Bade abholen.

Es ist schwer zu ertragen, wenn hundert und mehr Männer husten, das taten sie, am Tage weniger, wie es mir schien, aber ganz ausgiebig des Nachts. Medikamente, um ihnen zu helfen, hatte ich nicht, es blieb mir nur ein Ausweg, und der war die Suggestion. Ich sagte ihnen, daß ich endlich Tropfen erhalten habe, die aber so stark wirkend seien, daß man sie nur mit aller Vorsicht anwenden könne.

Ich bereitete einen Absud von römischer Kamille vor und gab den Kranken, die mit einem Löffel voll Wasser in langer Reihe standen, einige bräunliche Tropfen hinein. Wenn ich nur mehr drei von ihnen in der Pipette hatte, flehten sie mich an, ihnen wenigstens noch einen einzigen zu bewilligen, was ich auch nach einigen Zögern tat. Mein Lazarett hatte danach weitaus ruhigere Nächte, ja, ich half mir eben, wie ich konnte.

Die Verwaltung verstand gar nicht, wie ich es zustande brachte, Kranke als arbeitsfähig aus dem Lazarett, und dies ohne Skandal, auszuschreiben. Früher soll es dabei die schrecklichsten Szenen gegeben haben, während mich die Leute ruhig verließen, allerdings in der Gewißheit, daß ich sie bei der nächsten Möglichkeit wieder aufnehmen werde, was ich ihnen zusicherte und auch hielt.

Schlimm waren die Etappen nach dem zentralen Lazarett, das sich in Nishnij Tagil* befand. Es war nicht so, daß ich nach eigenem Gutdünken die Kranken dazu wählen konnte, ich bekam ihre Liste, während ich die volle Verantwortung tragen mußte, daß sie dort auch lebendig ankämen. Jeder Todesfall auf diesem Wege mußte meine Strafzeit verlängern. Die Kranken waren in einem schrecklichen Zustand, bis zum Skelett abgemagert, und konnten sich kaum auf den Beinen halten. Ich fürchtete das Schlimmste für die Fahrt. Der Hauptarzt aber gab mir den Rat, den Kranken für jeden Kilometer Fahrt einen Kubikzentimeter Kampferöl zu injizieren, den ich auch befolgte, da ich keine andere Möglichkeit sah. Ich tat es zwar, nur daß ich über 5 cm^3 nicht hinausging, obwohl die Fahrt länger dauerte.

Adolfowna konnte ich zu dieser Arbeit nicht zulassen. Die Kranken weigerten sich einfach, sich von ihr betreuen zu lassen. Sie war mir eine rechte Last, aber auch eine Abwechslung. Eines Tages fand sie ein rotes Papierchen, ganz unerfindlich, wie es zu uns hatte kommen können, und färbte sich die Wangen damit. Sie kokettierte mit den verschiedensten Leuten, sogar mit unserem epileptischen Zigeuner, um nur etwas mehr Suppe zu erhalten.

Wir hatten hier im Lager einen „Ordner", der uns die verschiedenen Befehle der Verwaltung überbrachte, ein junger, intelligenter Verbrecher, ewig lustig und zu Untaten aufgelegt. Er erzählte, gewiß ohne jede Nötigung, seine Geschichte, es war die eines Diebes. Er er zählte plastisch, äußerst lebendig. „Denken Sie nur", sagte er lachend, „Sie kennen doch Moskau, nachts und bei Fliegeralarm? Alle Menschen verkriechen sich, und alle Wohnungen stehen offen. Das ist doch geradezu eine Aufforderung, zu nehmen, was man will, und ich ließ mich nicht bitten. Ob die Bombe oder ich, welcher Unterschied? Können Sie ihn mir zeigen?"

Nein, das war mir nicht möglich, das konnte ich nicht, aber er erwartete es auch anscheinend nicht. Seine Diebereien waren ihm zur Bewertung seiner Person ganz belanglos, er besaß noch andere Fähigkeiten, um deren Anerkennung er sich bemühte. Er versicherte, daß er jede Unterschrift nachmachen könne und jeden Stempel. Wir waren erstaunt, machten vielleicht sogar ungläubige Gesichter, was ihn zu einem Angebot verleitete. Er schlug uns vor, unser Formular, d. h. jenes Dokument, das uns von Lager zu Lager begleitete, in dem alles verzeichnet war, was unsere Identität feststellen konnte, zu ändern. Dieses Formular war eine gründliche Angelegenheit, es fing mit dem Tage der Geburt an, vergaß die Farbe der Haare nicht und war vor allem auf besondere Kennzeichen erpicht. Bei den Verbrechern war dieses Formular ein „geschriebenes Bild". Alle Tätowierungen waren dort vermerkt, und sie kamen oft in großer Zahl vor. Natürlich waren auch dort die Gesetzesparagraphen verzeichnet, die man uns zugeeignet hatte, die Frist.

Für mich mußte das Abändern meines Formulars nutzlos sein, ich hatte überhaupt keine Paragraphen, ich war nur eine Deutsche, für Adolfowna stand die Sache anders. Sie hatte, wie es sich jetzt herausstellte, zwei und nicht nur einen Strafpunkt: antisowjetische Reden, man könnte sagen „an sich", anscheinend allein, nur für sich hingemurmelt, und solche, in einer gleichgesinnten Gruppe gehalten.

Jetzt ergab sich für sie eine Gelegenheit, ihr Schicksal zu ändern, sich der Hälfte der Schuld zu entledigen, denn der gute Junge konnte ihr auch die Frist der Gefangenschaft kürzen, was er auch tat.

Ich habe das neue „Formular" zu Gesicht bekommen, es war unantastbar, mit allen Stempeln und Unterschriften versehen, und konnte keinerlei Verdacht erwecken. Der „Ordner" hatte eine schwierige Arbeit geleistet, aber durchaus nicht, um etwas dafür zu erhalten, es war ihm allein um Anerkennung zu tun.

Auch eine Liebesaffäre

Meine junge Ärztin hatte sich in einen Gefangenen verliebt, das war ganz leicht zu sehen, während ein Major sie mit Liebesanträgen verfolgte, was uns auch nicht entgehen konnte. Gewiß eine Privatangelegenheit, die sich aber für mich allmählich zu einer Katastrophe auswuchs.

Sie borgte sich von mir eine Wattejacke aus, um im Lager irgendwohin zu verschwinden, in der Dunkelheit die Leute glauben machend, daß nicht sie, sondern ich mich im Lager herumtreibe. Vielleicht kam ihr aber dieses auch gar nicht in den Sinn, der mit anderen Dingen beschäftigt war. Sie wollte das Spionagesystem des Lagers nicht wahrhaben, obgleich ich der Worte nicht sparte. Was konnte ich mit einem weinenden Mädchen tun, dessen natürliche Triebe ihren Kopf verwirrten? Ich war eine Gefangene und ohne jedes Recht. Ich sah sie übrigens nicht jeden Tag, es konnte manchmal sogar eine Woche vergehen, ehe sie sich zeigte.

Es unterstand ihr auch das andere Lazarett außerhalb des Lagers, und so kam es, daß sie mir von dort her eines Tages einen Kranken mit dem Ersuchen überwies, ihn zu halten. Es war für mich ganz verständlich, was sie von mir verlangte, ich sollte einen Arbeitsfähigen als krank ausgeben. Dieses verstand ich noch besser, als ich den Mann sah. Er war in den besten Jahren, ein früherer Kapitän des Aufklärungsdienstes, der an der Front wahrscheinlich erst vor kurzem verhaftet worden war und der an Durchfall leiden sollte. Ich untersuchte ihn, er war in guter Verfassung, was aber selbstverständlich eine akute Darmerkrankung nicht ausschloß. Ich gab Asad die Anweisung, ihm die Temperatur zu messen, den Stuhlgang zu prüfen. Schon nach kurzem kam er zurück, bestätigte den Durchfall und eine Temperatur von 38,5 Grad. Für mich war nun dieser Fall nichts anders als eben ein Kranker mehr, wodurch mir aber die Bitte meiner Vorgesetzten, den Mann zu halten, recht unverständlich wurde.

Schon am zweiten Tage, gleich nach dem Frühstück, der Ausgabe des Brotes, kam Sola in aller Aufregung zu mir, flüsterte mir zu, daß er und viele andere auch gesehen hätten, daß Asad das Thermometer von einem Kranken genommen und, ohne es herunterzuschlagen, dem Kapitän übergeben hatte. Für mich war diese Angelegenheit recht peinlich, denn hätte nur Sola diese Manipulation gesehen, wäre es vielleicht möglich gewesen, die Sache ohne Skandal in Ordnung zu bringen, es wußte aber bereits das ganze Lazarett davon, ich mußte eingreifen.

Ich rief den Kapitän zu mir und machte ihm Vorhaltungen, auf die er schwieg, mich jedoch mit ironischen Blicken beschenkte. Es blieb mir nichts anderes übrig, als ihn aus dem Lazarett zu entfernen, auch der lachende Kalmücke mußte ihm folgen.

Meine junge Ärztin nahm mir das außerordentlich übel, behauptete, ich hätte ihr dadurch Schaden zugefügt und sprach lange Zeit nicht mit mir. Die Tage und Nächte waren aber so völlig von Arbeit eingenommen, daß ich den Kapitän aus meinem Gedächtnis entließ.

An einem der nächsten Tage schlug es mit solcher Gewalt an die Tür des Lazaretts, daß alle Kranken aufschreckten. Man brachte auf Tragbahren drei Besinnungslose, denen ein vierter Kranker gebückt nachschlich. Soldaten gab es in Überzahl. Der Leiter des Lagers, in einem blendend weißen Halbpelz, trat auf mich zu und sagte recht zornig, daß er mir einen Tod nicht ohne weiteres werde hingehen lassen, was etwas unverständlich klang. Den Schluß seiner Rede brüllte er aber bereits: „Sterben sie, dann rechne ich mit dir ab!"

Was war geschehen, aus welcher Katastrophe hatte man diese Männer gerettet? Erst allmählich erfuhr ich den Grund, der zu den Verletzungen geführt hatte. Sie kamen aus einem anderen Lager, nicht weit von uns entfernt. Es war ebenfalls ein Straflager, wie unser Kamenka* auch, aber ein noch strengeres. Es hatte nämlich in seiner Mitte noch eine besonder Strafzone, einen Karzer, der nach allem, was ich hörte, alle Untugenden dieser Institutionen in sich schloß. Es war zu einer Revolte gekommen, man hatte den Leiter des Karzers erschlagen, die Soldaten hatten dann mit den Gefangenen abgerechnet. Sie schlugen und trampelten auf ihnen herum, und ich sollte nun mein Möglichstes tun, diese Verletzungen zu heilen, sie vor dem Tode zu retten. Sie sollten der Strafe nicht entgehen, taten es aber, wenn sie starben. Sie sollten gesund werden, um erst dann zu sterben.

Die Untersuchung war sehr erschwert, da ich sie nicht röntgen konnte. Natürlich gab es da ganz sichtbare Verletzungen, die mir auch so nicht entgehen konnten. Bei einem fand ich offene Rippenbrüche, Knochensplitter, die einfach in die Luft starrten, wobei aus der Ecke seines Mundes das Blut in einem dünnen Fädchen rann und sich an seinem Halse sammelte. Der andere hatte Verletzungen des Rückgrats, der dritte war mit gewöhnlichen Knochenbrüchen der Arme davongekommen. Einen von ihnen, den Gehenden, hätte man vielleicht mit einer sofortigen Operation das Auge erhalten können, die aber abgelehnt wurde. Die Hauptsache war, daß sie nicht starben. Was ich tat, und wie ich es tat, ist mir auch heute noch nicht begreiflich. Ich hatte kein steriles Material, und ich bekam für einen Monat nur drei Ampullen Morphium, hatte aber 160 Kranke.

Der Mann mit den Rippenbrüchen war besonders anspruchsvoll. Er konnte nur ganz leise und mit großer Anstrengung sprechen und hatte außerdem Angst. Er wollte in der Nacht nicht allein bleiben, ich sollte neben ihm sitzen, etwas erzählen. Ich wußte wirklich nicht, wie ich seine Angst hätte bannen können. Er sah schrecklich aus, und später erst brachte ich in Erfahrung, daß er ein vielfacher Mörder war. Seine Nase hatte so große Öffnungen, daß ich meinte, ihm in das Gehirn sehen zu können. Sein Mund war mit sich selbst im Widerstreit, die Oberlippe, an einigen Stellen zerrissen, war schmal und kaum sichtbar, die Unterlippe, dick und herabhängend, zeigte lange gelbe Zähne.

In diesen Tagen kam mir ein Einfall, den ich selbst schwer verstehen konnte, ich wollte versuchen, Ignatjew an meine Stelle zu setzen. Ich ersuchte ihn, dem Manne Märchen zu erzählen, und so unwahrscheinlich es auch klingen mag, dieser Gedanke war gut und richtig. Ignatjew löste mich ab, und ich kam dann gerade dazu, als er mit seiner kleinen, singenden Stimme von Alonoschka erzählte. Es hatte den Anschein, als ob dem Mann niemals eine solche Geschichte zu Ohren gekommen war. Sein Gesicht war gläubig und seltsam verändert.

Ich konnte mich über diese Gruppe von Verbrechern nicht beklagen. Was ich für sie tun konnte, tat ich, und sie halfen mir, gewiß auf meine Bitte hin, gewisse Untugenden in meinem Lazarett zu unterbinden. Ich sage Untugenden, weil ich kein zuständiges Wort dafür finden kann. Ich durfte nämlich nicht zulassen, daß die Kranken ihr Brot gegen Tabak eintauschten. An den Fenstern hinderten eiserne Netze diesen Handel, aber es gab einen Ort, an den ich nicht gedacht hatte, der mir für diese Zwecke gar nicht in Betracht zu kommen schien, es war das Klosett. Es war hier groß, eine frühere Trockenkammer, und hatte deshalb in der Mitte einen Ziegelofen. Eine lange Bank an einer Seite mit vielen Löchern war für die Verrichtung der Notdurft bestimmt, aber daß die Kranken durch eben diese Löcher das Brot tauschten, es durch sie hinausreichten, wäre mir nie in den Sinn gekommen.

Ich hatte gerade in meiner Ecke eine Pleura* zu entleeren, als ich fürchterliches Hundegebell, Befehle und auch Schreie meiner Kranken hörte. Die Tür zu meinem kleinen Raum wurde aufgerissen, und ein Soldat mit einem Hund stand zwischen ihr. Er sprach hastig, sich wiederholend: „Wo ist er, wo ist er?" Ich verließ meinen Kranken und forderte den Soldaten auf, mir den Weg freizugeben, was er auch endlich tat. Das Lazarett wimmelte von Soldaten und Hunden. Die großen Tiere hatten es schwer, unter die Bretter zu kriechen, man suchte auch das Klosett ab und drang abermals in meine Kammer ein, die so übersichtlich war, daß sich der Befehl, sie zu untersuchen, erübrigte.

Die Kranken hatten sich vor den Hunden in die obere Etage gerettet, nur die fremde Gruppe lag regungslos auf ihren Brettern und stellte sich schlafend.

Endlich erfuhr ich, daß ein Gefangener entflohen war, ein Gefangener, den ich kannte, nämlich der Kapitän, den ich aus meinem Lazarett hatte entfernen müssen.

Es war sogar komisch, daß sie ihn bei mir suchten, aber sie taten es. Allmählich erfuhr ich die ganze Begebenheit, sie ist schon deshalb bemerkenswert, weil sie der einzige Fall ist, bei dem die Flucht gelang.

Unser Lager hatte selbst keinen Brunnen, weshalb das Wasser von dem nahen Bach gebracht werden mußte, wozu ein großes Wasserfaß benutzt wurde, das oben eine kleine viereckige Öffnung hatte. Sie war so klein, daß sie selbst einem Kinde keinen Durchschlupf gewährt hätte, und wohl deshalb jeder Untersuchung am Tore des Lagers entgangen.

Der Kapitän, wie man mir erzählte, spielte die ganze Zeit über den Kranken, der frisches Brot nicht essen konnte und es sich in dem Baderaum trocknete. Er verstand es, den Wasserfahrer so zu überreden, daß dieser, der nur mehr drei Monate zu seiner Befreiung hatte, einwilligte, mit ihm zu fliehen. Er schlug den Boden des Fasses heraus, setzte den Kapitän hinein und fuhr aus dem Lager zu einem Stall. Dort nahmen sie das beste Pferd und den dazugehörigen Schlitten und verschwanden, und niemand hat je etwas weiter von ihnen gehört. Das wäre aber nicht möglich gewesen, wenn man sie gefaßt hätte, denn in einem solchen Fall werden die Gefangenen immer an jenen Ort zurückgebracht, von dem die Flucht ausgegangen war.

Die freie Ärztin, der ich zugeordnet war, wurde immer leichtsinniger. Sie erwartete jetzt bereits ihren Liebsten in meiner Kabine. Alle Kranken nahmen davon Kenntnis, und obwohl es sich hier nur um ein Sprechen, ein Anschauen handelte, gingen doch die verschiedensten Gerüchte um, und es war ganz selbstverständlich, daß der Major, der auf die Liebe dieser Frau prätendierte, davon Kenntnis bekommen mußte.

Gerichtstag

Eines Morgens, früher als gewöhnlich, kam der Ordner und flüsterte mir zu, daß heute Gericht über jene fremde Gruppe abgehalten und daß er die Kleidung dieser Leute schicken werde. Ich verstand nicht gleich, warum er so heimlich tat. Die Männer waren zwar nicht gesund, aber zu Gericht zu gehen konnte ihnen nicht übermäßige Anstrengung machen. Ich verstand damals noch nicht, daß sie das Gericht vielleicht gar nicht so fürchteten als ihr altes Lager, seinen Karzer, in das man sie zurückschicken konnte, was man dann auch tat und was einem Todesurteil gleichkam.

Man hatte ihnen die Kleider zugeteilt, und ich erwartete eigentlich keinerlei Schwierigkeiten, dachte nur daran, wie lange ich sie nach dem Gericht noch werde halten können. Denn der Mann mit der Rückgratverletzung bewegte sich nur mit Mühe, der mit den Rippenbrüchen hatte noch gar nicht versucht aufzustehen. In diese, fast möchte ich sagen, friedliche Situation, fiel Sola ganz blaß und vor Aufregung stotternd in mein Kabinett und teilte mir mit, daß einer von ihnen im Klosett am Ziegelofen sein Messer schleife. Wo er es bis jetzt verborgen gehalten hatte, war mir unerfindlich, denn die Kontrolle, die Soldaten vornahmen, war überaus streng.

Im ersten Moment wußte ich nicht, was zu tun sei, die Soldaten herbeizurufen widerstrebte mir. So machte ich mich auf den Weg in das Klosett. Sola hing sich an mich, wollte mich nicht gehen lassen. Es war sogar schwer, mich von ihm zu befreien, er weinte.

Als ich meine Tür zum Lazarett öffnete, fiel mir zuerst die Totenstille auf, die in ihm herrschte. Alle Augen waren angstvoll auf mich gerichtet. Ich ging langsam und konnte mir auch gar nicht überlegen, was zu tun sei, und zögerte sogar vor der Tür des Klosetts. Es schien mir, als ob alle den Atem anhielten, vielleicht tat ich es auch selbst.

Der Mann stand in dem leeren Raum am Ofen und strich das Messer über die Ziegeln hin, anscheinend ganz ruhig, er hob nur etwas den Kopf, als ich nahe an ihn herantrat.

Ich weiß nicht, warum es unmöglich war, hier mit voller Stimme zu sprechen, ich sprach zu ihm leise, fast flüsternd: „Höre, ihr seid bei mir lange gewesen, ich habe alles getan, um euch zu retten. Ich verstehe, was du vorhast, ich bitte dich, überlege es dir gut. Wenn du es hier machen wirst, werden sie mich zur Verantwortung ziehen. Sei gerecht!"

Es mag merkwürdig anmuten, daß ich von einem Verbrecher Gerechtigkeit erwartete, aber ich tat es.

Der Mann schien mich überhaupt nicht zu hören, er strich langsam das Messer auf und ab. Ohne es zu wollen und sicher ganz unüberlegt, strich ich mit meiner Hand über seine Wange hin. Er zuckte zusammen, schaute erstaunt auf und blinzelte wie geblendet. Seine Stimme war rauh, als er ein kurzes „gut" hervorstieß. Er steckte das Messer ein und wendete sich zum Gehen. Wir traten dann fast gemeinsam in das Lazarett ein, ich ging ziemlich aufrecht, er aber hatte den Kopf gesenkt, schritt langsam auf seinen Platz zu. Fast gleichzeitig begannen die Kranken zu lärmen, die Freude war sichtlich und ganz allgemein.

Nach kurzem holte man die Gruppe ab, jeder von ihnen gab mir die Hand, der Mann mit dem Messer blieb sogar unentschieden vor mir stehen, anscheinend wollte er etwas sagen, konnte es aber nicht über sich bringen, es zu tun.

Es dauerte vielleicht nicht mehr als zwei Stunden nach ihrem Weggang, als der Ordner keuchend angelaufen kam und meine Hilfe forderte. Der Mann, eben dieser, der Mann aus dem Klosett, hatte sich den Bauch aufgeschlitzt. Ich lief, um ihn in das Lazarett zu holen, und fand ihn im Karzer, auf dem Fußboden, der nur Erde war, liegend. Er war in seinen Kleidern, den Bauch entblößt, der Schnitt, der über den ganzen Leib ging, öffnete und schloß sich bei jedem Atemzuge. Der immer lustige Ordner lachte mir auch hier in das Gesicht, als ich eine Tragbahre verlangte. In einem durchaus befehlenden Ton sagte er, anscheinend den Leiter des Lagers kopierend: „Der Mann ist hier abzuarbeiten, er geht in einer halben Stunde auf die Etappe!"

Was war da zu tun? Ich konnte in diesem Falle nur Klammern anlegen und dies nicht allein. Man holte den Arzt aus der Poliklinik, mit ihm gemeinsam versuchte ich die Wundränder zu nähen, was aber nicht gelang, da das keuchende Atmen des Mannes uns daran hinderte. Übrigens waren auch nicht genug Klammern vorhanden, so daß ein Teil der Wunde offen blieb und nur einen Verband erhielt.

Der Mann gab während der ganzen Zeit unserer Arbeit keinen Laut von sich und öffnete auch nicht die Augen. Wir knieten noch eine Weile neben ihm auf dem Boden und verstanden dabei ganz gut die Sinnlosigkeit unseres Tuns.

Der verantwortliche Soldat, der die Etappe führte, weigerte sich dann, den Mann mitzunehmen, er fürchtete, daß er ihm auf dem Wege sterben könnte, was auch ziemlich wahrscheinlich war. Das Lazarett hat ihn nicht zurückerhalten, er verschwand spurlos.

Eines Tages kam, von der Lagerstraße her, ein Mann zu mir, ein Gefangener, was ungewöhnlich, ja, verboten war. Er wollte, wie er sagte, nichts anderes, als mit mir sprechen. Ein recht seltsamer Wunsch, ein ganz unsinniger in diesen Tagen, wie es mir schien, die Worte konnten ihn doch nicht satt machen. Er war ein Lehrer der Literatur und hoffte bei mir ein Buch zu finden, um mit mir darüber zu reden. Er sah mich bei dem Vorbringen seiner Bitte nicht an, sah auf den Boden und schämte sich sichtlich.

Ich verstand endlich, daß er etwas erfahren wollte, das mit diesem Gesagten nichts zu tun hatte, etwas Verbotenes, nur wußte er nicht recht, wie er es anfangen sollte. Sicher wäre es notwendig gewesen noch zuzuwarten, aber ich hatte dazu keine Zeit. Ich stellte ganz unumwunden die Frage, was er eigentlich wolle. Zu meinem Erstaunen atmete er sogar erleichtert auf. „Was ich Sie fragen wollte", sagte er schnell, „bekommen Sie alle Kranken zugewiesen?"

„Ja, eine solche Anordnung besteht hier!"

„Aber", und dann machte er eine Pause, „wenn ein Mann vor dem Lazarett zusammenstürzt, sagen wir ohne Besinnung, nehmen Sie ihn dann auf?"

„Gerade bei der Tür und ohne Besinnung?" Ich sprach langsam, so als ob ich erst nachdenken müßte. „Das ist ein Ausnahmefall, in solcher Lage gilt es als Erste Hilfe, in der Baracke könnte er doch sterben. Das verstehen Sie doch?"

„Vielen, vielen Dank", sagte er und wollte mir die Hand geben, erhob sie sogar schon, besann sich aber und entfernte sich rasch. Warum hatte er sich besonnen? Er war ein Gefangener wie ich selbst und hätte es ruhig wagen können. Wollte er den Handschlag vermeiden, der ein Abkommen besiegelte?

Nach Tagen berichtete man mir, daß ein Toter vor dem Lazarett liege. Man schleppte den Mann in den Raum, ich besah ihn mir. Es war mein Lehrer. Sein Puls war, was mich wunderte, so schwach, daß ich in einem anderen Fall an eine Ohnmacht hätte glauben müssen, es hier aber nicht tat.

Bald darauf stellte man eine Etappe zusammen, zu der man drei Kranke von mir anforderte. Es waren dies Männer, die man besser hätte in Ruhe lassen sollen, einfach Skelette. Ich machte Einwendungen, was mir die Drohung einbrachte, den Paragraph 58 zu bekommen. Dieses Angebot war ungehörig, denn dieser Paragraph ist ein durchaus politischer und hat mit Fragen der Disziplin wenig zu tun.

Da alles nichts half, verabfolgte ich ihnen die üblichen Spritzen, mit denen sie scheinbar abfuhren.

Nach einigen Tagen berichtete mir der Ordner, daß die Männer noch hier wären, anscheinend hatte sie der Transportsoldat als für ihn gefährlich abgelehnt. Sie sollten jetzt in der Baracke liegen, das heißt zwei von ihnen, der dritte sei dort in der Nacht gestorben. Ich machte mich auf, sie zu suchen. Sie lagen in den Kleidern regungslos auf kahlen Brettern, der eine bereits in Agonie. Ohne jemanden zu fragen, nahmen wir sie mit meinen Sanitätern in das Lazarett zurück. Der eine starb bald, ohne die Besinnung wieder erlangt zu haben, es war Iwanow Gury. Der Name ist mir gut in Erinnerung, und das hat seinen Grund.

Es gibt hier ungeschriebene Gesetze, die bei einem Todesfall zur Anwendung kommen. Die Listen zur Lieferung der Suppen werden einen Tag früher aufgestellt, und demnach bekommt der Tote noch eine Suppe, sozusagen „in das Grab hinein". Diese gehört dann dem Sanitäter, der ihn versorgt hat. Es gibt Streit und Unannehmlichkeiten, wenn der Tote einige Sachen besitzt, die dann ebenfalls unter dieses Gesetz fallen. Iwanow Gury hatte fast nichts, aber es war ein emailliertes Töpfchen vorhanden, dunkelblau und recht abgeschlagen, aus dem er sein Wasser trank und um das der Kampf ging. Da keine Einigung zustande kam, brachte man es mir mit den Worten: „Doktor, das ist ihres, Sie haben es verdient!"

Das Töpfchen stand dann auf meinem Tisch. Ich habe zwar niemals aus ihm getrunken, aber es brachte es zuwege, daß ich den Mann Iwanow Gury nicht vergessen kann.

Die Verpflegung der Kranken wurde immer schlechter. Ich konnte ihnen nicht helfen, suchte dazu Möglichkeiten und klagte sogar dem „lustigen Ordner", der ziemlich wohlgenährt aussah. Er erzählte mir gleich, obwohl es ein tiefes Geheimnis zu sein schien, daß der Leiter des Lagers von den Lebensmitteln, die dem Lazarett zustanden, einen Teil für die Arbeiter verwende. Es wurden daraus kleine Kuchen angefertigt. Sie waren bereits zur Ware geworden und wurden im Lager für 15 Rubel das Stück gekauft. Für einen Mann waren es höchstens zwei bis drei Bissen, die er zusätzlich erhielt, für die Kranken aber war es ein großer Verlust.

Zu dem Leiter des Lagers mit einer Klage zu gehen hieß einfach einige Tage Karzer zu erbitten, wenn es gut abging, es konnte aber auch schlimmer werden. Ich begab mich deshalb zu dem Tschekisten, von dem ich annahm, daß er die Macht habe, mir zu helfen.

Der ältliche und sichtlich mißtrauische Mann hörte mich, ganz wider Erwarten, geduldig an und versprach Abhilfe. Wirklich, schon am nächsten Tage war die Suppe eßbar. Meine Kranken konnten sich vor Freude nicht halten, und einige von ihnen schrien: „Hurra, eine Stalinsuppe, hurra eine Stalinsuppe!"

Ja so war eben die allgemeine „politische Einstellung". Es gab zwar Schädlinge, aber Stalin wußte davon nichts.

Ich fand es richtig, dem Mann für die erwiesene Hilfe zu danken. Ich erzählte ihm von der Freude der Gefangenen. Die Veränderung, die in diesem Mann nach dem Anhören der Ausrufe der Gefangenen vor sich ging, mußte mich entsetzen. Sein Gesicht verzerrte sich zu einer erschreckenden Grimasse, während er mit seiner lautesten Stimme schrie: „Das haben Sie zugelassen und erfrechen sich noch, mir darüber zu berichten?"

Ich war starr, ich hatte nicht gleich begreifen können, daß er die Ausrufe für Ironie hielt, was sie in Wirklichkeit auch hätten sein sollen, aber doch nicht waren. Soviel war mir aber nun klar, daß der Mann viel mehr verstand, als ich anfänglich angenommen hatte. Alle meine Worte und Versicherungen konnten den schlechten Eindruck meiner Rede nicht verwischen, ihn überzeugen, daß ich an die Aufrichtigkeit der Gefangenen glaubte, an der doch wirklich nicht zu zweifeln war. Es waren fast alle Verbrecher. Übrigens haben wir die „Stalinsuppe" nur ein einziges Mal erhalten.

Am Tage war es im Lager ziemlich still, kein Laut drang von der einzigen Straße her in das Lazarett, erst gegen Abend wurde es geräuschvoll. Die einzelnen Kolonnen kamen von der Arbeit zurück, was natürlich nicht ohne Lärm abgehen konnte, der jedoch sein Maß hatte, wir waren ihn gewöhnt.

Eines Abends aber zogen die Gefangenen wortlos in das Lager ein. Vor ihnen schritt ein einzelner Mann, der eine Hacke in Abwehrstellung – und es war eine blutige – trug. Sein finsteres und entschlossenes Gesicht versprach mancherlei, seine Augen irrten nach allen Seiten. Soldaten umkreisten ihn, aber sie taten es in einer ziemlichen Entfernung. Der Mann ging langsam, man könnte fast sagen gemächlich, andere Gefangene folgten, gewiß in ziemlicher Entfernung, bildeten einen Trauerzug, nur daß sie die Mützen nicht abgenommen hatten, dazu war es zu kalt.

Später hat man mir die Geschichte dieses Mannes erzählt, der im Kampf um das tägliche Brot zum Mörder geworden war. Der Brigadier seiner Gruppe nahm nämlich von allen ihnen zugewiesenen Broten die kleinen Stückchen ab, die das gesetzliche Gewicht vervollständigen sollten. Gewiß waren es nur wenige Bissen, die ihnen damit verlorengingen, die es draußen in der Welt zu keiner Bedeutung gebracht hätten, hier aber wertvoll waren. Dieser, nun in der Mitte des

Weges schreitende Mann war zum Rächer für alle geworden, er hatte dem Brigadier das Gesicht abgehackt, und nicht etwa zerhackt, wie man annehmen könnte. Ich habe die Leiche dann später gesehen. Von der Stirne her war das Gesicht aufgeklappt, es hing nur mehr am Unterkiefer.

Recht unverständlich war, daß der Mann, der Mörder, nur noch drei Tage bis zu seiner Befreiung hatte und sich dennoch zu dieser Tat entschloß. Sie war vor den Augen aller ausgeführt worden, die gewiß in einer Art Lähmung untätig zusahen, aber daß sich auch die Soldaten nicht mit ihren Gewehren an diesen Mann herantrauten, war verwunderlich. Sie forderten ihn zwar mit unsicheren Stimmen auf, sich zu ergeben, versuchten aber mit keiner Bewegung ihm die Hacke zu entreißen, die er dann festhielt bis zu seinem Tode. Man erschoß ihn, um sich ihrer zu bemächtigen, so als ob sie ein besonders wertvoller Gegenstand wäre, ohne den die Welt nicht leben könne, es allein auf sie ankomme. Der Mann starb für alle, und es ist anzunehmen, daß sich die Brigadiere nun für längere Zeit hüten würden, das Brot zu stehlen.

Kurz nach diesem Ereignis, es war der Februar des Jahres 1943, kam am frühen Morgen der Ordner mit der Nachricht zu mir, daß ich in den Wald zu gehen habe. Auf meine Frage, was dort geschehen sei, antwortete er mit einem recht undeutlichen Gesicht: „Nichts, was soll dort schon geschehen? Glauben Sie denn, daß Sie die einzige sind, die zu gehen hat? Alle gehen, alle Politischen gehen, die Poliklinik geht, die Buchhalterei geht und natürlich auch das Lazarett."

Ich schrie ihm entgegen: „Was wird aber aus den Kranken?"

„Das fragen Sie den Lagerleiter, auch er hat sich den Befehl nicht selbst ausgedacht!"

Ich begab mich also zu diesem Bürger Granowskij, dem Lagerleiter, und stellte ihm meine Frage.

„Sie haben mir keine Fragen zu stellen. Die Kranken sind unsere Angelegenheit und nicht die Ihre. Für Ihre Zusammenkünfte aber suchen Sie sich gefälligst einen anderen Ort aus, als das Lazarett."

Das, was ich schon lange gefürchtet hatte, war also eingetreten. Das ärztliche Mädchen hatte sich nicht nur selbst kompromittiert, es hatte auch mich in eine beschämende Lage gebracht, deren Folgen ich noch lange zu spüren bekommen sollte.

Ich ging also auf Arbeit in den Wald, ich ging mit allen Politischen, aber auch mit Verbrechern, denn man hatte für uns keine besondere Brigade gemacht. Der Schnee lag meterhoch, ich litt nicht sehr unter der Kälte, da man mir das Verbrennen der abgehackten Zweige übergeben hatte. Die Arbeit war nicht leicht, denn das, was man sich als

Zweig in einer Stadt vorstellt, war es hier nicht, es waren Zweige, die man fast als Bäume ansprechen konnte. Ich mußte sie von den verschiedenen Plätzen herbeischleppen, in ein Feuer werfen, das knisterte und sprühte und dessen Funken kleine Löcher in meine Wattejacke brannten. Die Gefangenen in der Brigade waren gut zu mir, sie hatten noch nicht meine Einstellung zu ihnen vergessen, ich erhielt mehr Brot als im Lazarett, mehr Brot als ich nach der Art meiner Arbeit hätte bekommen dürfen.

Was zu dieser Zeit im Lager selbst geschah, erfuhr ich nur ganz zufällig. Man hatte mein Lazarett aufgelöst, die Kranken in Arbeitsbaracken untergebracht, nur für diejenigen, die nicht mehr gehen konnten, einen Raum bereitgestellt. Die Buchhalterei war in vollständiger Auflösung begriffen, niemand wußte, wer oder was man auszuschreiben hatte, Gefangene waren ohne Brot, andere von ihnen ohne Suppe. Ich selbst war der Waldarbeit nicht gewachsen und begann schon nach wenigen Tagen zu fiebern. Ich lag dann tagelang auf meinem Brett, bis man mich auf eine Etappe schickte.

Im Frauenlager

Ich ging zu Fuß, für einen gesunden Menschen nicht weit, es waren nur ungefähr neun Kilometer, für mich aber war es ein qualvoller Gang. Das Lager, in dem ich nun arbeiten sollte, war klein, es lebten in ihm an die hundert Frauen, sein Lazarett war ein einziges Zimmer. Zuerst lag ich in ihm selbst einige Tage, bis man es mir dann übergab. Ich hatte hier aber nicht nur die Kranken zu versorgen, übrigens ohne jede Hilfe, ich mußte auch als „Poliklinik" funktionieren. Das war eine recht unangenehme Arbeit, nicht so sehr der Kranken, sondern vielmehr der Gefahr wegen, die aus ihrer Befreiung von der Arbeit für mich entstand. Ich hätte mich vielleicht halten können, wenn ich Tote auf Arbeit geschickt hätte, aber das gelang mir nicht. Nach geschriebenen oder ungeschriebenen Gesetzen durfte ich nur 4 Prozent der Lagerinsassen krankheitshalber von der Arbeit befreien, wie ich dies aber zustande brachte, war meine eigene Angelegenheit.

Es gab hier Munitionsarbeiterinnen, in der Kriegszeit beauftragte Schädlinge, wie man verstehen wird, die allerdings nicht wußten, was sie getan haben sollten, verstockte Geschöpfe, wie man sich ausdrückte. Es gab Bäuerinnen, deren Vergehen wiederum ich nicht erfassen konnte. Das Ährenlesen war mir schon von der Bibel her bekannt und niemals als Verbrechen erschienen, sie hatten es getan. Es gab hier eine große Zahl von Tatarinnen, die alle als Mörderinnen galten, die ihre kleinen Kinder, ihre Säuglinge erdrückt haben sollten, wozu ihre Brüste anscheinend früher hervorragend geeignet gewesen sein mochten, jetzt aber in ihrer Magerkeit, lappenhaft, kaum einer Fliege schaden konnten. Ein Mädchen von 19 Jahren war da, ein schönes und dem Benehmen nach bescheidenes Geschöpf, das ihre Schwägerin aus Eifersucht ermordet hatte. Sie trug eine rote Glasperlenschnur eng um den Hals, was ihr das Aussehen einer Geköpften gab, umso verwunderlicher, da es doch die Todesstrafe für gewöhnliche Sterbliche noch nicht gab.

Der Gesundheitszustand aller Frauen war schlecht, was natürlich nicht der richtige Ausdruck für ihr Befinden war. Ein Zustand war zwar vorhanden, aber die Gesundheit hatte damit ganz und gar nichts mehr zu tun. Die Tatarinnen waren die einzigen, die ohne Gegenwehr zur Arbeit gingen, während die anderen Gefangenen mich belagerten, baten, schrien oder schimpften.

Ich befreite am ersten Tag 36 Frauen, von denen ich annahm, daß sie wirklich nicht arbeitsfähig seien. Als ich die Liste weitergab, schaute mich der Leiter des Lagers, wie mir schien, sogar recht mitleidig an, während er, übrigens ganz ohne Affekt, bemerkte, daß ich es hier anscheinend nicht lange treiben werde.

Dieses sollte mich selbstverständlich zur Vorsicht mahnen, ich sah meine aussichtslose Lage ein, konnte sie aber nicht ändern. Die Frauen waren fast alle geschwollen, und ich trug in das Journal als Ursache „Eiweißloses Ödem" ein (so klang die Übersetzung aus dem Russischen, es war also einfach Hunger).

Sie gingen nicht auf Beinen, sondern auf Säulen. Dabei war der Ort, an dem sie arbeiten sollten, weit vom Lager entfernt. Sie hatten die leisesten Herzen der Welt, und ich weiß gar nicht, woher sie noch in diesem Zustand die Kraft nahmen, mit mir um einen freien Tag zu kämpfen, aber sie taten es. Man soll nun nicht meinen, daß ich mich als Schwächling von ihnen habe einfach überwältigen lassen. Ich konnte eben als Mensch und Arzt nicht anders handeln, obwohl ich die Katastrophe voraussah.

Nach ungefähr 14 Tagen setzte man mich ab und machte mich zum Sanitätsinspektor, ein Beruf, der für mich seine Eigenheiten hatte: Ich hatte bei den Frauen Läuse zu suchen, ich hatte die schmutzige Wäsche auf Läuse hin zu überprüfen, ich hatte das Klosett zu reinigen, die Lagerstraße zu kehren.

An meine Stelle als Arzt kam ein Feldscher, ein Heilgehilfe, ein kleiner, ziemlich alter Mann, mit einem großen, schwarzen Filzhut, der Kranke, wie vorauszusehen war, von der Arbeit nicht befreite, aber auch Bettlägerige nicht versorgte, was zu recht unangenehmen Ereignissen führte. Die bis zur Unmöglichkeit Geschwollenen platzten, meistens taten es die Beine, bevor die Frau, die schon lange über ihren Bauch nicht hatte hinaussehen können, starb.

Ich wohnte nun in der allgemeinen Baracke und lag mit einer jungen Mörderin, einer Russin, Seite an Seite. Zuerst war sie mir recht unangenehm, ich fürchtete ihre Berührung, aber bald hatte ich mich auch an diese gewöhnt. Sie erzählte mir ihre Geschichte. Sie war ein von ihrem Liebhaber verlassenes Mädchen, das in einer Scheune allein ein Kind geboren hatte, es erwürgte und dann verscharrte. Nur der Akt des Auffindens der Leiche, den man ihr überlassen hatte, erregte mein Interesse. Sie konnte sich nämlich an diesen Ort nicht mehr erinnern. Man ließ ihr aber Zeit, man fuhr sie aus der Stadt, einen Tag nach dem anderen, zu der Scheune hinaus, ließ sie frei, so wie man Hunde zur Jagd hinstellt, und wartete. Wie sie mir erzählte, kam es vor, daß es ihr schien, endlich den Platz gefunden zu haben. Sie schritt auf ihn zu, ließ sich auf die Knie nieder und begann die Erde mit den Händen aufzuwühlen. Die Sinnlosigkeit dieses Suchens brachte sie zur Verzweiflung, verwirrte sie soweit, daß sie plötzlich selbst der Meinung war, niemals ein Kind geboren und verscharrt zu haben. Nachts begann sie dann im Gefängnis zu schreien, mit den Fäusten an die Tür zu hämmern, bis man sie in den Karzer steckte. Dieses alles dauerte lange, das Gericht hatte Geduld oder vielleicht auch nur genügend Grausamkeit, um sie solange hin und her zu fahren, bis sie die Leiche gefunden hatte.

Nach dieser Erzählung schwieg sie lange, wurde nachdenklich, und ich konnte nichts anderes tun als warten. Ganz unerwartet sagte sie dann mit einer recht entschiedenen Stimme: „Dumm war ich, einfach dumm! Ich hätte das Kind ganz gut mit meiner Brust erdrücken können, ohne Spuren zu hinterlassen. Nichts hätten sie mir machen können, ich wäre frei ausgegangen." Worauf bezog sich nun ihre Reue? Ich glaubte es damals zu wissen, sie war doch meine Nachbarin.

Man stahl hier, ich möchte sagen, ganz offen, man nahm vielmehr, und dies ohne jede Gewalt, denn einer, der noch bei Sinnen war, hätte sich niemals zur Wehr gesetzt. Das war die Art, wie die Russinnen vorgingen, die Tatarinnen hatten andere Methoden. Das, was nachts von den Brettern fiel, war ihr Eigentum. Waren es Strümpfe oder Socken, so waren sie von nun an unauffindbar. Sie trennten sie sofort auf, ihr Gepäck bestand fast ausschließlich aus Wollknäuel.

Der Leiter dieses Lagers war ein recht seltsamer Mann, ein Mann in Uniform, nicht sehr hohen Ranges, der selbst schon im Lager als Gefangener seine Frist abgesessen hatte. Er war, gewiß im Rahmen seiner Möglichkeiten, zu den Gefangenen nicht schlecht, er versuchte, für sie zu sorgen, hatte sogar ein gefallenes Pferd gekauft, sie zu ernähren, sie am Sterben zu hindern.

Er vermietete die Frauen an eine Kollektivwirtschaft, von der er Lebensmittel dafür eintauschte oder einzutauschen hoffte. Vorläufig brachten die Frauen von ihrer Arbeit nur gefrorene Kartoffeln mit, die vom vorigen Jahr in der Erde liegen geblieben waren, denn Arbeitshände waren nicht vorhanden, die Männer waren im Krieg. Diese Kartoffeln ergaben aufgetaut einen Brei, den die Frauen, so wie er eben war, aßen und fast immer danach erkrankten.

Endlich gab der Leiter den Befehl, den Frauen beim Eintritt in das Lager die Kartoffeln abzunehmen, was zu den unangenehmsten Szenen führte. Die Untersucher waren doch Soldaten, und die Frauen versteckten dieses so kostbare Gut an ihrem Leibe, wo es anging.

Schlimm war, daß sie nach diesem Befehl versuchten, die Kartoffeln schon auf dem Feld zu essen, was sie aber zum Glück bald aufgeben mußten, da ihre Zähne die steinhart gefrorenen nicht bewältigen konnten.

Dieser Vorgesetzte trug für uns einen sichtbaren Haß mit sich herum, der den Wachsoldaten galt. Was sie ihm angetan hatten, wußten wir natürlich nicht, aber daß sie selbst diesen Haß ebenfalls erwiderten, konnte uns nicht verborgen bleiben. Sie behaupteten – und er war doch auch ihr Vorgesetzter –, daß das „Formular hinter ihm herlaufe", was nichts anderes heißen sollte, als daß er wieder in die Gefangenschaft zurückkehren werde.

Er hatte seine Frau bei sich, die in der Lagerküche arbeitete. Ich glaube aber kaum, daß sie dort schwere Arbeit geleistet hat. Ich sah sie bei der Ausgabe der Suppe und dann, wie merkwürdig es auch klingen mag, bei der Verzierung der Speisen. Gerstengraupen wurden zu Brei verkocht, in große Pfannen ausgegossen, wo sie erkalteten. Hier war nun das Gebiet ihrer künstlerischen Tätigkeit. Sie drückte mit einem breiten Messer reihenweise kleine Vertiefungen in diesen Brei, es entstand ein Muster auf ihm, das wirklich die Speisen weitaus appetitlicher machte, obwohl wir sie auch ohne jede Verzierung verschlungen hätten.

Er, dieser Lagerleiter, konnte aber auch recht unangenehm werden. Ohne allen Übergang wurde er wütend, denn er war ganz entschieden gegen die Läuse eingestellt. Eines Tages gab er den Befehl, allen Frauen die Haare zu scheren, ganz unabhängig davon, ob sie nun Läuse hatten oder nicht. Im Grunde hatte er recht, wozu konnten diese Haare hier nützen? Sie ernährten niemanden und des Kratzens war kein Ende. Eine Frau ohne Haare ist vielleicht kein schöner Anblick, aber wer sah sich hier schon selbst, und darauf kam es doch wohl vor allem an. Einen Spiegel konnte man hier nicht auftreiben, er war verboten.

Frauen, die dann zu dieser Prozedur geführt wurden, benahmen sich außerordentlich lebhaft. Sie warfen sich auf den Boden, strampelten mit den Beinen, hielten sich den Kopf mit beiden Armen und schrien mit unmenschlichen Stimmen.

Wir hatten nur einen Mann im Lager selbst, das war ein Schuster, den man mit dieser Arbeit betraute. Er war nicht sehr groß und auch nicht sehr stark, sodaß er mit allem Eifer nicht mehr als drei Frauen an diesem Tage scheren konnte. Das war aber auch alles, was man erreichte, zu weiteren Versuchen hatte der Leiter anscheinend die Lust verloren.

Dieser Schuster, mit Namen Sokolow, war ein recht merkwürdiger

Mann. So wie unser Leiter die Wachsoldaten nicht liebte, konnte er keine Sympathie für eben diesen Leiter aufbringen. Er war ein guter Schuster, und ich bewunderte eines Tages die Stiefel, die er für den nicht geliebten Leiter gemacht hatte. Unser Oberster tänzelte mit den ganz neuen an mir vorbei, als ich gerade die Straße kehrte. Sie saßen prall wie angegossen, und ich machte Sokolow ein Kompliment. Dieser sah mich mit lustigen Augen an und sagte: „Nur um eine halbe Nummer zu klein!“ Das war unser Schuster, der nicht nur sein Handwerk verstand, er war auch ein Mann, der sich mit Denken abgab. Eines Tages sagte er zu mir: „Wissen Sie, die Sache mit der Verwaltung ist eigentlich ganz einfach, man sollte sie in Atome zerlegen, und nicht wieder zusammensetzen!“ Ich war mehr als erstaunt. Auf meine Frage, wie man das anstellen könne, antwortete er schnell: „Dazu ist nicht sehr viel nötig, ein luftleerer Raum, und danach keinerlei Hilfe, so kann es gemacht werden!“ Danach lachte er laut und schallend.

Kartoffelsaat

Es war Frühling geworden, der Bürger Platonow, unser Leiter, beschloß uns zu retten. Ich bin sicher, daß er nur dieses, am Anfang zumindest, gewollt hat. Unsere Lage war schrecklich, jeden Tag gab es Tote. Ich kann mir gut vorstellen, wieviel Mühe es ihm gekostet haben mag, wieviele Wege er nach Tagil machen mußte, bis man ihm erlaubte, Kartoffel für das Lager zu setzen, bis man ihm die Saatkartoffeln gab. Die Frauen begannen ein Stück Taiga zu roden, den Boden umzugraben und Gruben für die Saat vorzubereiten. Ein ganz ebenes Land konnte es natürlich nicht werden, wo hätten sie dazu die Kräfte hernehmen sollen?

Endlich kam der feierliche Tag. Ein Lastauto fuhr vor, auf dem außer der Saat noch viele „freie“ Menschen saßen, deren Verwendung wir nicht gleich erfaßten, wir konnten nicht annehmen, daß sie uns helfen würden, sie taten es dann auch nicht.

Zuerst befahl man uns, die Kartoffel zu zerschneiden, den „Augen“ nach, wie man sich ausdrückte, und dabei mußten wir schon verstehen, wozu diese Begleiter dienten. Sie waren einfach Aufpasser, sie sollten verhindern, daß wir die Kartoffeln, so wie sie waren, nicht aufaßen. Merkwürdig war, wie gut die Behörde unseren Hunger verstand, vor dem nichts sicher war und mit dem sie rechnete, aber leider nur hier und nicht zu unseren Gunsten. Ich bekam einen mit zerschnittenen Kartoffeln beschwerten Korb und den Befehl, in jedes

Loch ein Stück von ihnen mit der Schnittfläche nach unten zu legen. Am Ende und am Anfang jeder Reihe stand ein Aufpasser oder eine Aufpasserin, die Frauen waren schlimmer als die Männer, und wir begannen zu arbeiten.

Ich bückte mich tief zur Erde herab, legte mit aller Sorgfalt das Kartoffelstückchen hinein und richtete mich auf. Der Aufpasser hatte zu rauchen begonnen und schaute verträumt in die Ferne. Ich steckte ein Stückchen des Saatgutes in den Mund und begann vorsichtig zu kauen. Der Sand knirschte zwischen den Zähnen, dennoch schmeckte die Kartoffel wie ein Nüßchen. Es war natürlich eine große Behendigkeit notwendig, um unter dieser doppelten Aufsicht, unter ihren Augen zu essen, aber es gelang. Ich spreche da nicht nur von mir, alle stahlen, alle aßen. Ich glaube, an diesem Tag nicht weniger als ein Kilogramm Kartoffel zusammen mit dem Sand gegessen zu haben, es hat mir nicht geschadet, es hat mir sicherlich nur genützt.

Der Geist des Mädchens

Späterhin, nach recht kurzer Zeit, geschah etwas Unvorhergesehenes, etwas Böses, man hatte ein Mädchen erschossen, eines mit dem geschorenen Kopfe. Die Wachsoldaten hatten anscheinend die Feindschaft, die sie gegen unseren Leiter hatten, teilweise auch auf uns übertragen. Er hielt sie knapp, er verschaffte ihnen keinerlei zusätzliche Nahrung, der Teil, der ihnen zukam, machte sie nicht satt; für die Gefangenen suchte er jedoch zu sorgen.

An diesem Tag arbeiteten die Frauen auf dem Feld. Das geschorene Mädchen wollte austreten und ersuchte den Soldaten, der ihre Brigade bewachte, es ihr zu erlauben, was er auch tat. Sie soll nicht weit gegangen sein, nur bis zu einem Gebüsch, da traf sie auch schon die Kugel. Der Soldat, der geschossen hatte, stand ziemlich weit von ihr entfernt, er bewachte eine andere Gruppe. Sie war sofort tot, er traf sie in die Schläfe. Im Bericht stand dann wie üblich: „Auf der Flucht erschossen." Glaubte jemand daran, glaubte der Soldat, der geschossen hatte, selbst an diese Flucht, oder hatte er einfach in seinem Wunsch, den Leiter zu töten, einen Menschen für einen anderen genommen?

Man brachte die Leiche in das Lager zurück und legte sie, in Ermangelung eines anderen Raumes, in den Karzer. Dieser stand unter Wasser, das gerade bis zu dem Brett reichte, auf dem gewöhnlich die Bestraften zu liegen kamen. Sie zum Begräbnis dann aber aus dem

Karzer herauszuholen wagte niemand, was man verstehen konnte. Es war gewiß sehr unangenehm, in das dunkle und kalte Wasser zu steigen. Zum Glück hatte der Karzer aber ein kleines Fenster, durch das man die Leiche herausziehen konnte, die auf dem Brett lag, während die Beine im Wasser hingen.

Da sich niemand entschließen wollte, in den Karzer durch das Fensterchen einzusteigen, erbot ich mich dazu, hatte aber nicht mit meinen Kräften gerechnet. Ich konnte die Leiche dann nicht heben, erst als Sokolow mir half, zogen wir sie durch das Fenster in das Freie. Ein Bauernwagen mit einem mageren Pferd nahm sie auf, so wie sie eben war. Sokolow hat ihr dann, nach seinen Worten, unter einer einzelnen Birke das Grab gegraben. Ich meine, daß es eine „einsame Birke" war, unter der sie zu liegen kam, er hatte einfach das Wort dazu nicht richtig gewählt.

Die Aufregung im Lager nach diesem Todesfall war nicht besonders groß. Man schimpfte zwar über die Soldaten, aber es kam auch vor, daß man sie verteidigte. Eine Diebin sagte mir: „Glaubst Du denn, daß es die Soldaten leicht haben? Wenn eine von uns entwischt, kann man sie auch an die Wand stellen. Wozu brauchte sie zu einem Gebüsch rennen? Hat der Soldat noch keine Weiber gesehen, die sich hinhocken? Ich weiß, daß sie mit Vergnügen zuschauen, und das kostet uns doch weiter nichts. Sollen sie, ich spucke darauf."

Es vergingen nur wenige Tage, als sich die Stimmung im Lager vollständig änderte. Wir hatten hier eine Frau, die das Recht hatte, ohne Bewachung das Lager zu verlassen. Gefangene, die eine kurze Strafzeit hatten, kamen, wenn sie Glück hatten, zu dieser Erlaubnis. Man befahl ihr, verschiedene Besorgungen zu machen, wobei sie weite Strecken durch den Wald zu gehen hatte. Sie war also nach dem Mittagessen fortgegangen, man erwartete sie erst gegen Abend zurück. Es war aber bereits nachts, als sie zum Tor des Lagers kam. Kaum hatte sie der Soldat, ein älterer Mann, eingelassen, als sie sich auch schon auf ihn stürzte, sich an ihn anklammerte, furchtbar zu schreien begann. Sie war blaß und verstört, soviel konnte er mitteilen, und auch, daß er sich nur mit Hilfe seiner Kollegen von ihr befreien konnte. Man schleppte sie dann in unsere Baracke, lieferte sie sozusagen ab. Sie schrie und weinte, fuchtelte mit den Armen und zuckte mit den Beinen. Alle dachten, daß sie irrsinnig geworden sei.

Man rief nach dem Leiter des Lagers, der auch kam, sie ohne jedes Vergnügen besah. Er befahl dem Feldscher, ihr eine Spritze Morphium zu versetzen. Gerade so hatte er sich ausgedrückt. Danach fiel sie in einen Schlaf, der bis zum nächsten Abend anhielt. Von Zeit zu Zeit ging eine von uns hin, sah ihr in das Gesicht, horchte wohl auch auf ihren Atem. Nach dem Erwachen sprach sie lange nicht, aber endlich erfuhren wir doch, was ihr widerfahren war. Sie war auf dem Heimwege durch den Wald gegangen, den sie gut kannte, als plötzlich hinter einem Baume hervor das erschossene Mädchen zu ihr trat, sich neben sie stellte. Sie sah ganz so aus, wie sie in ihrer Erinnerung lebte, nur daß sie an der Schläfe ein Loch hatte, das etwas blutig war. In dem ersten Schrecken wich sie zur Seite und floh in den Wald hinein. Die Tote ging aber mit ihr, schnell und langsam, so wie sie selbst es auch tat, sie hielt mit ihr Schritt. Den Weg hatte sie verloren, es dämmerte bereits stark, als die Tote mit einer leisen und klagenden Stimme zu ihr sprach: „Ach, wie tut mir mein junges Leben so leid!" Kaum hatte die Frau jene traurigen Worte gehört, als sie mit der Toten an ihrer Seite zu laufen begann. Sie hatte sich wohl schon lange verirrt. Wie sie den Weg wieder gefunden hatte, weiß sie nicht, aber soviel konnte sie mit aller Sicherheit sagen, daß die Tote sie bis zum Tor des Lagers begleitet hatte.

Hielt man diese Erzählung für wahr? Daran konnte kein Zweifel sein, alle waren sicher, daß es sich so und nicht anders abgespielt hatte. Auf Anraten einiger machte man sich daran, Amulette anzufertigen, beschriebene Zettelchen, die man außerdem mit Kreuzen bedeckte. Erst als alle versorgt waren, beruhigte man sich etwas. Die Frau, die dieses Ereignis erlebt hatte, der es geschehen war, ging nicht mehr aus dem Lager, sie weigerte sich, selbst die Androhung des Karzers brachte sich nicht davon ab, obwohl er jetzt ein schrecklicher Ort war: die Tote hatte darinnen gelegen. Hatte er früher die Frauen aufgenommen, die der Feldscher nicht befreite, die zu krank waren, zur Arbeit zu gehen, und sich geweigert hatten, es zu tun, humpelten sie jetzt neben ihren kräftigeren Schwestern einher, bis sie nicht weiter konnten, hinfielen und man sie zurückbringen mußte.

Schwerstarbeit

Ich wurde allmählich zu schwach, um das Klosett zu reinigen und den Hof zu kehren. Meine Beine hatten, wie soviele andere hier, ihre Form verloren, sie waren geschwollen. Man setzte mich deshalb von meinem Posten als Sanitätsinspektor ab und machte mich zum Brigadier einer Invalidengruppe. Ich glaube sogar, daß man mir damit helfen wollte, denn ich bekam als solcher einen Schöpflöffel Suppe mehr.

Ich teilte den Invaliden das Brot aus, hätte mir jedesmal den Teil mit der Rinde nehmen können, tat es aber nur selten. Es waren zehn

Frauen, die ich zu betreuen hatte, und ich war für die Erfüllung der Arbeitsnorm verantwortlich. Alle Frauen waren bejahrt. Ich habe selbstverständlich ihre Formulare nicht gesehen, aber nach meiner Schätzung waren alle über 60 Jahre alt. Ja, wenn es nur das gewesen wäre; ich hatte zwei Blinde unter ihnen, eine Halbgelähmte, zwei mit verkrüppelten Händen, alle waren geschwollen. Im Grunde paßte ich ganz gut zu ihnen, meine Ohren schmerzten, ich hatte sie verbunden und war dadurch etwas taub.

Die erste Arbeit, die man uns zuteilte, war das Schneiden von flachen Stäben, welche die Stukkatur für eine neu errichtete Baracke halten sollten. Sie war aus Lehmziegeln, denen Pferdemist beigemischt worden war, erbaut und bereits bewohnt. Sie stank ganz erbärmlich, denn man hatte nicht gewartet, bis die Ziegel ausgetrocknet waren, man hatte sie naß verwendet. Ihre Wände waren schwarz, es wuchsen aus ihnen verschiedene Gräser heraus, begannen zu grünen, und selbst kleine Pilze versuchten, ihr Leben auf ihnen zu fristen.

Wir machten uns an das Schnitzen. Die Holzscheite, die gewöhnlich zur Heizung verwendet wurden, waren unser Material. Sie hatten Knorpel und Reste von Ästen. Wir bearbeiteten sie mit Instrumenten, die ihren Namen nicht verdienten. Es waren Stücke alter Räderreifen, an einer Seite abgeschliffen, die als Messer gelten sollten. Wir brachten an einem Tag nur wenige Stäbe zustande. Man lobte uns dafür natürlich nicht, aber Strafe gab es auch keine, was auch hätte geschehen können. Wir arbeiteten langsam und schweigend. Den Blinden konnte ich das Messer überhaupt nicht in die Hände geben, die anderen konnten es nicht halten. Die noch übrig blieben, hatten keine Kraft, es in das Scheit zu stoßen. Dieser Plan, uns zu Stukkateuren zu machen, war zum Untergang verurteilt, das sah sogar der Leiter ein.

Er dachte sich aber gleich darauf etwas Neues aus, das ebenfalls recht phantasievoll war: Wir sollten in den Wald gehen und junge Bäume fällen. Wozu er sie brauchte, war unerfindlich, aber sicherlich war er der Meinung, sie zu brauchen. Ungefähr armdicke bestellte er bei mir, die ich noch niemals im Leben ein Beil in der Hand gehalten hatte.

Der Wald war nicht weit vom Lager entfernt, doch sollten wir den ganzen Tag dort bleiben, um Kräfte zu sparen, denn unser Gehen war recht mühsam. Man gab mir deshalb das Mittagessen für alle mit, natürlich keine Suppe, sondern Stücke von Gerstenbrei, die ich auszuteilen hatte.

Ich konnte nur hoffen, daß der Soldat Appetit auf mein Stück zeigen werde, um mir dafür die Technik des Fällens beizubringen, und er hatte ihn. Er nahm ganz gewissenlos meinen Brei an, verschlang ihn sofort und zeigte mir danach, wie man die Bäumchen von zwei Seiten anzuhacken habe, warf sich mit seinem ganzen Gewicht danach auf sie, damit sie krachend fielen. Es waren junge Birken, an die ich mich nun heranmachte. Wir waren allein, der Soldat hatte mir erklärt, daß er Birken anzapfen wolle, und hatte uns verlassen. Er hatte keinerlei Angst, daß wir eine Flucht versuchen könnten, das wäre auch in unserem Zustande mehr als komisch gewesen.

Meine Frauen saßen auf spärlichem Grün und blinzelten in die Sonne, während ich fällte. Ich konnte sie nur verwenden, um die Bäumchen auf den Weg hinauszuzerren, was sie dann auch mit Ach und Weh taten. Ich habe an diesem Tage 28 Bäumchen gefällt und war stolz auf meine Arbeit. Der Weg in das Lager zurück war mir dann recht beschwerlich, es schmerzte mich jede Bewegung. Ich ging mit dem besten Gewissen der Welt zum Leiter, um ihm das Ergebnis des Tages zu melden. Er sah mich danach etwas ironisch an, holte ein Buch mit Instruktionen hervor und las mir die Norm, die gefordert wurde, vor. Für einen einzelnen Menschen war sie auf 120 Bäumchen festgesetzt.

Seit dem merkwürdigen Todesfall waren die Nerven der Gefangenen sehr gereizt. Eines Abends kam eine junge Diebin zu mir, fiel mir um den Hals und verriet mir, daß sie schrecklich unglücklich sei, nicht mehr leben wolle. Auf meine Frage nach dem Grunde schwieg sie. Ich tröstete, wie ich konnte, natürlich nur mit leeren, gewiß ganz nichtssagenden Worten. Woher hätte ich in meiner Lage auch bessere hernehmen sollen? Kurz danach nestelte ich mein Bündel auf, das doch auch mein Kopfkissen war, legte dabei eine Jacke auf mein Bett, den Rest eines Kostüms, das mir mein Mann aus Paris mitgebracht hatte. Den Rock dazu trug ich nun schon drei Jahre in der Gefangenschaft, er war an den Knien so fadenscheinig geworden, daß ich einen weißen Lappen hatte unterlegen müssen, um es nicht zu Löchern kommen zu lassen. Die Frau, die vor einigen Tagen an meinem Halse geweint hatte, sah mir bei meinem Tun aufmerksam zu, näherte sich mir und ersuchte mich, die Jacke anprobieren zu dürfen. Sie paßte ihr gut und gefiel ihr außerordentlich, sofort schlug sie mir vor, mit mir zu tauschen. Sie bot mir einen Rock, ein Kleid und noch verschiedene Kleinigkeiten dafür an. Ich konnte mich aber von der Jacke nicht trennen, es war das letzte Stück, das ich von meinem nun toten Mann erhalten hatte. Sie schien dann auch merkwürdigerweise zu verstehen und sprach nicht weiter davon.

Ich wollte mir eine kleine Abwechslung schaffen und bat den Leiter, mich mit einer Arbeitsgruppe zum Flechten von Strohmatten gehen zu lassen. Ich wollte, wenn auch nur eine kurze Zeit, dem Lager entfliehen, hatte aber meine Kräfte nicht richtig ermessen. Schon der Weg zum Felde war mir unendlich schwer. Ich ging, wie im Nebel, schleuderte ein Bein vor das andere, versuchte nicht zu denken. Angekommen, mußte ich mich hinlegen, und die wenige Arbeit, die ich dann machte, war niemandem notwendig. Der Rückweg aber ist mir unvergeßlich. Ich hatte den Soldaten gebeten, mich als erste gehen zu lassen, es sollte mich der Zug hinter mir zwingen auszuhalten, ich wollte gleichsam mit ihren Beinen, mit Hilfe ihrer Kraft marschieren.

So möglich ich mir auch diesen Weg vorgestellt hatte, so unmöglich war er dann für mich, ich konnte nicht weiter. Vielleicht war aber auch der Mann, der mit einem Pferd vorbeikam, einer der letzten Gründe dazu, daß ich meinte, keinen Schritt weiter machen zu können. Ich bat den Soldaten, mir zu erlauben heimzureiten, was er selbstverständlich abschlug. Natürlich, wenn ich es heute bedenke, war das ein ganz unmögliches Ansinnen. Sicher hätte ich mich auf dem Pferde gar nicht halten können, obwohl ich früher, in Zeiten, die mir noch ganz gut in Erinnerung waren, nicht schlecht ritt. Ich erinnerte mich wohl damals an Nurmi, den Läufer, der, wenn er seine Kräfte verausgabt hatte, sagte, daß er dann mit „Seso" zum Ziele käme. Was dieses „Seso" aber war, das wußte ich nicht, und weiß es auch heute noch nicht, scheinbar ein „Etwas" recht unmaterieller Natur.

Endlich konnte ich mich auf mein Brett werfen. Ich ließ meinen Kopf auf mein Bündel fallen, das unwahrscheinlich klein geworden war. Ich begann es abzutasten, öffnete es und mußte feststellen, daß meine Jacke nicht mehr da war und nicht nur sie. Kleinigkeiten fehlten, gewiß nur von meinem heutigen Standpunkt aus gesehen, aber nicht vom damaligen. Ich war so müde, daß ich an diesem Abend nichts weiter unternehmen konnte. Am nächsten Tage fragte ich eine Diebin um Rat. Sie teilte mir mit, und das war ein großes Vertrauen, das sie mir zeigte, daß meine Sachen nicht mehr im Lager seien. Ich nahm zuerst an, daß sie von jenen Frauen sprach, die das Recht hatten, ohne Wache aus dem Lager zu gehen, welche die Jacke natürlich draußen hätten verkaufen können. Sie ließ mich nicht im Zweifel, daß ich irre, meine Jacke war von der an meinem Halse weinenden Frau gestohlen worden, die man gerade an diesem Tage auf eine Etappe geschickt hatte. Ich konnte gar keine Hoffnung haben, die Sachen zurückzuerhalten. Doch ging ich zu dem Leiter und erzählte ihm, ich erinnere mich daran gut, gewählt fröhlich und etwas ironisch, daß jene Frau, deren Namen ich nicht kannte, die ich nur beschrieb, meine Kleider entwendet hatte. Vielleicht sollte diese Ironie dem Leiter zeigen, daß für mich seine Ordnung lächerlich und er selbst nichts anderes als ein Spielball der Diebe sei. Zu meinem Erstaunen versicherte er mir, daß das alles nichts auf sich habe. Er werde sofort nach dem anderen Lager telephonieren, die Sachen seien mir sicher, die Diebin werde exemplarisch bestraft werden.

In dieser Zeit war die Erkrankung meiner Ohren, die sich selbst überlassen waren, soweit fortgeschritten, daß ich den Feldscher bat, mir die Möglichkeit zu verschaffen, nach Tagil in das Zentrallazarett zu gelangen. Er hatte nichts dagegen, der Leiter stellte mir sogar eine baldige Fahrt in Aussicht. Schlimm war es nur, daß ich mir den Weg nicht zumuten konnte, es war mir unvorstellbar, bis zu dem hölzernen Schienenweg zu Fuß zu gehen, aber das war notwendig.

Schon nach einigen Tagen brachte man meine Jacke zurück, zeigte sie mir, wollte sie mir aber erst später aushändigen, anscheinend einiger Formalitäten halber. Ich aber hatte von meiner Jacke schon Abschied genommen, sie war mir bereits fremd geworden. Ich beschloß, sie dem Leiter, vielmehr seiner Frau, zu schenken, wozu ich noch meine Decke legte. Ich hatte gar keine Kraft mehr, mich damit abzuschleppen. Zu guter Letzt würden sie doch nur den Dieben zum Opfer fallen.

Obwohl sich diese Familie etwas sträubte, das Geschenk anzunehmen, natürlich nur gerade soviel, um das Gesicht zu wahren, willigte sie endlich ein. Man versprach mir, daß mich drei Kilometer vom Lager entfernt ein Wagen treffen werde, der mich bis zum Lastauto bringen sollte. Das schien ich gut und richtig gemacht zu haben, um lebendig nach Tagil zu kommen, es hatte sich anscheinend gelohnt, meine Sachen abzugeben. Ich will nicht daran glauben, daß man mich einfach betrogen hatte, daß man nicht daran dachte, mir zu helfen. Widrige Umstände konnten es verhindert haben, daß der Wagen dann nicht kam. Ich ging zu Fuß bis zum Schienenweg, ging in der Hoffnung, daß jeden Augenblick der Wagen mich einholen könne. Ich glaube, man wird es verstehen, wenn ich sage, daß auch dies mir geholfen hat.

Im Lager Tagil

Das Zentrallazarett in Tagil war groß. Im April 1945 starben in ihm mehr als 3 000 Menschen, was für seine Größe spricht. Als ich dort ankam, hatte man mir in aller Schnelligkeit alles abgenommen, was mir das Lager in Kamenka zur Benutzung übergeben hatte, ohne daß es jedoch mein Eigentum geworden wäre. Es war Männerwäsche gewesen, die ich bekommen hatte, die ich in den wenigen Stunden, die ich erübrigen konnte, umgenäht hatte, und die mir nun entschwanden. Ich hatte als Arzt eine neue Wattejacke erhalten, die mir viel Freude bereitet hatte, was nicht leicht zu verstehen ist. Sie hatte ein Futter aus Baumwollstoff, das mit vielen hellfarbigen Blumen bedruckt war. Weit aufgeblätterte Rosen und recht bunte Tulpen standen auf ihm. Wenn ich die Jacke auf meinem Bette ausbreitete – sie mußte meiner Decke helfen, mich zu erwärmen –, legte ich sie immer so, daß ich sie sehen konnte, sie war für mich das einzig Farbige in meiner Umgebung. Es kam wohl auch vor, daß ich darüber hinstrich, was aber durchaus keiner Sentimentalität zuzurechnen ist. Menschen, die alles verloren haben, halten sich an das Wenige, was ihnen noch verblieben ist, woran sich eine Erinnerung heften kann. Vielleicht war es der Garten meiner Kindheit, der mich von dort her, von diesem bedruckten Baumwollstoff aus ansah.

Nun gab man mir Krankenwäsche, wenn man das, was ich erhielt, derart bezeichnen konnte. Ich will nur des Hemdes gedenken, das aus zwei Teilen bestand, zusammengesetzt war aus einem blaugrauen Leibchen und dem unteren Teil, der anscheinend der Rest eines Männerhemdes war und einmal lilafarbig gewesen sein mußte.

Die ärztliche Untersuchung des Ohres ergab eine beiderseitige Perforation des Trommelfelles, außerordentlich günstig gelegen, wie man mir versicherte, sie lag nicht zentral, sondern an seiner höchsten Stelle. Ich hörte nicht gut, war aber nicht taub. Der Reizung des Gehörganges und eines Teils des Halses, durch den Ausfluß hervorgerufen, maß man keinerlei Bedeutung bei. Natürlich, das verstand ich, daran starb man nicht, es war nur höchst unangenehm, aber ich hatte mich schon ein wenig damit abgefunden.

Man schickte mich jeden Tag zum „Quarzen“* in eine andere Baracke, und das war auch alles, was man für mich tat. Mein übriger Zustand interessierte sie nicht, sie hatten schon soviele geschwollene Beine gesehen, daß sie ihnen zu guter Letzt sicherlich als normal vorkamen.

Die meisten von uns hatten Durchfall, es gab solche in unserem Raum, die nicht mehr aufstehen konnten. Trotz aller Schwäche, an der diese Frauen litten, kam es doch fast jeden Abend zu einem Skandal des Essens wegen. Man wählte Delegierte, die sich in die Krankenhausküche zu begeben hatten, um gegen die lächerlichen Portionen zu protestieren, die man uns gab.

Zum Ausgehen bekamen wir ein morgenrockähnliches Kleidungsstück, das aus unerfindlichen Gründen entweder zu groß oder zu klein war, um darunter eines jener vielgestaltigen Hemden zu tragen. Das, was wir an den nackten Füßen hatten, ist schwer zu beschreiben. Es war entschieden etwas Abgeschnittenes, entweder Schuhe des Oberteils verlustig, abgeschnittene Stiefel, höchst selten Hausschuhe, die fast alles, was sie einmal an sich gehabt, bis auf die Sohle verloren hatten.

In einer solchen Aufmachung ging, schlich und humpelte die Delegation dann in die Küche. Sie hatte vorher die Erbsen gezählt, die man uns zum Abendbrot gebracht hatte. Nun schrieen sie dem Koch die Zahl mit wütenden, keifenden Stimmen entgegen, der ganz verblüfft war, mit ihr nichts anzufangen wußte und sie selbstverständlich mit den Erbsen gar nicht in Verbindung brachte. Erfolge hatten diese Versuche, mehr Essen zu bekommen, nicht, wurden aber immer wiederholt, was verständlich war, es war ein Kampf um das Leben, der hier ausgefochten wurde.

Das Zentrallazarett war eine Stadt aus Baracken. Da der Hunger übergroß geworden war, hatte man in den Räumen zwischen den niedrigen Holzhäusern Kartoffeln gesetzt. Jeder kleine Abschnitt hatte einen Wächter, der auf sie aufzupassen hatte, und trotzdem stahl man sie.

Erwischte der Wächter einen Mann – die Frauen hielten sich zurück, sie waren weniger mutig oder vielleicht auch weniger hungrig als die Männer –, zog er ihnen das Hemd aus. Es wäre natürlich ganz sinnlos gewesen, den Dieb nach dem Namen zu fragen, Namen gab es in diesem Lande viele. Der Wächter zog dem Mann das Hemd aus. Am Morgen sah dann der Arzt den Verbrecher nackt in seinem Bette, wenn er böswillig war, jagte er ihn aus dem Krankenhaus, einen Mann, der vielleicht nur noch kurze Zeit zu leben hatte und höchstwahrscheinlich dazu noch ein unschuldig Verurteilter war, ein sogenannter Politischer.

Man darf aber nicht glauben, daß diese Kartoffeldiebe ganz ohne Phantasie waren. Sie hatten ein Mittel entdeckt, den Folgen des Diebstahls zu entgehen, sie stahlen von nun an nackt. Eines Nachts, es war heller Mondschein, konnte ich nicht schlafen, stand am Fenster und schaute auf das Kartoffelfeld hinaus. Zuerst schaute ich wohl ohne des Gesehenen bewußt zu werden, ich starrte einfach, bis ich etwas aufnahm, das mir eine Täuschung zu sein schien: Auf dem dunklen Boden kroch etwas Bleiches, Spinnenhaftes, das erst allmählich für mich zu einem menschlichen Gerippe wurde. Es schob sich langsam vorwärts und tastete jede Kartoffelstaude ab. Ich wußte schon, daß sie nicht einfach die Stauden herausrissen, sie wühlten in der Erde und nahmen dann nur einige Knollen von jeder ab. Zu dieser Zeit waren die Kartoffeln noch klein, nußgroß, grünlich und meiner Meinung nach gar nicht eßbar. Dennoch kostete im Tausch eine Handvoll davon 200 Gramm Brot, d. h. die Hälfte der Tagesration.

Die Brigade der „Mamhi"

Man hielt mich nicht lange im Krankenhaus. Die Ohren rannen zwar, wie sie es schon lange getan hatten, aber zu einer Trepanation* konnte ich mich nicht entschließen. Übrigens hatte man sie mir auch gar nicht angeboten.

Ich bemühte mich hier als Arzt unterzukommen, was mir aber nicht gelang. Anscheinend stand ich auf der schwarzen Liste, die vielleicht nicht einmal so groß, die anscheinend übersehbar war. Die meisten Ärzte hatten sich untergeordnet, und wenn es die Frage galt, Arzt oder Kranker, waren sie nicht im Zweifel, wer hier zu wählen war.

Ich wurde aus dem Lazarett entlassen, es holte mich ein Mann ab, der mich in einem Lagerraum führte, um mich einzukleiden. Das vielgestaltige Hemd ließ man mir. Man gab mir ein Kleid und eine Wattejacke, allerdings der letzten Sorte angehörig, sie waren geflickt und recht unsauber. Mit den Schuhen hatte es seine besondere Schwierigkeit, es war schwer, für mich welche zu finden, die Menschen lebten hier anscheinend auf großem Fuße. Die, die ich dann erhielt, gaben bei jedem Schritt ein glucksendes Geräusch von sich, Laute, die mit Musik nichts zu tun hatten. In dieser Weise wurde ich für das Leben eines Arbeiters zurechtgemacht.

Auf einem langen Wege gingen wir dann in das außerhalb des Lazaretts liegende Lager. Wir beendeten unsere Reise in einem großen

Raum, in welchem viele Frauen, in einer schweren Luft, in einem dunklen Nebel, Kleidungsstücke zerrissen. Sie rissen stehend von Soldatenmänteln Streifen ab. Zuerst dachte ich, daß es Staub sei, was man hier einatmete, es war aber etwas ganz anderes, es war getrocknetes Blut. Die Mäntel kamen von der Front, viele von ihnen waren blutverbacken.

Die Streifen dieser Mäntel wurden hier zu Matratzen für die Gefangenen verarbeitet, sie wurden verwebt, um dann mit allen Resten, die nicht zerreißbar waren, gestopft zu werden. Schnallen und Gürtel, harte blutgetränkte Ärmel, Teile mit Knöpfen, alles, einfach alles, was man auf andere Weise nicht verwenden konnte, nahmen sie auf.

Eine solche Matratze war schwer, sie war unhandlich wie eine Leiche. Eigentlich sollte sich nur der auf ihr zum Schlafen einrichten können, der ihren Ursprung nicht kannte, aber der Mensch gewöhnt sich an manches. Auf meinem Schlafplatz lag dann auch eine solche, für die ich mit meiner Unterschrift bürgte, alle Verantwortung für ihr Vorhandensein übernahm. Sollte sie mir aber jemand stehlen, und solche Diebstähle kamen vor, so mußte ich mit Karzertagen für sie zahlen. Es war dies eine recht gewichtige Valuta, die nicht nur Zeit, sondern auch Brotwert enthielt, von allem anderen ganz abgesehen.

Ich half beim Zerreißen der Mäntel nicht lange. Zum Glück sah man ein, daß ich die Kraft dazu nicht hatte. Man durfte nämlich nur den Saum des Mantels etwas einschneiden, und alles andere lag dann in den Händen, in ihrer Kraft. Es arbeiteten dort Frauen, die ebenso mager waren wie ich selbst, nur daß sie anscheinend an körperliche Arbeit gewohnt waren, und vor allem nicht an das dachten, was sie in Händen hielten. Vielleicht ist es auch schwer, hier an Tote zu denken.

Man versetzte mich nach diesem Versuch in die Wattespinnerei, das war ein recht seltsames Unternehmen. In dem Raum lagen große Ballen Baumwolle, die wir zu fingerdicken Schnüren, mittels eines Ästchens gedreht, verwandelten. Diese Arbeit war eigentlich nicht schwer, aber was das Brot anbetraf, recht unergiebig. Die Schnüre wurden nämlich dann gewogen, und ihr Gewicht reichte, wenigstens bei mir, niemals zu einer Norm aus, welche die volle Brotration ergeben sollte. Außerdem mußte diese Arbeit stehend ausgeführt werden, was recht quälend war. Ich wurde den Gedanken nicht los, was es für einen Sinn haben konnte, Watte zu Schnüren zu drehen, während die Lazarette auch nicht ein Flöckchen von ihr zu sehen bekamen. Ich arbeitete lange Zeit in dieser Spinnerei. Wenn ich auch nicht zufrieden sein konnte, atmete ich doch eine Luft ein, die mir die Schrecken des Krieges etwas fernhielt.

Die Nächte in der Baracke waren aber weniger dazu angetan, mich in einem Gleichgewicht zu halten, wir hatten Wanzen und Läuse in einer solchen Unzahl, daß es fast unmöglich war zu schlafen. Eines Nachts flüchtete ich mich auf den Gang hinaus, lag neben der Tür auf dem bloßen Boden und kämpfte mit den Kleiderläusen, welche die angenehme Gewohnheit haben, fühlbar am Körper zu laufen, so daß man sie mit Geschicklichkeit fangen konnte. Der allgemeine Protest gegen dieses Ungeziefer, der nach einiger Zeit ausbrach, veranlaßte ein Schwefeln des Raumes, dessen Ergebnis wir bewundern konnte. Man kehrte danach die Wanzen in Häufchen zusammen, wie es aber auf die Läuse gewirkt hatte, wurde uns nicht ersichtlich.

Das Essen wurde immer schlechter. Wir bekamen es auf Bezugscheine, die beim Morgenappell ausgegeben wurden. In einer langen Reihe standen wir dann vor der Küche, unsere Zeit verlierend, die eine Arbeitspause bedeutete. In dieser Zeit verbreitete sich im Lager ein Gerücht, und nicht nur dieses, man wollte es sogar genau wissen, daß wir Speck bekommen sollten. Einige von uns waren sicher, daß Amerika ihn speziell für die Gefangenen geschickt habe, die anderen aber waren festen Glaubens, daß wir ihn den Deutschen abgenommen hatten, die ihre Soldaten nur mit Schweinespeck und Schokolade ernährten. Aus diesem mag man schon ersehen, welche politische Einstellung die Gefangenen so ganz im allgemeinen hatten. In der Zeit meiner Gefangenschaft habe ich nur sehr wenige Menschen angetroffen, welche die Lage dieses Landes und den Sinn ihrer einzigen Partei verstanden haben. Gewiß ist es möglich und sogar wahrscheinlich, daß die „Kenner" eben in anderen Gegenden als ich ihre Strafe verbüßten. Wirklich aufschlußreiches Material über dieses Land ist den Menschen hier nicht zugänglich, und wenn, so nur unter großen Gefahren. Die Regierung hält den Infantilismus der Massen für das Richtige und Gegebene und hütet ihn mit aller Macht. Hier herrscht die Zensur. Die Menschen glauben jetzt weniger an Gott, sie haben an seine Stelle die „Zeitung" gesetzt, die ihnen das Wunder nicht nur verspricht, sondern auch in den verschiedensten Formen präsentiert. Der sichtbarste Feind der Wahrheit ist hier der Journalismus, und es erübrigt sich, etwas über seine Quellen zu sagen. Die Gefangenen sind hier allerdings von allen Nachrichten abgeschnitten. Man entzog ihnen das „süße Gift des Journalismus", worunter nun diese seltsamen Narkomanen* leiden und sich den Wunschträumen ergeben.

Der Glaube an den Speck war nun schon so verbreitet, daß er eine sichtbare Verbesserung der Stimmung in jenen Massen hervorrief, die ihn erwarteten. Und richtig, wir bekamen etwas, was man für Speck hätte halten können. Es war gelblichweiß, ich selbst habe es sofort auf dem Wege in die Baracke zu kosten versucht, ich konnte mich schwer zurückhalten. Der erste Versuch, ein Stückchen abzubeißen, mißlang, was noch lange nicht ausschlaggebend gewesen wäre, aber unsere Zähne wackelten bereits und ertrugen eine größere Belastung nicht. Ich versuchte aber nicht ein zweites Mal hineinzubeißen, denn es war unvorstellbar, was dieses speckähnliche Ding für einen Geschmack hatte. Ranziger Fischtran war am deutlichsten zu fühlen, dem sich dann andere, Übelkeit erregende Gerüche zugesellten, die mich am Essen hinderten. Wir haben diese Nahrung nur einen Tag bekommen, es soll Haifischfleisch gewesen sein. Vielleicht entspricht dies sogar der Wahrheit, denn man kann doch Dinge im letzten Stadium ihres Zerfalls nicht umbenennen, nur um uns einen Gefallen zu tun.

Nach langem gelang es mir, eine „sitzende Arbeit“ zu erhalten. Ich war nun von Ballen verwirrten Garns umgeben, von dem ich natürlich nicht wissen konnte, wozu es ursprünglich bestimmt war. Es sah so aus, als ob es zu Fischnetzen hätte taugen können. Der Brigadier, eine Frau, schnitt aus dem dicken Leibe des Ballens ganz willkürlich Strähnen ab und gab sie uns zum Entwirren. Die Fäden, die wir aus ihnen herausziehen konnten, waren nicht sehr lang, mußten zusammengeknüpft und auf einen Knäuel gewickelt werden. Sie wurden dann zum Weben jener Matratzen verwendet und hielten die Streifen der gewesenen Soldatenmäntel fest. Die Verwirrung diese Garns war so vollständig, daß es unmöglich war, die Norm zu erfüllen.

Die Gefangenen hatten sich natürlich verschiedene Möglichkeiten zurechtgelegt, das für die Norm nötige Gewicht zu erhalten. Sie fanden einen Stein, den sie in den Knäuel einschlossen, aber nur allzuoft wurden sie überführt und mußten dafür im Karzer sitzen. Mit viel Geschicklichkeit konnten sie aber auch dem Brigadier einen Knäuel stehlen, der vom vorigen Tag nicht vollgewichtig zurückgeblieben war.

Damals, in dieser Zeit, machte ich zwei Bekanntschaften, die einer bürgerlichen-farblosen Frau und die einer Diebin. Die eine, eben jene Bürgerin, verriet mir das Geheimnis, wie man den Hunger betrügen könne, was ich dann auch versuchte, aber nicht bewältigte.

Sie hatte sich nämlich einen Brocken Steinkohlenteer gestohlen, der für Bauarbeiten bereitlag, und verwendete ihn als Kaugummi. Das Stückchen wurde im Munde weich, klebte an den Zähnen, während die Zunge unaufhörlich arbeitete, um es von dort wieder loszulösen, sie zu befreien. Man hatte sozusagen einen ewigen Bissen im Munde. Die Frau konnte von dem ekelerregenden Geruch und Geschmack, den der Teer von sich gab, absehen, mir dagegen gelang es nicht. Später habe ich in Erfahrung gebracht, daß es hier noch eine andere Art von Kaugummi gab, der nicht sehr teuer war, aber doch gekauft werden mußte. Es handelte sich um Baumharz, das durch Kochen geschmeidig wurde und in kleinen Bissen verkauft wurde.

Der Rat der Diebin war weit realer als dieses fiktive Kauen, es handelte sich dabei um eine Bestechung. Zu jener Zeit kamen Züge von der Stalingrader Front an, die fast ausschließlich aus Viehwagen bestanden, die Kleidungsstücke, das Erbe Toter, brachten. Kam ein solcher Zug an, die Waggons waren versiegelt, wurde er von Uniformierten niederen und höheren Ranges empfangen.

Meine Diebin, die wie andere Gefangene unpolitischer Natur beim Ausladen half, sah dabei das unerwartetste Vorgehen. Die russischen Uniformen wurden schnell abgetan, weniger aber die anderen, besonders die deutschen Offiziersmäntel erweckten die Aufmerksamkeit. Es soll dort solche aus schwarzem, feinem Tuch gegeben haben, die auch sofort ihre Liebhaber fanden. Auch die Wäsche, die man brachte, war nicht ohne Bedeutung, da die Deutschen, dumm wie sie nun einmal sind, in dem Glauben lebten, daß sich auf seidener Wäsche keine Läuse halten. Sie fand ihren Herrn, auch wenn sie blutig war, was tat es, man konnte sie doch waschen. Die ausgemusterte, mehr oder weniger belanglose Ware wurde dann einem dieser Arbeit würdigen Manne übergeben, der sie weiterhin aufteilte.

Die Gefangenen, die dann mit der weiteren Verarbeitung beschäftigt waren, ausschließlich Frauen, führten ein sehr bewegtes Leben. Wie mir die Diebin erzählte, suchten sie vor allem die Taschen der Uniformen ab. Da gab es manches zu finden, Heiligenbilder und Rosenkränze, Briefe und Photographien, aber auch Geld. Da sie aber irgend etwas aufzeigen mußten, gaben sie nur Heiligenbilder, Briefe und Photographien ab, die Rosenkränze mit den an ihnen hängenden Kreuzen gehörten dann ganz allgemein zum Halsschmuck dieser Frauen, denen sie eine mystische Bedeutung beimaßen und keinesfalls verkauften, was sie mit anderen Dingen sehr wohl taten. Jede von ihnen versuchte täglich wenigstens ein Wäschestück zu stehlen. Da sie nach der Arbeit untersucht wurden, zogen sie die blutverkrustete Wäsche einfach an, um sie in das Lager zu bringen.

Der Rat meiner Diebin war nun der, ein Trikothemd zu kaufen, und es meinem Brigadier zu schenken. Sie wollte auch versuchen, eines zu finden, das weniger Blutspuren oder vielleicht gar keine aufzuweisen haben würde. Obwohl ich zuerst etwas skeptisch war, natürlich nur in bezug auf den Bestechungsversuch, ging ich doch darauf ein, wenn auch die Sache für mich ihre Schwierigkeiten hatte. Ich sollte ihr für das Hemd 20 Rubel bezahlen, die ich nur durch Verkauf meines Brotes erhalten konnte.

Die hungrigen Tage wegen dieses Kaufes gingen auch vorbei, ich war im Besitz eines, wenn auch etwas schmutzigen, so doch unzerrissenen und unblutigen Hemdes. Ich hatte mir die Bestechung außerordentlich kompliziert vorgestellt, sie war aber dann einfach wie eine Lappalie und wirkte sich wunderbar aus. Die Frau nahm das Hemd mit einer solchen Selbstverständlichkeit hin, so als ob es ein priesterliches Opfer wäre und gar nicht für sie selbst bestimmt. Der Erfolg zeigte sich sofort. Sie gab mir mit einem Augenzwinkern einen Knäuel Garn, der die Norm noch nicht enthielt, aber sie ohne große Mühe erhalten konnte. Das Hungern hatte also Sinn gehabt, und daß man diese Prozedur nach einiger Zeit wiederholen mußte, war klar, und sie wurde wiederholt.

Der Winter war streng, und ich fror. Meine Diebin bot mir eine Männerunterhose zum Kaufe an, die ein sehr unerfreuliches Aussehen hatte. Die eine Hälfte war rein und himmelblau, die andere aber war ganz mit Blut verkrustet, das Hosenbein war aber nicht durchschossen, es war ganz und gar unversehrt. Ich überlegte mir, welche Verletzung der Mann erhalten haben konnte. Daß es ein Bauchschuß gewesen war, der ihn tötete, mußte ich ausschließen. In einem solchen Falle wäre die ganze Hose blutig geworden. Ich quälte mich mit allen möglichen Diagnosen ab, was vielleicht heute sonderbar erscheinen mag, kam aber zu keinem Ergebnis. Der Preis der Hose war gering, das Blut entwertete sie so weit, daß sie für mich erschwinglich war, dennoch kostete es mir eine große Anstrengung, sie zu kaufen.

Ich sah dann auf mein Eigentum hin und stellte mir den Vorgang seiner Reinigung gut vor. Die Hose war in kaltes Wasser zu legen, um eine Hämolyse* des Blutes hervorzurufen, was genügen mußte, außer der darauf folgenden üblichen Art des Waschens. Ich nahm mir vor, ihr blutiges Bein zu vergessen, da ich doch keinerlei Schuld an diesem Tode tragen konnte.

Die Möglichkeit, die Hose selbst zu waschen, gab es für mich nicht. Deshalb erbot sich die Diebin, sie einer Frau zu übergeben, die sich mit solchen Sachen beschäftigte. Als ich sie dann zurückbekam, hatte sich ihr Aussehen zwar verändert, aber nicht zu ihren Gunsten. Die Frau hatte sie nämlich in kochendes Wasser gesteckt. Das Hosenbein war zwar nicht mehr verkrustet, es war rosa geworden. Ich legte dieses für mich so notwendige Kleidungsstück in meinen Sack und kann nicht sagen, ob ich entschlossen war, es niemals anzuziehen, oder es mir nur aus den Augen schaffen wollte. Vielleicht meinte ich, daß, wie alles seine Zeit brauche, auch diese Scheu, die in mir lebte, sich legen werde, und sie legte sich.

Als es dann so kalt war, daß ich glaubte, es nicht mehr aushalten zu können, nahm ich die Hose aus meinem Bündel, besah sie nicht weiter und zog sie an. Sie war warm und gut, nur als ich dann zu meiner Arbeit ging, mußte ich plötzlich an mein linkes Bein, an das rosarote greifen, was ich nicht verstehen konnte. Es war da, und nicht etwa durch die Kälte unempfindlich geworden. Ich konnte doch aber nicht unter meinem Griff ein fremdes erwartet haben, oder gar keines? Ich gewöhnte mich an diese Hose. Nach jeder Wäsche veränderte sie sich etwas, das Rosa ging allmählich in ein leichtes Orange über, aber niemals einigten sich ihre Beine auf eine gemeinsame Farbe.

Die Entwirrung des Garns war eine recht ermüdende und monotone Arbeit, sie verletzte vor allem die Fingernägel, die dabei leicht brachen. Eines Tages, während ich in der Reihe stand, um meine Suppe zu erhalten, sprach mich ein junger Mann an. Er fragte mich, ob ich bei ihm arbeiten wolle, er hätte die Erlaubnis erhalten, eine Werkstätte für Papiermaché zu eröffnen, und suche intelligente Mitarbeiter. Was die Intelligenz mit Papiermaché zu tun hatte, konnte ich zwar nicht einsehen, mußte dieses Angebot aber als ein Kompliment betrachten. Ich versprach, es mir zu überlegen. Er machte vorläufig Gurken und Tomaten, die fast wie echte aussahen und den Appetit reizten. Eine besondere Klugheit, sie zu machen, war anscheinend nicht notwendig, was ich ihm auch sagte, worauf er versicherte, daß sie nur den Anfang machen sollten, dann die Schwäne an die Reihe kämen. Ein merkwürdiger Vorgang, jetzt in dieser Zeit im Lager Schwäne zu erzeugen. Sicherlich hat dieses dann für mich den Ausschlag gegeben. Ich überließ es ihm, mich von meinem Brigadier zu lösen und begann in seiner Werkstatt zu arbeiten. Vorläufig waren wir nur zwei. Warum es eine Nachtarbeit war oder sein mußte, habe ich nicht begriffen.

Ich schlief nun wieder in einer anderen Baracke, deren Publikum recht gemischt war. Es lagen 26 Frauen in einem verhältnismäßig kleinen Raum in zwei Etagen. Der Schlaf am Tage mußte mancherlei Hindernisse überwinden. Die Umgebung war lärmend, woran man sich aber gewöhnen konnte. Schlimm war nur, daß man zum Essenholen aufstehen mußte, in der Reihe vor der Küche nicht einschlafen konnte, wozu man sehr geneigt war.

Unangenehm waren die Ratten in diesem Raum, es gab gewaltige Rattenmänner, die anscheinend das Leben kannten und vorsichtig waren, während eine Rattenmutter mit ihren Kindern uns selbst am Tage ganz ohne Scheu besuchte.

Ich habe niemals erfahren, wer der junge Mann eigentlich war, der ein so kühnes Unternehmen hinstellte, welchen Beruf er draußen in der Welt gehabt hatte. Er schien die primitivste Art der Herstellung von Papiermaché zu kennen, die aber auch in unseren Verhältnissen noch ihre Schwierigkeiten hatte. Wir bekamen Papiersäcke, die einstmals Zement enthalten hatten, geliefert, das war das eine Material, das andere war halbflüssiger Leim, der in einer Kiste aufbewahrt wurde, auch etwas Alabastergips. Es gab auch einige Stücke Kreide, die sich als Nahrung oder Medizin eignete, wenn der Magen in seiner Leere allzusehr schmerzte.

Die Formen machte der Mann aus Zement selbst, so sah ich vorläufig auf dem großen Tische, an dem wir arbeiteten, nur schwere, graue und freudlose Gurken und Tomaten. Der Mann erklärte mir die Technik, die man sich leicht aneignen konnte. Man zerpflückte das Papier zu winzigen Flöckchen, legte ihre erste Schicht naß auf die Form, deren dann noch drei andere, flöckchenhafte folgten, die allerdings mit Leim befestigt werden mußten. Das war vorläufig alles, denn die Gegenstände mußten daraufhin trocknen.

Wieviele Flöckchen Papier forderte eine Gurke, wieviele eine Tomate? Sicherlich hunderte, und dabei hatte der Mann schon, in seinem Hochmut, eine Norm festgesetzt: Zehn Gegenstände gehörten dazu, die man, wenn es sich um Gemüse handelte, vielleicht und mit allem Eifer, ohne von der Arbeit aufzublicken, hätte machen können. Als er aber mit den Schwänen begann, wurde die Arbeit nicht nur schwieriger, es war die Norm ganz einfach nicht mehr zu erfüllen.

Er machte Modelle von Schwänen, handgroß, mit so dünnen und so fein gebogenen Hälsen, daß ich höchstens drei von ihnen machen konnte. Der Schwanenhals mußte mit einer vierfachen Papierschicht umgeben werden und sollte nicht etwa dick und plump aussehen, der Mann trat für die Eleganz der Schwanenhälse ein. Er mußte schnell einsehen, daß ich ohne die Brotnorm nicht leben konnte, die er mir nach dem System seiner Arbeitsbewertung nicht geben konnte. Er schätzte mich aber als gelehrigen Arbeiter und kam deshalb auf den Gedanken, mich zum Brigadier zu ernennen.

Der Mann hatte dem Lagerleiter, wie er mir mitteilte, vorgeschlagen, die hier in einer ziemlichen Anzahl vorhandenen Mütter, die Mütter mit Lagerkindern, zum Arbeiten zu erziehen. Nach dem Gesetze mußte man sie auch ohne diese mit ihrem Kinde ernähren. Ich sollte die Mütter übernehmen, sie anlernen, auch die Norm, die zu dieser Arbeit gehörte, von ihnen erhalten. Zu diesem Zwecke hatte man sie in einem an diese Werkstatt anstoßenden Raum mit ihren Kindern, ausschließlich Säuglingen, untergebracht. Die Frauen hatten die Kinder aus zweierlei Gründen zur Welt gebracht: Vor allem wohl, weil sie eine zusätzliche Nahrung während der Schwangerschaft erhielten, dann auch, weil sie gehört hatten, daß man Frauen mit Kindern aus dem Lager befreien werde. Wie sie die Beziehungen zu den

Männern herstellten, um diese Vorteile zu erreichen, war nicht leicht zu sagen. Ihre Erwählten waren kühn, fürchteten selbst nicht den vier Meter hohen, mit Stacheldraht gekrönten Zaun, um zu ihnen zu gelangen. Es gab aber auch Klosettkinder, wie man mir mitgeteilt hatte. In meiner Gegenwart fanden die Soldaten in unserem Schlafraum einen Mann, der unter der Decke zwar nackt, aber dessen Kopf mit einer weißen Haube bedeckt war, und bei flüchtigem Hinsehen einer alten Frau glich.

Das war also meine Brigade, die Brigade der „Mamki", wie man sie hier nannte, die ich zu Arbeitern erziehen sollte. Den ersten Abend kamen sie alle. Sie waren einfach neugierig. Ich behandelte sie mit aller Höflichkeit, die eigentlich nur hochstehenden Gästen zukommen konnte. Sie hörten kein „Du" von mir, ich bat sie, dieses oder jenes zu tun, und dankte sogar mit einer kleinen Neigung des Kopfes. Es waren Diebinnen und Mörderinnen, die sich hier versammelt hatten und die auf einen Schabernack aus waren; den Mann, ihren Vorgesetzten, ignorierten sie vorläufig ganz.

Kaum hatte ich ihnen die ersten Griffe beigebracht, als auch schon an der Wand geklopft wurde. Man hörte eine schrille Stimme: „Anja, Dein Kind brüllt!" Schon war Anja verschwunden und kam selbstverständlich nicht wieder. In einem gewissen, anscheinend schon früher festgelegten Zeitraum, begannen alle Kinder zu brüllen, und Mascha, Tanja und Dunja, und wie sie alle hießen, waren allmählich entflohen. Ich blieb mit dem Herrn der Werkstätte allein.

Er konnte mich im Grunde eines Fehlers nicht beschuldigen, tat es aber doch. Ich wäre zu höflich gewesen, sagte er, ein Brigadier habe andere Methoden, man müsse sie mit eisener Hand anfassen, worauf ich nur lachen konnte und mich bis zum Morgen mit einem Schwanenhals beschäftigte.

Es war mir klar, daß ich ein Mittel finden mußte, um sie zu bändigen, oder nur das eine sah, zu meinen verwirrten Fäden zurückzukehren. Ich dachte zuerst an Tabak. Der Tabak ist eines der köstlichsten Dinge in dieser Welt, aber leider ein teures Vergnügen. Ungefähr 50 Gramm grob geschnittener Bauerntabak kostete 35 Rubel. Im allgemeinen war es gefährlich, in Gegenwart der Verbrecher zu rauchen. Sie fühlten sich als Teilnehmer an allen rauchenden Zigaretten der Welt. Eine vollkommen Fremde bleibt mit aller Entschiedenheit vor einem stehen und sagt, je nach Mut und Frechheit, nicht mehr als „20"! Das sollte heißen, daß sie ungefähr ein Fünftel der Zigarette beansprucht. Sie konnte aber auch „40" sagen, das hing nur von ihr selbst ab. Selten konnte man diese Forderung unberücksichtigt lassen, vielleicht konnte man noch einen schnellen und tiefen Zug tun, bevor man die Zigarette abgab, aber sie zu reizen ging nicht an, dies war gefährlich.

Ich beschloß, sie also mit Tabak zu ködern, wenn ich auch dazu einen Teil meines Brotes verkaufen mußte. Den nächsten Abend sagte ich ihnen lachend, daß, wenn sie arbeiten würden, jede eine Zigarette zu erwarten hätte. Ich sprach durchaus nicht von der Erfüllung der Norm, das wäre mehr als komisch gewesen. Sie begannen darauf wirklich zu arbeiten, nicht sehr schnell und nicht sehr gut, überhörten sogar das Klopfen an der Wand. Sie machten ihre Arbeit nicht sorgfältig genug. Ich mußte dauernd ausbessern, aber doch saßen sie fast in den Morgen hinein an dem Tische, solange bis ich fühlte, daß die Zigarette nur bis dahin und nicht weiter trage, und ich zur Verteilung des Tabaks überging.

So fingen wir zu arbeiten an und taten dies eine lange Zeit. Der leidende Teil war allerdings ich allein, aber das merkwürdigste dabei war, daß sie dieses auch endlich erfühlten, vielleicht sogar Mitleid mit mir hatten und vorschlugen, ihnen lieber Karten zu legen, wenn sie gut gearbeitet hätten. Sie wollten also auf den Tabak verzichten, um ihr Schicksal zu erfahren, das anscheinend noch kostbarer war als er.

Meine Lage war danach nicht beneidenswert. Ich hatte noch niemals im Leben Karten gelegt, ich kannte die Karten nur ungefähr, sie teilten sich für mich in schwarze und rote. Warum sie annahmen, daß ich es verstehen müsse, habe ich nicht erfahren, es blieb mir nichts anderes übrig, als ihnen das Maß des Glücks oder Unglücks nur gleich einem Medium zuzumessen. Moralische Bedenken hatte ich nicht, denn so wie der Mensch hier bereits jeden Wert verloren hatte, geschah es auch mit dem Worte.

Ich war einverstanden zu zaubern. Da ich die übliche Art, es zu tun, nicht kannte, mußte eine recht komplizierte, die ich mir ausgeklügelt hatte, dazu herhalten. Sie lief vor allem darauf aus, Zeit zu gewinnen, um auf den Gesichtern etwas zu erschauen, was ich für meine Prophezeihungen benutzen konnte. Ich machte ihnen klar, daß diese Art, die Zukunft vorherzusagen, höchst anstrengend sei und ich nur jedesmal einer von ihnen das Schicksal verkünden könne, und sie waren damit zufrieden.

Merkwürdig war, daß ich alles dieses in Gegenwart des Mannes, der mein Vorgesetzter war, tat, der es nicht nur guthieß, sondern mich nach einer Nacht der Arbeit sogar bat, für ihn die Karten anzusehen. Ungefähr wußte ich, was sie erwarteten, natürlich waren es gute Nachrichten. Um sie bei dieser Wahrsagerei etwas zu verwirren, verlangte ich schnell eine Zahl von ihnen zu hören, sagen wir eine zwischen vier und zehn. Niemals kam diese Zahl glatt aus ihrem

Mund. Sie erschraken gleichsam, stotterten wohl auch etwas, fast immer war es die sieben, die sie nannten. Manche blieben danach einfach mit offenem Mund sitzen, dachten krampfhaft nach, so als ob ihr ganzes Leben von der Zahl abhängen könnte, in der Angst, die richtige zu verfehlen.

Wenn ich endlich die Zahl gehört hatte, zeigte ich ihnen die Karte, die als siebente lag. Gut war es, wenn sie rot war, man konnte Glück und verschiedenes Angenehmes daraus ersehen, bei einer schwarzen Karte hatte ich weit mehr Arbeit. Ich erklärte dann, daß es auf die Umgebung der Karte ankäme, legte die sechste und die achte daneben, wenn sie aber beide nicht taugten, das kam natürlich auch vor, ließ ich sie eine ziehen, um die bereits vorhandenen zu decken, was das Unheil abwenden, aber auch vergrößern konnte. Viele Karten, die ich ihnen zeigte, forderten zur Vorsicht so ganz im allgemeinen auf, manche jedoch geboten ihnen, einfach zu schweigen. Es gab aber auch Karten bei mir, die Nachrichten versprachen, die ich in besonderer Bereitschaft hielt. Die Hoffnung, eine solche zu erhalten, half natürlich auch über eine gewisse Zeit hinweg.

Ich war für sie eine Autorität geworden, ich konnte ihnen nun bereits einen Schwan anvertrauen, allerdings bis auf seinen Hals.

Der Mann, mein Chef, hatte Ehrgeiz. Er wagte sich sogar an Schaukelpferde heran, da er diese aber in zwei Hälften projektierte, paßten sie gewöhnlich nicht zusammen, was ein ärztliches Eingreifen, eine Operation notwendig machte, die allein ich ausführen konnte. Unter meinen Händen entstanden zwar anatomische Mißgeburten, die aber nach Bemalung gar nicht schlecht aussahen.

Unsere Werkstatt hatte sich vergrößert. Schon lange hatten wir die getrockneten Hälften der Gurken, Tomaten und Schwäne wieder zusammengeklebt, mit Alabaster grundiert und geschliffen. Es beschäftigten sich nun zwei junge Männer mit dem Bemalen, die aber außerdem noch einen Nebenberuf hatten: Sie fälschten Scheine für das Mittagessen, manchmal bekam ich einen davon geschenkt.

Diese Arbeit, nämlich die des Fälschens, war eine geradezu künstlerische Leistung, denn sie hatten das geeignete Papier dazu nicht und präparierten zu diesem Zwecke ein Stück des Zementsackes, was durchaus nicht leicht war und dazu oftmals noch ganz nutzlos, da die Verwaltung die Farbe des Papiers dauernd änderte.

In diesen Tagen holte man mich in das Kontor, sagte mir, daß ich mich zu entscheiden habe, wer meine Moskauer Wohnung liquidieren solle, die Tschekisten* oder einer meiner Bekannten.

Nein, diese Amtlichen kamen für mich nicht in Frage, aber wer war noch von meinen Bekannten in Moskau? Sicher keiner von den mir bekannten Deutschen, aber welcher Russe würde in dieser Zeit diese Arbeit übernehmen wollen? Es war dabei viel zu tun, schon die Bibliothek unterzubringen, und dann die Möbel einiger Zimmer, was eine fast unlösbare Aufgabe war. Eigentlich kam nur eine Familie in Betracht, die um Christi Willen helfen würde.

Ich hatte schon eine Vollmacht ausgeschrieben und wollte mich zum Gehen wenden, als die Frau, die das Dokument übernommen hatte, fragte, ob ich nicht von Tagil wegfahren möchte. Das wollte ich natürlich, denn abgesehen von allen Schwierigkeiten dieses Lagers war hier ein sehr schlechtes Trinkwasser, es roch nach Karbol, und es war nicht leicht, sich damit abzufinden. Die Nachtarbeit war bedeutend schwerer als die am Tage, die ich vielleicht dort bekommen konnte. Eigentlich ließ sie mich nicht zu Wort kommen, fragte weiter, ob ich zu stricken verstehe. Damit war mir die Sache dann klar. Ich sollte für sie arbeiten, sie wollte mich dann dafür wegschicken, vielleicht sogar als Arzt, und ich sagte zu. Sie hatte schon etwas Wolle vorbereitet, und ich übernahm sie, obwohl ich keine Stricknadeln hatte, die für Gefangene streng verboten waren. Das weitere überließ sie mir dann mit allen Folgen. Ich ging von ihr mit recht geteilten Gefühlen, bei denen aber doch das Freudige überwog. Es handelte sich um eine Veränderung, die ich selbst hervorrufen konnte, nur wußte ich damals noch nicht, was sie mich kosten würde.

Um mit dem Stricken zu beginnen, mußte ich die Hilfe meiner Diebin in Anspruch nehmen, die mir dann aus einem Draht verfertigte Nadeln herbeischaffte – sie waren nicht ganz gerade, sondern ein wenig gewellt. Die zu entladenden Waggons brachten auch Wollhandschuhe mit, eigentlich Fäustlinge, wenn auch mit zwei Fingern, mit denen man das Gewehr bedienen konnte. Es waren immer einzelne Stücke, die nicht gut zueinander paßten und deren Paar für 15 Rubel zu haben war. Ich wusch sie, trennte sie auf und strickte. Was Geduld heißt, kann man draußen in der Welt gar nicht verstehen. Ich war ein ganzes Jahr lang weiter Brigadier und strickte, bis mich diese Frau auf eine Etappe schickte. Daß sie es endlich tat, hing anscheinend mit einem Umstand zusammen, der ihr nicht nur zu Ohren gekommen war, sondern der sie sicher auch in Angst versetzt haben mußte, obwohl wir darüber kein Wort verloren. Eines Morgens, als ich nach meiner Nachtarbeit in meine Baracke kam, sagte man mir, daß ein hochgestellter Militär nach mir gefragt habe, sich erkundigte, ob ich stricke. Das konnte nach der Meinung aller nichts anderes heißen, als daß er mir Arbeit geben wolle und zwar „privat". „So ein Glück", sagte man im Chor.

Kaum hatte ich mich zum Schlafen niedergelegt, als mich auch schon ein Soldat abholte. Wir gingen schweigsam, so wie es selbstverständlich war, ziemlich weit. Ein älterer Mann in Uniform (ich habe die Rangabzeichen nie richtig begriffen und kann deshalb auch nicht sagen, welche er hatte) sah mich prüfend an. Ich stand an seinem Tisch und wartete. Endlich fragte er mich, ob ich stricken könne, was ich bejahte. Auf seine andere Frage, für wen ich es tue, mußte ich eine schnelle Antwort finden, denn plötzlich sah ich die Gefahr, nicht so sehr für mich, obwohl sie wegen der Nadeln auch vorhanden war, als für diejenige, für die ich es tat.

Es begann ein Frage- und Antwortspiel, das für einen Außenstehenden gewiß nicht ohne Interesse gewesen wäre, mich aber ermüdete. Ich mußte die Frau, für die ich arbeitete, sozusagen vervielfältigen, um die Aufmerksamkeit des Mannes von ihr abzulenken. Ich strickte also für viele, heute für den und morgen für jemand anderen. Ihre Namen kannte ich nicht, ich kannte sie nur vom Gesicht. Als er dann fragte, ob man mich dafür bezahle, lachte ich sogar. Wer hatte hier schon Geld? Ein Stückchen Brot bekäme ich dafür, manchesmal auch etwas Suppe, das sei doch nicht verboten? Ich tat so, als ob es sich ausschließlich um eine Arbeit für Gefangene handelte, aber auch er erwähnte die „Freie“ nicht, um die es sich hier drehte und von der er wußte. Das war mir ohne Zweifel klar. Nach unserem Gespräch schwieg er eine ganze Weile, betrachtete mich aufmerksam und sagte: „Ich gebe Ihnen drei Stunden Zeit, Sie werden sich an die Namen erinnern. Sie können gehen.“

Ich ging allein zurück, vom Schlaf konnte keine Rede sein. Ich wartete und sah nur eines voraus, daß man mich in den Karzer setzen werde. Aber nichts geschah, ich habe von dem Manne niemals mehr etwas gehört. Dennoch saß ich dann eines Tages im Karzer.

Eine nächtliche Kontrolle hatte auf meinem Schlafplatz die Stricknadeln gefunden, es ist nicht anzunehmen, daß sie es ohne Befehl getan hatten. Ich verbrachte danach einen Tag und eine Nacht auf kahlen Brettern, bei Wasser und Brot, das sich auf 300 Gramm verringert hatte. Es waren auch zahlreiche Verbrecherinnen dort, die sich recht unbeschwert und lustig benahmen, die mir nichts zuleide taten, obwohl eine von ihnen gehörige Prügel bekam, die sie anscheinend auch verdient hatte, denn sie wehrte sich nicht besonders dagegen. Der Verlust der Stricknadeln wurde ersetzt, was Opfer kostete, aber sonst den Rhythmus meiner Tage nicht änderte.

In diesen Tagen traf ich ein Mädchen aus jenem kleinen Frauenlager, das ich vor nicht allzulanger Zeit verlassen hatte. Das erste war, daß ich sie nach den Kartoffeln fragte. Sie begann zu weinen, als sie mir mitteilte, daß sie als Zeugin hierher gerufen worden war. Es handelte sich um die Sache „Platonow", des Leiters, eben um jene Kartoffeln, die ich einst selbst gesetzt hatte. Die Ernte sei so gut gewesen, daß alle davon satt geworden wären, aber er, der Lagerleiter, hätte dann ein ganzes Lastauto davon in Tagil verkauft. Ein Eimer von ihnen faßte ungefähr 8 Kilogramm und kostete damals 400 Rubel. Wie er das verrechnet hatte und ob, wußte sie nicht zu sagen. Dieses war aber auch gar nicht die Hauptbeschuldigung, diese hatte ein anderes Gesicht. Er hatte mit dem Übermaß an Kartoffeln in der Taiga eine Spiritusbrennerei angefangen und bekam dafür nun nicht weniger als zehn Jahre. Die Soldaten hatten anscheinend doch recht mit dem „ihm nachlaufenden Formular". Sicher waren sie es auch, die ihn verraten hatten.

Wir hatten im Lager eine Theatergruppe, die mit Vorliebe den alten Ostrowskij* spielte. Eintritt zu den Veranstaltungen zu erhalten war außerordentlich schwer, denn wir waren Tausende, der Saal faßte vielleicht an die 300. Ich bot mich als Kostümbildnerin in der Hoffnung an, zuschauen zu dürfen. Man bezahlte meine Arbeit mit einem Platz in den Kulissen.

Ob ich mich bei dieser Arbeit bewährt habe, weiß ich nicht, es war schwer, aus nichts etwas zu machen. Ein „Cul de Paris"*ist mir besonders in Erinnerung, der von mir aus den unmöglichsten Lappen zusammengesetzt worden war, über die ich dann ein Tischtuch drapierte, das ich wider alles Erwarten unter den Utensilien des Theaters gefunden hatte. Man spielte also das Stück des alten Ostrowskij. Der „Cul", der in ihm getragen wurde, ein zur damaligen Zeit eleganter Teil eines Frauenrockes, war eigentlich nichts anderes als ein verlängertes Rückenende der Dame, das man ihr zumaß, ein Buckel am unrichtigen Ort, ein Triumph der Analerotik.

Unsere Werkstätte hatte sich abermals vergrößert, wir machten nun in der Hauptsache Hasen und Puppenköpfe. Man stellte, von Ehrgeiz beseelt, auch kleine Elefanten her, die ich dann zu bekleiden hatte. Wieviele Bilder von ihrer Art hatte ich in meinem Leben gesehen, aber sich nun genau daran zu erinnern, wie ihre Kopfbedeckung, ihre Quasten zu sitzen hatten, war nicht leicht. Die Schabracken waren einfacher herzustellen, sie konnten im Grunde auf jedem Rücken liegen und machten weniger Mühe.

Die Gesellschaft meiner „Mamki", in der dies alles vor sich ging, hatte sich im Laufe der Zeit verändert. Wenn ein Kind starb, und sie taten es oft, kam eben eine neue Mutter zu mir, die ich dann ebenfalls anzulernen hatte und der ich dann auch wahrsagen mußte.

Im Lager Tawda

Die Aufforderung zur Etappe kam recht unerwartet über mich, ich hatte nur mehr geringe Hoffnung, von hier wegzufahren. Es war gegen Abend, als man mich rief. Ich konnte deshalb meine Matratze nicht zurückgeben, mußte sie mit mir nehmen, da ich für sie verantwortlich war. Es war eine jener schweren, aus einem blutigen Soldatenmantel hergestellten, die ich außer meines Bündels zu schleppen hatte. Der Papiermachémeister hatte mir zum Abschied einen kleinen Hasen aus seiner Produktion geschenkt, den ich wohlbehütet in einem Säckchen an meiner Brust trug.

Ich war nicht die einzige, die abfuhr, es kamen auch Männer mit, die mir sehr wohl hätten helfen können, es auf meine Bitte hin aber nicht taten, obwohl ich unter ihnen die einzige Frau war. Als wir endlich am Zuge waren, untersuchten die Soldaten meine Habe. Sie waren so zufrieden, meinen kleinen Vorrat an Tabak entdeckt zu haben, den sie sich aneigneten, obwohl der Tabak nicht zu den verbotenen Dingen gehörte, daß sie meine Stricknadeln übersahen. Man brachte mich zu einem Viehwagen, der als Krankenwagen gelten sollte. Er hatte nur wenige Veränderungen zu diesem Zwecke erhalten, eine Etage aus groben Brettern, und in der Mitte des Bodens ein nicht großes Loch, das als Klosett zu dienen hatte.

Nach meiner Strickerei für sie, hatte die Ärztin ihr Wort gehalten. Endlich war ich wieder Arzt, was ich mit Erstaunen zur Kenntnis nahm. Ich hatte nun 18 kranke Männer einem Befehl nach zu versorgen, den ich allerdings nicht vernommen hatte, niemand hatte mir diesen mitgeteilt, als es zum Fahren kam. Es gab hier keinerlei Medikamente, überhaupt nichts, womit ich den Kranken hätte helfen können.

Schrecklich abgemagerte Männer lagen teils auf dem Boden, teils auf der Etage da, krochen von Zeit zu Zeit zu dem Loche, das sie aber meistens verfehlten und von dem sie sich nicht ohne Hilfe erheben konnten. Diese Hilfe war ich. Warum man sie auf die Etappe geschickt hatte, war unerfindlich. Ich mußte darüber nachdenken, ob man mich im Falle ihres Todes dafür verantwortlich machen werde. Schlimm war, daß auch ich das Bedürfnis hatte, meine Notdurft von

Zeit zu Zeit zu verrichten, und es dann in Gegenwart jener Männer tun mußte. Einer meiner Kranken sagte mir, daß er genau wisse, daß wir nach Tawda* fahren und dort der Tabak nur 15 Rubel und nicht 35 wie in Tagil koste, was eine gute Aussicht ergab und andere Unannehmlichkeiten deckte.

Wir fuhren bereits drei Tage, wir fuhren und standen. Ich mußte selbst das Wasser für meine Kranken holen, kein heißes natürlich, sondern eines aus einem Bache oder Teiche, der gerade in der Nähe war. Das Brot, das man uns noch in Tagil übergeben hatte, das anscheinend für den Weg ausreichen sollte, hatte man schon lange gegessen.

Am vierten Tage befahl man mir auf einer Station, Brennesseln zu pflücken. Es war aber September, und ihre Stauden waren fast so hoch wie ich selbst. Wie konnte ich dies mit bloßen Händen tun? Was für eine Nahrung konnten sie für einen Kranken abgeben? Hinter einem Gebüsch zog ich mein Hemd aus, um mit ihm meine Hände bei dieser Arbeit zu schützen. Die Suppe, die wir danach bekamen, war heißes Wasser mit einem unangenehmen Beigeschmack, das Grüne, die Blätter und Stengel, die in ihr schwammen, waren sowohl für mich als auch für die Kranken ungenießbar. Die Suppe hatte eine fast schwarze Farbe.

Am fünften Tage kamen wir in Tawda an. Es war mir niemand gestorben, was aber durchaus nicht mein Verdienst war. Der erste von diesen Männern, der es dann tat, übrigens schon am nächsten Tage, zeigte bei der Sektion einen Befund auf, den ich noch niemals gesehen hatte: Eine seiner Lungen war einfach nicht mehr vorhanden, ihr Raum war leer. Wenn er mir gestorben wäre, was hätte ich zu hören bekommen? Warum ich keine Medikamente gefordert, warum ich mit leeren Händen abgefahren sei. Ich wußte aber doch gar nicht, daß ich mit Kranken zu fahren haben werde. Erst dann, als ich in Zuge saß, verstand ich, in welcher Eigenschaft ich vorhanden war.

Tawda nahm mich nicht besonders freundlich auf. Meine erste Arbeit galt allein der Überprüfung des Stuhlganges, ich sah den ganzen Tag nichts anderes als Fäces*, deren makroskopisches Bild, das heißt einfach ein Blick darüber, keine Entscheidung bringen konnte. Ich fühlte mich unter diesen Umständen überflüssig, man wußte ja, daß der Hunger der Grund des Durchfalls, und weitere Gründe zu suchen, ganz sinnlos waren.

Das Lager war nicht so groß wie das in Tagil, obwohl hier an die 2 000 Gefangene lebten, vegetierten, zur Arbeit gingen und in Lazaretten lagen. Ganz in seiner Nähe stand die berühmte Sperrholzfabrik, die Material für Flugzeuge lieferte, in der die Gefangenen arbeiteten. Es gab dort so schwere gesundheitsschädigende Arbeit, daß vier Lazarette hier dauernd überfüllt waren.

Allmählich hatte man sich mit meiner Nationalität abgefunden und gab mir eine der ärztlichen angenäherte Beschäftigung, obwohl ich in der allgemeinen Baracke schlafen mußte und auch sonst keinerlei Privilegien genoß. Ich war im Grunde kaum arbeitsfähig, ganz abgesehen von meinen Ohren, zu deren Heilung ich nichts unternehmen konnte. In diesen Tagen kam eine Kommission in unsere Baracke, in der nur wenige Insassen vorhanden waren, eben nur Kranke, für diesen Tag von der Arbeit Befreite. Es war eine Menge von Männern, anscheinend in Paradeuniform, denn sie glitzerten an allen Ecken und Enden, die jedem von uns dieselbe Frage stellten, nämlich warum wir verhaftet worden waren. Sie wollten einfach den Grund dazu wissen, begnügten sich aber dann mit Nummern und Paragraphen. Es war eine widrige Komödie, die sie aufführten, sichtlich allein zu ihrer Unterhaltung ausgedacht, sicherlich auch dazu, um ihre Existenz zu berechtigen. Als die Reihe zu antworten an mich kam, man auch mir diese unsinnige Frage stellte, antwortete ich, ich meine ziemlich schroff, daß ich nur eine Deutsche wäre und sonst nichts. Es war mir in diesem Augenblick ganz gleich, ob man mich dafür, für diese Antwort bestrafen werde oder nicht. Der Uniformierte war anscheinend über meine so unmittelbare Antwort verblüfft und sagte nur, schon im Gehen begriffen, nichts anders als: „So, so, so“ und enteilte.

Lagerärztin in Tawda

Endlich hatte man für mich eine, nach ihrer Meinung, angemessene Arbeit gefunden. Es war eine Frauenetappe angekommen, die man ohne jeden Aufenthalt auf Lastautos setzte und mich dazu. Man fuhr uns ungefähr 15 Kilometer weit zu einem kleinen Lager, das früher zur Internierung deutscher Verbannter gedient hatte. Dort übernahm ich das Lazarett, es war nun der Ort meiner Arbeit.

Das Zimmer, das mir als Wohnraum dienen sollte, war klein, und man hatte es zu meiner Begrüßung geheizt. Nur hatte man auch, um Wärme zu sparen, die Ofenklappe frühzeitig geschlossen. Anfänglich war dies nicht fühlbar, besonders in dem Trubel, den diese Frauen machten, die mich belagerten und ihre Krankheiten vor mir ausbreiteten, um sich für alle Fälle vor der Arbeit zu schützen. Ich verstand, daß ihnen die Vorsicht empfahl, solches zu tun, obwohl es mich recht ermüdete. Es gab viele Entkräftete, Kranke unter ihnen. Ich erinnere mich besonders an eine, deren Temperatur an die 40 Grad war, die über Gliederschmerzen klagte. Nach langem erst konnte ich ihr entlocken, was sie zu sich genommen, wie sie diesen Zustand herbeigeführt hatte, der mit keinem mir bekannten Krankheitsbild übereinstimmte. Sie gestand endlich, daß sie Tabak gegessen hatte, wieviel aber, das wird wohl ewig ihr Geheimnis bleiben, sie schwieg sich darüber aus.

Am Tage nach meiner Ankunft fühlte ich mich recht übel, hatte starke Kopfschmerzen, und es war klar, daß ich an einer Kohlenmonoxydvergiftung litt. Ich taumelte von einem Kranken zum anderen. Es lagen in diesem dreizimmerigen Lazarett bis jetzt nur Männer. Meine Aufgabe war recht vielfältig. Sie begann am frühen Morgen, wo ich diejenigen, die wirklich nicht zur Arbeit gehen konnten, und diejenigen, die es nicht wollten, befreien oder nicht befreien sollte. Ich sah die Menschen morgens in einem durchaus schwachen Lichte, mein Lämpchen lebte mit seinen 15 Watt ein recht kümmerliches Leben, es flackerte von Zeit zu Zeit wie ein Schmetterling, zu einer gründlichen Untersuchung war kein Raum und keine Stunde vorhanden. Ich mußte annehmen, daß fast jeder meiner Patienten mich betrügen wollte, was ich aber ganz gut verstehen konnte, sie kämpften um ihr Leben. Besonders gefährlich waren für mich die Männer, die Verbrecher, die jeder Hemmung bar waren und denen es auf einen Messerstich weiter nicht ankam.

Dreimal am Tage hatte ich Empfang zu halten, wobei der abendliche am stärksten besucht war. In der Dämmerung des kleinen Raumes, in dem ich arbeitete, drängten sich die Menschen zusammen, eine Stille war nicht herzustellen. Wenn es dann darum ging, eine Frau genauer zu besehen, mußte ich erst den Raum entleeren. Ein Wartezimmer für die Kranken war nicht vorhanden, der enge, kurze Gang, der zu mir führte, faßte nicht mehr als einige von ihnen, und die Kälte draußen war eben sibirisch.

Eines Abends kam ein noch junger, dem Aussehen nach gesunder Mann zu mir, anscheinend eben einer, der erst eine kurze Zeit in der Gefangenschaft verbracht hatte. Er sprach zu mir mit einer leisen, etwas belegten Stimme, daß er sich nicht wohl fühle. Diese Stimme, diese Höflichkeit mußte mich zur Vorsicht mahnen, sie konnte nur einem organisierten Verbrecher gehören, von denen ich schon einiges wußte. Sie nannten sich „gesetzliche Diebe“, waren aber auch anderen und schlimmeren Dingen nicht ganz abgeneigt. Immer haben sie ein Oberhaupt, einen Ataman*, der eine eiserne Disziplin aufrechterhielt und außerdem das ganze Lager tyrannisierte. Alles Gestohlene wurde ihm abgeliefert, das er dann nach Gutdünken verteilte. Diese Männer trugen nur ihre eigenen Kleider, entleerten niemals den Unratkübel. Ebenso wenig arbeiteten sie in der „verbotenen Zone“, einem Streifen Erde hart an der Umfassung des Lagers entlang, der jeden Tag umgegraben werden mußte, um so jede Spur einer Flucht aufzuzeigen.

Ja, ich mußte annehmen, daß dieser Mann zu ihnen gehörte. Ich fragte nach den Symptomen seiner Erkrankung, worauf er den Kopf schüttelte, so als ob er keine Ahnung habe, was eigentlich los sei. Ich maß ihm die Temperatur, sie war 38,2, ich maß in der anderen Achselhöhle, sie zeigte 37,6. Ich klopfte den Brustkorb ab und konnte nur wünschen, daß alle meine Leute hier so gute Lungen hätten wie er. Ich gebot ihm, die Arme über den Kopf zu falten. Danach verstand ich, was er getan hatte. Seine Achselhöhlen waren rot und entzündet, er hatte sie höchstwahrscheinlich mit Salz eingerieben. Mein Entschluß mußte schnell gefaßt werden, ohne eine Miene zu verziehen, sagte ich ihm, daß ich jetzt keine Zeit hätte, ihn genauer zu untersuchen, ihn am nächsten Morgen erwarte. Er sah mich ruhig an und nickte bereitwillig. Ich glaube, daß mein Gesicht mich nicht verraten hat.

Zum Morgenempfang kam er nicht, er erklärte dann, daß er die Nacht nicht hatte schlafen können, erst am Nachmittag erwacht sei. Ich machte zu dieser Erklärung keinerlei Bemerkung, maß ihm jedoch weder die Temperatur, noch horchte ihn ab, sagte nur, das wäre gefährlich gewesen. Er hatte natürlich schon von allem Anfang an verstanden, daß ich sein Manöver durchschaut hatte und schätzte anscheinend den Takt, der ihm immerhin einen freien Tag verschafft hatte.

Man brachte mir eine Frau von der Arbeit, der ein kleiner Transportwagen, ein Waggonettchen, das Bein verletzt hatte. Man sah blutunterlaufene Stellen, die Knochen hatten aber scheinbar nicht gelitten. Ich legte sie zuerst in das Lazarett, entließ sie dann in die Baracke. Die Sache schien sich soweit erledigt zu haben, daß ich sie zur Arbeit fähig erklären konnte. Bei der letzten Besichtigung aber sah ich zu meinem Schrecken eine verdächtige Rötung, anscheinend eine Entzündung, die mit einer Beschädigung der Knochenhaut zusammenhängen konnte. Ich sah recht versonnen auf das Bein, als meine Gehilfin, ebenfalls eine Kranke, blitzschnell auf ihr Taschentuch spuckte und über das Bein hinstrich. Die Rötung war verschwunden, sie hatte sie mit irgendeiner Farbe erzeugt.

Nach einer solchen oder ähnlichen Entdeckung waren diese Menschen nicht etwa beschämt oder verlegen. Sie sahen mich nur frech und zornig an, sie waren besiegt, was ihnen natürlich nicht gefallen konnte. Dieses galt mir dann als Strafe, der keine andere folgte, da ich niemals ein Wort über solche Versuche verlor, änderte sich das Verhältnis zu mir, es wurde vielleicht nicht einfach gut, aber doch zumindest erträglich. Dem Gesetze nach mußte ich einen „Rapport" schreiben. Der Gefangene bekam eine zusätzliche Strafe von zwei Jahren.

Ich hatte hier ein ganz unbequemes Mädchen, es hinkte und behauptete, zur Arbeit nicht gehen zu können. Sie erzählte mir, daß sie in der Kindheit vom Dache gefallen sei und seitdem nicht mehr richtig gehen könne. Es war das Bild einer Coxa vara*, nur merkwürdig war, daß das Mädchen öfters Temperaturen hatte, die ich mit dem Bein nicht in Verbindung bringen konnte. Da ihre Tonsillen entschieden nicht gesund waren, konnte dieses für das Fieber ein genügender Grund sein. Ich machte mit ihr einen Vertrag, nach welchem sie zweimal in der Woche zu arbeiten hatte, den sie auch schlecht und recht einhielt, der mir aber späterhin leid tun sollte. Das Mädchen war nicht lange in meinem Lazarett, aber ich selbst auch nicht. Ich erkrankte an einer exsudativen* Pleuritis, arbeitete aber, bis ich keinen Schritt mehr machen konnte. Das Fieber erleichterte meine Lage ein wenig, ich nahm alles etwas nebelhaft wahr. Der Arzt, der endlich zu meiner Hilfe kam, ließ mich in das Zentrallazarett bringen, allerdings auf einem Lastwagen stehend und mit anderen. Waren es Leute aus einer Etappe oder Arbeiter, ich weiß es nicht. Wir waren so viele, daß die Menge mich hielt.

Nach einiger Zeit hörte ich von meiner Hinkenden, eben diesem Mädchen, daß sie nicht weit von mir liege und operiert werden sollte. Ich bat, mich zur Operation zuzulassen, was man auch erlaubte. Es stellte sich heraus, daß sie an einer gonorrhoischen Vereiterung des linken Ovariums* litt. Sie starb an einer Sepsis. Vielleicht wäre sie zu retten gewesen, wenn ihr jemand hätte Injektionen in die Venen machen können. Das Hindernis waren ihre Venen selbst, die unsichtbar waren, was aber bei manchen gesunden Menschen ebenfalls vorkommt. Die Versuche, die Venen zu finden, hatten den Arm arg beschädigt, so daß man es endlich aufgab, sie zu finden. Anscheinend hatten meine Kollegen vergessen, daß man diese Ader auch an anderen Stellen hätte finden können.

Nach dem Ableben des Mädchens konnte ich den Fall lange nicht vergessen, nicht etwa deshalb, weil es ein Todesfall war. Ich traf den Tod alltäglich, es war aber merkwürdig, daß bei meinen Untersuchungen ihres Leibes, die gewiß schmerzhaft gewesen waren, das Mädchen auf keine Art reagierte, keinen Ton von sich gab, um sich zu verraten. So ein sonderbares, gewiß unangebrachtes Schamgefühl, und noch dazu in einer solchen Umgebung habe ich sonst nie erfahren. Das Bemühen, ihr Geheimnis nicht preiszugeben, hatte ihr das Leben gekostet.

Nachdem man mich für „praktisch gesund“ erklärt hatte, wurde ich in das Lager (mein früheres, kleines) zurückgebracht. Die Kranken warteten auf mich, auch die Lagerküche, obwohl diese ohne mich hätte gut auskommen können, denn meine Kostprobe konnte an der Qualität des Essens nichts ändern. Sie brachte mir aber dann eine Beschämung ein, die ich nicht sobald vergessen werde. Ich selbst bekam das Krankenhausessen, das sich von dem der Arbeiter wenig unterschied, Suppe und das erkaltete Stück Brei. Als ich eines Tages, in der Küche stehend, die Suppe begutachtet hatte, reichte mir der Koch ein Stück Brei hin, das zur Probe vielleicht etwas zu groß, aber andererseits zu klein war, um als Mittagessen zu gelten. In demselben Augenblicke erschien der Lagerleiter, sah das Stück Brei in meiner Hand und begann fürchterlich zu schimpfen, natürlich auf mich als einen gewissenlosen Arzt und auf den Koch, dem er mit noch weniger angenehmen Worten versprach, in den Karzer zu setzen. Bei dieser Szene waren viele Gefangene anwesend, die es aber anscheinend für das gute Recht eines jeden Menschen hielten, soviel Nahrung zu ergattern, als eben möglich war, die mir diesen Zufall nicht weiter entgelten ließen.

Ich hatte morgens um sieben Uhr beim Tore zu stehen, um zu überprüfen, ob die Gefangenen mit Mütze und Fäustlingen versehen waren. Es herrschte eine grimmige Kälte. Für die Ohren und Hände war ich verantwortlich, nicht aber für die Nasen. Ich durfte nur dann abends ihre roten, geschwollenen oder sogar schwärzlich angelaufenen Nasen behandeln. Erfrierungen gehörten aber zu den Möglichkeiten, sich für längere Zeit von der Arbeit zu befreien. Man nahm sie deshalb nicht nur freiwillig auf sich, man rief sie auch hervor. Die Männer, die zum Baumfällen gingen, hatten es damit ganz leicht. Sie urinierten auf das Beil und faßten es danach mit der bloßen Hand an, so daß die Haut anfror, um dann mit einem Ruck abgerissen zu werden. Gewiß eine schmerzhafte Prozedur, aber dafür konnten sie dann viele Tage in der Wärme verbringen.

Ich fühlte mich schon lange unwohl, was ich aber weiter nicht wahr haben wollte, da aber das Fieber stieg, erbat ich mir endlich einen Arzt, der ein so großes Exudat der Pleura feststellte, das sich redlich bemühte, meine Leber zu verdrängen, was recht schmerzhaft war und mich selbst zum Patienten machte. Der Kollege sah von einer Punktion ab und versicherte mir, daß die Flüssigkeit auf meine Lungen wie ein Pneumothorax wirken werde. Wie ich aber in diesem Zustand noch hatte arbeiten können, rief sogar seine Bewunderung hervor.

Er versprach, mich abtransportieren zu lassen, so lauteten seine Worte.

Man setzte mich in ein Lastauto, was in diesem Falle ein nicht zutreffender Ausdruck war, ich mußte nämlich stehen. Ich fuhr mit einer Etappe nach Tawda zurück. Nun lag ich selbst im Lazarett, was gar nicht schlecht war, nein, geradezu herrlich. Ich brauchte keinen Empfang zu halten, nicht um 6 Uhr früh und auch nicht bis in die Nacht hinein. Ich durfte die abgefrorenen Nasen vergessen und brauchte mit den „gesetzlichen Dieben“ nicht mehr zu kämpfen. Ich lag sechs Wochen da und erholte mich etwas, ich schien dann für meine freien Kollegen wieder arbeitsfähig zu sein.

Man übergab mir den Empfang im Ambulatorium, der sich in nichts von dem des verlassenen Lagers unterschied. Den Kampf, der hier ausgetragen wurde, konnte ich gar nicht gewinnen, weil ich den seelischen Zustand der Kranken zu gut kannte, die man unter normalen Bedingungen allesamt hätte hinlegen müssen. Das konnte ich zwar nicht tun, konnte mich aber mit ihnen auf diese oder jene Art einigen. Es waren südliche Völker hier, Grusinier, Usbeken, Armenier, die unter dem sibirischen Klima besonders litten, was zwar mit einer zusätzlichen Strafe nichts zu tun hatte, aber einem Vernichtungsversuch gleichkam.

Die hiesigen Gefangenen hatten in der Sperrholzfabrik zu arbeiten, die das benötigte Holz vom Flusse Tawda aus erhielt, auf dem es geflößt wurde. Zum Leimen dieses Holzes verwendete man dann unter anderem auch Kasein. Viele versuchten, sich dieses anzueignen, und taten es auch. Es war zwar nicht besonders schmackhaft, konnte aber als Nahrung gelten. Die am Flusse arbeiteten, verfielen auf eine andere Art, sich zu ernähren, eine Art, die den Tod zur Folge hatte, was sie zwar als Zuschauer erlebten, aber für sich selbst nicht begreifen konnten. Sie waren bereits in einem Zustande, der keine andere Notwendigkeit mehr hatte, als den quälenden Hunger zu stillen, sie aßen alles, was der Mund aufzunehmen bereit war, und der hatte sich schon lange aller Kritik entschlagen. In ihrem Gesicht lebten nur die suchenden Augen. Die Männer krochen in Müllkästen, die nah an der verbotenen Zone standen, beachteten die Zurufe der Soldaten nicht, die zu schießen drohten und sie dann auch wirklich „auf der Flucht“ erschossen.

Der Hunger war so groß, daß sie die unverdauten Maiskörner aus dem menschlichen Kot auswuschen und aßen. Konnte es danach verwunderlich sein, daß sie die Gefahr, die diese Wurzel barg, nicht mehr erfassen konnten? Sie wuchs am Flusse, hatte große dicke Knollen, roch angenehm und sollte süßlich schmecken. Es war der Schierling, „cicuta virosa“, den sie entdeckt hatten und an dem sie nun starben. Vielleicht mag der Grund ihrer Unvernunft auch der gewesen sein, daß sie Sokrates nicht kannten, niemals etwas von seinem gewaltsamen Tode gehört hatten.

Eines Morgens stand ich am Tor den Gefangenen gegenüber, die zur Arbeit zu gehen hatten. Ich betrachtete sie abschätzend, ihre schlechte Kleidung, aus Fetzen gesteppte Schuhe, deren Sohlen Reste von Autoreifen waren, die ihre Rundung noch nicht verloren hatten und es anscheinend auch fernerhin nicht tun würden, die das Gehen erschwerten. Ich sah auf sie hin, als mir ein Mann auffiel, dessen Arm merkwürdige zuckende Bewegungen machte, die beim Appell nicht angängig waren. Die Gefangenen hatten ruhig zu stehen, denn sie waren noch nicht gezählt. Ich ging auf ihn zu und fragte, was dieses Spiel zu bedeuten habe, worauf er mit einem gleichsam verzerrten Lächeln antwortete, daß ihm kalt wäre und er sich damit erwärmen wolle.

Kurz danach verließen die Männer das Lager, um sich an ihre Arbeitsstätten zu begeben. Kaum war ich in das Ambulatorium zurückgekehrt, als man auch schon diesen unruhigen Mann auf einer Bahre brachte. Er war ohne Besinnung, zuckte mit Händen und Füßen, wand sich in Krämpfen, hatte Schaum vor dem Munde und röchelte. Man sagte mir, da ich eine solche Schierlingsvergiftung zum ersten Male sah, daß man ihm den Magen spülen müsse. Aber nur deshalb, weil es so üblich sei, helfen tue es nicht, und so war es auch. Der Mann war in kurzer Zeit tot.

Nachher habe ich erfahren, wie es zu diesem Sterben gekommen war. Dieser Mann stritt mit einem anderen wegen der giftigen Wurzel, wollte nicht verstehen, wozu man sie esse. Der andere behauptete, daß sie süß wie Zucker sei, was sie aber in Wirklichkeit nicht ist, sie enthält nur eine geringe Menge des süßen Stoffes. Plötzlich soll der Streitende eine solche Wurzel in der Hand gedreht haben, was umso verwunderlicher, ja unerklärlich war, da er doch, allem Anschein nach, sie als Nahrung nicht hatte verwenden wollen. Ob er an ihre Giftigkeit nicht recht glaubte oder einfach mit einer Behauptung dann zu siegen meinte, ist ungewiß. Er biß ein Stückchen davon ab und begann zu kauen, wobei ihm sein Nachbar zusah. Die Probe, die der nun Tote gemacht hatte, sah ganz harmlos aus. Er kaute nur eine verschwindend kurze Zeit, spuckte danach den Wurzelbrei, der ihm vielleicht nicht schmeckte, aus. Wie es dann aber auch gewesen sein mag, dieses genügte, um ihn zu töten. Es gab Gefangene, die meinten, diese Wurzel sei nur roh giftig, gekocht aber könne man sie ohne Schaden essen. Die es versuchten, erlitten ebenfalls den Tod.

Das war ein sinnloses Sterben, denn ich glaube kaum, daß sie nach ihrem Genusse das Gefühl der Sättigung verspürt hatten, auf das es ihnen doch vor allem ankam.

Trotzig wie ich damals war, lebte ich in der Gewißheit, daß Sterben niemals Sinn habe oder einen solchen haben werde, man für eine gute Sache leben müsse, aber durchaus nicht zu sterben brauche. Das sah zwar recht pazifistisch aus, war aber in einer Lage begreiflich, in der man so ausgiebig von sinnlosem Sterben umgeben ist.

Nach manchen Monaten einer schweren und zum Teil recht unfruchtbaren Arbeit, übergab man mir ein Lazarett, das einer freien Ärztin unterstand, in welchem ich alle Arbeit machen durfte. Es gab in ihm ungefähr 200 Kranke, von denen viele an Tuberkulose litten, alle aber an alimentärer Dystrophie, wie man hier so schön die Folgen des Hungers nannte.

Erst im Jahre 1943 gab man die Scheindiagnose einer Pellagra auf, die auf Befehl bis dahin gestellt worden war, und bequemte sich zu einer mehr wahrheitsgetreuen Bezeichnung, wie es nun die alimentäre Dystrophie war. Wenn es unmöglich gewesen war, die Symptome der Pellagra zu entdecken, konnte man umso leichter die dem Hunger zugehörigen erkennen. Die Menschen waren mager, was noch hätte angehen können, sie waren aber bereits Gerippe, was beschwerlich war, da man einem solchen die Temperatur nicht auf die übliche Weise messen konnte. Es war ihm nämlich unmöglich, das Thermometer in der Achselhöhle zu halten, es fiel heraus. Da es hier zu den kostbarsten Dingen gehörte, ging es dann nicht ohne Beschuldigungen und Geschrei ab.

Ich schlief nun in diesem Lazarett im Ordinationszimmer auf eben jener Pritsche, auf der ich am Tage die Kranken untersuchte. Papier zum Schreiben gab es keines, die Krankengeschichten wurden auf Sperrholz, aber nicht mit Tinte, sondern mit einer Beize geschrieben. Jede von ihnen wog mehr als ein Kilogramm, sie lagen dann in einem großen Stapel an der Wand des Raumes. Diese Arbeit, die man mir nun zumutete, konnte kein einzelner Mensch leisten, und ich sah mich nach Hilfe um. Ich brauchte jemanden, der nach meinem Diktat schreiben konnte, während ich die Kranken untersuchte.

Bei meinen nächtlichen Rundgängen war mir ein Mann aufgefallen, der eine recht unzureichende Unterwäsche trug, die weißen Hosen waren zu kurz und zu eng, obwohl er erschreckend mager war. Sie zeigten einen Teil seines Bauches. Anscheinend konnte er nicht schlafen, ging auf und ab, was ich nicht dulden durfte. Auf meine Frage, warum er spaziere, antwortete er bereitwillig. Er sagte ganz einfach, daß er nachdenke. Mir kam das etwas seltsam vor, daß sein

Tag dazu nicht ausreiche. Als er mir erklärte, daß mathematische Probleme sich nicht an Tageszeiten hielten, mußte ich ihm recht geben. Es sah so aus, als ob ich meinen Gehilfen gefunden hätte. Auf meine Frage, ob er bereit wäre, mir beim Schreiben der Krankengeschichten zu helfen, war er sofort damit einverstanden. Er konnte für diese Arbeit nicht viel erwarten, nicht mehr als ein wenig Suppe.

Der Mann hatte eine sehr gute und klare Handschrift, erfaßte die lateinischen Termini mit Leichtigkeit und half mir, Ordnung in meiner hölzernen Kartothek zu halten.

Im Lager war eine große Unruhe ausgebrochen, es war ein Gefangener entflohen, so wie man annahm nicht vielleicht von der Arbeit aus, nein, vom Lager selbst. Soldaten mit Hunden stöberten überall herum, untersuchten auch mein Lazarett. Ich konnte ihnen nicht einmal sagen, ob der Mann bei mir gewesen war oder nicht, da ich meine Kranken noch nicht genügend kannte.

Unsere Baracke war mit einem ziemlich hohen Zaun umgeben, der ein Tor hatte, das dicke Pfosten hielten. Als nun die Soldaten durch dieses Tor gingen, verbellten die Hunde einen der Pfosten. Es war dies ein scheinbar ganz unsinniges Verhalten der Tiere, das niemand verstehen konnte. Ihr Führer, der sie knapp am Riemen hielt, zerrte sie mit aller Gewalt und traktierte seine Schützlinge für dieses irrtümliche Vorgehen mit Fußtritten.

Der Gefangene blieb verschwunden. Ein Sanitäter hielt sich am nächsten Tage in der Nähe des Tores auf und glaubte, aus dem Pfosten eine Stimme und auch ein Klopfen gehört zu haben. Ich konnte seine Erzählung nur als Sinnestäuschung und als nichts anderes ansehen, sie war zu unwahrscheinlich. Er verließ mich gekränkt, aber durchaus nicht überzeugt.

Als man aber kurz darauf das Essen brachte, das gewöhnlich schon mit Ungeduld erwartet wurde, gab es in meinem Lazarett keinen Menschen, der es hätte übernehmen können, ich fand sie dann aufgeregt redend, gestikulierend am Tore.

Man hatte bereits die Wache von diesem ganz ungewöhnlichen Ereignis verständigt. Als die Soldaten mit den Hunden abermals kamen, stürzten diese wieder auf den Pfosten zu. Ich sah mir diesen jetzt genauer an, er war aus Brettern zusammengenagelt und mußte demnach einen Hohlraum haben, der allerdings so eng war, daß schwerlich ein Mensch darin Platz haben konnte, und doch tat er es.

Als man dann den Mann, unter Geschimpfe und Geschrei, herauszog, kam er mir etwas bekannt vor, es war ein Arbeiter aus dem Lazarett. Ich glaube kaum, daß er sich auf einer Flucht befunden hatte, als er sich entschloß, den Zaun zu übersteigen, anscheinend hatte er nur in dem Lager selbst eine Verabredung gehabt, die das Tageslicht scheute. Sicherlich war er ganz zufällig in diese Höhlung hineingetreten, ohne vielleicht zu wissen, daß sie vorhanden war, oder hatte sich in ihr vor nahenden Schritten verstecken wollen, ohne dann die Kraft zu haben, sich wieder herauszuarbeiten. Wie es sich in Wirklichkeit aber verhielt, habe ich nicht erfahren. Man setzte den Mann in den Karzer, im Lazarett habe ich ihn nicht mehr getroffen.

Eine unangenehme Aufgabe waren meine nächtlichen Rundgänge, die das Rauchen im Lazarett zu dieser Zeit verhindern sollten. Ich glaube, daß diese Vorschrift mit der möglichen Schädigung der Gesundheit meiner Kranken nicht das mindeste zu tun hatte, es war vor allem ein Diktat der Feuerwehr, denn alle Baracken waren aus Holz. Da es Streichhölzer nicht gab, verrieten sich die Raucher selbst. Ich erwachte bei dem vorsichtigsten Schlagen der Steine, mittels derer sie Feuer machten.

Eine ruhige Arbeit erlaubte die Verwaltung eben nicht. Es kamen zu allen möglichen und unmöglichen Zeiten Gruppen von Ärzten, die nachprüften, ob ich nicht vielleicht gesunde Menschen bei mir liegen habe, als Deutsche Schädlingsarbeit leiste. Mein mathematischer Gehilfe litt an der üblichen Dystrophie und einer Furunkulose. Dennoch schrieb man ihn mehrere Male zur Arbeit in der Fabrik aus, obwohl oder vielleicht gerade deshalb, weil er mir bei der Arbeit half. Es verging gewöhnlich nicht mehr als eine Woche, bis er untauglich zur Arbeit wieder in ein Lazarett abgeliefert wurde, aus dem ich ihn dann herausholen mußte, was mit Schwierigkeiten verbunden war.

Meine freie Ärztin kam zwar jeden Tag, sammelte Neuigkeiten, verhielt sich aber sonst mehr kontrollierend als helfend. Sie kam auch, um sich verschiedene Gegenstände von Gefangenen anfertigen zu lassen, es war hier die Zeit der Leibeigenschaft auferstanden. Bei einem ihrer Besuche fragte sie, ob sich nicht ein Schlosser bei mir befinde, der ein Instrument zum Heben der Pfannen, die hier gewöhnlich stiellos sind, anfertigen könne. Der Schlosser wurde gerufen, ein noch ziemlich junger Mann, der die Ärztin mit etwas spöttischen Augen ansah, dessen Rede jedoch ernst und ehrfurchtsvoll klang.

Schon am nächsten Tage brachte er einen Stiel, der aber recht sonderbar aussah. Er hatte seinem Zwecke gemäß einen kleinen eisernen und einen hölzernen Teil zu haben, den er auch hatte, nur daß seine Ausmaße an „Gulliver bei den Riesen“ heftig erinnerten. Der Stiel war über einen Meter lang und armdick, einfach ein Holzprügel, das Eisen an ihm wog nicht weniger als ein Kilogramm. Nach dem zornigen Abgang der Ärztin fragte ich den Mann, ob er sich nicht schäme, so ungehörige Sachen zu machen, worauf er eine Antwort gab, die ich nicht sobald vergessen werde. Er sagte: „Ich lebe schon lange im Norden, ich habe mir die Augen abgefroren. Ich kann die Scham nicht mehr sehen!" Er sagte dieses so leicht, so gekonnt, daß er mich zu interessieren begann. Die Erzählung, die ich daraufhin von ihm hörte, war, wie es schien, eine volle Rechtfertigung seines Benehmens, war eigentlich nur eine ganz kleine, eine ironische Strafe gewesen.

Er lebte früher in einem Lager in der Nähe von Archangelsk, wo die Gefangenen im Walde als Holzfäller arbeiteten. Da sie dort in einer großen Zahl an Hunger starben, hatten sie sich zu einem Hilfswerk zusammengeschlossen. Sie bekamen die Suppentalons beim Morgenappell, wo sie in Viererreihen zu stehen hatten. Dort hielten sie dann die Toten zwischen sich, die derart mitgezählt wurden. Sie streckten deshalb gleich nach dem Sterben die Leichen in eine handliche Form, die ihnen dann das Halten ermöglichte. Tote konnten so, wie er mir sagte, einige Tage verwendet werden, gewiß je nach der Jahreszeit. Da jeden Tag Männer starben, waren es immerhin einige Suppen, die zur Verteilung kommen konnten.

Damals an einem Wintertage fieberte er, wie er erzählte, stand im Freien vor dem Ambulatorium, da ein Warteraum nicht vorhanden war. Er lehnte an einer Wand, als ein Schlitten vorfuhr, auf den man die nackten Leichen warf. Mehr will er nicht gesehen haben, alles weitere erzählten ihm dann die Gefangenen. Kaum lag er auf dem Boden, als der Feldscher aus dem Hause trat, ihn erblickte, betastete und befahl, ihn als ebenfalls Toten gleich mitzunehmen. Der Kutscher hatte aber einen Einwand, der sich aber lediglich auf die Kleider bezog, die eben jenen Mann von den Leichen unterschied. Mit wegwerfender Gebärde soll dieser Mediziner gesagt haben: „Ach, diese Fetzen, weg mit ihnen!"

Der Mann erwachte im Walde, in einer nicht tiefen, aber weit offenen Grube unter Leichen auf, kroch heraus und versuchte sich dann an einem Zweig zu erhängen. Von mir gefragt, warum er dieses hatte tun wollen, konnte er keine Antwort finden. Er sagte nur, daß er keine Kraft dazu gehabt hatte, seinen Schal um einen Ast zu werfen. Ein Mann, der zufällig vorbeikam, kein Gefangener übrigens, schmähte ihn, nannte ihn Dummkopf, lud ihn auf seine Schultern und schleppte ihn in das Lager zurück.

„Ich starb nicht, wie Sie sehen", sagte er nach diesem Bericht und lachte plötzlich mit einem von mir noch nie gehörtem Lachen auf. Es war weniger laut, als es hätte sein können, es war nur ganz und gar unmenschlich. Die Rache, die sich diese Gefangenen ausdachten, hatte für unser Land dann recht unangenehme Folgen. Als sie ein Schiff mit Holz beluden, das für das Ausland bestimmt war, legten sie eine nackte Leiche dazwischen, ein zum Skelett abgemagerten Mann, worauf man der Sowjetunion dann eine lange Zeit kein Holz mehr abnahm.

Ich fror des Nachts und beschloß deshalb, eine Decke zu besorgen, die ein ukrainischer Bauer zum Kaufe gegen zwei Kilogramm Brot anbot. Es hieß dies, daß ich sie natürlich nur auf Abzahlung erstehen konnte, nur dann, wenn ich den einen oder anderen Tag kein Brot aß, konnte sie mein Eigentum werden. Konja, so hieß dieser Mann, war damit einverstanden, und ich bekam eine grobe, handgewebte Decke.

Konja war ein Bauer, ungefähr 40 Jahre alt, der bei der Annäherung der Deutschen seine Kuh geschlachtet hatte, weil er für sie fürchtete. Für dieses Schlachten ohne Erlaubnis bekam er drei Jahre. Er war wie alle Bauern in diesem Lande auch Tischler und Zimmermann und hatte mir dann ein kleines Hörrohr, einfach ein Museumsstück, geschnitzt. Ein Museumsstück, allerdings nur für aufgelöste Lager, die es zwar in der Welt, aber nicht hier gibt.

Das Hörrohr war für kleine Kinder, für Säuglinge bestimmt, die sich mit ihren Müttern in meiner nächsten Nähe aufhielten. Man hatte sie in einer Baracke untergebracht, in der früher Männer mit offener Tuberkulose lagen. Man hatte den Raum zu ihrem Empfang geweißt, das war auch alles. Daß jetzt die Kinder an tuberkulöser Meningitis* starben, regte niemanden auf. Wieweit aber die dazugehörigen Mütter gesund geblieben sind, kann ich nicht sagen, solche Krankheitsprozesse verlaufen bei Erwachsenen langsamer als bei Kindern.

Es war bereits das Jahr 1945. Wir hatten ganz unklare Vorstellungen, was an der Front geschah oder geschehen war. Ich habe in der ganzen Zeit meiner Gefangenschaft keine Zeitung gesehen, kein Radio gehört, wir lebten allein von Gerüchten.

Eines Tages berichtete mir mein Mathematiker, daß ihn der Lagerleiter gerufen und ihn gefragt habe, ob er einen Vortrag über das Atom schreiben könne. Da er bejahte, bekam er diesen Auftrag. Kaum aber hatte er zugesagt, als ihm auch schon Zweifel kamen. Er konnte nicht verstehen, wozu der Vortrag dienen sollte, fragte mich um Rat, ob er nicht lieber absagen solle, unter dem Vorwand, daß er schon fast alles vergessen habe.

Ich selbst sah aber keinen Grund, vielmehr keine Gefahr, diesen Vortrag nicht zu schreiben. Obgleich er dann seinem anfänglichen Zwecke nicht diente, brachte er Nutzen. Der Lagerleiter benutzte ihn zwar nicht, da er plötzlich mißtrauisch geworden war. Er selbst verstand vom Atom nichts und hatte sicherlich Angst bekommen, daß ihm der Gefangene einen Streich spielen könnte, den er dann zu verantworten hätte.

Die Ärzte ließen sich diesen Vortrag aber vorlesen, er war einfach und für physikalische Analphabeten geschrieben und brachte meinem Gehilfen jedes Mal eine Suppe ein.

Nachher erst haben wir erfahren, daß es die Zeit von Hiroshima war, die solche Kenntnisse forderte. Man machte uns mit diesem Ereignis übrigens ganz offiziell auf einem Meeting aller Gefangener bekannt, auf welchem wir auch gegen Japan und für einen Krieg gegen dieses Land abstimmten, was in unserer rechtlosen Lage mehr als grotesk war.

Wir hatten in der Lagerküche eine Frau, die sich mit Geschirrwaschen abgab. Sie war noch jung, vielleicht an die dreißig, und hatte auch eine zweite, eine freiwillige Beschäftigung, sie leitete die Kapelle der Kultbrigade. Diese Kapelle diente vor allem zur Unterhaltung, zur Belustigung der vorgesetzten Behörde, obwohl auch Gefangene sich an ihr erfreuen durften, wenn auch nur in geringer Zahl, soviel eben der Zuschauerraum dann noch faßte.

Die Mitglieder dieser Kapelle waren fast alle Dilettanten, ihre Instrumente waren Einzelgänger, sie hatten wenig Beziehung zueinander, der Feindlichkeit der Trompete erlag nur zu oft die Geige, die sich dann in ihre höchsten Höhen rettete, was zu hören recht schmerzlich war.

Zufällig hatte man mir zu dieser Zeit einen anderen Schlafplatz gegeben, so daß ich nun in der Nähe dieser Frau lag. Spät nach der Arbeit hockten wir dann auf unseren Brettern und hörten ihr zu. Sie konnte genügend russisch sprechen, beherrschte das Deutsche, war aber selbst eine Französin. Das wichtigste an ihr war nicht, daß sie Pianistin, sondern ein Wunderkind gewesen war, das schon lange vor ihrem zehnten Jahr Konzerte in aller Welt gegeben hatte.

Sie erzählte uns von ihrer Kindheit, ihren Reisen, wie ihr Vater sie einmal nach Afrika mitgenommen und ihr einen Affen geschenkt hatte, was uns besonders beeindruckte. Sie kannte viele Länder, hatte sich eine lange Zeit in Italien aufgehalten, dort ihren Mann, einen Geiger, kennengelernt. Seine Frau, die früh verstorben war, hatte ihm drei Kinder hinterlassen, die diese Pianistin zur Stiefmutter bekamen. Ich glaube, daß sie zu ihnen gut, wenn auch recht hilflos war. Sie stand den Dingen des Tages ziemlich fremd gegenüber und hatte sich auch bis jetzt nicht geändert. Ich habe früher niemals eine Frau gesehen, die mit einer solchen Selbstverständlichkeit zerrissene Strümpfe trug wie sie. Es waren bei ihr nicht etwa nur die Fersen abwesend, es ging eine Straße der verlorenen Maschen bis unter die Kniekehle hinauf. Ich selbst habe sie ihr einige Male vernäht, um sie vor dem Spott der Weiber zu schützen, obwohl ich mich auch nicht gerade durch eine besondere Pedanterie auszeichnete.

Ihr Mann war ein russischer Emigrant, den die Sehnsucht nach der Heimat gepackt hatte. Er kehrte mit seiner Familie nach Rußland zurück und lebte mit ihr in Leningrad. Man gab Konzerte, bekam sogar von der Regierung ein Klavier geschenkt. Nach ungefähr einem Jahr wurden ihr Mann und auch sie als Spione verhaftet. Die Kinder kamen in ein Heim und verschwanden, von ihnen hat man nichts mehr gehört. Der Mann, der sich anscheinend schuldig an dem Schicksal seiner Familie fühlte, wurde im Gefängnis irrsinnig und starb. Sie selbst wusch jetzt Geschirr und hatte nun schon jahrelang keine Taste mehr berührt. Noch nie haben wohl kostbarere Hände diese Blechschüsseln gereinigt.

Sie erzählte nicht ruhig, was man ja auch nicht erwarten konnte, sie sprach lebhaft, abrupt und unterbrochen durch ein kleines, höchst sonderbares Auflachen, das sich aber auf den Inhalt ihrer Rede nicht bezog. Eines Tages kam ein Soldat und nahm sie mit. Sie sollte im Dorfe in einem Kindergarten zu einer Feier aufspielen. Ich habe sie erst am späten Abend danach getroffen, sie hatte sich schon etwas beruhigt, nur ihre Augen waren recht verweint. Sie konnte das, was sie bei diesem Spiel gefühlt hatte, nicht ausdrücken. Sie wiederholte nur, daß das Klavier so unsäglich verstimmt gewesen sei, und flüsterte mir dann plötzlich zu, daß sie nach diesem Spiel die Menstruation bekommen, die sie während der ganzen Zeit ihrer Gefangenschaft verlorengehabt hatte, übrigens wie wir fast alle.

Eines Tages übergab man ihr die Geige ihres Mannes, die Geige des Verstorbenen, die ihr sicherlich Erinnerungen aufzwang, denen sie entgehen wollte, die sie deshalb nicht behalten konnte. Es gelang ihr nicht, den kleinen Sarg bei sich zu bewahren, sie schenkte das Instrument unserem Chirurgen, einem Ukrainer, der vom Standpunkte seiner Nationalität aus die Dinge der Politik betrachtet hatte und nun dafür saß.

Diese Frau fuhr nach ihrer Befreiung, da ihr die großen Städte verboten waren, nach Tagil. So wie sie im Lager angezogen war, mit einer kurzen geflickten Wattejacke bekleidet, ging sie gleich nach ihrer Ankunft in eine Musikschule und bat, man möge ihr erlauben, auf einem Klavier zu spielen. Wie sie selbst hinzusetzte: "Ich bat nicht nur, ich bettelte darum." Man maß sie mit verächtlichen Blicken und es dauerte lange, bis man endlich zusagte. Sie hat dort Bach-Busoni gespielt, und als sie endete, war der Raum mit Menschen dicht gefüllt. Man nahm sie sofort als Lehrerin auf. Jetzt ist sie Professorin am

Konservatorium in Swerdlowsk, aber ich kann nicht recht glauben, daß sie zufrieden ist, vom Glück aber schon gar nicht zu reden.

Ich lernte im Lager einen Mann kennen, der weder redete noch ging, was aber noch nicht sagen soll, daß er nicht reden und nicht gehen hätte können, wenn er es gewollt hätte. Ich glaube, daß er ein Spion, ein sowjetischer Spion war, sozusagen einer von ihnen selbst, einen, der zu lange im Ausland auf Arbeit gewesen war und den man nicht mehr brauchte oder dem man nicht traute. Dieser „Wisser" hatte sich nun entschlossen, sich der Arbeit zu entschlagen, oder vielleicht auch anderen Gefahren, er schwieg und lag auf seinem Brette, was sicherlich eine übermenschliche Anstrengung gekostet haben muß.

Wie seine sogenannte Krankheit begann, habe ich nur ganz zufällig erfahren. Er war intelligent, und eine Ärztin, die vielleicht von Physiotherapie etwas verstand, aber von anderen Fächern wenig, hatte sich ein Buch der Psychiatrie geborgt und ließ sich von dem Manne Teile davon abschreiben, da man Bücher nur sehr schwer kaufen konnte. So erhielt der Mann eine Möglichkeit, sich Krankheitsbilder anzueignen, die er dann, wenn auch etwas wirr, für sich verwendete. Er simulierte anscheinend einen Insult*, d. h. er war rechtseitig gelähmt und hatte die Sprache verloren.

Er lernte schnell mit der linken Hand schreiben, hatte es vielleicht schon immer gekonnt und verfaßte nun Gedichte, von deren Güte oder Nichtgüte ich nichts aussagen kann, da ich die russische Sprache dazu nicht genügend beherrsche. Ich war dabei, als ein Halsarzt ihn untersuchte. Zu meinem Erstaunen zeigte er eine vollkommen verkrampfte Zunge her, anscheinend meinte er, daß sie zu diesem Komplex gehöre. Dieses Bild mußte für den Untersucher jede Paralyse ausschließen, ihn in Erstaunen setzen, was ich aber an seinem Benehmen nicht bemerken konnte.

Ich begann mich mit dem Liegenden zu unterhalten, wenn das, was wir taten, diesen Namen verdient. Er schrieb mit einer kolossalen Geschwindigkeit, ich redete. Auf diese Art hatte ich erfahren, daß er in Tibet gewesen war, daß er ein Fürst, sein Lagername aber lediglich auf einen falschen Paß zurückzuführen sei. Ich zeigte ihm mit keiner Miene, daß ich alles das für eine Legende halte oder besser für eine pathologische Phantasie. Eines Tages aber sagte ich ihm, ganz heimlich und nur für das Ohr, daß er sprechen könne. Da ich dieses schnell und mit allem Nachdruck gesagt hatte, hörte ich sofort ein leises „Ja". Niemals bin ich später darauf zurückgekommen, er schrieb des weiteren, ich erzählte ihm vom Buche Dzian*, von dem er Kenntnis hatte. Als seine Strafzeit ihrem Ende entgegenging, wurde er merklich gesünder, er humpelte bereits mit Hilfe eines Stockes und begann sogar zu sprechen, abgerissene, undeutliche Worte, denen dann plötzlich ein ganz natürliches Lachen folgte. Für die hiesigen Ärzte befand er sich im Zustande der Besserung. Ich selbst konnte nichts anderes tun, als seine Ausdauer, sein Verhalten bewundern, das ich ungefähr zwei Jahre mitangesehen hatte. Er hatte es verstanden, nicht eine Minute während der Zeit der Gefangenschaft zu arbeiten.

Unser Essen war ungenügend und schlecht in dieser Zeit, aber wir wurden endlich reich an Medikamenten, die man in Bausch und Bogen „Trophäen" nannte. Leider waren sie uns zum großen Teile unbekannt, was ihre Verwendung hätte hindern sollen, es aber nicht immer tat. Es kamen danach auch tödliche Fälle vor, da die meisten Ärzte den fremden Sprachen abhold waren, was noch hätte hingehen können, wenn sie nicht auch schlechte Pharmakologen gewesen wären. Sie waren nicht imstande, aus dem chemischen Bestande ihre Verwendbarkeit zu ersehen. Wir erhielten endlich auch brauchbare Injektionsspritzen, die aber schwerlich als Trophäen gelten konnten, sie waren englischen Ursprungs.

Das Hilfspersonal in den Krankenbaracken war vom medizinischen Wissen ziemlich unberührt, so daß es eines Tages zu einer Katastrophe kam. Sechs Schwestern, aus verschiedenen Lazaretten, lagen im hohen Fieber und ohne Besinnung in einem Raum, in den sie sich zurückgezogen hatten, um zu essen. Das Schlimme war, daß niemand die Ursache dieser Erkrankung kannte und wir aufs Geratewohl, einfach symptomatisch, die Rettung versuchen mußten. Erst später erfuhren wir, was sie getan hatten. Eines der Lazarette hatte eine Flasche Vitamin „A" erhalten, und die Mädchen beschlossen, ihr Brot damit zu rösten. Vitamine galten hier ganz im allgemeinen als Zusatznahrung für den, der sie erreichen konnte, und das waren vor allem die freien Ärzte und die Schwestern.

Es war im Dezember 1945, als sich mein Zustand so verschlechterte, daß man mich in das chirurgische Lazarett legte. Nicht nur, daß ich erschreckend mager war (ich wog damals 37 kg), hatten sich meine Ohren zu einer zusätzlichen Furunkulose entschieden. Warum man dies als chirurgischen Fall ansah, weiß ich nicht, zu schneiden war da nicht viel, nur daß mir die Schmerzen Hören und Sehen vergehen ließen. Dieses Lazarett war überfüllt, es diente außerdem auch als Gebäranstalt. Es unterstand einer Ärztin, einer Gefangenen, die als Terroristin galt. Ihrem Benehmen nach schien uns dies durchaus möglich zu sein, sie war mit ihren Patienten einfach grob.

Sie gab mir kein schmerzstillendes Mittel, obwohl sie es hätte tun können. Als ich eines Nachts vor Schmerzen nicht mehr aus noch ein wußte und sie bat, mir zu helfen, warf sie mir ein Pulver hin und schrie mir entgegen, daß ich es nicht noch einmal wagen solle, etwas von ihr zu verlangen, sie halte keine Narkomane in ihrem Lazarett. Es war dies das erste und das letzte Mal, daß ich sie um etwas gebeten hatte. Sie war klein und häßlich, eine unglückliche Frau, was aber noch lange kein Grund zu ihrem Benehmen zu sein brauchte. Ihr einziges Kind war durch einen, vielleicht sogar von ihr verschuldeten Umstand verbrannt. Sie gebar hier im Lager ein Mädchen, was vielleicht sogar verständlich war, es wurde eben ein Ersatz geschaffen. Der Vater des Kindes, ein Gefangener, war Leiter der Versorgung, einer, der sie und auch ihr Kind auf Kosten anderer ernähren konnte und es auch tat, während sie ihm den Spiritus, der für die Operationen bestimmt war, zukommen ließ. Diese Ärztin trat durch ihr Verhalten in die Gemeinschaft der „Mamki" ein, die ihren Kindern eine zusätzliche Suppe verdankten. Billig entstand das Leben hier, billig war auch der Tod.

Drei Frauen, Wolgadeutsche, die mit mir in der Chirurgischen lagen, luden mich ein, mit ihnen das Weihnachtsfest zu feiern. Wir hatten uns, mit der gütigen Erlaubnis eines alten Weibes, das hier im Lazarett als Nachtwächter diente, in die warme Küche begeben, in der immer heißes Wasser bereitstand, sozusagen für alle Fälle. Wir aßen einige Kartoffeln, die wir auf Lebertran gebacken hatten und tranken heißes Wasser dazu. Als es dann, unserem Gefühle nach, Mitternacht sein konnte, sangen die Frauen leise und fromm „Stille Nacht, Heilige Nacht"; was ich nur mitsummen konnte, da das Öffnen des Mundes für mich recht schmerzhaft war. Wir verhielten uns hier so unmerklich, daß unsere Alte eingeschlummert war, als wir durch das Kommen einer Tatarin etwas beunruhigt wurden, die sich neben den Ofen auf den Boden hinhockte.

Ich will nicht sagen, daß sie uns anfänglich besonders gestört hätte, wir konnten nur nicht verstehen, warum sie nicht lieber schlafe, noch dazu kurz nach einer Geburt. Wir fragten sie nach den Namen ihres Kindes und hörten sie, gewiß zu unserem Erstaunen, dieses Neugeborene „Violetta" nennen. Die Frau war nicht mehr jung, ungefähr 45 Jahre alt. Auf unsere Frage, ob es das erste Kind sei, das sie geboren hatte, lachte sie kurz, fast tonlos auf. „Nein", sagte sie, „es ist das fünfte". – „Haben Sie die anderen in der Freiheit zurücklassen müssen?" fragte meine Nachbarin mitleidig. – „Aber nein", kam eine schnelle Antwort, „es sind doch alles Lagerkinder." – „Sie wissen aber doch, wo sie sind?" – „Wozu?" kam es böse aus ihrem Munde.

Wir schwiegen, weil es schwer war, darauf etwas zu sagen, ohne die Frau zu beleidigen. Plötzlich rührte sich aber das alte Weib, der

Nachtwächter, und teilte uns mit, gleichsam das Benehmen dieser Frau erklärend, daß sie anscheinend wegen der Kinder nicht schlafen könne, jede Nacht hier sitze und rauche. Die Tatarin antwortete unverzüglich: „Lächerlich, das wäre noch schöner, was haben sie mit meinem Schlaf zu tun, sie sollen froh sein, daß ich ihnen das Leben gegeben habe. Es ist der Mord, ich kann seit dem ersten Mord nicht mehr schlafen, das ist es."

Da konnte ich mich nicht halten und fragte sie mit einer recht bescheidenen Stimme: „Haben Sie gemordet?" Worauf sie sich ganz kalt und sachlich hören ließ: „Was heißt hier einmal, ungefähr jedes Jahr einmal, damit du es weißt!" – „Da müßt Ihr wohl immer daran denken, nicht?" fragte eine der Deutschen. Die Antwort kam sofort, nur daß sie nicht sehr freundlich klang: „Ich und daran denken? Für wen hältst du mich eigentlich? Da hätte ich viel zu tun!"

Wir schwiegen, wir fanden nicht das rechte Wort, wurden sogar etwas traurig, vielleicht tat uns auch der Weihnachtsabend leid. Wir baten dann noch um etwas heißes Wasser, das wir als Tee ansprachen. In diese Stille begann dann die Frau zu erzählen, niemand hatte sie dazu genötigt, es zu tun.

„Nach dem ersten Mord konnten sie mir nicht viel anhaben, wir hatten sie ganz verwirrt. Als ich frei wurde, habe ich das Geld nicht geschont und bin gleich zu einem Professor gegangen. ‚Nerven, Nerven', hat er zu mir gesagt, ‚das wird sich schon geben. Wenn Sie Kinder gebären werden, werden Sie auch schlafen!'

Dummheiten, was hat das schon mit den Nerven zu tun? Ich war damals jung und gesund. Ich glaube es auch heute noch nicht, daß sie etwas damit zu tun haben, aber dennoch konnte ich seinen Rat nicht vergessen, mußte danach handeln. Ich habe gewartet und warte. Ich habe Kinder geboren, nichts hat es mir geholfen. Nach Violetta ist es eigentlich noch schlimmer geworden. Nochmals werde ich nicht mehr gebären, das nehme ich mir fest vor, jetzt ist es Schluß damit!"

Das alte Weib sagte recht plump: „Sitzt du jetzt wieder wegen eines Mordes?" – „Ich? Ich denke nicht daran! Ich bin einfach das Opfer ihrer Faulheit! Sie wollten die Sache los sein und haben deshalb den erstbesten beschuldigt. Ich habe ganz zufällig Kleider gekauft, von denen es sich dann herausstellte, daß sie einem Toten gehörten, aber ich habe mit seinem Sterben nichts zu tun. Ich kann doch nicht für alle Morde in der Welt verantwortlich sein, das könnte ihnen so passen!"

Wir waren vielleicht nicht so müde als verwirrt, als wir jenes Mahl abbrachen, die Tatarin aber weiter am Ofen hocken blieb. Das alte Weib, das uns nachging, flüsterte uns zu, so als ob sie uns ein ganz großes Geheimnis mitteile: „Sie lebt mit einem ganz jungen Kerl, erst 20 Jahre alt, was sie sich dabei denkt, kann ich nicht verstehen!"

Besonders gewundert habe ich mich über die Neuigkeit nicht, ich war in Gedanken noch recht unentschlossen. Ich erinnerte mich meiner Mörderinnen aus dem Saratower Krankenzimmer, die mir das Mittel verraten hatten, wie man sich nach einem Mord zu benehmen hat. Es brannte in mir der Wunsch, es ihr mitzuteilen, eben jenes Mittel, um zur Ruhe zu kommen, was ihr natürlich jetzt nicht mehr helfen konnte. Wo sollte sie denn einen Schluck Blut von der Leiche des ersten Mordes hernehmen?

Anfänglich war es mir ganz unverständlich, was ich mit der Ruhe oder Unruhe eines Mörders zu tun habe, bis ich dann auf den Gedanken verfiel, daß ein Überrest des infantilen Besserwissens, die Notwendigkeit sich zu brüsten, dies hervorgerufen haben könnte. Nun, da ich ihr nicht helfen konnte, war sie, diese Mörderin, nun zur ewigen Schlaflosigkeit verdammt.

Man hielt mich nicht lange im Krankenstande. Man hatte für mich eine neue Arbeit, ein Laboratorium erdacht, das zwar notwendig war, im Grunde aber dann eine recht phantastische Angelegenheit wurde. Man führte mich in einen kleinen Raum und übergab mir eine Kiste, in der die verschiedensten Pipetten und Röhrchen, groß und klein, meistens beschädigt, lagen. Das Mikroskop wäre für meine Zwecke soweit brauchbar gewesen, wenn man von seiner Verschmutzung hätte absehen können, die einen eigenen Zugang zur Richtigstellung der Ergebnisse forderte. Ich mußte mir jene Teile des Schmutzes genau merken, die ihm selbst zugehörten, um jene anderen Teile dann zu beurteilen, die das Präparat lieferte. Es zu reinigen ging nicht an, da ich es selbst nicht auseinandernehmen konnte, und wenn ich es auch versucht hätte, nicht wieder hätte zusammenfügen können.

Man forderte von mir alle klinischen Analysen. Die Reaktive, die eine für mich unsichtbare Apotheke liefern sollte (sie war außerhalb des Lagers), waren spärlich. Es kam deshalb zu einem Gespräch mit dem Leiter des Sanitätsdienstes, dem ich erklärte, daß ich mit dem mir Übergebenen nicht werde arbeiten können. Er ließ sich aber auf Erklärungen nicht ein, sagte nur ganz ruhig, daß Befehle keiner Überprüfung unterlägen, einfach ausgeführt werden müßten.

Ich saß dann auf meiner Kiste, als sicher ganz zufällig einer der Ordner in meinen Raum blickte. Da ich wohl recht betrübt ausgesehen haben mochte, bot er mir seine Hilfe an. „Ihnen fehlt es an Geschirr?" sagte er lachend, „in einer halben Stunde haben sie soviel. daß ihr Zimmer es nicht aufnehmen wird." Und so war es. Im Lager durfte nämlich niemand etwas „Gläsernes" besitzen, der gute Mann tat dann nichts anderes, als daß er eine Durchsuchung der Baracken vornahm. Ich bekam danach soviele Flaschen und Konservengläser, als ich mir nur wünschen konnte. Natürlich waren die Gefangenen die Leidtragenden, was ich aber nicht ändern konnte.

Die meisten Untersuchungen, die ich machte, hatten nichts mit Blut zu tun, ich war von Sputum* umgeben. Gewiß kann man sich daran gewöhnen, wenn es auch anfänglich etwas schwer fällt. Ich hatte dann sogar Freude an einem guten Präparat, an den eleganten fuchsroten Stäbchen auf blauem Grunde und vergaß anscheinend die Kranken darüber, für die sie meistens ein Todesurteil waren. Ob ich viel Nutzen mit meiner Arbeit gebracht habe, glaube ich kaum, die Analysen machten ja dann in den Krankengeschichten einen ganz guten Eindruck, aber da die Heilmittel fehlten und der Hunger dominierte, war eben dieser Nutzen höchst fragwürdig.

Hoffnung auf Freiheit

Es näherte sich der Tag meiner Befreiung, der mir aber durchaus gleichgültig war. Was konnte ich schon mit ihm anfangen? Ich war allein, hatte alles verloren, was zu meinem früheren Leben gehörte, und wußte, daß man mich nach Moskau nicht zurücklassen werde.

Außer mir waren noch 11 Frauen, die an demselben Tage entlassen werden sollten. Jeden Tag liefen sie in das Kontor, um Erkundigungen einzuholen, waren verzweifelt und weinten, denn es waren schon einige Tage über die Frist hin vergangen, die uns die Freiheit bringen sollte. Am zwölften Tage nach Ablauf unserer Strafzeit bekamen wir endlich die Dokumente, d. h. eigentlich nur eines, ein Zettelchen, auf dem spärliche Daten verzeichnet waren: Name und Geburtsdatum und der Paragraph, der uns hiergehalten hatte. Zu meinem Erstaunen hatte ich keinen, es war an der Stelle, an der er sich hätte befinden sollen, nur ein Strich. Auf mein Ersuchen, mir mein Diplom zurückzugeben, erwiderte man mir, daß es hier nicht vorhanden sei, ich es mir in der Freiheit suchen solle. Da wir ein Reiseziel angeben mußten, hatte ich nur eine Möglichkeit, mich des Angebotes eines Gefangenen zu bedienen, der mir vorschlug, in ein Kosakendorf zu fahren, wo seine Frau mit fünf Kindern zurückgeblieben war, ihr bei der Arbeit zu helfen.

Man schrieb mir also als Reiseziel dieses Kubaner* Dorf ein, gab mir das Fahrgeld, zwei Kilogramm Brot und ein Kilogramm Salzheringe, es war ein weiter Weg zurückzulegen. An Kleidung ließ man mir ein Hemd, ein Baumwollkleid und eine Wattejacke. Schuhe hatte ich nicht, nur hölzerne Sandalen, an denen Stoffstreifen angenagelt waren, die aber schon nach kurzem rissen. Strümpfe waren eine große Kostbarkeit, ich hatte sie nicht, meine Beine waren nackt.

Kaum hatten wir das Lager verlassen, als auch schon die Frauen an seinem Tore stehen blieben. Wenn ich auch diesen Aufenthalt nicht gleich verstehen konnte, wurde er mir schnell deutlich. Es gab hier einen Aberglauben, der forderte, daß man seinen Eßlöffel über das Tor zurück in das Lager werfen müsse, um es endgültig los zu sein, um nicht wiederzukommen. Es waren Verbrecherinnen unter uns, die ohne Bedenken den Löffel über das Tor sausen ließen, es waren aber auch sparsame in unserer Gruppe, die zwar nicht weniger abergläubisch, aber doch genügend real dachten, und es sich überlegten, zögerten, und es endlich unterließen, es den anderen nachzumachen. Mein Löffel lag ganz tief unter meinen Sachen, so daß ich der Wahl enthoben war und so meinem Schicksal entgegenging.

Dieses nun hinter uns liegende Lager befand sich von der Station, zu der wir gehen mußten, zehn Kilometer weit entfernt, es war durch einen Schienenstrang mit ihr verbunden, auf dem wir nun zu gehen hatten. Wir bewegten uns langsam im Gänsemarsch. Meine Sandalen erleichterten mir den Weg durchaus nicht. Da der Zug erst am nächsten Tage abgehen sollte, blieben wir die Nacht in einem Gasthof, alle zusammengepfercht in einem Raume. Ich hatte mich der Heringe entledigt, die eine Angestellte dieses Hauses mit dankbaren Worten annahm, gleich an einem zu lecken begann, was mir eine, wenn auch nur geringe Vorstellung von der Versorgung der Freien vermittelte. Ich gab sie gerne hin, denn ich hatte mir schon lange abgewöhnt, Salz zu essen, es wirkte auf uns alle recht unerwünscht, es vergrößerte unseren Umfang, nämlich unser Geschwollensein.

Der Abend der Abfahrt war endlich da. Ich stand auf dem Bahnsteig, auf dem sich außer uns noch viele Fahrgäste befanden. Ich glaubte, den Ort nun für alle ewigen Zeiten verlassen zu können, hatte aber nicht mit der fürsorglichen Regierung dieses Landes gerechnet. Plötzlich hörte ich meinen Namen rufen, laut und über alle Köpfe hinweg. Mich nicht zu melden wäre recht unsinnig gewesen, denn im Zuge fuhren Agenten mit, welche die gewesenen Gefangenen zu überwachen hatten und denen ich nicht entgangen wäre. Ich gab mich also zu erkennen. Es waren zwei Frauen aus dem Lagerkontor, die mich mit aller Freundlichkeit begrüßten, die anscheinend froh waren, ihren Fehler, mir die Abreise ermöglicht zu haben, auszugleichen. Sie teilten mir mit, daß ich die Erlaubnis widerrechtlich erhalten habe und nicht abfahren dürfe. Auf meine Frage, was ich nun tun solle, sagten sie mir, daß das gar nichts auf sich habe, daß morgen früh ein Soldat in den Gasthof kommen und mich abholen werden, um mich an den Ort meiner Bestimmung zu bringen. Wie unerwartet dieses Ereignis auch über mich gekommen war, regte es mich doch nicht sonderlich auf, denn für mich konnte der Kuban ebenfalls keine Freiheit darstellen.

Am Morgen kam ein Soldat mit geschultertem Gewehr und führte mich einen ziemlich langen Weg, der zwischen Bauernhäusern und Feldern zu der Verwaltung eines anderen Lagers ging. Man erklärte mir dort, daß ich zwar frei wäre, nur nicht wegfahren dürfe, warum und aus welchen Gründen, wurde mir nicht mitgeteilt, denn von einer gesetzlichen Basis dazu konnte damals noch keine Rede sein. Ich begann also hier, in Tawda selbst, zu arbeiten. Es war die Poliklinik für freie Lagerangestellte, die mit ihren Familien zusammen eine ganz ergebliche Zahl ausmachten, ein anspruchsvolles Publikum, das dem MWD* unterstand. Außerdem hatte ich alle häuslichen Besuche bei ihnen zu machen. Mein Chef, ebenfalls ein früherer Gefangener, spielte hier den Vorgesetzten nach Lagerbrauch, Fragen wünschte er nicht zu hören und Antworten nur kurz und ohne Umschweife.

Es gab in diesem Dorfe Epidemien, die eigentlich niemals erloschen. Scharlach kam das ganze Jahr über vor und auch Dysenterie, eigentlich Paratyphus. Fälle von Flecktyphus sah ich hier zum ersten Mal, ich hatte in meiner Studienzeit nur seine Symptome kennengelernt, hier aber gab es eine Abteilung im Krankenhaus der Freien dafür. Zweimal am Tage hatte ich Empfang zu halten, die übrige Zeit war ich unterwegs. Von meinem ersten Gehalt hatte ich mir Strümpfe erstanden, schwarze, eine Farbe, die man damals trug, die 60 Rubel kosteten, was recht teuer war. Ich hatte ein Durchgangszimmer gemietet und lebte nun mit einer Frau und ihren beiden Kindern zusammen, wobei sich das Leben aber nur auf das Schlafen bezog, da ich vom Morgen bis in die Nacht hinein arbeitete.

Die schlimmsten Tage waren für mich die der Kommission, die ich nun teilweise selbst darstellte. Rings um diesen Ort lebten Verbannte, die zum Arbeitsdienst verpflichtet waren, Deutsche aus dem Wolgagebiet, aber auch aus der Krim und Grusinien. Sie unterstanden dem MWD, dem Innenministerium, und wurden von uns auf ihre Arbeitsfähigkeit geprüft, nur daß dort meistens gar nichts mehr zu prüfen war. Es waren dies bereits zum Tode verurteilte, die wir dann aus dem Arbeitsprozeß ausschieden. Ich war bei dieser Kommission der Therapeut, mein Chef der Chirurg, außerdem war eine ärztliche Beobachterin vorhanden und ein Sekretär.

Da es sich meistens um ganz geschwollene Leute handelte, hatte der Chirurg wenig zu tun, beobachtete dafür aber umso eifriger meine Tätigkeit, die einer Deutschen, die Deutsche untersuchte und sie demnach auch befreien konnte. Ich mußte bei der Stellung einer Diagnose äußerst vorsichtig sein, um nicht die Kranken, die ich ja gar nicht kannte, und auch mich selbst in die größten Unannehmlichkeiten zu bringen. Doch kam es dazu.

Ich hatte einen Mann untersucht, der kaum noch stehen konnte, dessen Herzgrenze ich nicht feststellen konnte. Das Herz war unwahrscheinlich groß, solche Fälle waren mir natürlich bekannt, hier aber war die Pleura mit einem so ausgiebigen Exsudat gefüllt, daß alles zusammen nur einen einheitlich dumpfen Ton von sich gab. Ich diktierte also mein Ergebnis, hatte aber nicht mit meinem Chef gerechnet. Endlich glaubte er mich erwischt zu haben, rief den Kranken zu sich und hieb mit aller Wucht auf den Brustkorb ein und brüllte: „Nichts dergleichen, alles in Ordnung!"

Die erste, und wie ich glaube ganz natürliche Regung hätte nur das Niederlegen meiner Arbeit sein können. Ich dachte auch daran, allerdings nur für die kürzeste Zeit. Ich wendete mich danach sogar fröhlich an ihn, sagte recht kollegial, daß ich morgen ein Buch mitbringen werde, um die Herzgrenzen zu schützen. „Wetten wir", sagte ich, „es gelingt mir!"

Dieses ungewohnte Angebot machte meinen Vorgesetzten etwas nachdenklich, er schwieg und schickte, mit einer ausholenden Handbewegung, den Kranken ohne Entscheidung fort. Am nächsten Tag brachte ich dann ein Buch mit, das die Herzgrenzen eindeutig aufzeigte, das ich nach dem Tode eines deutschen Arztes geerbt hatte, weil niemand sonst Interesse dafür gezeigt hatte. Dieser Arzt war in einem nahen Lager gestorben. Er hatte mir auch „Domarus"*vermacht, ohne mich allerdings zu kennen, ohne von meiner Existenz eine Ahnung zu haben. Meine ewige Dankbarkeit ist ihm dafür sicher. Mein Chef beugte sich zu dem Buche herab, sah darauf hin und sagte dann verächtlich: „Natürlich, nur in einem deutschen Buche können solche Dummheiten stehen!"

Das war aber doch mehr, als ich ertragen konnte. In der nächsten freien Zeit ging ich zur Verwaltung des Lagers, zum Leiter des medizinischen Sektors, und erklärte ihm, daß ich auf keinen Fall länger in der Poliklinik zu arbeiten gedenke, wobei ich den Grund dazu ohne Umschweife mitteilte. Dieser Leiter war ein recht seltsamer Mann, klug, ein Liebhaber des Dichters Blok*, den er zitierte, wenn er betrunken war, und das war er fast immer. Da echter Spiritus hier nicht zu kaufen war, schickte er mir die unmöglichsten Rezepte, um sie von der Poliklinik aus registrieren zu lassen. Zuerst schien er mir etwas altmodisch, wenn er mich ersuchte, ihm Spiritus mit Himbeersaft gegen Erkältung zu verschreiben, aber da er nicht immer erkältet sein konnte, ließ er seiner Phantasie freien Lauf, kam damit zu solchen Zusammenstellungen, die in anderen Verhältnissen Aufsehen erregt hätten. Dieser Mann verstand meine Lage ganz gut und schickte mich nun in ein Lager zur Arbeit, das selbst in Tawda, mitten im Dorfe, stand.

Ich kann nicht sagen, daß man mich dort freundlich empfangen hat. Die Leiterin des Lazaretts, es hatte vier Baracken, konnte man mit einem einzigen Worte charakterisieren: Sie war eine „Spinne". Sie saß in ihrem Kabinett, ohne je einen Kranken auch nur mit einem Finger berührt zu haben. Sie war dick, aber eigentlich war es nur ihr Bauch, sie hatte sichtbar nur einen schwarzen, kariösen Zahn in der Mitte des Oberkiefers, den sie dauernd mit ihren Fingern auf eine nicht ganz übliche Art verdeckte, sie fingerte vor ihrem Munde herum.

Sie dirigierte ein Heer von Angebern, wußte alles, was in den Krankenbaracken vor sich ging, glaubte den Kranken nie, glaubte anscheinend überhaupt nicht, daß es Krankheiten in der Welt gäbe, außer in ihrem Leib, den sie in recht merkwürdiger Weise pflegte. Sie nahm jeden Tag ein Bad, zu welchem das Wasser filtriert werden mußte, obwohl es die Kranken ganz ohne jeden Eingriff, ja nicht einmal in ganz genügendem Maße zu trinken bekamen.

Das Lager, es waren in ihm ungefähr 3 000 Menschen eingeschlossen, hatte keinen Brunnen, das Wasser wurde in Bottichen gebracht, was die Arbeit eines starken und lieben Pferdes „Mamai" war. Man nährte es mit Speiseabfällen aus dem Lager, die gerade für ein Pferd ausreichten.

Diese Frau gab mir nun eine Arbeit, die sozusagen frei war, zu der sich niemand hier entschließen konnte und wollte. Ich sollte, nach einem Befehl der Verwaltung, die völlig Arbeitsunfähigen zu Arbeitern umwandeln, was mir unmöglich schien und was ich auch nicht verheimlichte. Ich ging an diese Arbeit mit der geringsten Hoffnung heran, die je ein Mensch für eine verlorene Sache aufgebracht hatte.

Man wies mir eine leere Baracke zu, die außerhalb der Krankenzone lag, die selbst noch innerhalb des Lagers mit einem Zaun umgeben war. Es war ein Raum, der eben nur leere Bretter enthielt, die auch eine zweite Etage bildeten und die man mit Invaliden der vierten Kategorie belegte. Was aber diese vierte Kategorie war, ist nicht mit einem Wort zu sagen. Es kamen in ihr alle Altersstufen vor, welche die Menschheit aufzuweisen hat, wenngleich die Jugend überwog. Um eine „vierte Kategorie" zu werden, mußte das Körpergewicht mindestens auf die Hälfte der Norm gesunken sein. Man wog, wenn auch oft nur mit Blicken, die Knochen, nur das Skelett, so sahen diese Menschen dann auch aus. Sie hielten ihr Gerüst mit Hilfe der Haut zusammen, von Muskulatur konnte nicht mehr die Rede sein. Medizinisch war es „alimentäre Dystrophie III“, irreparabel, wie es in den Lehrbüchern steht. Ihre geistigen Fähigkeiten waren soweit vermindert, daß sie fast Idioten glichen, obwohl ich diesen Ausdruck ungern benütze, der doch nur die politische Infantilität im alten Griechenland bezeichnet hatte.

Zuerst gab man mir ungefähr 100 solcher Männer, die ich nicht auskleiden konnte, da auf den Brettern keine Unterlagen und auch keine Decken vorhanden waren. Ich war mit ihnen in dem langen und schlecht beleuchteten Raume allein, sie starben mir meistens schlafend. Wie ich dann diese Frau dazu gebracht habe, mit Heu gefüllte Strohsäcke zu beschaffen, weiß ich heute nicht mehr. Ich hatte mit ihr soviele Kämpfe, daß ich einen davon sicher nicht mehr von den anderen loszulösen vermag. Es dauerte gewiß eine lange Zeit, bis ich ein richtiges Lazarett zustande gebracht hatte, aber es war dann ein besseres als im Lager selbst. Ich bekam Wäsche, meine Kranken lagen auf Kopfkissen, wenn auch nur mit Heu gestopft.

Nach langem gab man mir eine Krankenschwester. Obwohl sie keine richtige war, sondern eine Schullehrerin, die ich anlernen mußte, war sie mir doch eine große Hilfe. Sie war monatelang in einer Todeskammer gesessen, weil sie aus dem von den Deutschen eroberten Twer* nicht geflohen war, da sie ihren kranken Vater nicht verlassen wollte. Eigentlich bekam ich sie nur als Spion der Leiterin zugewiesen. Diese konnte nicht annehmen, daß ich sie soweit beeinflussen würde, daß sie für mich bereit war zu arbeiten, aber das tat sie dann eine lange Zeit und in aufopferndster Weise.

Die Nahrung, die ich für die Kranken bekam, konnte zu einem Heilerfolg nicht ausreichen, ich mußte mich vielerlei Arten bedienen, um zusätzliche Nahrungsmittel herbeizuschaffen. Ich schloß mit dem Krankenhauskoch ein Abkommen, nach dem ich ihm jede Nacht 16 meiner Leute zum Kartoffelschälen gab, wenn er sie nicht hinderte, sich an ihnen satt zu essen. Er ging darauf ein. Außerdem behandelte ich diese Menschen als Kranke, denen ich Medizin und alle Prozeduren zukommen ließ, die mir zugänglich waren und die ich oft auf eine nicht ganz legale Art und Weise für sie erstand.

Leider war mein Vorgesetzter, mein interessanter „Trinkerpoet“, nach einer schweren Erkrankung abgereist, ich hatte nun einen neuen erhalten. Er soll, wie man zu wissen glaubte, schon selbst im Lager gesessen sein, und zwar mit einer für uns ganz unbrauchbaren Beschuldigung: Mißbrauch der Amtsgewalt. Ich hatte mit diesem Mann viele und recht unangenehme Gespräche zu führen. Sie bezogen sich fast immer auf das, was er hatte, und auf das, was er nicht hergeben wollte. Ich hatte in Erfahrung gebracht, daß er schon vor längerer Zeit ein Faß Lebertran erhalten hatte, an dem er sich mit aller Bosheit und Kraft hielt, das er nicht aufteilen wollte. Für meine Kranken aber war das Fett unbedingt notwendig, die Ration, die sie in der Suppe erhielten, war nicht nachprüfbar, war oft überhaupt nicht vorhanden.

Später, einige Zeit nach unserem Kampfe, kritisierte dieser Mann in einer Versammlung die Arbeit seiner Ärzte und stellte mich ihnen als Beispiel hin. Er tat dies allerdings nicht in der üblichen Form, er erzählte ihnen dies folgendermaßen: „Da ruft sie mich an (er nannte dabei nur meinen Familiennamen, ohne mich als Frau anzusprechen), ob sie mich sprechen könne. Zum Teufel mit ihr, sage ich zu mir selbst, wieder ein Kampf, doch erlaube ich ihr zu kommen. Sie werden es nicht für möglich halten, was sie von mir gefordert hat. Ein ganzes Faß Lebertran. Ich dachte, sie sei irrsinnig geworden, aber als sie sprach, als sie erklärte, als sie nicht aufhörte zu erklären, mußte ich es ihr endlich geben. Sehen Sie, so muß man arbeiten!"

Ich hatte mir aus meinen Kranken einen Gehilfen ausgesucht, einen Buchhalter aus der Mandschurei, dem ich aber gleich zu Anfang eine Bedingung stellen mußte, nämlich sich die Hände zu waschen, wenn er bei mir arbeiten wolle. Sie waren sozusagen „chronisch schmutzig", mit einer grauen Haut bedeckt. Die Gefangenen bekamen hier zwar ein winziges Stückchen Seife im Bade, das aber nicht ausreichen konnte, sie zu reinigen, und das sie deshalb zur Ware gemacht hatten, es für Brot eintauschten, ihren Körper daher lediglich mit Wasser erfrischten. Dieser Mann hat sich dann späterhin gut bewährt, obwohl er ein Psychopath war, aber nicht einer, der es erst im Lager geworden war. Er hatte seine unangenehmen Zeiten, in denen er sich weigerte zu arbeiten, in denen er erklärte, daß er es nicht tun könne, und wenn er schon zum Sterben verurteilt sei, dann eben schnell, und so weiter in dieser Art.

Ich ließ ihn dann einige Tage auf seinem Platz liegen, bis er schuldbewußt und schweigsam seine Arbeit wieder aufnahm. Anfangs beschäftigte er sich nur mit dem Schreiben der Krankengeschichten, was mühsam und recht vielgestaltig vor sich ging, entwickelte sich aber im Laufe der Jahre zu einem richtigen Heilgehilfen. Ich versuchte, von dem Zustande dieser Kranken, dieser Dystrophiker*, alles zu erfassen, was sich mir bot, um es in einer vergleichenden Statistik festzuhalten. Ich wollte es nicht wahrhaben, daß meine Arbeit ganz umsonst sein sollte, daß ihr Zustand nicht mehr zu ändern sei. Der

Mann aus der Mandschurei war nicht der einzige aus dieser Ferne, er traf seine Landsleute bei mir. Ein junger Mann von ihnen, der in einem sehr schlechten Zustand war, machte mir manche Sorge. Er war furchtbar mager. Doch das wäre noch nicht das schlimmste gewesen, er hatte aber auch einen vielfachen Herzfehler, der ihn fast hoffnungslos erscheinen ließ. Wie er mir sagte, hatte man ihn aus dem Charbiner* Krankenhaus heraus, nach einem Flecktyphus, verhaftet. Er war der Sohn des Generals Pepelajew*, der, wie sich vielleicht manche erinnern werden, als Emigrant in die Sowjetunion zurückkam, hier verhaftet und erschossen worden war.

Meine ungute medizinische Leiterin ließ mich rufen, fragte mich, ob ein Pepelajew bei mir wäre, und dann auf meine Bejahung hin sofort zu schreien begann. Ich hörte, daß sie nicht verstehen könne, wie ich den Feind unseres Landes halten, wie ich an die Wiederherstellung seiner Gesundheit denken könne. Mit den Worten, daß ich kein Recht habe, ihn länger zu betreuen, schloß sie ihre Rede oder vielmehr ihr Geschrei. Gewiß hatte sie mit meiner Einstellung zu dem Berufe eines Arztes nicht gerechnet, ebensowenig mit der üblichen Logik. Sollte Pepelajew nicht zu versorgen sein, weil er ein Feind war, was waren dann die anderen Gefangenen, etwa Freunde? Ich erklärte ihr, daß ich keinerlei Interesse an den privaten Verhältnissen meiner Patienten habe, und, obwohl ich auch mit Mördern nicht sympathisiere, dennoch versuche, sie zu heilen. Da sie aber auf ihrem Befehl zu bestehen schien, machte ich mich auf, mit dem militärischen Vorgesetzten zu sprechen.

Er war selbst in seinen jungen Tagen verhaftet gewesen und hatte deshalb nur einen sehr niedrigen Rang, er war ein „jüngerer Leutnant", der zu seiner Arbeit, zu seinen Möglichkeiten, seiner Macht in gar keinem Verhältnis stand. Er war ein guter Organisator, ein Mensch, der auf Gefangene niemals einschrie, weder auf sie schoß, noch auf sie schießen ließ, was andere sehr wohl taten, wenn sich eine Gelegenheit dazu ergab. Er schätzte für besonders aufregende Fälle den Wasserschlauch, den er dann allerdings ausgiebig benutzen ließ.

Ich kam nun zu ihm mit meiner Klage gegen die „Spinne", die er ebenfalls nicht mochte, was mir zu Ohren gekommen war, vielleicht waren es nicht einmal meine Gründe, die mir zu einem Erfolg verhalfen, obwohl sie äußerst sowjetisch klangen. Ich versprach nämlich, Pepelajew wieder herzustellen, was nur die reinste Phantasie annehmen konnte, ihn als Arbeiter zu entlassen. Ich wurde sogar pathetisch und sagte: „Wie können wir dem Staate einen Arbeiter entziehen!" Ob dies den Ausschlag gegeben hat, glaube ich kaum, aber ich konnte diesen Kranken danach auf höheren Befehl hin bei mir behalten.

In diesem Lager gab es hunderte, sogenannte politische Gefangene aus der Mandschurei. Alle Menschen, die selbst oder deren Eltern etwas mit der mandschurischen Eisenbahn zu tun gehabt hatten oder aber auch nicht, waren verhaftet worden. Man hatte sie über den Etappenweg, von Gefängnis zu Gefängnis, hierher gebracht. Wie aber die Sowjetbehörde die mandschurische Intelligenz in Charbin gefangengenommen hatte, entbehrt nicht eines gewissen Interesses. Man lud sie freundlicherweise zu einem Bankett ein und erwartete sie in einem festlich beleuchteten Saale. Es kamen Gelehrte, Musiker und Schauspieler, die Männer in Frack, die Frauen in großer Abendtoilette. Es waren so viele gekommen, daß der Saal sie dann nicht mehr aufnehmen konnte. Es war sogar verständlich, daß man ihnen den Vorschlag machte, sich in die ehemalige japanische Botschaft zu begeben, die nach ihren Worten über größere Räume verfüge. Es sei nur der kleinste Weg dazu notwendig, einfach über die Straße zu gehen.

Man kann sich gut vorstellen, wie dieser Umzug dann ausgesehen haben mag. Die Menschen waren fröhlich und unternehmungslustig, die Damen hielten ihre Schleppen hoch und trippelten vorsichtig über Hindernisse, die dieses Straße wohl aufzuweisen hatte. Gastfreundlich öffnete sich das Tor der Botschaft und schloß sich dann auch wieder. Ein Musiker aber, er hieß Koschewnikow, der mir dieses Ereignis erzählte, hatte sich verspätet. Das Haus, in welchem das Bankett stattfinden sollte, war bereits geschlossen. Er klopfte, man öffnete und erklärte ihm, daß alle gegenüber in der Botschaft wären, er zum Bankett gerade noch zurecht käme.

Man empfing ihn ohne Vorwürfe, führte ihn eine Treppe hinab, was ihn bereits wunderte, stieß ihn dann in einen Raum, von dem er selbst nichts aussagen konnte, er war lichtlos. Was er jedoch hörte, war mehr als genug, um seine Lage zu verstehen. Daß Frauen weinten, das war nur das eine, die meisten schrien ganz sinnlos. Namen schwirrten durcheinander, man hatte sich nämlich in der Menge verloren. Da die Verschiedenheit der Vornamen nicht sehr groß war, die Stimmen sich aber durch Angst und Weinen verändert hatten, nicht erkannt werden konnten, mußten die Rufenden annehmen, daß sie von den Ihren getrennt worden wären. Männer sprachen und schrien durcheinander, anscheinend sollten es Proteste sein, die man von sich gab. Es war ein Lärmen und ein Gekreische, die Menge war in einer ständigen Bewegung, man suchte einander. Es ist anzunehmen, daß man dieses auch mit den Händen tat. Fremde und ungewohnte Berührungen entrissen ihnen gellende Schreie. Eine Menge Blinder schob sich solange nebeneinander her, bis Müdigkeit sie überwältigte.

Dort, wo sie zuletzt standen, hockten sie nun auf dem Boden, obwohl manche schliefen, kam es doch nicht zu einer wirklichen Stille.

Es gab hier Menschen, die noch an einen Irrtum glaubten, andere aber, die nur das Erschießen, den Tod, vor sich sahen. Man hielt dann diese Menschen in Gefängnissen und Lagern ohne jede Untersuchung fest. Erst im Jahre 1949 kamen Untersuchungsrichter, eine unglaubliche Menge von „Spezialisten", die als einziges Material gegen sie ein Bündel von Photographien in Händen hatten, die sie den Gefangenen zeigten, die sie erkennen, zu denen sie sich bekennen sollten. Es waren dies Bilder von Verrätern, Spionen und Residenten, wie man ihnen dann später sagte, und man kann sich gut vorstellen, welche Schadenfreude den Untersucher erfaßte, wenn sich ein Gefangener beim Anblick eines bekannten Gesichtes nicht beherrschen konnte. Die Gruppe der Charbiner Intelligenz war nicht so überaus groß, daß sich die Menschen nicht wenigstens vom Gesicht her kannten. Es bedurfte schon einer großen Selbstbeherrschung, bei dem Anblick einer Photographie unberührt zu bleiben, was eine Rettung sein konnte, es aber dennoch nicht war. Diese Gefangenen waren schon zu dieser Zeit am Ende ihrer Kraft, sie erlebten weder ihre Befreiung noch das Ende ihrer Strafzeit. Die wenigen, die sich retteten, konnte man an den Fingern einer Hand abzählen.

Ich selbst hatte auch ein Zusammentreffen mit einem dieser Untersuchungsrichter. Er war der Liebhaber meiner Wirtin geworden, die sogar ihre Kuh verkauft hatte, um ihn mit Wodka zu tränken, anscheinend weil sie der Meinung war, daß er sie heiraten werde. Als ich eines späten Abends von meiner Arbeit nach Hause kam, durch ihr Zimmer ging, befand sich dort dieser Mann völlig betrunken, mit meiner Wirtin weitertrinkend. Ihre Kinder sprangen bereits in Hemden, an denen die Orden des Mannes befestigt waren, und klirrten im Zimmer umher.

Der Spezialist forderte mich zum Mittrinken auf, was ich ablehnte, ihm erklärte, daß ich Alkohol nicht vertrage. „Ach so", schrie er auf, „mit einem sowjetischen Richter wollen Sie nicht trinken? Das soll Ihnen schlecht bekommen. Ich werde alle Deutschen hier vernichten, in zwei Wochen lebt keiner mehr!" Er zog seinen Revolver und zielte auf mich. Ich ging in mein Zimmer, das mir natürlich keinen Schutz gewähren konnte, seine Tür ließ sich nicht schließen, und die hölzerne Wand war so dünn, daß jede Kugel sie durchbohren konnte. Ich habe dann durch sie alle Drohungen gehört, die es im Wortschatz dieser Leute gab, sie waren mir bekannt und nichts Neues, aber hier hatten sie eine besondere Bedeutung. Im betrunkenen Zustande konnte dieser Mensch schießen und hatte viele Möglichkeiten, sich dann zu rechtfertigen. Ich kannte sie bereits, er war keine Ausnahme, er gehörte zu den vielen.

Vergeblicher Kampf mit dem Tod

Das Lagerleben konnte nicht als ruhig gelten, es gab Diebstahl und Mord, vom üblichen Sterben ganz abgesehen. Ein Geschehnis kam aber mit absoluter Regelmäßigkeit alle drei Monate wieder, das war die Überprüfung der Gefangenen auf ihre Arbeitsfähigkeit, die Einteilung in Kategorien. Alle Ärzte, freie und nichtfreie, wurden zu ihrer Bewältigung herangezogen. Die Gefangenen erschienen dazu nackt, sodaß man ihren Zustand sozusagen auf den ersten Blick hin abschätzen konnte.

Vor mir stand ein überaus schmächtiger Junge, der nach seinem Formular die erste Kategorie hatte, sie aber nicht verdiente, schon allein nach seinem Aussehen mußte er zur vierten gehören. Auf die Frage nach seinen Personalien sagte er gekonnt schülerhaft alles auf, was in diesem Dokument verzeichnet war, nur daß die Tätowierungen nicht stimmten. Es waren hier in diesem Formular eine ganze Reihe von ihnen aufgezählt, der Körper des Jungen war aber rein, wenigstens was diese Zeichnungen anbetraf. Ich sagte ihm auf den Kopf zu, daß hier ein Tausch der Formulare vorliege. Kaum hatte er dieses gehört, als er, so wie er nun war, nackt aus dem Zimmer lief, und ich, ohne mich weiter zu bedenken, hinter ihm her. Es war Winter, sibirischer Winter, auch ich war ohne Überkleid. Das Lager war groß, die Baracke des Jungen lag von dem Orte der Kommission weit entfernt, und obwohl er vielleicht schneller lief als ich, verlor ich ihn doch nicht aus den Augen.

Die uns Begegnenden krümmten sich vor Lachen, feuerten uns an, vertraten mir aber nicht den Weg, was sie auch hätten tun können. Der Junge verschwand in einem halb in der Erde liegenden Raum, fiel schwer atmend auf seinen Platz hin, nicht fähig, sofort zu antworten. Auf mein Versprechen hin, die Sache auf sich beruhen zu lassen, gestand er mir, daß er sich bereit erklärt hatte, einem Verbrecher gegen 2 kg Kartoffel die vierte Kategorie zu verschaffen.

Eine unserer ärztlichen Frauen, die an der Front gewesen war, bekam für uns ganz unerwartet eine Uniform, sie wurde Kapitän. Nun hing von ihr die Aufnahme Kranker in das Lazarett ab, sie unterschrieb die Einweisung oder tat es auch nicht. Sie war ein primitiver Mensch, der ein Sanitätsarzt wurde, weil sie gehört hatte, daß Ärzte jeden Tag baden könnten, besonders die im Lager. Das klingt zwar unwahrscheinlich, ist aber wahr, sie hat es mir selbst erzählt. Nach ihren Kenntnissen mußte ich annehmen, daß sie ihr Studium nicht einmal richtig zu Ende gebracht hatte, nun aber hatte sie die Uniform und herrschte. Ihre Kenntnisse waren die geringsten der Welt, aber sie las medizinische Bücher und Schriften mit allem Fleiß. Ich glaube, daß sie sogar Teile davon auswendig lernte, nur daß sie das Material dann nicht verwenden konnte, es fehlte ihr das medizinische Denken.

Eines Tages kam ein Sanitäter ihrer Abteilung angerannt, um mich zu einer Konsultation zu rufen, zu der sie mich auch sonst verwendete. So schnell ich konnte, begab ich mich in das Gebiet ihres Lazaretts und sah, daß man einen Mann zu ihr hineintrug. Er hatte ein gerötetes Gesicht und war bei Besinnung. Auf meine Frage nach seinem Befinden, sagte er, daß er Kopf- und Leibschmerzen habe. Er lag mit ausgestreckten Beinen da, was eine ernstliche Erkrankung des Bauches so gut wie ausschloß. Ohne größeres Nachdenken konnte man eine Lebensmittelvergiftung annehmen, was ich auch dem Kapitän mitteilte. Sie sah mich etwas blöde an, antwortete nicht und forderte den Apparat, um den Blutdruck zu messen. Sie hatte sich nämlich für alle Zeiten eingeprägt, daß Kopfschmerzen etwas mit ihm zu tun haben und arbeitete deshalb ganz mechanisch.

Was sie in ihrer Abteilung tat, konnte ich nicht verhindern, aber gegen die Selbstherrlichkeit, die sie bald bei der Kommission der Gefangenen entwickelte, versuchte ich einzuschreiten.

Man hatte mich, und es war das erste Mal, zur fälligen Überprüfung der Arbeitskategorien nicht zugezogen. Ich war sogar froh, diese schwere und verantwortungsvolle Arbeit nicht machen zu müssen. Als aber schon wenige Tage nach ihrem Abschluß Männer in meine Ordination kamen, alte, die schon lange Invaliden waren, deren Blutdruck weit über 200 war, und behaupteten, daß man ihnen die zweite Kategorie, die schwere Arbeit nicht nur zuließ, sondern forderte, gegeben hatte, konnte ich es nicht glauben. Ich ging daraufhin in das Kontor, um ihre Formulare einzusehen, es stimmte. Die „Uniformierte" wollte mit dieser Tat beweisen, daß ich für die Menge der Invaliden verantwortlich wäre, daß sie mein Werk seien. Ich als Deutsche habe dem Staate Arbeitskräfte entzogen.

Ich begab mich, ohne die Folgen, die ihr Vorgehen für mich haben konnte, weiter zu bedenken, zur Verwaltung, zu ihrem medizinischen Leiter, dem ich eine Katastrophe in Aussicht stellte. Er war nicht weiter aufgeregt, sagte nur, daß die drei Monate bis zur nächsten Kommission schnell vorbeigehen würden und wir dann eine Korrektur vornehmen könnten, wenn sie sich als notwendig erweisen sollte.

Es waren nur drei Tage nach diesem Gespräch vergangen, als einer jener Männer, um die es sich handelte, bei der Arbeit tot umfiel.

Nachdem die Gefangenen zur Arbeit gegangen waren, schien das Lager leer und ausgestorben. Wagen sah man auf seinen Wegen so selten, daß jeder die Aufmerksamkeit erregen mußte. An diesem Tage sah ich nun einen Bauernwagen, auf dem ein Mann in einer unüblichen Haltung saß, saß und auch wieder nicht, einfach hingelehnt war und die Füße von sich streckte, während der Kopf auf seiner Brust lag. „Ein Toter", dachte ich, begab mich auch schon zu dem Wagen und sah meine Annahme bestätigt. Es war ein alter Mann, ein Invalide, den ich vom Gesicht her kannte, nur war es für mich unverständlich, wozu man ihn auf den Wagen gesetzt und dann alleingelassen hatte. Bald erfuhr ich, daß der Mann beim Holzhacken tot umgefallen sei, was natürlich keine große Aufregung hervorrufen konnte, obwohl es ungesetzlich war, einen Invaliden zur Arbeit zu zwingen.

Ich nahm dann später die Leichenöffnung des Mannes vor, die mich sehr beeindruckte. Der Mann war an gebrochenem Herzen gestorben, wie es die Romantiker zu nennen pflegen, obwohl hier die Ursache sicher nicht die Liebe gewesen war. Als dann seine Brust offen zur Einsicht vor mir lag, sah mir der Herzbeutel dunkel und mit Blut gefüllt entgegen. Sein Herz war übermäßig groß und hatte ein Loch in seiner Wand, das sozusagen einen entfalteten Infarkt darstellte. Ich stellte mir das Elend dieses Mannes vor, nicht vielleicht weinerlich, was auch zu verstehen gewesen wäre, sondern in einem gewissen Zorn und einer Aufregung, die man letzten Endes begreifen sollte.

An dem Abend desselben Tages kam ein Arzt aus einem anderen Lager zu mir auf Besuch. Ich war gewiß nicht in einer Stimmung, die für ein unabhängiges Gespräch hätte taugen können, und erzählte ihm fast sofort von dem „gebrochenen Herzen". Er hörte mir recht skeptisch zu, ging dann zu spöttischen Reden über, die meine medizinischen Kenntnisse zum Gegenstand hatten. Er behauptete, daß es einen solchen Fall einfach nicht geben könne. Seine Erklärung, dieses Phänomen betreffend, konnte mir sogar wahrscheinlich vorkommen. Er nahm nämlich an, daß dieser Mann bei der Arbeit das Gleichgewicht verloren habe und gefallen sei, sich dabei die Rippe gebrochen, die dann das Herz durchbohrt hätte.

Wenn ich auch ziemlich sicher war, daß ich mich nicht derart geirrt haben konnte, war ich doch nicht in der Lage, den Kollegen von meiner Variante zu überzeugen. Ich schlug ihm deshalb vor, die Leiche noch einmal daraufhin zu untersuchen, was allerdings seine Schwierigkeiten hatte. Die Morgue* lag zwar im Lager selbst, hatte aber keine Beleuchtung, die, wie man sicherlich annahm, für Tote so ziemlich überflüssig war. Jede Krankenbaracke besaß aber einen Vorrat an Kerzen, da hier das elektrische Licht oft stundenlang erlosch, sodaß das Lager dann in kurzen Abständen Leuchtraketen aufsteigen lassen mußte, um eine mögliche Flucht zu verhindern. Ich nahm also einige Kerzen an mich, um mit ihrer Hilfe die Todesursache endgültig zu klären. Der Vorraum der Morgue hatte an seinen Wänden Bretter in Zwischenräumen angebracht, ähnlich einem Büchergestell, in die man die Leichen schob. Die anderen aber, die das Maß der vorgesehenen Totenzahl überschritten hatten, wurden einfach auf den Boden gelegt. Der Raum war betoniert.

Ich konnte natürlich nicht wissen, wo man mein „gebrochenes Herz" untergebracht hatte, und mußte deshalb den Toten in das Gesicht leuchten, die je nach der Gemeinschaft, in der sie gelebt und gestorben waren, mit geschlossenen, halb offenen oder einfach starren Blicken dalagen. Vielleicht war es gut, daß wir unsere Leiche auf dem Boden liegend fanden. Ich begann den Brustkorb zu öffnen, der mit großen Stichen vernäht war, was natürlich keine schwere Sache sein konnte, ihn aber dann zu entleeren war schon unangenehmer.

Wir hockten beide auf dem Boden zu beiden Seiten der Leiche und legten alles, was ich heute am Morgen hier versteckt hatte, neben uns auf den Boden: das Gehirn, zerstückelte Lungen, die Nieren und auch andere Teile. Ich hatte ihm alles zurückgegeben, was ich in Händen gehalten hatte, er mag es mir verzeihen, wenn ich es nicht an ihren Ort zurücklegen konnte. Endlich hatten wir den Brustkorb leer, ich begann seine Innenwand abzutasten. Nein, Rippen waren nicht gebrochen, die Theorie meines Kollegen brach zusammen, wie oft er auch über die Wände entlang fuhr, er konnte keine Veränderung an ihnen finden. Der Mann war also an „gebrochenem Herzen" gestorben.

Es geschah dann etwas, was in diesen Verhältnissen äußerst verwunderlich war. Man rief eine Versammlung ein, bei der alle Ärzte, aber auch alle Tschekisten teilnahmen. Selbstverständlich wäre es gewesen, diesen Fall einfach zu verheimlichen, wie man es sonst gewohnheitsgemäß tat. Der Leiter des medizinischen Dienstes, eben der, der schon wegen Amtsmißbrauch bestraft worden war, hielt eine Trauerrede auf diesen bedauerlichen Zufall, die Sanitätsärztin, im Range eine Kapitäns, aber verteidigte sich, indem sie mich angriff. Ich wäre ein „fremdes Element" und versuche ihr immer und überall nur Schaden zuzufügen. Auf die verfehlte Kommission ging sie gar nicht weiter ein, beschuldigte mich aber, daß ich einmal einen ihrer Kranken ohne ihr Beisein untersucht hatte.

Diesen Fall konnte ich aber sehr leicht erklären. Sie hatte mich zu einer Konsultation rufen lassen, saß aber selbst in der Badewanne. Ich hatte natürlich keine Zeit zu warten, bis sie aus ihr herausgestiegen war, und schrieb ihr die Diagnose einfach auf. Ich fragte daraufhin die Tschekisten, ob dies ein Verbrechen sei, worauf sie sogar lachen mußten.

Die Überprüfung aller Gefangenen wurde sofort angesetzt, und ich hatte nun die Arbeit, alle Invaliden, die zu Arbeitern erhöht worden waren, wieder in ihre Ruhestellung zu bringen. Nach diesen Tagen hörte ich – gute Leute aus der Verwaltung teilten es mir mit –, daß ich entlassen werden solle. Ich ging zum Leiter der Lager und bat ihn, mir einfach die Wahrheit zu sagen, wie es um mich stehe, und was ich verbrochen hätte. Er war unangenehm davon berührt, daß man mir von dieser Aktion etwas mitgeteilt hatte und gab mir zu verstehen, daß es damit seine Richtigkeit habe und daß man ihn selbst beschuldige, einen Spion zu halten. Verständlicher wurde diese Beschuldigung dadurch, da man wußte, daß ich schon eine geraume Zeit bei eben diesem Vorgesetzten Hausarzt war, seine Familie betreute. Er beruhigte mich insofern, als er mir sagte, daß er in meine Dokumente Einsicht genommen hätte, aus denen klipp und klar hervorginge, daß ich eben kein Spion sei, womit sich die Sache erledige. Um es aber gleich zu sagen, dieses Manöver wiederholte sich noch zwei Male, mit allen beschwerlichen Begleiterscheinungen und Folgen.

In dieser Zeit hatten wir im Lager eine ziemliche Unruhe, eine Spannung, und vielleicht war der Grund dazu sogar gewichtig, wenn auch ein Ereignis dabei dann einer gewissen Komik nicht entbehrte. Ungefähr 20 km von uns entfernt, in fast unzugänglicher Taiga, stand ein Straflager, dessen Insassen sich des öfteren zu Protesten zusammenschlossen, aber auch Einzelaktionen ausführten, die recht phantastisch anmuteten. Einer von ihnen hatte sich, um nicht auf Arbeit gehen zu müssen, an den Boden angenagelt, und dies an einem „christlichen Organ“. Er hatte sich das Präputium, die Vorhaut, dazu ausgesucht. Wie schon aus diesem zu ersehen war, konnte man von den Leuten dort allerhand erwarten, man erlebte es dann auch.

Gewöhnlich fuhr ein Teil der Gefangenen eines zu uns gehörigen Lagers in einem Lastauto, das sich langsam auf klappernden Holzschienen bewegte, zur Arbeit, natürlich unter der nötigen Bewachung. Zu ihrer Unterbringung war im Vorderteil des Fahrzeuges ein ungefähr meterhohes Holzgitter aufgerichtet, hinter dem die Soldaten, mit den Rücken zur Fahrt gekehrt, die Gefangenen im Auge behaltend, standen. Der Verantwortliche dieser Fahrt saß neben dem Chauffeur, mit einem Revolver bewaffnet.

Während einer Fahrt schoben sich dann die Gefangenen allmählich an das Gitter heran, überwältigten die Soldaten, die, an dieses angepreßt, sich nicht verteidigen konnten, und nahmen ihnen die Gewehre ab. Durch das Geschrei aufmerksam geworden, hielt der Chauffeur den Wagen an. Es begann ein Kampf, bei dem allein der Verantwortliche daran glauben mußte, man erschoß ihn. Dem Chauffeur tat man nichts, ebensowenig den Soldaten, die man auf den Boden hinlegte und ihnen alles abnahm, was brauchbar schien. Der Organisator dieser Flucht war ein Militär, wie man wissen wollte, ein „Aufklärer", der dann mit den Gefangenen verschwand. Alles Suchen nach ihnen hatte damals keinen Erfolg.

Da aber ein solches Ereignis auch in anderen Lagern Fluchtversuche auslösen konnte, erinnerte man sich, daß man leichtsinnigerweise den Gefangenen erlaubt hatte, längere Haare zu tragen, als ihnen an diesem Orte zukam. Es gab sogar Männer unter ihnen, die eine richtige „Chevelure"* trugen, darauf stolz waren, sie pflegten und damit paradierten, gewiß als einziges männliches Symbol, das sie hier aufzeigen konnten, einfach die Mähne des Löwen. Zu dieser Zeit mußte ein rasierter Kopf in der Freiheit überaus verdächtig erscheinen, denn er konnte nur entweder einem Deserteur oder einem Gefangenen gehören. Man versuchte also dieser bestehenden „Herrlichkeit" ein Ende zu bereiten, was nicht ohne Kampf, ohne Geschrei und sogar hysterischen Anfällen abging.

Der Mann, der hier die Arbeit eines Friseurs ausführte, hatte sich, was das Aussehen eines Gefangenen betraf, nicht an die Hausordnung gehalten, er trug selbst ziemlich langes Haar, das in goldenen Locken um das Gesicht hing. Vier Männer konnten ihn dann nicht bändigen, er riß sich los, schlug seinen Kopf mit einer solchen Wucht an die Wand, daß er dann mit einer Gehirnerschütterung bei mir zu liegen kam.

Es waren dies die Kopfhaare, die hier eine so große Unruhe verursachten, während das Entfernen der Schamhaare weitaus weniger Lärm machte, was nicht recht verständlich war, da die Prozedur, im Bade ausgeführt, einfach barbarisch, recht schmerzhaft war. Man rasierte die nassen Männer ohne Seife und mit Messern, die so stumpf waren, so ungefährlich, daß man sie selbst Gefangenen in die Hände geben konnte. Der Befehl, die Schamhaare zu entfernen, war aber durchaus nicht sinnlos, er gehörte zu dem Kampf gegen die Läuse, die sich aber auch an anderen Stellen aufhielten, sogar in den Augenbrauen, die aber von einer hohen Behörde niemals angetastet wurden – warum wohl nicht?

Fluchtversuche kamen zu dieser Zeit in unserem Lager nicht vor, doch blieb dieses nachbarliche Ereignis, jene Flucht, nicht ohne Einfluß: sie lockerte auf, sie aktivierte, man begann zu morden. Der erste Mord, der danach geschah, war sozusagen eine stille Angelegenheit. Es gab hier viele „Angeber", die größtenteils bekannt waren, sie genossen Privilegien, die sie als solche verrieten. Im allgemeinen war man aber bei keinem Menschen sicher, daß er sich diesem Berufe nicht hingab.

Eines Tages kam ein Mann, gegen die Lagerordnung verstoßend, nicht in das Ambulatorium gegangen, sondern zu mir in das Lazarett. Er gab vor, an Herzbeschwerden zu leiden. Ich sah den Gefangenen das erste Mal, untersuchte ihn, tat, was in meinen Möglichkeiten war, mußte aber schon nach einem Tag erfahren, daß er mein Verhalten ihm gegenüber öffentlich in seiner Werkstätte gerügt hatte. Er fand es unzulänglich und behauptete, daß bei mir die Kranken außerdem alle Simulanten wären, was doch bei einer Deutschen völlig verständlich sei.

Solche und ähnliche Bemerkungen hatte ich auch schon früher gehört, sie konnten mich nicht aufregen, wären mir auch kaum im Gedächtnis geblieben, wenn dieser Mann nicht kurz darauf ermordet worden wäre. Es war einer der kunstvollsten Morde, die ich hier gesehen habe, und in welcher Form er ausgeführt worden war, hat man mir mit allen Einzelheiten erzählt. In meinem Lazarett lag ein unscheinbarer, kleiner und hinkender Mann, der die Ungunst des Schicksals in Stille zu tragen schien, der in diesem Falle zum Mörder wurde. Er entfernte sich eines Abends, gewiß widerrechtlich, aus meinem Lazarett, so wie er eben war, in der Unterwäsche. Er ging in die Baracke dieses Mannes, über den ich dann erfahren sollte, daß er ein Angeber gewesen war.

Mein Kranker hinkte dann nachdenklich in dem Schlafraum dieses Mannes auf und ab, unaufhörlich rauchend. Plötzlich blieb er vor meinem unzufriedenen Patienten stehen und stieß ihm das Messer in die Brust. Lautlos brach dieser zusammen und starb bereits auf dem Weg in das Lazarett. Bei der Sektion, die ich vorzunehmen hatte, sah ich an der Leiche nur eine kleine blutlose Wunde hart über dem Herzen.

Man sollte annehmen, daß diese Ereignis auf die anderen Angeber hätte wirken müssen, was aber nicht erfühlbar war; die Maschinerie stockte vielleicht ein wenig, aber sie arbeitete unzweifelhaft in derselben Art weiter.

Wie umsichtig die Behörde doch war: Da der Mann einer der Ihrigen war, wurde er nicht in einem Massengrab beerdigt, sondern bekam ein eigenes Grab.

Meine Kranken hatten sich neben ihrer Baracke ein Plätzchen zurecht gemacht, wo sie sich sonnten und auch Domino spielten. Der Zaun, der die Krankenbaracke umgab, war von ihnen nicht weit entfernt, sie konnten die kleine Pforte, die zu uns führte, gut übersehen. Ein mandschurischer Tigerjäger stand als Wächter bei ihr, ein kräftiger alter Mann, dessen Anwesenheit dort aber nur geringen Nutzen brachte, er ließ die Menschen ein und aus gehen, ohne sie weiter zu befragen.

Niemand dachte sich etwas Besonderes, als man an diesem Pförtchen einen großen Mann stehen sah, der anscheinend auf jemanden wartete. Als nun dieser „Jemand" aus der Türe trat, ließ ihn der Sträfling vorbeigehen und hieb ihm dann mit einem Beil, das er für meine Kranken unsichtbar gehalten hatte, einige Male auf den Hinterkopf. Der Mann war anscheinend sofort tot, allgemein behauptete man, keinen Schrei gehört zu haben. Für den Mörder schien die Arbeit getan. Er ging langsamen Schrittes, das blutige Beil schlenkernd tragend, auf eine Baracke zu, aus der ihm ein kleiner und breitschulteriger Mann entgegenkam, um dieses Beil gleich einem Geschenk zu empfangen.

Die Aufregung meiner Kranken, die dieses alles hatten beobachten können, vergrößerte sich aber noch mehr, als man dann den kleinen Mann als Mörder abführte, der es grinsend, und ohne den geringsten Widerstand zu leisten, geschehen ließ. Das war für alle Zuschauer ganz augenscheinlich ein Irrtum, doch erklärte sich die Sache dann ganz einfach. Die Strafe übernahm ein Mann, der bereits 25 Jahre zugewiesen bekommen hatte, der deshalb mit diesem zusätzlichen Mord keinerlei Risiko auf sich nahm – mehr als die Höchststrafe konnte er nicht bekommen.

Es ist anzunehmen, daß die Behörde von diesem Tausche wußte, für sie war anscheinend ein Mörder so gut wie ein anderer. Alles schien in Ordnung zu sein, da niemand Interesse an einer Aufklärung hatte. Der nun zum Mörder Ernannte wurde in das Lagergefängnis abgeführt, das fürsorglicherweise eine Menge Einzelzellen enthielt. Ich beschloß, mit diesem Mann zu sprechen, den Grund des Mordes zu erfahren.

Der Wachsoldat war über mein Vorhaben nicht erfreut, obwohl er keine Befehle in bezug auf so ungebetene Gäste erhalten hatte. Wem kam es schon in den Kopf, solch' unsinnige Dinge zu tun? Er riet mir ab, sprach von der Gefährlichkeit des Mannes, klammerte sich dabei an sein Gewehr, das er vor sich hielt. Soviel ich auch sprach, er ließ mich nicht in die Zelle eintreten, erlaubte mir nur nach langen Verhandlungen, durch das Fensterchen mit dem Mann zu sprechen, das allerdings ohne Glas war, was die Gefahr zu vergrößern schien, die ich aber nicht zu erfühlen vermochte. Als ich endlich in die Zelle sah, war der Mann nicht in der Nähe des Guckloches, erreichte es aber mit einigen Schritten. Er kannte mich und bat um Feuer, das ich ihm auch gab. Auf meine Frage antwortete er bereitwillig, vielleicht sogar etwas pathetisch, schien aber mit seinen Worten das Thema gleichsam erschöpft zu haben.

Meine Frage war im Grunde unangebracht, vielleicht sogar sinnlos. Ich wollte nämlich wissen, ob ihm dieser Mord nicht leid täte. Ich wußte aber doch, daß er selbst ihn nicht ausgeführt hatte, und fragte deshalb wohl so im allgemeinen. Ich stellte damit eine Frage an alle Mörder der Welt. Der Mann antwortete in einem Auflachen, er deklamierte in einer gleichsam veralteten Bühnensprache: „Dem Hunde gebührt ein hündischer Tod!" Ich war verblüfft, weil dieser Mord so ganz und gar nichts mit dem möglichen Tode eines Hundes zu tun hatte, ihm nicht ähnlich war. Auf welche Art aber der Mann, der nun Tote, sein Ende verdient hatte, konnte ich nur ahnen. Es dürfte Verrat gewesen sein, der zu Gericht stand, der hier die verschiedensten Formen annahm, sich auf geschriebene und ungeschriebene Gesetze beziehen konnte.

Das Morden kam bei uns in Mode. Eines Abends sah ich vor den Fenstern meines Kabinetts Menschen hin und her laufen, Offiziere und Soldaten, was recht ungewöhnlich war. Diese freien Personen befleißigten sich sonst hier eines durchaus majestätischen Schrittes. Schnell erfuhr ich dann, daß es sich um einen Mord handle, zu dem allerdings nicht ein einzelner Mörder, sondern viele, eine ganze Baracke voll gehörte, welche die Verwaltung in Bewegung gesetzt hatten.

Vor der berüchtigten Verbrecherbehausung standen die Uniformierten ziemlich leger und untätig. Ich konnte nicht verstehen, warum man meine Hilfe nicht in Anspruch genommen hatte, ich glaubte nämlich als einziger Arzt im Lager geblieben zu sein, was allerdings ein Irrtum war. Auf meine Frage antworteten die Soldaten unernst, ja sogar ironisch. Ich sei nicht mehr nötig, einfach überflüssig, meinten sie, was sich dann aber als Irrtum herausstellte. Dies aber nicht etwa, weil dem Manne noch zu helfen gewesen wäre, das war nicht der Fall, ich mußte nur dann mit einem Kollegen den Leichenbefund aufnehmen.

Der Tote lag zwischen der Tür der Baracke, die leer war, alle Gefangenen waren aus ihr geflohen, geflohen über die Leiche hinwegsteigend. Der Raum faßte ungefähr hundert Personen, mit übereinander liegenden Pritschen, nur durch eine kleine Lampe erhellt, ein düsterer, ein recht unheimlicher Ort.

Leichenschau ist eine penible Angelegenheit. Ich hatte das Zentimetermaß in der Hand und beurteilte damit die Länge der Wunden, allerdings nur anfänglich. Der Mund war linksseitig bis zum Ohr hin aufgeschlitzt, der Schnitt war 10 cm lang, was ich vermerkte. Der Kopf war aufgequollen, vergrößert, das war eines, aber er war auch uneben, hatte Hügel und Einbuchtungen, was darauf hinwies, daß man ihn mit einem harten Gegenstand recht ungebührlich bearbeitet hatte. Der Brustkorb war aufgeschnitten, er klaffte und zeigte seine Organe her. Wollten sie ihm vielleicht in das Herz schauen, oder es herausreißen. Soweit waren wir mit unserer Beschreibung gekommen, als der offizielle Beschauer, ein Tschekist, ankam, der den Befehl gab, die Leiche wegzuschaffen. Als man sie aber dann aufhob, lag unter ihr ein abgebrochenes Messer, dem anscheinend die Stiche, die der Rücken empfangen hatte, zuzuschreiben war.

Man fand ein Holzscheit, an dem blutige Haare klebten. Wir waren mit unserer Beschreibung noch lange nicht fertig, als man uns unterbrach, sie genügte ihnen anscheinend auch unvollkommen. An diesem Morde waren fast alle in der Baracke Wohnenden beteiligt gewesen. Der Ermordete war der Vorsteher des Karzers und hatte sich in dieser Eigenschaft vergangen. Es soll eine wilde Jagd gewesen sein, bei der er ums Leben kam. Man trieb ihn in der Baracke auf und ab, jeder, der es nur wollte und es für richtig fand, tobte sich an ihm aus. Drei Gefangene meldeten sich dann als Mörder, was allem Anschein nach genügte, was der Verwaltung genehm war, und die Sache erledigte.

Es gab hier einen Gefangenen, einen gewesenen Richter, einen früheren Tschekisten, der die Gefahr, in der er sich befand, durchaus übersah. Kaum hatten die Verbrecher seine Anwesenheit zur Kenntnis genommen, als in ihnen auch schon der Wunsch entstand, diesen Mann zu töten, gewissermaßen aus dem Gefühl der Solidarität heraus – "einer für alle!" Die einzige Hoffnung dieses Mannes war das Lazarett, aber leider konnte keine seiner Krankheiten für die Dauer der Haft ausreichen. Er entschloß sich daher zu einem Hungerstreik, der aber wiederum keiner war, da er sich mit keiner Forderung verband, nach deren Erfüllung er das Essen hätte wieder aufnehmen können. Er hungerte also, man könnte sagen, so für sich hin, simulierte sogar keinen Irrsinn, da er anscheinend sich für die nötigen Symptome nicht entscheiden konnte.

Endlich schritt man zur künstlichen Ernährung, wobei er den Mund anfänglich bereitwillig öffnete, später aber geschlossen hielt, es sogar darauf ankommen ließ, sich die Zähne ausbrechen zu lassen, bis man dazu überging, ihn durch die Nase zu ernähren. Er hatte bereits einen Monat diese Tortur ertragen, als man ihn in ein anderes Lager überwies. Es wurde mir nicht bekannt, ob sich seine Lage dadurch verbessert hatte, was schwerlich der Fall war, da überall und in allen Lagern die Politischen mit den Verbrechern zusammen eingeschlossen waren.

Es gab im Lager ein übliches und ein nicht übliches Sterben. Üblich und mit Gleichmut aufgenommen, wenn es im Lazarett geschah, unerwünscht an der Arbeitsstelle und direkt verboten in der Baracke selbst, dennoch kamen alle drei Arten vor. Besonders im Herbst brachte man Sterbende von der Arbeit zurück, oft im Laufschritt, um ihnen den noch gesetzlich erlaubten Tod zu ermöglichen. Man starb an der Vergiftung durch cicuta virosa, durch Schierling. Sie aßen seine Wurzel, die den Hungernden schmeckte. Man starb, aber man wollte nicht sterben, nur wählte man nicht den richtigen Weg dazu, um diesem Tod zu entgehen, von dem man glaubte, daß er nur einen Namen trage und Hunger heiße.

Ewige Verbannung

An einem der Tage des Jahres 1949 rief man mich zu den Tschekisten. Ein Major, einer meiner Patienten, ein notorischer Trinker, lud mich höflich ein, mich zu setzen. Ich mag wohl recht erstaunt auf ihn gesehen haben, als er mich fragte, welche meine Muttersprache sei. Es gab im ganzen Lager, in seiner Verwaltung und selbst im Dorfe niemand, der meine Nationalität nicht gekannt hätte. Ich antwortete ihm aber trotzdem und ohne zu zögern, daß ich eine Deutsche sei, was er mit einem lang gezogenen „Oh" begrüßte. Es schien damit alles in Ordnung zu sein, ihm war gewissermaßen ein Stein vom Herzen gefallen. „Ja", sagte er, „wenn Sie eine Deutsche sind, dann müssen Sie dieses Dokument hier unterschreiben." Er gab mir ein gedrucktes Formular, aus dem ich ersah, was ich zu erwarten hatte. Ich kann den Inhalt selbstverständlich nicht wörtlich wiederholen, er wurde mir aber durchaus deutlich: Alle diejenigen, die während des Krieges zu einer Verbannung verurteilt worden waren, erhielten jetzt „ewige Verbannung". Es waren fünf Nationen aufgezählt: die Kalmücken, die Krimtataren, die Inguschen*, die Tschetschenen* und die Deutschen. Ich glaube, daß ich niemand von diesen, der Ewigkeit Würdigen vergessen habe. Ja, man hatte noch eine Drohung hinzugefügt: Sollte man aber entfliehen, würde man mit 20 Jahren „Katorga"* bestraft werden. Ich glaube, es erübrigt sich, dieses Wort zu verdeutschen.

Ich sagte dem Major, daß dieses Gesetz, wenn es eines sein sollte, auf mich nicht anzuwenden sei, da ich niemals zu einer Verbannung verurteilt worden war. Seine Antwort kam schnell und war in seinem Sinne ganz logisch. „Richtig", sagte er, „man hat Sie nicht verbannt, weil man Sie verhaftet hatte, wenn Sie nicht verhaftet worden wären, hätte man Sie einfach verbannt." Das konnte ich einsehen, aber nicht deshalb habe ich unterschrieben. Meine Lage war ganz aussichtslos, an welchem Orte ich immer zu arbeiten hatte, mußte mir damals gleichgültig sein.

Meine Lage hatte sich durch diesen Akt nicht geändert, denn schon seit Ende meiner Strafzeit ließ man mich von hier nicht wegfahren.

War dieses Gesetz schon damals geplant und erst jetzt rechtskräftig geworden? Das weiß der liebe Gott allein.

Einige Zeit nach diesem Ereignis kam ein Sanitätsinspektor, ein kleiner und mürrischer Mann, ein Feldscher seines Berufes, in mein Kabinett, setzte sich und schwieg. Ich fürchtete ihn nicht, ich hatte überdies keine Lust, mit ihm zu reden, seine Neuigkeiten waren gewöhnlich schon lange die unseren. Da er aber so nachdenklich seine Position hielt, mußte ich ihn doch endlich fragen, was ihn bedrücke. Ein Schwall von Schimpfworten war die Antwort. Diese Worte gingen mich aber weiter nichts an, sie waren ohne festes Ziel herausgeschleudert worden, konnten alles und jeden treffen.

Erst als er sich entladen hatte, teilte er mir mit, daß ein ganzes Dorf nach Swerdlowsk geschrieben und gegen unser Lager Klage geführt habe. Jetzt müsse er diese Sache, die er allerdings mit einem nicht gesellschaftsfähigem Worte bezeichnete, ordnen. Nach dieser Einleitung begann er zu erzählen, von Dingen zu sprechen, die für mich kein Geheimnis waren, und andere, die ich nicht für möglich gehalten hatte, was für mich blamabel war, da ich doch meinte, alle Finessen der Behörde zu kennen.

Er polterte vor sich hin: „Die aus der Mandschurei, die kannten Sie doch, sie waren doch auch früher Ihre Patienten? Welchem Teufel war es notwendig gewesen, sie von hier aus nach diesem verdammten ‚460ten' Lager zu schicken? Hatten sie nicht Platz, hier zu sterben? Starben sie ihnen nicht schnell genug?" – „Aber wieso", fragte ich ganz erstaunt, „kann man Sie für dieses Sterben verantwortlich machen? Sie hatten doch damit nichts zu tun!" – „Mit dem Sterben natürlich nicht, das verantworten die anderen oder auch nicht. Man will mir ihr Begräbnis ankreiden!"

Er berichtete dann, daß sie alle, einige hundert Gefangene, dort gestorben und man sie dann nackt, wie es eben üblich war, in einer Grube in der Taiga begraben hatte.

„Das war doch in Ordnung, oder nicht?" Fragend schaute er mich recht böse an, so als ob ich diese Klage geführt hätte.

Ich verstand noch immer nicht, was eigentlich der Grund seines Kummers war, aber der Mann ließ mir jetzt gar keine Zeit mehr, mich richtig zu besinnen.

„Stellen Sie sich nur vor", schrie er nun schon, „das konnte doch wirklich niemand voraussehen, daß die Hunde die ‚Mandschuren' ausscharren und ihre verdammten Knochen in das Dorf schleppen würden. Ein angenehmes Bild, das muß ich schon sagen, und dieses lausige Dorf hat nur 9 Häuser."

Ja, was konnte ich dazu sagen? Der Mann wollte aber von mir

einen Rat hören, wie er sich aus der Affaire ziehen könne. Meine Meinung, die ich ihm nach kurzem Überlegen mitteilte, war, den Friedhof, wenn er diesen Namen verdiente, weiter in die Taiga hineinzuverlegen, und vor allem die Grube tiefer zu graben und die Toten genügend mit Erde zu bedecken.

„Und wer soll das tun?" schrie er nun schon in wahrer Verzweiflung. „Sind Sie sicher, daß man für diese Arbeit Gefangene bewilligt?"

Hier aber konnte man in nichts sicher sein, ich weiß auch nicht, wie er dann diese Aufgabe bewältigt hat.

Die aus der Mandschurei, es waren doch aber Russen wie sie selbst, waren so gut wie ausgerottet. Unter diesen Gefangenen fand ich einen einzigen Deutschen, den man ebenfalls in Charbin verhaftet hatte. Er war kurze Zeit mein Patient gewesen. Als ich ihn fragte, wie er in diese ferne Stadt gekommen sei, machte er ein recht betrübtes Gesicht und flüsterte: „Wohin gerät nicht ein ungehorsamer Sohn?"

Als man sie alle dann von hier in das andere Lager brachte, sah ich den Mann noch einmal, sozusagen zum Abschied und fragte ihn, ob ich etwas für ihn tun könne. Er wünschte sich nur ein Stückchen weißes Brot, das er dann auch von mir erhielt. Ich hatte aber nicht mit der Spionage im Lager gerechnet, schon abends bei einer Versammlung hatte ich mich deshalb zu verantworten. Der „medizinische Kapitän" trat mit der Beschuldigung auf, daß ich Verbindung mit den Gefangenen unterhalte und sie sogar mit weißem Brot ernähre.

Diese Anklage schien mir mehr als absurd, ich war darüber nicht einmal erschrocken, sagte nur, daß ich es für mein gutes Recht halte, einem Sterbenden den letzten Wunsch zu erfüllen. Ich bekam keine Rüge, wie es gut hätte geschehen können, aber die Frau meines militärischen Vorgesetzten erklärte mir recht unzufrieden, als ich Hausvisite machte, daß ich mit meinem Benehmen die Arbeit ihres Mannes erschwere. Vielleicht konnte ich sie sogar ein wenig verstehen, das Leben im Dorfe und auch im Lager war voller Angst und Unruhe. Man hatte wieder mit Verhaftungen begonnen, die anfänglich ganz ohne System zu sein schienen. In der Nacht fuhren Lastautos, wenn man sie hörte, war an Schlaf nicht mehr zu denken. Man wartete, versuchte zu erraten, wo sie stehengeblieben waren, wer demnach an der Reihe war.

Kurze Zeit danach wurde es klar, daß man diejenigen verhaftete, die es schon früher einmal erlebt hatten, die sogenannten Politischen, die ihnen bekannt waren, zu denen ich auch gehörte. Ja, es war eine schreckliche Zeit, und vielleicht waren es gerade diese unruhigen Nächte, die mich auf den Gedanken brachten, „Sokrates" zu retten.

Ich hatte dem Sterben der Gefangenen an dem Gifte des Schierlings lange genug zugesehen, um mich an ihrem Tode schuldig zu fühlen. Man tat nichts, um diesem Sterben Einhalt zu gebieten, hielt nicht einen einzigen Vortrag, um sie wenigstens zu warnen. Ich verstand aber auch, daß sie uns nicht mehr glaubten, der Hunger war für sie überzeugender als unsere Worte. Er hatte eine seltsame Macht über sie gewonnen, er hob die Zeit auf, sie begriffen vielleicht nur mehr jene Spanne, die notwendig war, um ihre Hand an den Mund zu heben.

Ich dachte über dieses alles nach, wobei mir gewisse Voraussetzungen halfen, mich an diese Arbeit zu machen. Ich hatte mich früher mit Neurologie beschäftigt und kannte die Arbeiten der Leningrader Schule, die ich sehr schätzte. Ich vergaß auch nicht, daß die Natur eine ganz einfache Methode hatte, Schwerkranke zu retten, oder wenigstens den Versuch dazu machte – sie nahm ihnen das Bewußtsein. Zuerst waren es recht spielerische Gedanken, die mich einnahmen, die mich aber merkwürdigerweise meine Müdigkeit vergessen ließen, sogar die dumpfe Angst, die in mir lebte, sie stimmten mich sogar fröhlich. Drei Nächte verlebte ich in einem sonderbaren Zustande. In eben der letzten dieser Nächte fiel mir plötzlich ein, daß man Tote nicht vergiften könne, und erschrak. Mein Herz machte sogar einen kleinen Sprung, weniger über die Absurdität dieses Gedankens, mit dessen Bewertung ich mich nicht abgab, als über die Sicherheit, mit der ich nun wußte, daß ich das Richtige gefunden hatte. Ich entschloß mich zur Narkose.

Am nächsten Morgen fing mein Tag wie gewöhnlich an. Zuerst kam der Mann, der dem wirtschaftlichen Teil des Lazaretts vorstand, ein gewesener Soldat, ein kleiner Jude, der mir alle Klagen und Wünsche meiner Kranken überbrachte und seine dazusetzte. Ja, ich mußte fast jeden Tag Gericht halten, das gehörte auch zu meiner Arbeit. Dieses Mal beunruhigte mich eine Gruppe von Jungen, Deutsche aus der Danziger Gegend, nicht älter als sechzehn Jahre, die ich, gegen den Willen meiner „unbeweglichen Dame“, zur Wiederherstellung ihrer Arbeitsfähigkeit bei mir hielt.

Sie waren eigentlich nicht unfolgsam, hatten aber die merkwürdigsten Notwendigkeiten und lebten sie auch aus. Gerade als wir berieten, wie wir sie außer der nächtlichen Küchenarbeit, die aber mehr oder weniger nur einem zusätzlichen Essen glich, beschäftigen könnten, hörten wir aus ihrem Raum schallendes Gelächter.

Obwohl ich selbst in einer recht guten Stimmung war, konnte ich doch diesen Lärm nicht zulassen, begab mich zu ihnen, um einige strenge Worte zu sagen. Ich fand sie alle lachend um einen Schlafenden sitzen. Auf die Aufforderung, mir den Grund dieser Lustigkeit mitzuteilen, schwiegen sie und entfernten sich von ihm. Der Raum zwischen den Pritschen war eng, als ich in einen solchen eintrat, um diesen Schlafenden zu betrachten, stolperte ich über einen schweren Stiefel, an dem eine Schnur befestigt war, die unter seine Decke führte. Als ich diese dann zurückschlug, zeigte sich mir ein nicht alltägliches Bild. Man hatte diese Schnur an den Penis des schlafenden Knaben geknüpft. Für mich konnte es sich nicht darum handeln, alle zu bestrafen, für mich war jedes Gramm ihres Gewichtes notwendig, das sie im Karzer verlieren mußten, aber ohne Strafe durfte es nicht abgehen. Ich schlug ihnen deshalb vor, einen Schuldigen zu wählen, der für alle büßen sollte, und gab ihnen eine halbe Stunde Bedenkzeit. Ich kann nicht sagen, daß ich diese Zeit besonders ruhig verbrachte. Gewiß hatten sie keine Uhr, aber ungefähr mußten sie erfühlen, wann sie zu kommen hatten.

Nachdem sie die Zeit, wenn auch nicht wesentlich, überschritten hatten, öffnete sich die Tür meines Kabinetts, ein Junge blieb zwischen ihr stehen. Auf meine Frage, ob er der Schuldige sei, antwortete er ernst und bejahend. Ich ließ also den Wachsoldaten kommen, der ihn zum Leiter des Lagers zu bringen hatte. Ich verlangte einen Tag Karzer für seine Untat. Natürlich mußte ich dem Soldaten auch den Grund für meinen Wunsch angeben, der nach dem Anhören dieses Ereignisses in ein wieherndes Gelächter ausbrach. Schon nach kurzem kam er zurück, erzählte mir, daß der Leiter sich vor Lachen gekrümmt und dem Jungen drei Tage Karzer versetzt hatte. Damit konnte ich aber nicht zufrieden sein, es tat mir schon leid, daß ich mir nicht eine andere Strafe für ihn ausgedacht hatte. Ich begab mich in das Kontor und begann mit dem Manne zu verhandeln, der auch jetzt, bei diesem Gespräch, nicht ernst bleiben konnte. Er sagte lachend zu mir: „Bedenken Sie, was sind schon drei Tage für ein so wichtiges Organ!“ Zum Schluß einigten wir uns aber auf einen Tag.

Ich bekam Befehl, ein ärztliches Gutachten über eine Gefangene abzugeben, und begab mich deshalb in das Lagergefängnis. Der Wachsoldat drehte mein Dokument in den Händen und sagte, was er augenscheinlich auch glaubte: „Sie ist eine Lagermörderin, sie hat eine Frau erwürgt, ich werde Sie nicht mit ihr allein lassen!“ Darauf konnte ich natürlich nicht eingehen, es schien mir nicht angängig, eine Frau in Gegenwart eines Soldaten zu entkleiden, was er lange nicht verstehen konnte oder wollte.

Endlich brachte er sie mir, ein schwaches Mädchen, angetan mit einem kurzen Röckchen „Cloche“*, also eines, das zur Lagerelite gehörte. Ihr Gesundheitszustand war schlecht, weder das Herz noch die

Lunge reichten für ein langes Leben aus. Sie war mager, hatte kindliche Arme, diese haben mich anscheinend dazu gebracht, eine Frage, durchaus nichtmedizinischer Natur, an sie zu richten: „Woher haben Sie nur die Kraft zu Ihrer Tat hergenommen?" Ich bekam darauf eine recht kühle Antwort: „Doktor, Sie verstehen Ihre Profession, und ich die meine!"

Auf dem Rückweg aus diesem Gefängnis traf ich Männer, die eine Bahre schleppten. Es lag ein Mann mit Schaum vor dem Munde auf ihr, dessen Glieder in Krämpfen zuckten. Es war eine Schierlingsvergiftung, was ich verstand, es überfiel mich Angst, daß es zu einer Rettung zu spät sein könnte, daß man ihn nicht gleich gefunden, sich zulange auf dem Wege aufgehalten haben mochte. Ohne mich weiter zu bedenken, trieb ich die Männer an, lief neben ihnen her bis zu einem Lazarett, das eine Narkosemaske hatte. Seinem Arzte, einem Wolgadeutschen, erklärte ich in aller Eile, was zu tun sei. Da der Fall der Vergifteten bis jetzt hoffnungslos war und einfach nichts zu verlieren war, nahm er den Mann auf.

Ich reinigte den Mund des Besinnungslosen, das Herz war von den glucksenden Geräuschen der Lungen übertönt und nicht hörbar. Ich injizierte Kampfer und Lobelin und legte die Maske an. Es war eine Äthernarkose, die er erhielt. Es dauerte zuerst nur 20 Minuten, bis die Krämpfe aufhörten und er röchelnd dalag. Aber nicht lange brauchte man zu warten, bis die Krämpfe ihn abermals erfaßten. Wieder legte ich die Maske auf und tat es dann abermals in jenen Abständen, die sie forderten. Es dauerte dieser Zustand viereinhalb Stunden, bis die Krämpfe sich nicht mehr wiederholten. Danach erhielt er ein warmes Bad, lag gewiß noch eine Zeit besinnungslos da, schlief dann in den Tag hinein und wachte endlich auf.

Das war mein erster Fall, den ich retten konnte. Ich freute mich, meine Freude war so groß, zu groß für mich selbst, so daß ich allen, denen ich auch nur zufällig begegnete, diesen Fall mitteilte, mitteilen mußte. Ich berichtete jedem, der es nur hören wollte, und auch denen, die das Gesagte mit höhnischem Lächeln aufnahmen. Ich verstand sie sogar und nahm es ihnen nicht weiter übel. Tausende Jahre starb Mensch und Vieh an diesem Gifte, mir war es gelungen, es zu besiegen, wie konnte man mir da so einfach glauben. Ich hatte schon sieben Menschen auf diese Weise gerettet, als ich mich entschloß, an die Leningrader Kriegsakademie, an Professor Galkin* zu schreiben, der ein Buch über Narkose verfaßt haben sollte, von dem ich nur vom Hörensagen wußte.

Dieser Brief barg für mich Schwierigkeiten und Gefahren. Ich durfte auf keinen Fall irgend etwas vom Lager verlauten lassen, ich mußte verschweigen, daß es sich um Gefangene handelte. Ich konnte meinen Brief nur so abfassen, daß er diese Heilung aufnahm und sonst nichts mehr. Obwohl das ganze Lager von dieser Sache wußte, hörte ich doch kein freundliches Wort. Dies quälte mich nicht besonders, vielmehr die Ungewißheit, wie sich die Akademie zu meinem Versuch verhalten würde. Eigentlich dauerte es nicht lange, bis der Brief ankam, der mit einem nicht erwarteten, ungewohnten Pathos begann: „Ehre und Lob Ihnen, die es in einem so verantwortlichen Falle gewagt haben..."

Ja, dieser Brief hatte auf mich eine besondere Wirkung, er brachte mir meine trostlose Lage so ganz zum Bewußtsein, er sprach nämlich nicht nur von Anerkennung, er enthielt auch die Einladung der Akademie, die dazugehörige experimentelle Arbeit dort zu machen. Ich war aber ein Mensch, der in ewiger Verbannung zu leben hatte, ich mußte diese Einladung ablehnen und durfte sogar den wirklichen Grund dazu nicht mitteilen. Es gibt aber anscheinend auch solche Fälle, bei denen die Zensur nützlich sein kann, wie es hier geschah. Dieser, mein so beglückender Brief war schon vor mir gelesen worden, die Tschekisten hatten ihn begutachtet und luden mich zu einer Unterredung ein. Ein noch junger Major vernahm mich und stellte mir einige, für seinen Rang nicht übliche Fragen, eigentlich ganz ungewöhnliche. Er verstand oder fühlte zumindest, was ich erreicht hatte, und war auf meiner Seite, aber vielleicht auch nur deshalb, weil er von den Ärzten hier eine schlechte Meinung hatte. Besonders mißfiel ihm der Hauptarzt der Poliklinik, von dem ich mich entfernt hatte, der auch späterhin nicht unterließ, bei jeder Gelegenheit gegen mich aufzutreten. Der Major verstand, was eine experimentelle Arbeit für mich bedeuten mußte, und versprach mir deshalb, wenn auch nur mit vagen Worten, etwas für mich zu tun. Ich hatte zwar wenig Hoffnung, war es aber schon zufrieden, daß man mich für diesen Brief, den ich an die Akademie geschrieben hatte, nicht bestrafte.

Am nächsten Tage erhielt ich wieder eine Vorladung, dieses Mal war es ein älterer Mann in einem höheren Range, der mit mir sprechen wollte und es auch tat. Was ich gefunden hatte, war ihm vollkommen gleichgültig, er fragte auch gar nicht danach. Er schrie auf mich ein, wie ich es hätte wagen können, mein „Geheimnis", so nannte er die Methode dieser Arbeit, einem unfreien Arzte, einem Gefangenen mitzuteilen, dazu wären freie Ärzte da, wobei er vergaß, daß ich selbst unfreier Arzt war. Ich hätte meine Helfer aus dem Dorfkrankenhaus nehmen sollen. Er konnte gar nicht verstehen, daß es sich bei diesen Vergiftungen um eine kurze Zeit handelte, in welcher der Mensch noch zu retten war. Das Krankenhaus lag aber einige Kilometer weit von uns entfernt. Wenn man auch von diesem Wege absah, mußte der fremde Arzt erst eine Erlaubnis erhalten, um das Lager betreten zu können, und dieses forderte Zeit.

Ich hatte einen Verweis bekommen, soviel war mir klar. Gleich danach lud man mich noch am selben Tag zu einer Sitzung der Gewerkschaft ein. Sie war keine medizinische, die es hier nicht gab, sie hatte mit der Flößung von Holz zu tun und vereinigte alle freien Mitglieder des Lagers und seiner Verwaltung. Ich war entschlossen, nicht hinzugehen, obwohl ich nicht wußte, was dort verhandelt werden sollte. Da mich ein bewaffneter Soldat dazu abholte, blieb mir kein anderer Ausweg, als zu gehen. Ich fand eine Unmenge Menschen vor, ein ganzer Teil des Raumes war von Tschekisten eingenommen, was nicht üblich war, sie hatten mit der Gewerkschaft sichtlich wenig zu tun. Zuerst wurde der Hauptarzt der Poliklinik für Freie vorgenommen, den man beschuldigte, Leute von der Arbeit befreit zu haben, die man dann auf der Jagd treffen konnte. Diese Beschuldigung war eine ziemlich schwere, nicht nur, daß er dem Staate damit Arbeitskräfte entzog, man konnte annehmen und tat es auch, daß er das nicht der schönen Augen seiner Patienten halber tat. Seine Verteidigung war stockend und schwach, der Vorsitzende drohte, ihm bei der nächsten Gelegenheit das Handwerk zu legen.

Danach kam meine Angelegenheit zur Sprache. Der junge Major fuchtelte mit einem Papier herum, das, wie es sich dann herausstellte, ein Telegramm der Leningrader Akademie war, das mich aufforderte, schleunigst Material, d. h. die zu den Fällen gehörigen Krankengeschichten zu schicken. Der Major hatte sich anscheinend seine Rede genau überdacht, Material gesammelt, das gegen den Hauptarzt gerichtet war, das mich als besonders gewissenhaften Arzt hinstellte. Er malte sozusagen in Schwarz-Weiß. Die Fälle, die er erwähnte, gehörten noch in die Zeit, in der ich in der Poliklinik gearbeitet hatte, Fälle, wo ich Frauen vor dem Verbluten gerettet hatte, die einem verbotenen Eingriff dieses Arztes gefolgt waren. Das, was er sagte, stimmte soweit, nur daß ich sie selbst schon lange vergessen hatte. Die Frau des Majors, die als Krankenschwester in der Poliklinik arbeitete, hatte anscheinend die Unterlagen beigebracht. Diese Erwähnungen waren nur die Einleitung zu einer Rede, der dann der Bericht über die Rettung der Vergifteten folgte. Er schrie es fast heraus, daß ich kein gewöhnlicher Arzt sei, und verlas danach das Leningrader Telegramm.

Der Leiter des medizinischen Lagerdienstes erwiderte darauf schnell, aber ziemlich leise, daß er immer gewußt habe, wer ich sei, und daß er gar nicht verstehen könne, warum ich mich nicht an ihn um Hilfe gewendet hätte. Er sei bereit, alles zu tun, und fragte mich darauf, was mir zu meiner Arbeit fehle. Eigentlich sagte ich nur ein Wort: „Mäuse!“ und setzte erst nach einer Weile hinzu, daß ich sie selbst bezahlen wolle. Da wurde der Mann aber geradezu empört. Er versicherte mir, daß die Verwaltung mit Vergnügen das Geld geben werde, die Erlaubnis aber nach Swerdlowsk zu fahren, würde ich, soweit er sehe, ebenfalls bekommen, obwohl er wußte, daß ich „ewige Verbannung“ hatte, die eine Tätigkeit ohne Bewachung ausschloß.

Zu einer experimentellen Arbeit war mir vor allem der Schierling notwendig, ich begab mich deshalb zu dem Obersten der Lagerverwaltung, der von meiner Arbeit ebenfalls bereits Kenntnis hatte. Ich bat ihn um Erlaubnis, am Flusse, der in der Nähe des Lagers floß, diese Pflanze sammeln zu dürfen. Das Flußufer war nämlich genau so bewacht wie das Lager selbst. Ich bekam deshalb einen Soldaten zugewiesen, außerdem stellte man mir einen Pferdewagen zur Verfügung. Das Wetter war recht schlecht, als ich mich auf den Weg machte, es war kalt und windig. In Begleitung dieses Soldaten und mit einem großen Sack versehen, fuhr ich, soweit es möglich war, an den Fluß heran, an dem riesige Holzstapel lagen.

Cicuta virosa, eben der Schierling, wächst hier zwischen dicken Pfosten, die im Wasser liegen, die das Auffangen der Stämme, welche frei den Fluß herunterschwimmen, erleichtern. Diese Pfosten waren teilweise mit Blättern des Schierlings bedeckt, dessen Wurzeln im Wasser hängen, sie waren glitschig, was meine Schritte klein und vorsichtig machte, doch kam ich zu Fall. Unter dem Grün befand sich eine Drahtschlinge, in die ich geriet, und so mit aller Wucht in das Wasser fiel.

Meine Wattejacke war aber nicht die richtige Kleidung für ein solches Bad, sie zog mich nach unten. Als ich mich wieder hinaufgearbeitet hatte, sah ich den Soldaten mit einem bleichen Gesichte über mir auf den Brettern knien. Er war so erschrocken, daß ich ihn auffordern mußte, mir zu helfen, er hatte dies anscheinend ganz vergessen. Als ich dann tropfend vor ihm stand, hatte er nur einen Rat: „200 Gramm Wodka und ins Bett!“ Da ich aber nun schon einmal naß war, konnte mir hier nicht mehr viel geschehen, und ich beschloß, mit der Arbeit zu beginnen. Ich sammelte einen ganzen Sack Wurzeln, von denen ich Prachtexemplare fand, einzelne von ihnen wogen gewiß ein halbes Kilogramm. Ich nahm auch Blätter und Blütendolden mit, trug einen Strauß davon in der Hand, was zu ironischen Zurufen der Gefangenen Anlaß gab, die jeder Blume, als nicht eßbar, abhold waren.

Der Wagen, der mich aufnahm, hat dann durch mich etwas gelitten. Das Wasser, das ich bei diesem Bade aufgenommen hatte, entzog sich nicht den Gesetzen der Schwere und bildete um mich herum eine Pfütze. Krank wurde ich danach nicht, es fiel mir gar nicht ein, es zu werden.

Da der Schierling getrocknet werden mußte, hängte ich ihn in meinem Zimmerchen auf. Es waren alle Wände damit bedeckt, er roch etwas nach Petersilie, etwas nach Sellerie, was auf die Dauer beschwerlich wurde, mir zu guter Letzt eine recht unangenehme Bronchitis eintrug. Phytonzide* unbekannter Natur taten ihre Wirkung.

Nach diesem Abenteuer war ich bereit, nach Swerdlowsk zu fahren. Es war nach langen Jahren das erste Mal, daß ich mich, einem freien Menschen nicht unähnlich, ohne Wache bewegte. Man hatte mir in der Werkstätte des Lagers aus Eisenstäben einen Käfig gemacht, den ich mit Watte füllte, und, um ihn handlicher zu machen, in ein Stück Verbandstoff knüpfte. Ein Dokument hatte ich bei mir, mit einigen Stempeln versehen, das meinen Mäusekauf legalisierte. Ich war ganz in Ordnung.

Da ich aber niemals in dieser Stadt gewesen war, konnte ich das Institut nicht gleich finden. Es hatte aber dann selbst noch die verschiedensten Gebäude in seiner Umzäunung, von denen das Mäusehaus das am wenigsten zugängliche war. Man konnte seine Abteilung nur über eine Holzleiter erreichen, die ungefähr bis zum vierten Stockwerk eines Hauses aufragte und ziemlich steil war. Als ich dann die Tür zu einem Gange öffnete, wußte ich mit aller Bestimmtheit, daß es sich hier um Mäuse handelte, der Geruch war unverkennbar, er war es aber in einem solchen Maße, daß er schon nach kurzem den Atem beschwerte.

Der ziemlich breite Gang war leer, es war niemand zu sehen. Ich bewegte mich unter der Herrschaft der Mäuse leise, schlich an der Wand entlang, bis ich eine offene Tür fand, um gleich an ihr stehenzubleiben. Das Zimmer, in das ich sah, war lang und schmal. Es hatte ein Fenster, an dessen linker Seite ein Tisch stand, an dem ein Mann saß. Er war im Mantel und hatte einen schwarzen, zerknitterten Filzhut auf, Galoschen an den Füßen, die er weit von sich bis zu einem Stuhl hinstreckte, der nur drei Beine hatte. Als ich dann vor dem Manne stand, fiel mir auch seine Brille auf, die schief über der Nase hing. Sie hielt sich nämlich nur an einem Ohr, sie war beschädigt. Der Mann war so freundlich, mich zum Sitzen aufzufordern, warnte mich aber gleichzeitig davor, jenem Stuhl zu trauen, und empfahl mir, lieber stehenzubleiben.

Auf meine Bitte hin, mir die Mäuse zu überlassen, hatte er viele Einwände. Erstens wären die Mäuse durchaus nicht Swerdlowsker Mäuse, wie ich anscheinend glaube, es wären Mäuse, die man mit einem Flugzeuge gebracht hatte und die deshalb auch teuer wären. Außerdem, setzte er mit einem Seufzer hinzu, wären sie krank. Eine vollkommen unbekannte Epidemie hätte sie erfaßt, und er könne mir deshalb keine Garantie leisten, daß ich sie lebendig nach Tawda bringe. Ich hörte mir dieses alles an und ersuchte ihn mit aller Freundlichkeit, mir die Rechnung für 25 Mäuse auszustellen. Dieser Mann, im Geiste Tschechows geboren, war hier an diesem Platze höchst zufällig vorhanden, anscheinend nur zu dem Zwecke, um mir Mäuse zu verkaufen.

Endlich fing er umständlich zu schreiben an. Von Zeit zu Zeit schaute er durch seine schadhafte Brille auf mich, aber auch über sie hinweg, allein um sich zu vergewissern, daß ich noch vorhanden sei und er diese Schreiberei nicht umsonst ausführe. Er wurde von Zweifeln gequält, ob er die Zahl, die ich gefordert hatte, auch richtig verstanden oder vielleicht sogar eine falsche eingetragen hatte. Er fragte mich ziemlich streng, warum ich eine ungerade Zahl gewählt hatte, wo doch die Tiere paarweise lebten. Er wiederholte, daß die Mäuse krank wären, eine durchaus unbekannte Krankheit, die Leber schwelle auf, und wer könnte da für sie bürgen? Auf keinen Fall könne es das Institut tun, auch er persönlich sei dazu nicht in der Lage. Vielleicht sollte ich die Mäuse lieber nicht kaufen, aber jetzt wäre es leider zu spät, sich anders zu entschließen, da er bereits die Rechnung geschrieben hätte. Endlich hatte ich das Dokument in den Händen und besprach mich mit ihm, da mein Zug erst um Mitternacht abging, die Mäuse um 9 Uhr abzuholen, was er auch erlaubte.

Um diese Zeit war es bereits dunkel, und ich sah die steile Leiter mit einiger Besorgnis an. Wäre ich, so wie man vielleicht annehmen könnte, wie alle anderen Menschen gekleidet gewesen, hätte sich die Gefahr bei diesem Auf- und Abstieg wesentlich verringert. Ich hatte aber an den Füßen Gummistiefel, die mir einige Nummern zu groß waren. Schuld an dieser Größe war niemand anderer als ich selbst, man sollte eben unter solchen Umständen nicht so kleine Füße haben. Mein Gehen erhielt dadurch eine gewisse Unsicherheit, ich konnte mich auf meine Beine nicht ganz verlassen. Außerdem trug ich eine lange Pelerine, die als wasserdicht galt. Wenn es auch stimmte, daß sie es war, zeigte sie doch in ihrem Wesen einen so starren, eben undurchlässigen Charakter, der mich am Gehen hinderte.

Ein Überlegen hatte in diesem Falle gar keinen Wert, ich unterließ es auch nach kurzem, kroch die Stiege hinauf und wurde von dem Manne empfangen. Er nahm mir den Käfig aus der Hand und verschwand mit ihm. Als er dann nach ziemlich langer Zeit zurückkam, hatte er ein recht besorgtes Gesicht. Er stellte mir eine Frage, die einigermaßen seltsam anmuten mußte: „Wollten Sie Katzen von hier wegtragen? Ihr Käfig taugt nicht, die Stäbe stehen zu weit auseinander. Verstehen Sie?“ Ich verstand zwar, aber die Gefahren, die mit diesem Umstand verbunden waren, erlebte ich erst später. Ich hatte noch einige Fragen an diesen Mann zu richten, die mich bedrückten, vor allem die des Geschlechtsunterschiedes bei Mäusen. Er sah mich sogar recht böse an, als er dieses Wort hörte, und sagte polternd: „Natürlich gibt es diesen auch bei ihnen, was ist da viel zu verstehen?“ Er fingerte in der Watte herum, zog eine Maus am Schwanze aus dem Käfig, hielt sie mir so hängend vor das Gesicht und sagte nichts anderes als „Männchen“. Ich schaute und schaute und sah nichts, was darauf hindeuten konnte. Es war für mich einfach eine leere Stelle da. Danach packte er eine andere Maus und erklärte mir, daß es ein Weibchen wäre, an dem ich aber auch nichts Weibliches entdecken konnte. Ich gab es auf, annehmend, daß es anscheinend bei Mäusen nicht darauf ankäme, wie sie dort aussehen, und daß diese Minimalität sicherlich nur mittels des Mikroskops zum Vorschein gebracht werden könnte.

Die andere Frage, die ich stellte, bezog sich auf die Ernährung meiner Versuchstiere, auf diesem Gebiete schien er Meister zu sein. Sie waren demnach sehr anspruchsvoll, forderten gesondert Vitamine, Lebertran und auch eine gewisse Abwechslung in der Nahrung. Da dieses alles war, was ich von dem Manne wissen wollte, nahm ich Abschied.

Mit meinem Käfig kletterte ich, mit aller Vorsicht, die Treppe hinab, ihr den Rücken und nicht das Gesicht zukehrend. Er war schwer, es mochten wohl die Eisenstäbe daran schuld sein, ich trug ihn mit beiden Händen an meinen Bauch gepreßt. Schon zu dieser Zeit verspürte ich gewisse Bewegungen, die mir aber erst sichtbar wurden, als ich in der Straßenbahn saß. Ich hatte einen Platz erhalten und hielt den Käfig auf meinen Knien. Schon nach kurzem sah ich auf dem Verbandsstoff sich bewegende Beulen, eine da und andere dort. Es war klar, daß die Mäuse den Käfig verlassen hatten und nur mehr durch das dünne Gewebe des Stoffes von der Freiheit entfernt waren.

Ich begann auf den Käfig zu klopfen und die Beulen zurückzudrängen, was möglich war. Ich konnte nicht glauben, daß es nur einige Tiere waren, die immer wieder zu entkommen suchten, mußte vielmehr annehmen, daß in dem Käfig ein allgemeiner Aufstand ausgebrochen sei, der mich zu immer schnelleren Bewegungen brachte, um den Stoff zu entlasten. Meine Arme schlugen und meine Hände tasteten auf dem Käfig herum, was meine ganze Aufmerksamkeit in Anspruch nahm, sodaß ich nicht bemerkt hatte, daß um mich herum ein leerer Raum entstanden war. Das Publikum war von mir abgerückt, was verständlich war, da sie doch die Geschichte dieser Mäuse nicht kannten.

Dann am Bahnhof mußte ich mich entschließen, meine Fahrkarte umzutauschen, es war einfach nicht angängig, mit den Mäusen in der von Menschen überfüllten „Harten Klasse“ zu fahren. Von Schlaf war keine Rede, ich tastete die ganze Nacht an dem Käfig herum und war bei meiner Ankunft nicht sicher, auch noch eine der Mäuse zu besitzen. Ich hatte mich aber geirrt. Mit der freundlichen Hilfe einer Krankenschwester begann ich die Mäuse herauszuziehen, zählte sie ab, es waren 26 Stück. Hatte der seltsame Mann die Paarlosigkeit nicht ertragen können und eine Maus hinzugefügt oder hatte er sich einfach verzählt? Von einer Geburt in der Eisenbahn konnte keine Rede sein, ich hatte nun 26 erwachsene Mäuse „einheitlichen Geschlechts“.

Außer der an den Wänden hängenden Cicuta beherbergte ich nun auch die Mäuse in meinem Zimmer. Sie rochen, aber die Cicuta tat es auch, das wäre alles noch nicht so schlimm gewesen, wenn sie nur in der Nacht geschlafen hätten, was sie aber nicht taten. Sie sprangen vielmehr herum, quiekten und fraßen, begannen wohl auch plötzlich einen Kampf, den ich dann im Halbschlaf als punischen Krieg erkannte, was mich dann am Tage wunderte, wofür ich aber weiter keine Erklärung suchte. Von Zeit zu Zeit starb eine, die bei der Sektion eine große weißliche Leber zeigte, sie wurde ohne jede Diagnose begraben.

Da mein Zimmer für ein Laboratorium nicht taugte, mußte ich versuchen, einen Raum zu erhalten, und ich erhielt ihn auch. Er war eine kleine Kammer in der Morgue, die weder Beleuchtung noch Wasser hatte, was mich aber nicht weiter beunruhigte. Nur daß sie nicht heizbar war, mußte man als Fehler ansehen, die Mäuse dort zu halten war ganz unmöglich. Ein Veterinär hatte mir ein Mikroskop zur Verfügung gestellt, das ich in das Lager in seinem üblichen Holzkasten brachte. Schon nach einigen Stunden bekam ich von den Tschekisten eine Vorladung. Man hatte mich in einem durchaus nicht anonymen Schreiben – es kam von der „Spinne“ – beschuldigt, Gifte in das Lager gebracht zu haben. An den Holzkasten des Mikroskops konnte ich gar nicht denken, doch war es dieser, der die Verdächtigung ausgelöst hatte. Das war aber durchaus nicht schlimm, das war sozusagen eine Kleinigkeit, die ich aufklären und für die man mich nicht bestrafen konnte. Schlimmer war, daß dieses eigentlich nur die Einleitung zu einer Aktion war, die dazu dienen sollte, mich von hier ganz zu entfernen.

Man begann mir zu versichern, daß das Lager für eine wissenschaftliche Arbeit nicht tauge, denn wem könnte man schon zumuten, in der Morgue zu arbeiten. Da hatte der Mann eigentlich recht, nur vergaß er, daß ich mich täglich und für lange Zeit in ihr aufhielt. Meine Anwesenheit dort galt den Verstorbenen, ich überprüfte die Ursache ihres Todes, wie das Gesetz es vorschrieb. Der Mann schlug mir ein Lager in der weiteren Taiga vor, daß man, wie er gleichsam entschuldigend bemerkte, nur mit dem Flugzeuge erreichen konnte. Er wollte mir dort ein ganzes Haus zur Verfügung stellen. Ich hatte von diesem Lager gehört. Dorthin schaffte man nur Verbrecher mit einer Strafzeit von nicht weniger als 25 Jahren. Ihre Bewachung war dort recht spärlich, man benötigte sie nicht, das Lager war von Sümpfen umgeben.

Ohne es mir lange zu überlegen, sagte ich schroff: „Ich kann nicht nur die Vergiftungen zunichte machen, ich kann mich auch selbst vergiften!" Das war vielleicht unüberlegt, wenn ich es heute bedenke. Für mich war der Selbstmord von jeher eine unbrauchbare Angelegenheit gewesen, mußte es auch weiterhin sein, was auch geschehe. Der Mann schwieg darauf, sah mich nur recht seltsam an. Ich verließ ihn ohne besonderen Abschied und habe von seinem Plane nichts mehr gehört.

Es ergab sich, daß ich den Lagerleiter sprechen mußte, dessen Kontor nicht weit von meiner Baracke stand. Ich klopfte an sein Zimmer. Ohne eine Antwort zu erhalten, öffnete ich vorsichtig die Tür und sah diesen Mann, mir den Rücken zukehrend und sich auf dem Tisch lümmelnd, telephonieren. Ich wollte ihn nicht stören und blieb deshalb gleich am Eingang stehen. Was ich dann hörte, konnte mich wenig erfreuen, hielt mich aber am Platz fest. Mit wem er sprach, wurde mir nicht klar, aber soviel verstand ich, daß er sich entschlossen hatte, sein Lager von Juden zu säubern, wie er sich selbst ausdrückte. Er brüllte dies in dem üblichen Jargon des Lagers, und die in dieser Sprache eingeschlossenen Flüche klangen durchaus überzeugend. Er war ohne Zweifel betrunken, so hatte ich keine Hoffnung, meine Angelegenheit zu erledigen. Ich verließ deshalb leise, so wie ich gekommen war, den Raum.

Wieviele Juden im Lager selbst waren, wußte ich nicht, aber in meinem Lazarett lagen sechs von ihnen, Invalide, darunter ein Ingenieur mit einem sehr hohen Blutdruck. Es war mir klar, daß ich diesen Plan vereiteln mußte, wozu mir allein mein „jüngerer Leutnant", der Leiter des Lagerkomplexes, tauglich schien. Er hörte mich, so wie es seine

Gewohnheit war, ruhig an, schien aber dann meine Forderung, die Juden nicht auf eine Etappe zu schicken, schwer ausführbar zu halten. Er riet mir, mit dem Tschekisten, der für diese Sache zuständig war, zu sprechen, was aber soviel hieß, als daß er selbst die Macht nicht hatte, darüber zu entscheiden.

Der Tschekist war einfach grob und drohte mir, daß ich es büßen werde, wenn ich die Unterschrift verweigere. Ohne Einverständnis des Arztes konnte man nämlich Kranke nicht aus dem Lazarett zur Etappe nehmen. Einige Tage darauf verweigerte ich die Unterschrift, die Juden blieben bei mir im Lazarett.

Es kamen die Novemberfeiertage heran, die besondere Maßnahmen forderten. Man untersuchte in diesen Tagen die Gefangenen auf alle Dinge, die schneiden oder stechen konnten, damit ist aber noch nicht gesagt, daß sie Messer suchten. Diese, die es hier gab, waren von den Gefangenen selbst aus verschiedenstem Material angefertigt worden. Es gab gute, aus einer Feile hervorgegangene, viele schlechte, die nur ein Stück Eisen zur Mutter hatten. Es wurden auch Nähnadeln abgenommen, obwohl sie auf den ersten Blick wenig als Mordinstrument brauchbar waren. Sie waren ziemlich plump, ihre Herstellung erforderte nicht wenig Mühe. Auch alle Gläser und Flaschen verließen das Lager. Die Gefangenen hatten sich natürlich auf diese Untersuchung vorbereitet, es gab überall Spalten und Ritzen, in denen man Sachen verbergen konnte. Wenn gar noch Schnee lag, konnten die Soldaten nur kleine Erfolge bei der Durchsuchung erzielen.

Schlimmer als in den Baracken wirkte sich der Feiertag in den Lazaretten aus. Man versiegelte die Skalpells und die Scheren, kaum daß man eine Spritze bewilligte. Hier dachte niemand daran, etwas im Schnee zu verstecken, es war ja nicht persönliches Eigentum. Wenn Unglücksfälle in diesen Tagen vorkamen und die Instrumente fehlten, war dann niemand dafür verantwortlich. Die Küchen, die allgemeine für Gefangene und die für die Kranken, erhielten eine besondere Aufsicht. Es waren dies meistens Ärzte aus fremden Lagern, die dann um 5 Uhr früh anfingen, die Speisen zu kosten, was aber in ihnen keinerlei Veränderung herbeiführen konnte, keinen Einfluß ausübte.

Man schickte mich zur Überprüfung der Küche in ein Lager, das ungefähr 20 km von Tawda entfernt lag. Ich bat, man solle mich hier im Lager verwenden, und erklärte ihnen, daß ich auch meine Mäuse zu versorgen habe, doch alles half nichts. Man hatte viele und sogar recht liebenswürdige Worte für mich. Man versprach mir, die Tiere zu füttern, sie warm zu halten. Man machte die drei Tage, an denen ich abwesend sein würde, zur Bagatelle, man wollte gar nicht verstehen, daß irgend etwas geschehen könnte.

Ich übergab also jenem Arzt, der mir bei dem ersten Fall, bei der ersten Narkose geholfen hatte, meine Tiere und fuhr mit einem Lastauto ab. Es war nicht ein solches, das mit Benzin betrieben wurde, man fütterte es mit Holzklötzchen. Ungefähr in der Mitte des Weges versagte es in Nacht und Kälte. Ich kam zu spät, um die Speisen zu kosten, was aber ganz belanglos war. Das Lager, in das ich eingefahren war, hatte als Bewohner fast ausschließlich Letten, denen man zur Abwechslung Verbrecher der schlimmsten Sorte beigegeben hatte. Die Letten waren korrekt, aber ziemlich kühl, was man verstehen konnte. Die Verbrecher verhielten sich in der ganzen Zeit ruhig, standen anscheinend unter einer festen Hand, das war fühlbar, obwohl ich ihren Ataman nicht zu sehen bekommen hatte. Die festlichen Tage gingen vorbei und hatten ihr Gutes für das Lager, sie waren arbeitsfrei.

Mein erster Gang nach meiner Rückkehr führte mich in mein Lazarett, wo mich große und kleine Unannehmlichkeiten erwarteten. Man hatte die Juden in meiner Abwesenheit verschickt – man hatte mein Lazarett „von Juden gesäubert". Es war noch ein Glück, daß man meinen Hausdiener, der doch ebenfalls ein Jude war, nicht angerührt hatte. Ich hatte es nicht vorausgesehen, daß man sich zur Vernichtung der Mäuse entschließen würde, aber man hatte es getan. Wie man mir sagte, waren sie erfroren, vom Verhungern sprach man dabei nicht. Man entschuldigte sich mit dem großen Frost, für den doch niemand verantwortlich sein konnte, oder? Man schaute mir dabei, ohne zu blinzeln, in die Augen. Der Hauptschuldige war nach meiner Meinung der deutsche Arzt, der auch der Verwaltung vorgeschlagen haben soll, fernerhin die Betreuung der Vergifteten zu übernehmen, der versicherte, mich dazu nicht nötig zu haben.

In diesen Tagen traf ich einen Arzt, der nicht in meinem Lager arbeitete, der mir recht höhnisch mitteilte, daß er ebenfalls zwei Vergiftete gerettet hatte. Freudig fragte ich, wie es ihm gelungen sei, worauf er mit einer harten Stimme antwortete: „Das werde ich Ihnen nicht sagen!" Diesem selben Mann hatte ich gleich nach meinem ersten Erfolg und voller Freude mitgeteilt, was zu machen sei, um die Wirkung des Giftes aufzuheben. Erst später erfuhr ich dann, daß er sich auch daran gehalten hatte. Nein, es war nicht das Recht der Erstgeburt, um das es sich hier handelte, was mich betrübte, war das Benehmen meiner deutschen Kollegen.

An dem Tage meiner Rückkehr in mein Lager mußte ich auch Gericht halten, es war ein Diebstahl vorgekommen. Es handelte sich um eine nicht wesentliche Sache, aber durchaus nicht um eine Kleinigkeit im Sinne der Lagerbewertung. Man hatte ein Säckchen, ein „Kisett", wie es hier genannt wurde, mit Tabak gefüllt, seinem Besitzer abgenommen. Man kannte den rothaarigen Dieb, der erst vor kurzem angekommen war. Ich ließ ihn rufen und hatte mir schon die üblichen Worte zurechtgelegt, die, wie nicht anders möglich, auch gewisse Drohungen zu enthalten hatten, als der Junge eintrat. Er war groß und äußerst mager, seine Haut war fast farblos, sein Haar war ein Feuerbusch. Er begann sofort, ohne nur die kleinste Weile zu warten, mit mir zu sprechen, als ob ich der Mensch wäre, der alles verstehen könne. „Doktor", sagte er, „verstehen Sie, die Quasten hingen aus der Tasche, wer kann da schon widerstehen? Ich gebe ihm den Tabak zurück, wenn er schon so kleinlich ist!" Er blickte mich dabei so unschuldig an, daß es mir selbst komisch erschien, ihn dafür zu bestrafen.

Ich machte daraufhin mit ihm einen Vertrag, der vorsah, daß er, solange er sich bei mir aufhielt, niemals Fremdes anrühren werde, was er versprach und auch hielt. Als er dann später mit einer Etappe vor dem Tor des Lagers stand, hielt er seine Hände, die Finger schnell bewegend, vor der Brust und fragte mich: „Doktor, jetzt darf man?" Es war ganz verständlich, was er wollte, es war die Erlaubnis zum Diebstahl. Ich sagte ihm, wenn er sich halten und es seine Gesundheit erfordern würde, könnte er wieder zu mir kommen, was nach Monaten auch geschah.

Lagerspiele

Ich hatte ein schweres Leben, war von vielen Feinden umgeben, die bereit waren, alles daran zu setzen, um nur bei mir, in meinem Lazarett Fehler zu entdecken. Ich mußte eine Kommission nach der anderen ertragen, aber es gab eine darunter, die sogar einen recht belustigenden Ausgang nahm. Mein Lazarett war nach mancher Mühe und manchem Kampf recht freundlich geworden, wenn auch nur im Vergleich zu den anderen. Es hatte Applikationen an den Lampenschirmen, die in angenehmen Farben leuchteten. Meine Krankenschwester färbte Stücke zerrissener Hemden mit rotem Streptozid*, das es zu dieser Zeit noch gab. Auf dem langen Tisch lag eine Decke aus weißem Verpackungsmaterial, gut zusammengestückelt, mit einer schwarzen Kreuzstichkante umrahmt, die einfach mit einem gewöhnlichen Nähfaden ausgeführt war. Meine Kranken hatten eine kleine Bibliothek, die ich für sie gekauft hatte, die aber schwer zu schützen war. Die Gefangenen hatten doch kein Papier, um zu rauchen, und konnten natürlich der Versuchung nicht widerstehen, ein Blättchen aus einem Buche, gewöhnlich aus der Mitte heraus, zu diesem Zwecke zu benutzen. Jedes Buch mußte daher bei der Ausgabe überprüft, fehlende Seiten angemerkt werden.

Das aber, was für die Kommission besonders verwunderlich war, waren unsere Vorhänge an den Fenstern. Sie waren aus Verbandstoff, wiesen aber Durchbrucharbeit auf, welche die Kranken – es waren Männer – selbst ausgeführt hatten. Mein bester Handarbeiter war ein großer Bandit, sowohl des Wuchses als auch seiner Tätigkeit nach. Er hatte sich in einem anderen Lager vier Finger abgehackt, um als Invalide leben zu können, was er aber seines Gesundheitszustandes halber – er spuckte Blut – auch sonst hätte erhalten müssen. Als ich die Handarbeiten für die Vorhänge verteilte, überging ich ihn, was einen so eindringlichen Protest von seiner Seite hervorrief, daß ich mich bequemen mußte, ihm die Technik dieser Arbeit beizubringen. Er war mein bester Arbeiter, saß in seinem Bette, sah und hörte nichts und nähte. So traf ihn eines Tages die Kommission an. Seine Biographie schien ihr bekannt zu sein, sie umringten ihn, zuerst staunend und dann aus vollem Halse lachend. Sie vergaßen darüber sogar, Läuse, Wanzen und Spinnweben zu suchen. Es war für sie ein Phänomen, ein gebändigter Mörder, der sich am Ende seines Lebens mit Ajourarbeit beschäftigte.

Ich hatte auch Spiele für die Kranken beschafft. Es war da eines dabei, das sie besonders erfreute, es hieß „Fünfzehn", die Amerikaner sollen damit schon manche Wette verloren haben. Es waren fünfzehn Nummern auf einer Unterlage von 16 Plätzen, die man zu verschieben hatte, um die Reihenfolge der Ziffern herzustellen. Leider gab es dabei eine Lage, die einfach hoffnungslos war, soviel man auch schob, sie ließ sich nicht ändern.

Dieses Spiel hatte ich vergrößern lassen, Brettchen mit großen Nummern lagen nun auf unserem Tisch und erregten die Aufmerksamkeit der Kommission. Anfänglich schauten sie das Spiel recht verächtlich an, einer von ihnen ließ sich hören, daß solches kindisches Zeug hier vollkommen überflüssig, ja sogar schädlich wäre. Darauf erwiderte ich allen Ernstes, daß ich nicht glaube, daß er fähig sei, diese „Fünfzehn" zustande zu bringen. Sofort begann er die Hölzer zu verschieben, wobei die ganze Kommission, es waren elf Männer, über den Tisch gebeugt teilnahmen. Zuerst kam es nur zu Ratschlägen, dann wurde aber schon eingegriffen, was zu zornigen Ausrufen Anlaß gab. Mit einem Wort, die Kommission spielte und hatte uns ganz und gar vergessen. Ich will nicht sagen, daß sie danach nicht beschämt gewesen wäre, sie bekannte sich natürlich nicht dazu, aber es war sichtbar, daß sie ihr Vergehen erfühlten. Mein Lazarett bekam danach eine Bewertung, die des Lobes voll war, was mich eigentlich wunderte und nicht gut zu diesem Vorgang paßte.

An einem der nächsten Tage erlebte das Lager einen ganz ungewöhnlichen Schock. Als die Leute nach der Arbeit ans Tor kamen, sahen sie knapp danaben eine Bahre, auf der eine Leiche lag, nackt, mit heraushängenden Gedärmen. Es war die eines Gefangenen, nicht nur auf der Flucht erschossen, sondern auch noch mit dem Bajonett bearbeitet. Männer, die, wie man annehmen mußte, schon allerhand gesehen hatten, schrien und heulten vor Entsetzen. Was die Frauen betraf, so konnte man bei ihnen alle Äußerungen einer hysterischen Panik antreffen. Manche fielen ohnmächtig hin, andere rauften sich die Haare, rissen sich die Kleider vom Leibe, schrien so laut, daß es sicherlich bis in das Dorf hinein zu hören war.

Den Befehl, die Leiche an das Tor zu legen, hatte der Oberste der Lager gegeben, den ich als humanen Menschen kannte. Obwohl ich im ersten Moment dieses Vorgehen nicht verstehen konnte, es als einen grausamen Übergriff empfand, mußte ich doch nach einigem Nachdenken seine Zweckmäßigkeit einsehen. Dieser Tote sollte alle Gefangenen von einer Flucht abhalten, sie warnen, er sollte ihnen vor Augen führen, was sie erwartete. Mein „jüngerer Leutnant“ hatte nicht die Möglichkeit, die wilden Triebe der Soldaten zu zähmen, auch nicht die Befehle zu widerrufen, denen sie unterstanden, er konnte nur, wie schrecklich es sich auch auswirkte, das Ergebnis einer Flucht den Menschen zeigen, die nun hier wirklich für lange Zeit nicht mehr unternommen wurde. Die Sektion dieser Leiche hatte man mir übergeben. Ich stellte fest und protokollierte, daß der Mann widerrechtlich auf der Flucht erschossen worden war. Der Einschußkanal war auf der Stirne, die Knochen des Hinterhauptes fehlten. Man muß annehmen, daß eine einfache Kugel dies schwerlich hätte zustande bringen können. Der Flüchtling hatte sich ergeben, er war dem Soldaten bereits entgegengegangen, aber er war sicher schon tot, als sich dieser mit seinem Bajonett über ihn hermachte.

Unerwartete Heilerfolge

Es näherte sich der siebzigste Geburtstag Stalins [21. 12.1949], zu dem man von mir einen Rapport über meine Arbeit abverlangte. Mit Hilfe meiner Krankenschwester begannen wir die Arbeit, die für mich im Grunde nicht besonders schwierig war. Wir hatten alle Belege, die dazu notwendig waren, Kartothek, Journale und Krankengeschichten waren in Ordnung. Niemand konnte von mir sagen, daß ich den „Wiederhergestellten" eine höhere Arbeitskategorie zugeschrieben hatte, als ihnen zukam. Ich hatte mich von allem Anfang an geweigert, sie ihnen zu geben, und dies einer Kommission überlassen. Wenn ich deshalb in meinem Bericht über 600 Fälle angab, die ich mit der Diagnose „alimentäre Dystrophie III" übernommen und dann als Arbeitsfähige entlassen hatte, war mein Gewissen leicht, nicht nur der Arbeit wegen, die ich geleistet hatte. Ich hatte damit auch gezeigt, daß der Mensch noch in diesem Zustande zu retten sei, was ich selbst anfänglich nicht angenommen hatte. Der Rapport zeigte nicht nur die Krankenversorgung auf, er sprach auch von der Erziehungsarbeit, die ich geleistet hatte, die man seltsamerweise nie in Zweifel gezogen hatte. Meine Mitarbeiter waren bei diesem Rapport nicht vergessen, ich sprach von meinem Hauswart, dem kleinen Juden, der Krankenschwester, die aus der Todeskammer zu mir gekommen war und meinen Heilgehilfen aus der Mandschurei, ohne deren Hilfe ich wohl kaum diese Arbeit hätte leisten können.

Man brachte mir aus einem fernen Lager einen jungen Mann, der im Walde beim Verbrennen der Zweige gearbeitet hatte. Er mußte sich wohl zu nah an das Feuer herangewagt haben. Seine Wattehose glomm, aber niemand, und auch er selbst nicht, dachte daran, sie bei dieser Kälte auszuziehen. Man warf Schnee auf ihn, der das Feuer zwar löschte, aber die glimmende Watte nicht traf, so daß er eine große Brandwunde davontrug. Wenn man diesen Mann sofort gebracht hätte, wäre der Fall vielleicht schnell heilbar gewesen, man hatte sich aber Zeit gelassen, die Wunde war völlig vernachlässigt.

Er lag schon eine geraume Zeit bei mir, saß jeden Tag unter der Solluxlampe*. Obwohl die Wunde bereits besser aussah, war der Verlust der Hautoberfläche doch so groß, daß nur eine Transplantation das Bein retten konnte. Ich bat einen Chirurgen, sich die Sache anzuschauen, der schüttelte aber nur den Kopf und sagte: „Wie können wir in unseren Verhältnissen diese Operation wagen?" Das konnte ich gut verstehen, so kam es dazu, daß er weiter unter der Lampe saß.

Ich hatte die verschiedensten Krankheiten hier zu versorgen, in vielen Fällen ohne die dazugehörigen Medikamente. Magengeschwüre waren durchaus keine Seltenheit, der ewige Gedanke an das Essen produzierte anscheinend ein Übermaß an Magensäure. Einer dieser Kranken hatte eine besondere Vorliebe für Chloroformwasser, das ihm, wie er behauptete, wenn auch nur für eine kurze Zeit half. Eines Tages, kurz nach der Konsultation des Chirurgen, saß der Junge mit der Beinwunde wieder in meinem Kabinett, als der Magenkranke gekrümmt eintrat und um Hilfe bat. Er bekam sein Wasser, richtete sich danach erleichtert auf, was dem anderen, der unter der Lampe saß, nicht entgehen konnte. Mit recht flehenden Worten wendete er sich an mich und sagte: „Ja, wenn ich auch eine solche Medizin bekommen könnte, würde ich sicher gesund werden!“ Lachend befahl ich meinem Gehilfen, ihm ein Gläschen davon, einen Eßlöffel voll, einzuschenken, was ihm weder nützen noch schaden konnte.

Dieses kleine Geschenk hatte auf seine Stimmung eine so gute Wirkung, er bat es sich dann allerdings jeden Tag aus, daß es uns sogar belustigte, wie er sich jedes Mal darüber freute. Was niemand für möglich gehalten hätte, traf dann später ein. Eines Tages bemerkte ich in der Mitte seiner Wundfläche einen kleinen kreisrunden Flecken, den ich zuerst, mit einem gewissen Unbehagen ansah, ihn näher betrachtete, meinen Augen nicht traute und den Chirurgen kommen ließ. Die Haut begann von der Mitte aus her zu wachsen. Ich war mehr als verblüfft, obwohl ich der Suggestion ihre Wirkung niemals abgesprochen hatte. Merkwürdig war nur, daß gleich darauf ein zweiter Fall mich wieder auf sie hinwies.

Ein Brigadier brachte mir einen Jungen, der die Bezeichnung Mann unter keinen Umständen verdiente. Er sah recht elend aus, war ein Bettnässer. Dieser Brigadier bat mich, dem Jungen zu helfen, der nicht nur zu schwach für eine Waldarbeit war, sondern auch das Gespött und die Grobheit seiner Kameraden nicht mehr ertragen konnte, er wollte Selbstmord begehen. Auf meine Frage, die ich an den Jungen richtete, wie lange er schon krank sei, das Bett nässe, sagte er recht verzagt: „Von Kindheit auf!“ Was konnte ich in diesem Falle tun? Ich kannte die Ursache seiner Erkrankung nicht, war es einfach Schwäche oder eine Anomalie der Wirbelsäule, das konnte ich nicht wissen.

Ich beschloß, ihn bei mir zu behalten, ihn wenigstens etwas zu kräftigen. Ich begann mit einer Bestrahlung, da ich aber nur eine Pritsche hatte, um die Kranken hinzulegen, verschiedene von ihnen aber gleichzeitig zu betreuen waren, setzte ich den Jungen auf einen Stuhl, wobei wohl die Strahlen besonders seinen Bauch trafen. Den Sanitäter hatte ich angewiesen, auf den Bettsack des Jungen ein Wachstuch zu legen, um ihn zu schützen. Als ich den Mann nach einigen Nächten fragte, wie sich der Junge verhalte, empfing ich, wider alles Erwarten, eine erstaunte Antwort: „Er schläft wie alle und vielleicht noch etwas fester.“ – „Und das Bett, das Bett ist nicht naß?“ – Nein, das Bett sei nicht naß, er habe nichts dergleichen bemerken können.

Ich ließ den Jungen kommen und erkundigte mich nach seinem Befinden. Zuerst schwieg er, sah nur furchtsam zu mir auf, bevor er sich endlich zu einer Antwort entschloß. Sie kam stockend und zögernd: „Zuerst hat es schrecklich weh getan, aber am nächsten Tag war es schon leichter!“ Ich konnte nicht gleich verstehen, was ihn geschmerzt haben konnte, auf meine Frage erfuhr ich dann, daß es der Penis gewesen sei. Merkwürdige Fälle, in einer merkwürdigen Umgebung. Der Junge war anscheinend in dem Glauben, daß man mit dieser Bestrahlung Bettnässer heile, wozu er mithelfend die Schmerzen produziert hatte, anscheinend auch als Buße für private Sünden.

Spät abends kam in das Lager eine Etappe, die mein Hauswart, wie alle anderen ankommenden auch, genau auf den Bestand prüfte. Es kam ihm vor allem auf die Juden an, denen er dann nach Kräften half. Ich selbst fand das gut und richtig, sie gehörten hier zu den Unbeliebtesten. Es halfen sich die Kaukasier, besonders die Grusinier, in einer rührenden Weise, von Deutschen und Russen kann man dies leider nicht sagen, sie waren Angeber, gewiß auch, um sich zu retten, sie dachten meistens nur an ihre eigene Person. Ich hörte nun von eben diesem Hauswart, daß ein deutscher Arzt angekommen sei, aber wo man ihn untergebracht hatte, wußte er nicht. Ich machte ihm Vorwürfe, daß er nur Sinn für seine Juden habe, worauf er schleunigst verschwand.

Die Suche nach einem neu ankommenden Menschen in diesem Lager war durchaus nicht leicht. Es waren beständig an die 250 Menschen hier, außer der neuen Etappe, die auch Hunderte gebracht haben mochte, und es gab Baracken ohne jede Beleuchtung. Ich hatte die Geschicklichkeit dieses Mannes aber unterschätzt. Schon nach ungefähr einer Stunde brachte er mir einen erschöpften, älteren Mann mit einem Schmiß auf der Backe. Er trug einen schadhaften Offiziersmantel und so große, alte Filzstiefel, daß sie fast das Wesentlichste an ihm ausmachten.

Er war ein Stabsarzt der deutschen Armee, der bei Stalingrad in die Gefangenschaft geraten war. Sein Zustand war nicht danach, daß er viel Fragen erlaubt hätte. Wir konnten ihm allerdings nur Suppe geben, mehr hatten wir selbst nicht, aber dies mußte mit aller Vorsicht geschehen, er war recht ausgehungert. Ihm dann aber weiterhin zu helfen, war für mich durchaus nicht leicht, da ich meine Kranken aus dem Ambulatorium überwiesen bekam, sie in den wenigsten Fällen selbst wählen konnte. Als Deutsche aber einen Deutschen einzuweisen war fast unmöglich, es war für mich mehr als gefährlich. Ich konnte deshalb nur den Versuch machen, einen Kollegen zu bitten, ihn bei sich unterzubringen, ihn mir späterhin zu überweisen, was er auch tat. Es war unser „großer Trinker“, der das Risiko auf sich nahm, weil er es in seinem Zustand anscheinend nicht überlegt hatte.

Langsam kam der Mann bei mir zu Kräften und begann mir bei meiner Arbeit zu helfen. Was ich dann später über sein Schicksal erfahren habe, war recht sonderbar. Man hatte ihn in ein Gefangenenlager, an der Wolga gelegen, gebracht, das er nicht weiter rühmen konnte, was auch nicht zu erwarten war. Die Propaganda schien dort recht ausgiebig, wenn auch nicht sehr wirkungsvoll, betrieben worden zu sein. Man gab für die Gefangenen eine spezielle Zeitung heraus, aus der sie alle Untaten ihrer Landsleute erfuhren. Eine ihrer Nummern brachte den Bericht über ein monarchistisches Bankett, das in einer Stadt Deutschlands abgehalten worden war, das anscheinend als Verfallszeichen des Faschismus gelten sollte. Mein deutscher Arzt hatte sich nun erlaubt, eine Bemerkung zu diesem Bankett zu machen. Er soll gesagt haben, was er auch nicht leugnete, daß er eine Gesellschaft loben müsse, die ihre Mitglieder ernähre. Daraufhin wurde er zu zehn Jahren Lagerarbeit verurteilt und befand sich so nun bei mir.

Wir arbeiteten einige Monate ohne große Schwierigkeiten zusammen, wenn ich auch einige Kämpfe mit dem Leiter des Krankendienstes, eben jenem weiblichen Kapitän, hatte, der mir meinen neuen Gehilfen abnehmen wollte. Von unserem Lager gingen, in kurzen Zeiträumen, Etappen ab, andere wurden angenommen. Es gehörte dies zu dem System, das ein Gefühl der Ruhe, der geringsten Sicherheit nicht aufkommen lassen sollte. Kaum hatten sich die Menschen irgendwie eingeordnet, als man sie auch schon wieder weiterschleppte. Eine ankommende Etappe war für uns demnach keine besondere Angelegenheit, aber einmal sollte sie es doch werden, sie bestand nämlich nur aus Deutschen. Es war strenger Winter, die Männer hatten ihre Füße nur mit Lappen umwickelt, an denen Bastschuhe mit Stricken befestigt waren, was sogar für hiesige Verhältnisse ungewöhnlich war. Eine Menge fremder, nicht zu unserem Lager gehöriger Offiziere, hatte die Wachräume des Tores eingenommen. Es dauerte recht lange, bis man die Gefangenen einließ. Man führte sie dann wider alles Erwarten nicht in das Bad, sondern in den großen Speiseraum. Schon nach kurzem hatten wir in Erfahrung gebracht, daß die Deutschen in die Heimat zurückgeschickt werden sollten. Das war eine Neuigkeit, die das ganze Lager in Aufregung versetzte. Es war das Jahr 1950. Was war geschehen, warum hatte man sich dazu entschlossen? Wir hatten im Lager selbst auch einige deutsche Soldaten, die sich auf diese oder jene oder auf gar keine Weise straffällig gemacht hatten, darüber kann ich nichts Genaueres aussagen, die man aber zu einer Abreise nicht aufforderte.

Mein Stabsarzt erlebte eine schwere Zeit. Jeden Tag hoffte er, daß man sich seiner erinnern werde. Seine Geduld wurde auf eine große Probe gestellt, aber endlich kam auch die Reihe an ihn. Er wurde seinem Rang gemäß als Leiter jenes Transportes gewählt. Man begann diese einstigen Soldaten einzukleiden, nicht vielleicht in neue Sachen, aber doch immerhin in tragbare. Die Bastschuhe verschwanden, sie bekamen Filzstiefel oder Ersatz mit auf dem Weg. Es wurde Reiseproviant ausgegeben. Von den ihnen auferlegten Strafen war keine Rede mehr, die Männer fühlten sich bereits als Freie, obwohl man sie isoliert hielt. Endlich gelang es uns, das Prinzip dieser Auswahl zu verstehen. Fahren sollten nur Deutsche aus den von befreundeten Mächten besetzten Gebieten, die Deutschen aus Ostdeutschland (das anscheinend einer nicht befreundeten Macht untersteht) aber waren davon ausgeschlossen. Der Stabsarzt teilte mir auch mit, daß man ihm die volle Verantwortung für diesen Transport übergeben hatte, es sollten ihn sowjetische Offiziere nur bis an die Grenze begleiten. Wie nicht anders möglich, teilte ich die Freude dieses Mannes, der mir seine Frau so gut und lieb dargestellt hatte, daß ich sie förmlich vor mir sah. Ich bat ihn, mir auf irgendeine Weise Nachricht zukommen zu lassen, ob er gut in seiner Heimat angekommen sei, wartete aber vergebens. Viele Jahre danach, da ich mich seiner Adresse erinnerte, schrieb ich und erhielt Antwort. Obwohl die Anschrift nicht mehr gestimmt hatte, war es der deutschen Post doch möglich gewesen, ihn zu finden. In unseren Verhältnissen ist es verständlich, daß ich eine ausführliche Antwort nicht erhalten konnte, aber soviel habe ich doch erfahren, daß dieser Transport erst drei Jahre nach der Abreise von Tawda nach Deutschland gekommen war. Die Ostdeutschen, wenn sie es erlebt haben, hatten den Tod Stalins abzuwarten und gewiß noch eine geraume Zeit der Besinnung, die sich die Behörden zubilligten.

Eine junge Ärztin und ich standen vor dem Tore des Lagers, vor dem sich eine Frauenetappe drängte. Ich möchte sagen, daß jede dieser Etappen grau ist, das war der übliche Ton der Kleidung. Ganz unerwartet sah ich aber hier ein kleines grellrotes Mützchen aus der Menge ragen, das auf dem Kopfe eines durchaus lustigen Geschöpfes saß, eher hing, schief und auf ein Ohr gedrückt.

Uns erwartete eine ziemlich große Arbeit, alle diese Frauen auf ihre Arbeitsfähigkeit zu prüfen. Wir mußten eine ganze Weile warten, bis sie aus dem Bade kamen und sich auf die Untersuchung vorbereiteten. Man verlangte es nicht, daß sie sich, wie es die Männer tun mußten, bereits im Vorraum auszogen, denn die Soldaten, die sie begleiteten, mußte man doch einem anderen Geschlechte zugehörig gelten lassen. Es gehörte Geduld dazu zuzusehen, wie sie sich dann ihrer

Kleidung entledigten, was sie oft absichtlich verzögerten. Vor der Tür des Untersuchungsraumes stand ein Soldat, der eine Frau nach der anderen einließ, den Raum aber selbst nicht betrat. Als aber das rote Mützchen an der Reihe war, versuchte er es am Eintritt zu hindern, hielt es an der Tür fest. Er rief uns zu, daß er diese Frucht kenne, die uns unbedingt ein Märchen über ihre Krankheiten auftischen werde. Er warnte uns, vielleicht sogar im guten Glauben, uns damit zu helfen. Da es aber einem Soldaten nicht zukam, solches zu tun, dankten wir ihm nicht und begannen die Klagen der Frau anzuhören. Tatsächlich begann sie auch sofort mit aller Wichtigkeit von ihrer Krankheit zu sprechen, gleichsam stolz war sie auf sie, die sie anscheinend für eine bürgerliche hielt, eine erlaubte Krankheit sozusagen, im Gegensatz zu einer Syphilis. Sie sprach sogar lustig darüber, froh, etwas aufweisen zu können, das sie nach ihrer Meinung von der Arbeit befreien konnte. Eine ihrer Brüste war nicht mehr da, außerdem hatte sie ein faustgroßes Geschwulst im Leibe. Was war da noch viel zu machen? Erschreckend war danach das rote Mützchen anzusehen, von dem sie sich auch nicht trennte, als sie nackt vor uns stand. Daß sie auf Befehl Blut hustete, geschah so nebenbei.

Ich hatte zwei Koreaner bei mir, die miteinander nicht sprachen, die sich nur gegenseitig anlachten. Zu mir waren sie so höflich, daß ich meinen mußte, unter den Gesetzen eines chinesischen Hofzeremoniells zu stehen. Sie verbeugten sich bei dem Eintritt in mein Kabinett bis zum Boden, und dies einige Male. Beide hatten angedeutet, daß sie die russische Sprache nicht verstünden. Was blieb da anderes zu tun, als sich mit Gesten zu verständigen, die allerdings dann oft auf nicht übliche Weise den Begriff der Scham verengten. Der Jüngere von ihnen entdeckte auf meinem Tische ein Stückchen blaues, dünnes Papier und konnte es nicht mehr aus dem Auge lassen. Er verbeugte sich danach so oft und drückte seine Hände mit einer solchen Inbrunst an die Brust, daß ich endlich verstehen mußte. Ich schenkte es ihm, bekam es aber bald wieder zurück. Es hatte sich in Kornblumen verwandelt. Sie waren so fein gearbeitet, ihr Tütchen so unsichtbar geklebt und gezähnt, daß ich gar nicht verstehen konnte, wie er es zustande gebracht hatte. Nach diesem Ereignis konnte ich nichts anderes tun, als mich auf die Suche nach farbigem und dünnem Papier zu machen, was in unseren Verhältnissen gar nicht leicht war, es stand nicht zum Verkaufe. Es waren nur alte und zufällige Stückchen, die ich für ihn sammeln konnte, die er dann mit schmalen Händen, ihren dürren Fingern so lange glättete, bis sie zu Blumen tauglich geworden waren, was ihn zu beglücken schien. Er war nach allem, was ich mit ihm erlebte, eine harmlose und lyrische Natur.

Der andere Koreaner zeichnete sich durch sein gutes Nähen aus. Ich hatte höchst schadhafte Bettdecken erstanden, die nicht mehr als solche benutzt werden konnten, und ließ die noch brauchbaren Stücke zu einem Bodenbelag zusammennähen. Dieser Mann hatte sich mit viel Verbeugungen und vielen Gesten um diese Arbeit beworben, entwickelte dann dabei einen besonderen Fleiß.

Diese Koreaner galten nicht als politische Gefangene, sie waren Diebe. Ich wußte schon lange, daß es unter ihnen auch „Unechte" gab, Leute, die anscheinend Spione waren, welche die Gefahr einer Verhaftung erfühlten und sich zu einem Diebstahl entschlossen, um so verhältnismäßig leicht davonzukommen. Eines Tages, als ich in der „toten Stunde", es war nach dem Mittagessen, in der die Kranken schliefen oder schlafen sollten, leise durch das Lazarett ging, sah ich schon von der Ferne, daß mein koreanischer Schneider ein Stück einer russischen Zeitung in der Hand hielt und las. Als er mich erblickte, erschrak er keineswegs, er lächelte mich an, drehte ruhig die Zeitung um, so daß sie verkehrt stand, und schaute genauso aufmerksam auf sie, wie er es früher getan hatte. Nach diesem war es für mich klar, daß er des Russischen durchaus mächtig war, der Grund, dieses zu verheimlichen, kein guter sein konnte, wenigstens im Hinblick auf hiesige Gesetze.

Der Lagerliebling

Selten begab ich mich in das Ambulatorium des Lagers, als es doch eines Tages geschah, fand ich es menschenleer vor. Mischa, der jüngste aller Gefangenen, der gerade vorbeikam, teilte mir mit, daß alle im Karzer wären, was auf eine Katastrophe schließen ließ. Schon vor seiner Tür standen Tschekisten, die mich aber ohne weiteres einließen. In einem engen Gange drängten sich Ärzte und Uniformierte vor einer winzigen und fast ganz dunklen Kammer, deren Tür offen stand. Ihr gegenüber auf einem Brette saß ein Mann, der ein recht merkwürdiges Aussehen hatte. Seine Mütze war tief bis an die Augen herabgezogen, auf seinen Lippen standen ringsum Fäden, gleich einem schütteren weißen Bart.

Seine Geschichte erfuhr ich schnell. Er war ein „gesetzlicher Dieb", der zehn Tage Karzer erhalten hatte, nach seiner Meinung ungerecht, der nun mit einem Hungerstreik dagegen protestierte. Er hungerte schon acht Tage, was noch nicht so schlimm gewesen wäre, wenn er nicht auch das Wasser abgelehnte hätte, was er aber tat.

Ein Tschekist hatte ihm tags zuvor mit der künstlichen Ernährung gedroht, worauf sich der Mann den Mund zugenäht hatte. Es gab wohl keinen Gefangenen, der nicht eine Nadel mit einem Faden in seiner Kleidung versteckt hielt, und es war hier ganz zufällig ein weißer, den er dann dazu benutzte, um seinen Mund zu verschließen.

Der Augenarzt hatte ihm nach der Entdeckung seiner Tat mit einer Schere, entlang den Lippen, die Fäden durchschnitten, sie aber nicht entfernt, wonach sie etwas wirr den Mund umstanden. Es war beschlossen worden, dem Gefangenen eine zusätzliche Strafe zu geben, er sollte weiter im Karzer bleiben. Man war schon bereit, sich zu entfernen, als ich Einwände zu machen begann. Der Puls des Mannes war kaum spürbar, ich gab ihnen zu verstehen, daß ein Tod im Karzer schwer zu vertuschen wäre, was sie als Drohung aufnahmen. Ich bestand auf einer Hospitalisierung. Ein Tschekist behauptete dazu in nicht besonders freundlicher Weise, daß ich schwerlich die Verantwortung auf mich nehmen werde, wenn der Mann das ganze Lazarett in Aufruhr versetze. Ich beugte mich zu dem Gefangenen hin und gab ihm zu verstehen, daß ich mich auf ihn verlasse, worauf der Dieb nur etwas mit dem Kopf nickte. Er lag dann zehn Tage im Lazarett, niemand hat von ihm ein überflüssiges Wort gehört.

Mischa hatte mich in der Nähe des Karzers erwartet. Da er mir eine Neuigkeit mitgeteilt hatte, schien es für ihn ganz selbstverständlich, daß ich nun die meine mit ihm teilen werde. Dieser arme Junge verstand nicht, daß er ein weit größeres Opfer des Regimes war als jener Dieb, der sich noch irgendwie zu helfen wußte. Mischa war eines jener obdachlosen Kinder gewesen, die ihr Leben mit gelegentlichen Diebstählen fristeten, der aufgegriffen und in einer Kolonie untergebracht worden war. Er kannte sein Alter nicht, hatte sich mit dem ihm zugeschriebenen abgefunden.

Es war ein sonniger Tag gewesen, wie er mir erzählte, an dem viele der Kolonisten sich auf einem großen Platz versammelt hatten, an dem dann vor den Augen aller ein Mord geschah. Einer der ältesten von ihnen erschlug den Erzieher mit einem Beil, ging mit dem blutigen Beil dann auf Mischa zu und gab es ihm in die Hand. Dieser stand erstarrt da, hielt das Beil solange fest, bis man ihn abführte. Er wurde dann zu zehn Jahren als Mörder verurteilt. Mischa hatte das Aussehen eines zwölfjährigen Knaben. Er war immer freundlich zu allen, war der Liebling des Lagers. Wir waren drei Ärzte, die beschlossen hatten, das wirkliche Alter dieses Kindes festzustellen. Wir zählten seine Zähne ab und schrieben die Maße seines Körpers auf. Ein Gesuch, mit der Bitte diesen Fall zu überprüfen, wurde abgeschickt, wir waren fast unseres Erfolges sicher. Aus welchen Gründen die Gefangenen dann den Knaben gezwungen hatten, einen Brief an die Regierung, anscheinend an Stalin zu schreiben, konnten wir nicht erfahren. Dieser Brief soll sich in Anklagen und wüsten Beschimpfungen ergangen haben.

Vielleicht benutzten die Gefangenen dieses Kind nur deshalb zu einem Protest, weil sie der Meinung waren, daß man ihm weiter nichts anhaben konnte, was aber anscheinend ebenso irrig war wie unser Versuch, ihm zu helfen. Wie weit ist doch die Realität, die Wirklichkeit von uns entfernt, entschieden zu weit, um von einem menschlichen Geist erfaßt zu werden. Der Knabe verschwand in oder aus dem Lager, was wir nicht feststellen konnten. Niemand hat ihn bei einer abgehenden Etappe gesehen. Wir haben nichts mehr von ihm gehört.

Der Augenarzt

Der Arzt, der mit soviel Kühnheit die Fäden zwischen den Lippen des Diebes durchschnitten hatte, ohne sich dann weiter um sie zu kümmern, war eine nicht alltägliche Erscheinung. In seinem Formular war nicht nur die äußere Beschreibung dieses Mannes zu finden, man hatte auch alle seine Laster vermerkt, die, wie schlimm sie auch sein mochten, doch nicht zu einer Verhaftung, noch weniger zu einer Verurteilung ausreichen konnten. Er war Trinker, was vielleicht nicht besonders aufgefallen wäre, das waren viele, er war aber auch ein Narkoman, und dieses ohne Unterschied. Es gibt Morphinisten, die dann aber keine Cocainisten sind, er aber war alles, konnte alle diese erregenden Dinge in sich aufnehmen und zu seinen Gunsten ausnutzen. Ich glaube, daß er nur die geringste Zeit die Schrecken des Lagers tatsächlich empfunden haben wird, er entschlug sich ihnen.

Er war ein guter Arzt und rettete vielen das Augenlicht. Er arbeitete im betrunkenen Zustand mit einer Exaktheit, die zu bewundern war, nüchtern war er allerdings ganz und gar nicht zu gebrauchen. Er hatte ein gutes, weit über das übliche Maß hinausgehendes Wissen, wendete es aber nur sehr sporadisch an. Er hatte hier ein Glashaus eingerichtet, wenn auch diese Bezeichnung dafür etwas übertrieben sein mag. Immerhin war es ein tiefer Graben, mit verglasten Fensterrahmen bedeckt, in dem er Aloe* zur Transplantation züchtete. Er beschäftigte sich auch mit der Präparierung von Plazenta zu diesem Zwecke, nur daß diese Beschäftigung dann oft zu den verschiedensten Katastrophen führte. In der Trunkenheit war er zu Protesten besonders aufgelegt und zerschlug zu wiederholten Malen alle seine Apparate, auch die Thermometer, die eine Kostbarkeit für uns darstellten, was zu einer langfristigen Unterbrechung seiner Tätigkeit führte.

Wir hatten hier einen jungen Mann, der schon drei Jahre völlig blind war, nach der neunten Transplantation mit Aloe aber zu sehen begann. Es war fast ein Wunder, ich glaube, daß alle, die es zu wissen bekamen, darüber Freude empfanden. Er hatte dem Kranken auch eine Brille verordnet, die dann selbst in Moskau nicht zu bekommen war. Ein Offizier, der auf Urlaub nach Charkow fuhr, bestellte diese Augengläser dann in der ehemaligen Jenaer Fabrik und bekam sie auch. Es war ein Privatvergnügen, sie für ihn zu beschaffen, die Gläser sahen wie kleine Schüsselchen aus. Der einst Blinde konnte danach sogar lesen, obwohl er die Schrift unwahrscheinlich nah an die Augen hielt.

Dieser Augenarzt liebte Frauen, niemand verübelte es ihm. Viele bewunderten sogar seine Fähigkeit, sich diese zu beschaffen, d. h. dauerhafte Beziehungen zu ihnen aufzunehmen, was für die anderen Mäner durchaus nicht leicht war; denn für sie war schon eine flüchtige Bekanntschaft ein Ereignis. Er traf seine Wahl, nach der er bei seinem Objekt ein Trachom* konstatierte, das einer Hospitalisierung unterlag. Obwohl niemand an diese Erkrankung glaubte, war es doch schwer, gegen einen Spezialisten anzukämpfen. Er war der einzige Augenarzt, nicht nur im Lager selbst, sondern auch in der weiteren Umgebung. Von Zeit zu Zeit nahm man ihm die so Behütete ab, schickte sie auf eine Etappe, was ihn zu stürmischen Protesten veranlaßte. Er tobte in seinem Lazarett, zerschlug, was ihm unter die Hände kam, wälzte sich auf dem Boden, bis er dann gewöhnlich, von seinem Personal gefesselt, auf sein Bett befördert wurde. Natürlich bedurfte es dann einer gewissen Zeit, bis er sich dann wieder ein trachomatöses Mädchen erwählen konnte, dieses Interregnum war für sein Lazarett schwer zu ertragen. Dieses alles sah gewiß in unseren Verhältnissen recht schlimm aus, obwohl es noch lange nicht das schlimmste war, wozu er sich entschloß. Er war ein Liebhaber der Organtherapie*, was ich gut verstehen konnte, nur daß seine Kenntnisse auf diesem Gebiet leider dann recht phantastisch in ihrer Auswirkung waren.

Eines Tages starb ein alter Mann in der Baracke, was natürlich Unannehmlichkeiten zur Folge haben mußte; was aber dann nachher geschah, war sicher ein einmaliges Ereignis. Es war gegen Abend, alle Gefangenen waren bereits von der Arbeit zurückgekehrt. Sie umstanden den Toten, den man noch nicht abgeholt hatte, sprachen nicht gerade fröhlich über diesen Tod, erregt sahen sie wohl ihr eigenes Schicksal vor sich, als im weißen Mantel, mit einem Konservenglas in der Hand der Augenarzt eintrat. Er ersuchte nicht etwa die Leute, auseinander zu gehen, er stieß sie zur Seite und machte sich daran, dem Toten die Augen auszustechen. Es war ganz selbstverständlich, daß man ihn nicht hinderte, man prallte zurück, es trat ein Schweigen ein, das erst wich, als man die Augen im Glase erblickte und die Gefangenen allein geblieben waren. Waren diese Augen für sie durchaus unwichtig gewesen, solange sie in dem toten Gesichte saßen, starrten jetzt die blutigen Höhlen anklagend und fordernd zu ihnen auf. In einer Ecke des Raumes hatte sich ein wimmerndes Gejammer erhoben, das einer erschreckenden Totenklage gleichkam und das die Männer in einer seltsamen Art erfaßte.

Obwohl sich in dieser Baracke keine Mörder befanden– es wohnten hier Bauern aus Weißrußland –, kamen sie doch unter Geschrei und Gerede zu dem Entschluß, den Arzt zu töten. Waffen zu diesem Zwecke waren nicht vorhanden, sie konnten deshalb nur an Erwürgen denken, was sie auch taten. Die Zeit, die zu dieser Entschließung notwendig war, hatte es aber auch einem Angeber ermöglicht, die Soldaten herbeizuholen, die dann diese Männer in den Karzer abführten. Ob der Arzt diese Handlung im betrunkenen Zustande ausgeführt hatte, weiß ich nicht. Das Glas mit den Augen stand noch nach einigen Tagen auf seinem Fensterbrett, von Fliegen umschwirrt. Er hatte sie einfach vergessen, vergessen ein Präparat daraus zu machen, wie er es sich sicherlich vorgenommen hatte, obwohl es aus diesen alten Augen schwerlich brauchbar gewesen wäre.

Ein Beschwerdebrief

Ich war recht selten in meinem Zimmer, ich hatte dazu keine Zeit, außer, daß ich dort schlief, wenn ich nicht widerrechtlich in dem Lazarett blieb, um Zeit und Kraft zu sparen. Eines späten Abends, zum Glück war ich zu Hause, kam ein mir wenig bekannter Arzt zu mir, der in einem entfernten Lager arbeitete, und brachte einen offenen Brief mit der Bitte, ihn zu befördern. Er erzählte mir auch, unter welchen Umständen er ihn erhalten hatte.

Er war in ein Straflager, ungefähr 80 Kilometer von Tawda entfernt, zur Kommission abgeschickt worden. Da er aber dort die Schreibarbeit, die dazu nötig war, nicht allein bewältigen konnte, ersuchte er um eine Hilfskraft, die er auch erhielt. Es war einer meiner widerrechtlich etappierten Juden, der Ingenieur mit dem hohen Blutdruck. Während dieser ihm anbefohlenen Arbeit hatte nun dieser Mann eine Klageschrift verfaßt und bat mich, sie weiterzuleiten. Obwohl ich zu dieser Zeit nicht hätte sagen können, wie mir dieses gelingen könnte, versprach ich doch dem Arzt, der selbst ein nicht geringes Risiko auf sich genommen hatte, mir diesen Brief zu übergeben, mein Möglichstes zu tun.

Als ich dann allein war, las ich den Brief. Er war an das Ministerium des Inneren gerichtet und enthielt eine solche Menge von Ungesetzlichkeiten, haarsträubende Dinge selbst für mich, die ich doch das Lager einigermaßen kannte. Mit welchem Recht, nein unter welchem Vorwand hatte man diesen Invaliden in eines der strengsten Straflager gebracht? Nur deshalb, weil er ein Jude war? Ein anderer Grund dazu war nicht auffindbar. Die Gefangenen dort waren ausschließlich Schwerverbrecher, die man in Ketten zur Arbeit führte, danach in Kammern einschloß, die ohne Beleuchtung waren. Man erwürgte dort Unbeliebte und hängte sie dann auf, um einen Selbstmord vorzutäuschen. Es gab keine Möglichkeit, aus dem Lager eine Nachricht zu senden, es gab für die Gefangenen weder Papier noch Bleistift. (Wie mußte ich danach die Tat dieses Arztes bewerten?) Das Lager benutzte ausschließlich japanische Fesseln*, sie waren Kriegstrophäen, die dort sogar zum Spielzeug der Soldaten geworden waren. Sie legten sie nämlich nicht nur den Menschen, sondern auch den Pferden an. Zu ihrem Vergnügen trieben und schlugen sie dann auf die Gefesselten ein, bis sie hinfielen, wobei die Gefangenen, an den Gittern ihrer kleinen Fenster hängend, diesem Schauspiele zusahen, was noch vielleicht hätte hingehen können, wenn sich nicht ihre Erregung dann in die Tat umgesetzt hätte. Ihre Kameraden mußten es büßen.

Es war für mich kein Zweifel, daß ich diesen Brief abschicken mußte, obwohl ich wenig Hoffnung hatte, daß er wirken, daß er eine Veränderung herbeiführen könnte. Das Dorf Tawda war eine Endstation, ringsum Taiga und Sümpfe. Kein Mensch konnte kommen und gehen, ohne genau besehen zu werden. Die Zensur war zweifach, eine im Lager, die andere in der Post. Diesen Brief von hier wegzuschicken war fast unmöglich, doch mußte ich es zustande bringen. Ich überlegte hin und her, wem ich diesen Brief anvertrauen könnte, und kam dabei auf eine fast irrsinnige Idee.

Von der Lagerverwaltung fuhren dauernd Leute nach Swerdlowsk, ich kannte einige davon, von denen einer ein ganz bekannter Agent der Tschekisten war. Diesen Mann hatte ich mir ausgewählt, meine Gedankengänge waren folgende: Er wußte, daß ich seine Nebenbeschäftigung kenne, kein normaler Mensch vertraute ihm, er konnte deshalb gar nicht auf den Gedanken kommen, daß ihm jemand wichtiges Material freiwillig anvertrauen werde. Ich entschloß mich also dazu, diesen Mann zu benutzen, auch deshalb, weil es einen anderen Weg nicht gab. Kurz vor der Abfahrt des Zuges überreichte ich ihm den Brief mit der Bitte, ihn in Swerdlowsk in einen Postkasten zu werfen. Ich machte dazu ein ganz gleichgültiges Gesicht und sagte lebhaft lachend: „Hoffentlich vergessen Sie ihn nicht!“ – „Auf keinen Fall, auf keinen Fall“, rief er mir schon vom fahrenden Zuge aus zu. Ich hatte richtig gerechnet, ich glaube, daß er nicht einmal die Adresse angeschaut hatte, denn diese hätte ihn eigentlich schon zurückhalten müssen. Das Ministerium erhielt jenen Brief, nach ungefähr zwei Monaten erschien im Straflager eine Kommission, die den Schreiber der Klage in ein „normales“ Lager überwies. Welche anderen Veränderungen dort noch folgten, habe ich nicht in Erfahrung gebracht.

Selbstverstümmelungen

Eines Morgens trat in mein Kabinett ein Offizier ein, der sich die Mühe anzuklopfen nicht gemacht hatte und der mich ersuchte mitzukommen. Es war natürlich, daß ich den Grund dazu wissen wollte, worauf er jedoch schwieg. In den Räumen der Wache ging es recht erregt zu. Es war eine Etappe angekommen, die man schon stundenlang nicht in das Lager gelassen hatte, die von Hunden umringt in der Kälte stand, aber durchaus nicht friedlich und ergeben. Die Gefangenen brüllten und schrien, und die Hunde bellten dazu. Man erklärte mir endlich, daß ich ein ärztliches Gutachten abzugeben habe, daß man mir die Leute dazu einzeln vorführen werde.

Man brachte mir den ersten Mann, der Blutergüsse an den Armen aufwies, die nur von Handschellen herrühren konnten. Im Gesicht hatte er bereits verkrustete Abschürfungen, eine Beule am Hinterkopf. Als ich Fragen stellte, gebot der Offizier dem Mann zu schweigen und mir, einfach den Befund niederzuschreiben, mich um andere Dinge nicht zu kümmern, was ich dann auch tat. So habe ich damals ungefähr 20 Männer untersucht, einigen davon waren die Finger gelähmt, die Fesseln hatten sie abgeschnürt, andere hatten Rißwunden, blutunterlaufene Stellen.

Nachdem das Protokoll angefertigt war, dauerte es nicht mehr lange, bis man die Etappe in unser Lager führte, wir erfuhren sehr schnell, wie es zu diesen Verletzungen gekommen war. Diese Gefangenen kamen aus Murmansk, Banditen und Mörder, die beschlossen hatten, auf dem Wege zu entfliehen. Es gab dazu eine bewährte Methode, die auch sie anwenden wollten. Sie fuhren in Viehwagen, „Sechs Pferde oder 40 Mann", wie es früher bei uns hieß, und versuchten den Boden so zu lockern, daß er sich in einer schiefen Ebene senkte, eine Öffnung ergab, aus der man dann, auf dem Bauche liegend, sich zwischen die Schienen gleiten ließ. Hatten sie bei diesen Vorbereitungen zur Flucht zu viel Lärm gemacht, gab es Verräter unter ihnen, oder erwarteten die Soldaten diesen Versuch und waren auf der Hut, das konnte man nicht wissen. Man hielt den Zug an, überwältigte diese Gefangenen und fesselte sie. Es kämpften aber nicht nur die Soldaten mit ihnen, sie taten es auch selbst untereinander. Sie beschuldigten sich gegenseitig und schlugen aufeinander ein. Wer wen traf, war nicht mehr zu erkennen, die Verletzungen konnten sowohl von den Soldaten als auch von den Gefangenen selbst herrühren.

Pedantisch wie ich nun einmal war, ging ich zur Lagerverwaltung und ersuchte die dortigen Soldaten, mir Handschellen zu zeigen und auch ihre Anwendung zu erklären. Sie taten es mit Vergnügen, sie legten mir Fesseln an, die recht gut gearbeitet waren und glänzten. Wie man mir mitteilte, waren sie japanischen Ursprungs, je mehr man sich in ihnen wehrte, desto mehr zogen sie sich zusammen. Ich stand mit ausgestreckten, gefesselten Armen von Soldaten umringt da, als die Tür aufging und der „medizinische Kapitän" eintrat. Als sie mich erblickte, erhellte sich ihr Gesicht, und ich hörte, wie sie in ihrer Erregung nur ein Wort hervorbrachte: „Endlich!" Das war so komisch, daß sich selbst die Soldaten nicht halten konnten und schallend lachten. Nach diesem Versuch hatte ich verstanden, wie die Lähmungen der Finger zustande gekommen waren, denn meine Finger hatten selbst etwas unter dieser Probe gelitten.

Diese Murmansker Etappe hatte dann später hier im Lager viel Unruhe und Erkrankungen ausgelöst. Obwohl die Männer beim Eintritt in das Lager streng untersucht worden waren, hatten sie doch etwas mitgebracht, was die Hiesigen nicht kannten, nämlich ein Mittel, das fähig war, die Lazarette schnell zu füllen. Es waren dies die schwarzen Bohnen der Ricinuspflanze, die von den gewöhnlich eßbaren nicht zu unterscheiden sind. Es herrschte nun ein schwunghafter Handel mit ihnen, es kostete das Stück einen Rubel, was für mindestens 10 Erkrankungen ausreichte, also eigentlich nicht teuer war. Zu Anfang dieser Invasion bekam ich einen Kranken mit der Diagnose Pneumonie zugewiesen, dessen Lungen vollkommen gesund waren.

Ich untersuchte alle seine Organe, ohne die Ursache seines hohen Fiebers finden zu können.

Er lag schon einige Stunden bei mir, als ein „Murmansker“ eintrat und mich bat, seinen Freund zu retten, eben jenen Fiebernden. Auf meine erstaunte Frage, was er von seiner Erkrankung wisse, teilte er mir mit, daß ich zwischen seinen Beinen suchen solle, was etwas obszön klang, obwohl der Mann ein ganz ernstes Gesicht dazu machte. Ich versprach zu schweigen, wenn er mir die ganze Wahrheit mitteilen wolle, er tat es dann auch. Er erklärte mir die Prozedur dieser künstlichen Erkrankung. Man hatte einen kleinen Schnitt in die Haut zu machen und unter sie ein Stückchen der geschälten Ricinusbohne zu schieben, wenn aber das Fieber begonnen hatte, mußte man es sofort herausholen. Er fürchtete, daß sein Freund dieses vergessen oder nicht mehr in der Lage gewesen war zu tun.

Ich ließ den Kranken in mein Kabinett bringen, entfernte meine Angestellten und redete ihm gut zu, mir zu beichten. Er schwieg solange, bis er von mir gehört hatte, daß sein Freund ihn sozusagen verraten hatte. Endlich zeigte er mir die Stelle, an der die Bohne versteckt war. Der Schnitt wäre mir ohne seinen Hinweis kaum aufgefallen, er lag an der Innenseite des Oberschenkels, von den Schamteilen so gut wie verdeckt. Die Entzündung der Umgebung war bis jetzt geringfügig, das Stückchen der Bohne hatte er nicht entfernen können, auch ich mußte nach langem Suchen davon Abstand nehmen. Die mir völlig unbekannte Vergiftung entwickelte sich ziemlich rasch. Das Bein schwoll auf, zeigte eine harte, entzündete Stelle, die sich im Laufe von Wochen schwarz färbte, was zu einer Nekrose, einem Absterben des Gewebes führte, dem ich eigentlich nur zusehen konnte. Dieser Mann lag drei Monate bei mir, bis auf die Knochen abgemagert und verließ als nicht arbeitsfähig das Lazarett.

Das war meine erste Bekanntschaft mit dieser Bohne, der aber noch viele andere folgten. Da ich des weiteren jeden Fiebernden nackt und mit aller Genauigkeit auf die Intaktheit seiner Haut untersuchte, hatten sich die Gefangenen eine andere Methode ausgedacht, die fast nicht zu entlarven war. Man steckte die Bohne nun in ein Narbengewebe, das auf einem Knochen lag, so daß dadurch das typische Bild einer Ostitis*, die nach Knochenverletzungen aufzutreten pflegt, entstand. Die Art der Selbstbeschädigung hatte im Laufe der Jahre, die ich im Lager verbrachte, eine gewisse Veränderung erfahren, sie hatte sich in gewisser Weise vervollkommnet, wenn sie auch einige Methoden beibehalten hatte, die schwer zu erkennen waren.

Man schlug sich mit einem Teil einer Autoschiene einfach einen Streifen Gummi so lange auf den Handrücken, bis dieser aufschwoll, die Finger sich nicht mehr bewegen konnten. Man tat dies nicht vielleicht heftig, einfach nur andauernd, es soll nicht einmal besonders schmerzhaft sein, wie man mir versicherte. Gut hatten es die Linkshänder, die weniger Verdacht hervorriefen, als die, welche mit der rechten Hand zuschlugen. Verdacht oder nicht Verdacht, der Nachweis einer Selbstbeschädigung konnte nicht erbracht werden. Diese Beschäftigungen hatten ihre Saison, waren nicht zu allen Zeiten in gleicher Weise zu verwenden.

Es gab hier eine gelbe Feldblume, „Sturmhut", die man zerdrückte und über Nacht auf Gelenke band. Sie rief eine Entzündung und eine Geschwulst hervor, die von Gelenkrheumatismus nicht zu unterscheiden war, wenn auch die Temperaturen nicht dazu stimmten. Man brachte sich Verbrennungen bei, außerordentlich schmerzhafte, und da man es nicht genug sein ließ, dies mit kochendem Wasser zu erzielen, fügte man noch Zucker hinzu, was die Wirkung erhöhen sollte. Diese Wunden heilten sehr schwer ab. Man verbrannte sich recht selten die Hand, als liebstes Organ wurde der Fuß benützt, der dann nicht in den Wald zu gehen brauchte.

Zucker wurde hier als ein recht subtiles Material verwendet, man zerrieb ihn zu feinstem Pulver und atmete ihn dann ein, was nicht leicht war und gelernt sein wollte. Es ergab sich dann das Bild einer Tuberkulose. Alle Geräusche, die sie aufbringen konnte, Dämpfungen, Fieber und im Röntgen kleine Herde. Man konnte aber seine Wirkung ungefähr übersehen, wenn man sich mit dem Kranken näher beschäftigte, sein Benehmen in Betracht zog, das Sputum ohne Befund war, was aber sonst auch vorkommen konnte. Solche Fälle waren psychologische Aufgaben, und ich kannte einen Mann, dem es gelungen war, sich dadurch dauernd von der Arbeit fernzuhalten. Über die Folgen dieser „Saccharitis" kann ich nichts aussagen, wenn sie auch mit aller Sicherheit anzunehmen sind.

Es gab hier aber auch noch recht veraltete Methoden, die nur mehr höchst selten angewendet wurden, da sie zwar wirksam waren, aber den Gefangenen nicht vor Strafe schützen konnten. Frauen zogen einen Nähfaden durch die Zähne und dann durch die Haut ihrer Brust, nicht sehr tief übrigens, was dann eine übelriechende Phlegmone* erzeugte. Das Verdächtige war der Geruch. Da sie den Faden knapp an der Haut abschnitten, sah man zwei Ausgänge, Punkte, die sie verrieten. Man konnte den Faden selbstverständlich auch durch das Bein ziehen, was vor allem den Männern vorbehalten war und dann ebenfalls unangenehme Folgen nach sich zog.

Der Winter mit seiner Kälte ergab mancherlei Möglichkeiten, Erfrierungen waren beliebt, weil sie unkontrollierbar waren. Eine Ausnahme davon machte nur eine, derer man sich aber trotzdem bediente. Man urinierte auf ein Beil und hielt es dann solange in der nackten Hand, bis es angefroren war. Das Eisen mußte dann von ihr losgerissen werden, was die Haut und oft auch kleine Muskelteile kostete. Man hackte sich die Finger ab. Es gab hier einen Zigeuner, der wie ein richtiger Othello aussah, dem aber an der linken Hand vier Finger fehlten. Er hatte sie geopfert, um ein Invalide zu werden. Nach einigen nebulosen Erklärungen teilte er mir mit, verriet er es mir, wie er dies, ohne Schmerzen zu empfinden, zustande gebracht hatte. Im Grunde war die Sache ganz einfach, das mußte ich einsehen. Er hatte sich am frühen Morgen den Arm abgeschnürt, der unempfindlich geworden war. Im Walde hackte er dann gut gezielt auf seine Finger ein. Er sagte sogar ziemlich stolz: „Ich habe sie nicht aufgesammelt, ich ließ sie einfach liegen." Hatte dieser Mann sein Opfer ohne allzugroße Beschwerden zustande gebracht, gab es hier Unglückliche, die des Versuches, sich von der Arbeit zu befreien, auch späterhin nicht froh wurden.

Ich sah hier künstliche Anusvorfälle, die man mit Hilfe getrockneter Erbsen erzeugte. Über Nacht zwängte man in den Darm ein Säckchen mit Hülsenfrüchten, die in ihm aufquollen und dann mit Freundeshilfe herausgerissen wurden. Gewöhnlich gebar diese Prozedur einen gellenden Schrei, die Blutung aber, die danach eintrat, mußte man vorerst verheimlichen, bis das heraushängende Gewebe etwas abgeheilt war. Die Schlaffheit der Gewebe bei Hungernden erleichterte wesentlich dieses Unternehmen. Es gab Blinde unter den Gefangenen, die diese Blindheit selbst erzeugt hatten. Sie steckten sich über Nacht ein Minenstückchen eines Tintenstiftes unter das Augenlid, was manchmal genügte, nur wenn sie Glück hatten, kamen sie mit einer Halbblindheit davon, die anscheinend auch hier seine Vorteile haben konnte. Ein Absud von Tabak getrunken, erzeugte eine hohe Temperatur, die dann ebenfalls ein Ausruhen, ein Krankenlager bringen konnte.

Dem Irrsinn wandten sich nur wenige zu, er enthielt große Gefahren, lieferte die Gefangenen seinen Wächtern aus, die der schlagenden Korporation angehörten. Eine solche Diagnose, nämlich die des Irrsinns, war leicht zu erhalten, es konnte jede Anomalie gespielt werden, ohne großen Verdacht zu erwecken, denn die Ärzte hier waren keine Psychiater. Schlimm war es, daß man mit tatsächlich Irrsinnigen, die es in nicht geringer Zahl auch gab, zusammen eingesperrt werden konnte, was die Nerven der wenigsten aushielten, ohne selbst aus dem Gleichgewicht zu kommen.

Absichtlich hungerten die Leute hier selten. Ich habe in meinem

Lazarett nur einen einzigen Fall dieser Art erlebt. Der Hunger war in seiner Wirkung zu gut bekannt, sicherlich auch regelrecht verhaßt. Man verständigte mich davon, daß ein jüdischer Gefangener schon vier Tage die Nahrungsaufnahme verweigere. Ich ließ ihn zu mir bringen. Er kam mit Hilfe zweier Männer, die ihn führten, kaum hatte er aber den Mund geöffnet, als sich mein Kabinett mit saurer Luft zu erfüllen begann. Als Grund seines Vorgehens gab er die sich immer wiederholenden Beleidigungen an, die er von den Soldaten, aber auch von seinen Mitgefangenen zu erleiden hatte. Er bekannte sich als orthodoxer Jude, und ich konnte ihm deshalb auf den Kopf hin zusagen, daß er als solcher das Fasten gewöhnt sein müsse, er tat es doch auch in seiner Heimat zweimal in der Woche. Da er somit sein Heldentum geschmälert sah, versprach er zu essen, worauf ich ihn in das Lazarett legte. Der Mann stammte aus Polen und hat mich dann späterhin mit einer seiner Erzählungen in Erstaunen versetzt. Er verriet mir, daß er 120 kg Bücher besessen hatte, was gewiß nach seiner Meinung andere Gefangene nicht aufweisen konnten, ihm aber eine besondere Stellung sichern sollte.

Nach all dem Gesagten sollte die ärztliche Arbeit im Lager vorstellbar sein, vielleicht auch das Lager selbst? Sie, diese Arbeit, hatte ihre Eigenheiten und verführte die jungen, von der Schulbank kommenden Ärzte dazu, überall und bei jedem Gefangenen nur Simulation anzunehmen. Sie vergaßen, wie viele Tote wir hatten, die man aber doch schwerlich zu den Simulanten zählen konnte. Jeder Versuch, sich der Arbeit zu entziehen, mußte nach dem Gesetz festgehalten werden. Der Arzt war verpflichtet, einen Akt zu schreiben, durch den der Gefangene dann eine zusätzliche Haft, gewöhnlich zwei Jahre, bekam. Ich beherrschte die russische Sprache nicht genügend, um in einer Juristensprache solche Fälle darzulegen, und unterließ es deshalb. Ich verstand, daß einige, vielleicht sogar viele, diesen Weg, den Weg der Selbstbeschädigung, gewählt hatten, um zu leben, wenngleich es manchmal recht sonderbar dabei zuging.

Man hatte eine allgemeine Versammlung der Ärzte einberufen, um die Rapporte, die zur Feier des siebzigsten Geburtstages Stalins abgegeben wurden, zu klassifizieren. Seltsam war, daß man fast alle mit wenigen, und recht üblichen Worten abtat, aber meine Arbeit derart lobte, daß ich aus dem Erstaunen nicht herauskam. Es war nicht nur eine Rede, die gehalten wurde, es wurde ein Dokument vorgelesen, das anscheinend nicht in Tawda angefertigt worden war. Ich bekam für diese Arbeit eine Belobung in das Arbeitsbuch, was natürlich ziemlich belanglos war, man bemerkte aber besonders, daß ich bei alimentärer Dystrophie III im Laufe von fünf Monaten eine Gewichtszunahme bis zu 26 kg erzielt hatte, was mir Freude machte, obwohl mein medizinischer Vorgesetzter sich einmischte und auf das erpreßte Lebertran hinwies. Ich war ein Held, aber nur bis zum nächsten Tage. Gleich zu Beginn der Arbeit kamen Soldaten, die meine Krankenschwester und auch meinen Hauswart zur Etappe aufforderten. Es war nicht das erste Mal, daß man versuchte, mir meine Arbeiter abzunehmen. Ich hatte schon früher um sie kämpfen müssen. Alle Einwände, alles Laufen half mir dieses Mal nichts. Ich war machtlos, ich hatte die Unklugheit begangen, sie in meinem Rapport zu loben. Die Soldaten gaben ihnen nur eine Stunde Zeit, um ihre Sachen für den Weg vorzubereiten. Ich dankte meinen Mitarbeitern und küßte sie zum Abschied. Es blieb mir nun nur mein mandschurischer Buchhalter übrig, der jetzt schon nicht schlechter als irgendein Feldscher zu arbeiten verstand. Kaum waren meine Helfer durch das Tor des Lagers gegangen, für mich entschwunden, als ich auch schon eine Aufforderung bekam, mich bei der Verwaltung zu melden.

Man schlug mir vor, mein Lazarett nach Pustin, einem Lagerpunkt 20 km von Tawda entfernt, zu verlegen. Pustin war zu dieser Zeit leer, es stand auf einem Sumpf, dessen Wasser grünlich schillernd, übrigens nicht sehr hoch, einfach oberflächlich zwischen den Baracken stand. Elektrisches Licht war zwar vorhanden, es kam aber vor, daß der Strom nächtelang aussetzte. Es gab hier nichts, um meine Kranken zu versorgen, vor allem keine Apotheke.

Ein Oberst, der mich gerufen hatte, forderte mich nicht einmal zum Sitzen auf, ich stand wie ein Schulmädchen neben seinem Schreibtisch. Auf alle meine Einwände sagte er nur, in gut abgewogenen Wiederholungen: „Sie haben mich nicht überzeugt!“ Ich weigerte mich nicht geradezu, dorthin zu gehen, sagte nur und wiederholte es, daß es unmöglich sei, dort fruchtbare Arbeit zu leisten. Damit war mein Lazarett erledigt, niemand übernahm es, es wurde aufgelöst. Wie sich die Behörde dann mit dem Befehl, die Gefangenen arbeitsfähig zu machen, abgefunden hat, ist mir unbekannt. Ich möchte nicht daran denken, wieviele Tote sie dann zu verantworten hatte, allerdings vor wem? Vor ihrem eigenen Gewissen, das man ihr doch nicht absprechen durfte? Vielleicht war sie selbst das Opfer eines Befehlnotstandes geworden? Wie unberechenbar alles war, konnte man aus vielem ersehen. Hier irgend etwas logisch zu betrachten ging eben nicht an.

In meinen letzten Tagen hier erlebte ich noch eine Kommission, die eine große Gefahr für mich hätte sein können, der ich nur höchst zufällig entronnen war. Eine Menge Uniformierter, verschiedenen Ranges, hatte sich in den Räumen des Wachhauses versammelt und riefen einen Arzt nach dem anderen zu sich. Es war ein Treiben, ein hin und her Rennen, lange bevor ich an die Reihe kam. Ein Offizier hatte eine Liste mit Namen vor sich, anscheinend hunderte, die er mir langsam vorlas, zu der ich nur „ja“ oder „nein“ zu sagen hatte. Ich sollte dabei jene Männer finden, die in meinem Lazarett lagen. Zu dieser Zeit waren bei mir 183, sich ihrer Namen zu entsinnen, war keine leichte Arbeit. Endlich waren wir uns einig, daß drei von ihnen bei mir tatsächlich vorhanden waren. Auf die Frage des Offiziers, ob sie transportfähig seien, antwortete ich schnell und ohne zu überlegen, daß es sich um Schwerkranke handle, von einer Etappe keine Rede sein könne.

Der Mann schlug seine Liste zornig auf den Tisch, überlegte sich aber sein Benehmen schnell. Mit einer überaus freundlichen Stimme fragte er, ob ich nicht in der Zeit meiner Arbeit, in den Lagern, viele Ärzte kennengelernt habe, was ich bejahte. Er brachte daraufhin eine andere Liste zum Vorschein, die lediglich Ärztenamen enthielt. Zu meinem Bedauern kannte ich keinen von ihnen, wie ich dem Manne auch sagte, der es, wie es den Anschein hatte, nicht glauben wollte, mir einige Namen wiederholte, um mir das Erinnern zu erleichtern. Da ich den Grund dieser Untersuchung nicht erraten konnte, strengte ich mein Gedächtnis wirklich an, um Bekannte zu finden. Da ich aber keinen Erfolg hatte, wurde ich recht ungnädig entlassen.

Die Aufgabe dieser Kommission, wie wir später erfuhren, war die Liquidierung eines Fehlers, welchen die Behörde selbst gemacht hatte. Während der ganzen Zeit des Krieges, und gewiß auch später, hatte sie zum Bau der Atomanlagen Gefangene zu dieser Arbeit verwendet, die sie, Folgen nicht bedenkend, dann in andere Lager überführte. Selbstverständlich hatten die Männer manches erzählt, es war uns vieles zu Ohren gekommen, was uns ziemlich unmöglich erschien, wenn auch dann ungewöhnliche Ergebnisse von Blutanalysen ihre Erzählung wahrscheinlich machten. Diese Männer, diese „Wissenden“, sollten nun gesammelt und in „ewige Lager“ eingeschlossen werden samt den dazugehörigen Ärzten. Für mich schien ihnen schon eine Bekanntschaft mit diesen zu genügen, um mich ihnen gleichzustellen, was ihnen aber zufällig nicht gelungen war.

Fast am letzten Tage meiner Anwesenheit in Tawda kam es zu einer Schießerei, die nur durch das Eingreifen einer mutigen Frau, einer Ärztin, nicht viele, sondern nur einige Opfer forderte. Um dieses Ereignis richtig einzuschätzen, muß man einiges über die Soldaten, die im Lager und außerhalb davon die Bewachung der Gefangenen besorgten, aussagen. Es waren meistens junge Männer, gesund aussehend, was aber recht trügerisch war. Sie waren es ebensowenig wie diejenigen, die sie bewachten, die sichtbar der Gesundheit entbehrten. Ich hatte diese Soldaten vor ihren Sportübungen zu untersuchen und mußte die volle Verantwortung dafür tragen, daß sie nach ihrem Auftreten nicht tot hinfielen. Es waren fast alle Herzkranke, in mehr oder minder kompensierten Stadien, denen ich Springen, Reckturnen und Laufen erlauben sollte, eigentlich mußte. Wenn ich mehr als einen oder zwei von ihnen befreite, hatte ich einen Skandal zu erwarten, der eine ganz einfache Formulierung enthielt: die Deutsche versucht die Wehrmacht zu schwächen.

Anscheinend sollten diese Übungen sie für den Frontdienst fähiger machen, denn eines Tages waren sie verschwunden. Wir hatten nun Soldaten, die kein Wort Russisch verstanden, da sie aus Moldawien* stammten. Kleine schwarzhaarige, recht kindlich aussehende Jünglinge verursachten Konflikte und auch diese Schießerei. An diesem Abend stand einer dieser Soldaten in einem Verschlag über dem Tore jenes Teiles des Lagers, in dem sich die Werkstätten der Gefangenen befanden. Anscheinend hatte der Soldat den Befehl erhalten zu schießen, wenn tagsüber sich ein Gefangener diesem Tore nähern sollte. Er hatte aber nicht verstanden, daß abends Hunderte von ihnen dieses Tor passieren mußten, um in die Wohnbaracken zurückkehren zu können.

Als sich aber nach der Arbeit ein ganzer Haufen von ihnen in der Nähe des Tores sammelte, begann er sofort und ohne Anruf, in die Menge zu schießen. Die Gefangenen warfen sich augenblicklich und schreiend zu Boden, worauf er einhielt. Kaum wagte sich aber einer zu erheben, schoß er abermals. In dieser verzweifelten Lage schob sich eine Ärztin, eine Gefangene, die weder jung noch schlank war, auf dem Bauche kriechend, langsam bis zur Treppe hin, zu der Erhöhung, auf welcher der Soldat stand, und stürzte sich auf ihn. Der Soldat, der sicher meinte, die Gefangenen nicht aus dem Auge lassen zu dürfen, hatte ihr Herankommen nicht bemerkt. Er knickte unter ihrer Schwere zusammen. Sie hielt ihn dann so lange fest, bis Hilfe kam. Diese Ärztin war die Frau eines Kommunisten, eines Mitgliedes des Zentralkomitees der Ukraine gewesen, der als Staatsfeind erschossen worden war, während sie nur acht Jahre Lager für diese Gemeinschaft mit ihm erhalten hatte. Ihre Kinder waren, bis auf eine Tochter, die den Vornamen „Stalina“ trug, inzwischen gestorben.

Die Opfer dieser Schießerei wurden natürlich begraben, sogar in Kleidern, allerdings in solchen der vierten Sorte, was dem neuen Befehl über das Begräbniszeremoniell entsprach. Ob der Soldat seiner Strafe entgangen ist, weiß ich nicht, es ist aber kaum anzunehmen, denn ohne Schuldigen ließ sich diese Sache kaum erledigen.

Im Lager Karrier

Ich bekam eine Überweisung in ein anderes Lager, nach Karrier*. Es war dort gerade ein Platz freigeworden, der dortige Arzt war im Lazarett vom Blitz erschlagen worden. Dieser Arzt hatte mir selbst einmal von seiner Vorliebe für Gewitter erzählt. Er soll, seine Hände am Eisengitter haltend, einem solchen zugesehen haben, wobei er den Tod fand. Gewitter waren dann auch späterhin an diesem Orte recht aufregend, es schlug oft ein. Daher ist anzunehmen, daß dieser Boden Eisenerze enthielt.

Schon die erste Bekanntschaft mit dem Leiter des Lagers zeigte mir, was ich hier zu erwarten hatte. Er begrüßte mich mit einem Grinsen, und die ersten Worte, die er an mich richtete, waren für mich recht erstaunlich. Er wollte gehört haben, daß ich früher bei der Deutschen Botschaft als Stenotypistin gearbeitet habe, und setzte gutmütig hinzu: „Eine interessante Arbeit, nicht?" Ich antwortete ihm ganz ernst, daß ich die Quelle seiner Information kenne, denn niemand als der medizinische Kapitän sei in der Lage, eine solche Phantasie zu entwickeln. Zu meinem Bedauern verstehe ich das Stenographieren nicht, was mir recht leid täte, da es unter den gegebenen Umständen sehr nützlich sein könnte. Das Lazarett selbst hatte einen Leiter, dem ich mich unterzuordnen hatte. Er war eine recht komplizierte Figur, ein Schriftsteller, der sich im Laufe seiner Gefangenschaft einige medizinische Kenntnisse angeeignet hatte, die er dann an Gefangenen anzuwenden versuchte. Er liebte besonders zu schneiden.

Die Gefangenen hier konnte man gut auseinanderhalten, es waren Politische aus Lettland und russische Verbrecher, die ihre Eigentümlichkeiten hatten. Einige Österreicher waren hier, die wohl schwerlich ihre Heimat wiedergesehen haben. Einer davon, ein Fleischer, dem man eine Pistole abgenommen hatte, welche er zum Töten der Tiere gebrauchte, bekam deswegen zehn Jahre.

Eines Tages war auf dem höchsten Teile des Krankenhausdaches ein Bettuch angebracht worden, das mit großen Buchstaben folgende Aufschrift trug: „Es lebe Truman*!" Die Aufregung im Lager danach war groß, man suchte den Besitzer dieses Bettuches, das, wie nicht anders möglich, nur aus dem Lazarett gestohlen sein konnte. Dieser Diebstahl sollte mich ebenfalls angehen, obwohl ich für die Wäsche nicht verantwortlich war. Die Leitung des Lagers munkelte etwas von ideologischen Einflüssen, von fremden Elementen im Lager, die ich anscheinend darzustellen hatte. Wie und auf welche Weise sie den Mann doch gefunden hatten, ob er es auch war, habe ich nicht in Erfahrung gebracht. Er war ein russischer Verbrecher, den man dann irgendwie verschwinden ließ.

Die Letten machten mir wenig Arbeit, sie waren in einem weit besseren Gesundheitszustande als die Russen. Sie wurden von ihren Angehörigen versorgt, die ihnen regelmäßig Lebensmittel sandten. Die Verbrecher waren hier, wie in jedem Lager, organisiert oder auch nicht, die Feindschaft, die zwischen diesen Gruppen herrschte, erschwerte das Lagerleben. Die nicht organisierten, die nach der Meinung der anderen mit der Sowjetbehörde liebäugelten, wurden von ihnen als die „Hündischen" bezeichnet. Das Wort, das sie zu dieser Bezeichnung verwendeten, stellte sie aber nicht einfach dem Hunde gleich, der in seinem männlichen Vorkommen anscheinend noch zu gut dazu war, das verwendete Wort bezeichnete den weiblichen, läufigen Hund.

Die Arbeit im Lazarett war recht erschwert, ich hatte weder ein Laboratorium noch Röntgen. Bei meinem Kommen fand ich 25 Kranke vor, deren Zahl immer mehr anstieg, was mir die unangenehmsten Auseinandersetzungen mit meinem Vorgesetzten einbrachte. Die meisten der Kranken waren Dystrophiker, aber auch eine ganze Zahl von Diabetikern war vorhanden, was weiter nicht verwunderlich war, ihr hormonales System funktionierte höchst mangelhaft, sie ernährten sich fast ausschließlich von Brot. Endlich hatte ich es zustandegebracht, ein Mikroskop zu bekommen, um klinische Analysen machen zu können.

Meine Kranken bekam ich wie üblich über das Ambulatorium zugewiesen, das hier eine freiwillige Heilgehilfin leitete. Um eine der laufenden Fragen zu erörtern, hatte ich mich zu ihr begeben, traf sie im Gespräch mit einem Sanitäter, der ihr berichtete, daß ein Mann in der Baracke sterbe. Diese Frau war aber nicht gewillt, dorthin zu gehen, sie fürchtete offensichtlich die Insassen. Daraufhin erbot ich mich, den Mann anzusehen, was sie aber nicht für notwendig hielt, vielleicht nur deshalb, weil unser Leiter ihn schon lange als Simulant entlarvt und aus dem Lazarett gewiesen hatte.

Ich ging, ungeachtet dieser Erklärung, in die Baracke und fand einen Mann vor, der bis zum Skelett abgemagert war und von dem man ohne genaue Untersuchung sagen konnte, daß er an Krebs litt.

Im Gebiete des Magens war eine steinharte Geschwulst, ein Skyrrus*. Der Kranke konnte schon lange nicht mehr essen, hatte in seiner Verzweiflung ein Stückchen ungelöschten Kalk geschluckt, um die Krankheit zu verbrennen, wie er mir zuflüsterte. Ich brachte den Kranken ohne jede Überweisung zu mir. Als ich als erstes versuchte, ihm eine physiologische Lösung zu injizieren, hatte ich nicht mit dem Zustand seiner Haut gerechnet. Sie war wie Leder, die erste Nadel brach an ihr ab – sein Organismus war entwässert. Der Kranke hustete und fieberte. Die Analyse des Sputums ergab Tuberkeln, wenn auch nur vereinzelte. Das einzige Nahrungsmittel, das er noch zu sich nehmen konnte, waren rohe Eier, die nur in ganz kleinen Mengen passieren konnten. Da aber diese hier nicht zur Krankenhausnahrung gehörten, brachte ich sie mit, hatte aber dabei nicht mit meinem Vorgesetzten gerechnet.

Kaum hatte er davon gehört – sein Spionagesystem funktionierte gut –, kam er zu mir in das Lazarett mit einem Tschekisten, der ohne jede Einleitung auf mich einzuschreien begann. Er verstehe nicht, sagte er, wie ich mich unterstehen könne, andere Ärzte hier zu diskreditieren. Ich wolle wohl im Lager einen Aufstand hervorrufen, das seien anscheinend deutsche Untergrundmethoden, die ich hier anzuwenden gedenke. Ich sah den Mann ganz ruhig an, er benahm sich wie ein Irrsinniger. Mein Vorgesetzter saß lächelnd da und wartete ganz ersichtlich neugierig auf meine Antwort, mit der ich ihn aber enttäuschen mußte, da ich auf diese Beschuldigungen nicht einging.

Ich erklärte dem Tschekisten nur, daß das Lagerregime für Schwerkranke nicht vorgesehen sei, ich deshalb Hilfe von der Außenwelt in Anspruch nehmen müsse; was aber die anderen Ärzte anging, die hier nur in der Einzahl vorhanden wären – ich zeigte dabei auf meinen Vorgesetzten –, so glaube ich nicht, daß dieser jetzt noch unrichtige Vorstellungen von dem Kranken habe. Das war eine Drohung, was dieser auch gut verstand. Daraufhin versuchte mein Vorgesetzter, von diesem Kranken abzulenken, und brachte dem Tschekisten die Milch in Erinnerung, die ich ebenfalls in das Lager gebracht hatte, aber nicht vielleicht für einen Sterbenden, wie er ironisch bemerkte, der Bandit sei sogar gesund geworden. „Damit habe ich, wie es auch ist, dem Staate einen Arbeiter mehr zur Verfügung gestellt", sagte ich ziemlich laut und stand auf. Ich hatte das Signal zum Aufbruch gegeben, man ging.

Der Kranke mit dem Namen Scheremet starb am dritten Tage. Die Sektion, die ich vornahm, ergab den vorgesehenen Befund. Der Eingang des Magens war so verengt, daß nur eine Sonde, in der Dicke eines Streichholzes, ihn noch passieren konnte. Die Lunge hatte eine unglaubliche Anzahl kleiner Kavernen. Da der Tote ungefähr ein Kilogramm Zucker hinterlassen hatte, kam es zu einem heftigen Streit des Sanitätspersonals, das sich über die Zugehörigkeit des Nachlasses nicht einigen konnte. „Nur drei Tage", sagte zu mir ein alter Mann, „hat er ihn versorgt, bei mir sterben die Männer erst nach Monaten, was habe ich schon davon? Ein Schüsselchen Suppe, ist das vielleicht gerecht?" Ich entschloß mich deshalb, den Zucker unter ihnen löffelweise aufzuteilen, da wir doch keine Waage hatten.

Eines Abends kam der Brigadier der Letten zu mir in die Ordination und setzte sich wortlos mit gesenktem Kopfe hin. Er war niemals mein Patient gewesen. Ich war erstaunt, ihn bei mir zu sehen. Ich wartete eine ganze Weile, aber er rührte sich nicht. Auf meine Frage, was ihm fehle, murmelte er nur einige kräftige Worte, die sich anscheinend auf den Leiter des Lagers bezogen. Ich versuchte, ihn zum Sprechen zu bringen, wonach der Mann endlich hervorstieß, daß er ihm mit dem Erschießen gedroht hatte. „Ja, aber warum, das muß doch einen Grund haben", sagte ich recht beunruhigt, worauf der Mann schnell antwortete: „Hat auch einen! Verfluchte Brigade, aber was recht ist, das ist recht!"

Endlich hörte ich, was geschehen war. Seine Brigade arbeitete bei dem Verladen der Holzstämme, was eine schwere und gefährliche Arbeit war. Sie hatte sich einen Protest ausgedacht, der aber leider in unrechte Hände geraten war. Sie nahmen jeweils von einem Baumstamm einen Teil der Rinde ab, schrieben dann auf diese freie Stelle, was mit ihnen hier geschah. Vielleicht auch gewisse Aufforderungen, was der Brigadier nicht in Erfahrung gebracht hatte oder über die er nicht sprechen wollte. Es waren Briefe, die sie mit Umgehung der Zensur an „Unbekannt" richteten, gewiß in dem Glauben, daß die Welt draußen von all diesen Dingen nichts wisse. Es war eine Aufklärungsarbeit, vielleicht war sogar mit ihr die Hoffnung auf Hilfe verbunden, die, wie sie dann auch immer aussehen mochte, jeder Gefangene hegte.

Den Text einer dieser Sendungen hatte man nun an den Leiter des Lagers geschickt, worauf dieser in seiner nicht mißzuverstehenden Sprache dem Brigadier das Todesurteil verkündet hatte. Er versprach, ihn an die Wand zu stellen, und gab ihm vorläufig 14 Tage Karzer, um zur Besinnung zu kommen, wie er sich ausdrückte. Vielleicht hätte mir der Brigadier all dies gar nicht mitgeteilt, denn die Letten sind recht verschlossene Leute, wenn er nicht eine Bitte an mich gehabt hätte, nämlich auf seine Brigade ein Auge zu haben, und ich hatte es. Ich konnte ihnen leider nicht viel helfen, aber sie halfen sich dann in einer gewissen Weise selbst. Sie ließen die Hände sinken, womit auch die Arbeitsnorm sank. Sie bezahlten dies zwar mit ihrer Brotration, aber die Holzstapel an der Bahnlinie wuchsen zu Bergen an, was dann eine vorzeitige Befreiung ihres Brigadiers zur Folge hatte.

Ich hatte bis jetzt mit meinem mandschurischen Buchhalter allein gearbeitet, als man mir endlich eine Krankenschwester zuwies. Sie war die Frau eines Tschekisten, und wie ich glaube, hatte sie selbst eine bestimmte Aufgabe bei mir zu erledigen, ganz abgesehen von ihrem Berufe. Gleich am zweiten Tag brachte sie eine Handarbeit mit und saß gemächlich in meinem Kabinett und stickte. Es gab aber hier viel Arbeit zu leisten, denn es lagen bereits 63 Männer bei mir, und ich konnte ihr dieses Vergnügen nicht zubilligen. Sie warf daraufhin einen zornigen Blick auf mich, wickelte ihre Arbeit ein. Es war klar, daß ich einen Feind mehr hatte, auf den es aber vielleicht auch nicht mehr ankam. Das Lazarett lag in der Mitte des Lagers, nur von einem niedrigen Holzgitter umzäunt. Gewöhnlich störte der Lärm, der von den Baracken ausging, nicht sehr, aber eines Abends hatte ein Teil der Gefangenen beschlossen, die schweren Eisenstangen, mit denen sie am Tage im Wald gearbeitet hatten, nicht abzugeben. Es waren dies die „Organisierten", sicher mehr als hundert Mann, die sich weigerten und ein großes Geschrei vollführten, obwohl es zu dieser Zeit noch nicht klar war, wozu sie die Stangen verwenden wollten. Die Aufregung im Lager war ganz allgemein und hatte auch die Soldaten erfaßt. Die Lage des Lagerleiters war recht unangenehm, er sollte sich an die Methode des Hauptleiters, des „jüngeren Leutnants" halten, der bei Aufständen das Schießen verbot und sich in solchen Fällen mit dem Wasserstrahl half. Hier war aber tiefster Winter, der Wasserkran funktionierte nicht. Ich sah, wie man sich bemühte, ihn vom Eis zu befreien.

Plötzlich begann der Kampf, der gegen die „Hündischen" gerichtet war. Man versuchte, eine ihrer Baracken zu stürmen, die aber bereits verbarrikadiert war, denn man hatte den Angriff vorausgesehen. Schläge dröhnten, Schreie gellten, das, was ich nicht erwartet hatte, geschah, die Soldaten begannen zu schießen. Ob sich diese über die Ziele ihrer Tätigkeit klar waren, glaube ich kaum. Sie schossen ganz sinnlos in die Luft, auf Menschen, in die Fenster der Baracken, in denen sich auch Gefangene befanden, die mit dem Kampfe gar nichts zu tun hatten, die sich unter ihre Pritschen verkrochen hatten, die wir dann als Verwundete hervorholten. Ich hatte nach diesem Kampf 23 Schwerverletzte im Lazarett, die Leichen habe ich nicht zu sehen bekommen.

Ich hatte bei mir einen Mann mit einer Knochentuberkulose. Seine Hände waren verkrüppelt und eiterten. Er war ein hoffnungsloser Invalide, „dessen Erkrankung im Lager nicht geheilt werden konnte", wie die Formel, welche die Möglichkeit einer vorzeitigen Befreiung zuließ, lautete. Ich beschloß, diese Möglichkeit seiner Befreiung zu benutzen, und fuhr deshalb zur Lagerprokuratur nach Tawda, die mir auch einen Termin dazu angab. Bei dieser Prozedur mußte ich als Verteidiger auftreten, was mich nicht weiter beunruhigte, die dann aber durchaus nicht angenehm verlief, da ich die verschiedenen dazugehörigen Gesetze nicht kannte. Ich fuhr mit meinem Kranken in Begleitung eines Soldaten ab. Im Gerichtsraum waren außer dem Prokurator Männer in Uniform anwesend, die ich das erste Mal sah und die mich in Unruhe versetzten. Ich konnte ihre Gesichter nicht verstehen.

Es wurde die Krankengeschichte vorgelesen, worauf ich die Verteidigungsrede begann. Es war eigentlich ein Vortrag, der vielleicht sogar meinen einstigen Lehrern gefallen hätte, wenn er nur nicht gar so zielgerichtet gewesen wäre. Eigentlich verließ ich mich mehr auf das optische Material als auf ihn. Ich nahm die Verbände ab und beobachtete die erschrockenen Augen der Laien. Soweit war alles gut gegangen, aber die richtigen Fragen, das Verhör des Gefangenen, hatte noch nicht begonnen.

„Ist das Ihre erste Gefangenschaft", fragte der Prokurator, worauf ich ganz mechanisch nickte, während mein Protegé schwieg. „Also Ihre erste? Antworten Sie!"

Ich hatte ganz vergessen, den Kranken danach zu fragen, obwohl ich wußte, daß eine Befreiung nur nach der ersten Haft möglich ist.

„Nein", sagte er leise.

„Das ist schlecht, sehr schlecht! Und wofür?"

„Ein Pferd gestohlen", sagte lakonisch mein Kranker und sah traurig auf seine armen Hände, die ich vorsichtigerweise als Tatbestand noch nicht verbunden hatte.

„Kleine Stücke konnten Sie sich nicht aussuchen? Wann?"

„Im 26er Jahr."

„So – im 26er? Eine Ewigkeit! Das könnten wir eigentlich fallenlassen. Nicht?"

Er wandte sich an die Beisitzer und sagte etwas spöttisch, daß nach seiner Meinung das Pferd ohnehin schon lange krepiert sein müsse, vielleicht weiter nicht in Betracht zu ziehen sei. Die Männer hatten keine Einwände, sie nickten mit leeren Gesichtern.

„Also gut, das wäre erledigt, hoffentlich kommt nicht noch etwas nach."

Der Gefangene senkte seinen Kopf noch tiefer und schwieg.

„Wie? Sie waren ein drittes Mal verhaftet?"

„Ich war betrunken."
„Eine Schlägerei?"
„Was denn sonst?"
Danach wurde der Richter aber zornig. Er sprach vorläufig gewissermaßen nur zu sich selbst: „Was können wir mit einem solchen Subjekt machen?"
Plötzlich wandte er sich empört an mich: „Doktor, wie konnten Sie mir ein solches Subjekt bringen?"
Da ich nicht nur antworten, sondern auch verantworten mußte, fing ich ein höchst seltsames Gerede an. Ich erinnerte an die Vorliebe für geistige Getränke, die anscheinend aus einer dauernden Feststimmung dieses Landes hervorgehe, anders gar nicht zu erklären sei. Ich begann sogar zu scherzen, zog es in Betracht, ließ die Möglichkeit zu, daß selbst das werte Kollegium sich habe hinreißen lassen und einer Keilerei nicht aus dem Wege gegangen sei, was aber nur als ein Beweis ihres Mutes angesehen werden könne. Nach diesem setzte ich eine Pause ein. Der Richter schmunzelte, ein Beisitzer nickte, wenn es auch nur eine kleine Bewegung des Kopfes war, schien es die Keilerei zu bestätigen. Ich sprach von der verminderten Intelligenz meines Kranken, als ein wichtiger Grund zu seiner Entschuldigung, und kam dann nochmals auf seine erbarmungswürdige Erkrankung zu sprechen. Danach richtete ich mich zu meiner ganzen Größe auf, die übrigens ihren Namen nicht verdient, und sagte laut und etwas akzentuiert: „Ich ersuche aus den von mir angeführten Gründen, den Kranken aus der Haft zu befreien, da er vor allem für das Lager eine Belastung darstellt!"
Der Prokurator gab mir daraufhin zu verstehen, daß wir uns entfernen sollten, was wir auch taten. Wir begaben uns auf den Gang, um die Beratung nicht zu stören. Wir warteten nicht lange. Der Beschluß wurde dann schnell und recht mechanisch vorgelesen. Man befreite ihn, wider alles Erwarten hatte man ihn befreit.
Auf der Rückfahrt war ich unendlich müde. Es war mir klar, daß ich meine Sache recht leichtsinnig angefangen hatte, aber hätte ich ohne diesen Leichtsinn etwas erreicht? Da ich viele Stunden mit dieser Fahrt versäumt hatte, arbeitete ich bis in die Nacht hinein. Das Lager schlief bereits, als an die Tür meines Kabinetts geklopft wurde. Ein Gefangener berichtete mir, daß sich der Kranke, der heute befreit worden, vergiftet hatte. Das war so unglaublich, daß ich dem Mann versprach, ihn in den Karzer zu setzen, wenn er nicht sofort verschwinde. Der aber blieb vor mir stehen und sagte etwas traurig: „Dann stirbt er eben, wenn Sie ihm nicht helfen!"
Ich mußte mich sehr schnell umstellen, mußte das Unmögliche für

Wirklichkeit halten, daß ich den Mann zur Tür hinausstieß und nichts anderes hervorbrachte als: „Schneller, schneller!“ Schon nach wenigen Minuten brachte man mir den Mann. Zwei Männer führten ihn, er hing zwischen ihnen, seine Hände griffen in die Luft, so als ob er Fliegen fangen wollte. Er war nicht bei Besinnung und antwortete auf meine Frage nicht. Seine Kameraden hätten wohl reden können, das verstand ich ganz gut, taten es aber nach Lagerbrauch nicht. Nein, sie wüßten von nichts, sie hätten keine Ahnung. Was für ein Gift konnte er aber im Lager erhalten haben? Warum wollte er sterben, wo er doch heute so freudig seine Befreiung aufgenommen hatte? Eines nur sah ich an diesem Mann, daß seine Pupillen extrem erweitert waren.

Ich hatte keinen anderen Ausweg, ich begann mit den Männern zu verhandeln. Ich versprach ihnen, nicht nur zu schweigen, wenn sie mir den Tatbestand mitteilten, ich versprach ihnen sogar, sie in das Krankenhaus zu legen, wenn sie mir die Wahrheit sagten. Bei all dem arbeitete ich an dem Manne herum, hatte Coffein gespritzt und versuchte, den Magen zu spülen, was aber nicht gelang. Als ich ihm dann Ricinusöl eingoß, und er sich derart wehrte, daß ich mit ihm nicht fertig werden konnte, halfen mir die Männer schweigend. Da sie sich nicht ergeben wollten, begann ich in meiner Verzweiflung zu drohen. Ich sagte ihnen harte Worte, wies sie darauf hin, daß er jetzt ein „Freier“ wäre, dessen Tod man nicht ohne weiteres vertuschen könne. Die Schuldigen würden bestraft werden, ich sei sicher, daß sie von dem Gifte wüßten. Ich begann bereits zu schreien: „Ihr werdet es büßen, ich werde dafür sorgen, daß ihr nicht frei ausgeht!“ Das half, allerdings nicht so glatt, wie es hier aussieht. Endlich erfuhr ich, daß man heute eine Flasche gestohlen hatte, zwar nicht diese Gefangenen selbst, sondern die aus der fünften Baracke.

Diese Baracke galt als eine der gefährlichsten, jetzt war es Nacht. Die Soldaten konnten mir nicht helfen, sie konnten nur alles verderben, sie mieden sonst selbst am Tage diesen Ort. In ihr wohnten die „Gesetzlichen“, die für mich nur das eine Gute hatten, daß sie, wenn sie etwas versprachen, es auch hielten. Ich machte mich auf den Weg zu ihnen. Die Baracke lag im Dunkeln, nur der Eingang war von einem Lämpchen erhellt. Ich riß die Tür auf und trat in den unbeleuchteten Raum, in welchem ungefähr 50 Männer schliefen. Ich begann zu rufen, was erst nach langem Erfolg hatte, man begann sich zu regen. Die Männer konnten mich ganz gut sehen, ich hatte die Tür offen gelassen, bald war ich von ihnen umringt. Ich gab ihnen zu verstehen, daß ich von ihrem Diebstahl im Ambulatorium Kenntnis habe, und verlangte, daß sie mir in 10 Minuten das Gestohlene bringen und sagen sollten, wieviel sie ihm davon eingegeben hätten. Zuerst folgte ein Schweigen, das recht unheimlich war, als ich sie aber daran erinnerte, daß ich doch auch ihnen ohne jede Ausnahme helfe, begann einer zu sprechen: „Das war doch nur ein Scherz, er war so glücklich, da wollten wir ihn noch glücklicher machen. Zuerst haben wir ihm ein paar Tropfen gegeben, aber er wollte mehr und mehr. Wir hatten doch eine Flasche voll, um die Tropfen war uns nicht schade, da haben wir eben getropft." Eine andere Stimme schrie, daß das alles nicht wahr sei, das hätte sich dieser Idiot nur ausgedacht. Sie wüßten von nichts. Sie begannen nun untereinander zu streiten, alle gegen alle, und es fing eine solche Bewegung in dem Raume an, daß ich sogar einige Stöße abbekam, sicher aber nur ganz zufällig. Was blieb mir danach zu tun übrig? Ich schrie mit meiner lautesten Stimme in den Raum hinein, daß ich zehn Minuten warten werde, drängte mich aus der Menge und schlug die Tür krachend zu.

Obwohl ich in Eile war, mußte ich doch etwas im Dunkel stehenbleiben, um mich zu fassen. Ich war ganz und gar nicht sicher, daß es mir gelungen war, sie zu überzeugen. Mein Vergifteter lag jetzt teilnahmslos da, wehrte sich nicht mehr, als ich ihm einen Liter Kochsalzlösung einpumpte. Die Zeit verging, die zehn Minuten mußten schon lange vorbei sein, vielleicht schien es mir auch nur so, als die Tür aufging, nicht weit, nur einen Spalt, und man auf den Boden eine Flasche stellte. Eine recht hohle Stimme sagte nichts anderes als: „Es können auch hundert gewesen sein." Es war Belladonnaextrakt, den sie gestohlen hatten. Der Mann starb mir nicht, er erholte sich, wenn auch recht langsam.

Die Kämpfe, die ich mit dem Leiter des Lagers austrug, hatten die verschiedensten Formen angenommen. Eine davon war, daß ich die Unterschrift verweigerte, wenn man bei Unglücksfällen die Schuld dem Gefangenen zuschreiben wollte, während der Leiter schuld war, da er die Vorschriften des Arbeitsschutzes vernachlässigt hatte. Ich zwang ihn, Gefangene aus dem Karzer zu entlassen, die krankheitshalber nicht zur Arbeit gegangen waren.

Ich kam in diesen Tagen auf eine nicht ganz übliche Weise zu einem Patienten. Ich befand mich auf dem Hofe vor der Krankenbaracke, als ich sah, wie man einen Mann an den Füßen über die Holztreppe des Wachlokals herunterzog. Er schlug mit dem Kopfe auf jeden Absatz auf, schrie aber dabei nicht, wie es doch unter diesen Umständen ganz natürlich gewesen wäre. Auf meinen Einspruch hin hielt der Soldat inne und sagte, gleichsam triumphierend, daß er ihn in den Karzer zu bringen habe, da er sich weigere zu arbeiten. Der Mann lag nun auf dem Boden da und rührte sich nicht weiter. Plötzlich trat der

Leiter des Lagers aus eben diesem Wachhaus und begann den Soldaten anzuschreien, worauf er noch warte. Ich erklärte dem Wütenden, daß Kranke nicht in den Karzer, sondern in das Lazarett gehören. Zumindest aber müsse man den Zustand dieses Mannes zuerst überprüfen. Danach konnte man mich nicht hindern, den Mann mit mir zu nehmen. Bei der Untersuchung stellte sich dann heraus, daß er eine Kopfwunde hatte, die aber nicht von dem Schleifen über die Treppe herrühren konnte. Ich erfuhr nach langem Hin und Her, daß ihn der Lagerleiter mit einem Stück Holz auf den Kopf geschlagen hatte. Außerdem war der Mann irrsinnig, das unterlag keinem Zweifel, das hätte schon für eine Invalidität ausreichen müssen. Die Wunde, die er erhalten hatte, war durchaus nicht leicht.

Unter anderen Umständen wäre eine Klage gegen den Lagerleiter selbstverständlich gewesen, das verstand er auch. In meinem Falle war es jedoch angebracht zu schweigen, um dem Kranken helfen zu können. Niemand kam, um ihn nach der Untersuchung in den Karzer zu holen, er lag bei mir, bis seine Wunde geheilt war und auch noch weiterhin. Ich versuchte, ihn durch die Prokuratur zu befreien, er war ein gewesener Frontsoldat, was mir dann auch gelang. Die Richter sahen vor sich einen vollkommen verblödeten Menschen, der nach seiner Befreiung nicht allein in seine Heimat fahren konnte. Man gab ihm eine Krankenschwester als Begleitung mit. Sie war klein und bucklig, ich habe mir einen langen Weg mit diesem Kranken nicht als einen leichten vorgestellt, er konnte ihr ohne jegliches Anzeichen aus dem Zuge springen.

Seine Abreise vom Lager war recht theatralisch. Man hatte ihn auf ein Lastauto gesetzt. Gerade, als sich die Maschine in Bewegung setzte, sprang er auf und schrie mit einer schrecklichen Stimme: „Solange noch meine Knochen, solange noch meine Knochen nicht vergessen!“ Er drehte seinen Kopf her und hin, fand aber anscheinend nicht, was er suchte, und setzte sich wieder. Die Krankenschwester brachte ihn ohne große Schwierigkeiten zu seiner Familie zurück, die er aber nicht mehr erkannte. Er stand vor seinem Vater in Habt-acht-Stellung, die Hände an die Hosennaht, und wollte sich nicht setzen. Mutter und Geschwister sollen ihn weinend umringt haben, was ihn zu einem lauten Lachen verführte, das aber vielleicht nichts anderes war als Freude. Wer kann es wissen?

Es dürfte sich wohl bei dem Lagerleiter genügend Material gegen mich angesammelt haben. Er trat in einer Parteiversammlung gegen mich auf, was ich ganz zufällig hörte, dem ich aber keine große Bedeutung beimaß. Einzelheiten erfuhr ich nicht. Ich hatte schon so viele Beschuldigungen gehört, daß mich eine mehr oder weniger nicht sehr berühren konnte. Es ist anzunehmen, daß auf diese Klage hin eine Kommission zu mir kam. Sie bestand aus sechs in Tawda arbeitenden Ärzten, dem medizinischen Leiter, dem ich untergeordnet war, und dem Leiter des hiesigen Lagers. Sie erklärten ihr Kommen nicht, verlangten mit steinernen Gesichtern die Krankengeschichten, verteilten sie und begannen die Kranken aufzurufen.

Meine, mir nicht gewogene Krankenschwester sowie auch der Lagerleiter strahlten, warfen sich Blicke zu, anscheinend in der Gewißheit meines Unterganges. Ich war über ihr Kommen nicht weiter erschrocken, es war mir klar, daß man, wenn man wollte – und das wollte man doch – immer etwas gegen mich finden konnte. Ich war hier Arzt für ungefähr siebzig Personen, der auch alle klinischen Analysen machte, der versuchen mußte, mit ungenügenden Mitteln zu helfen. Die Sterblichkeit in meinem Lazarett war nicht groß, erhöhte sich meistens nur durch Kranke, die man in schlechtem Zustande aus fernen Lagern zu mir brachte. Es war ein Kommen und Gehen in den Räumen, es schallten Befehle, aber ich selbst wurde nicht beachtet.

Plötzlich schrie der medizinische Leiter förmlich auf: „Doktor, was soll das heißen?" Er hatte einen alten Mann vor sich stehen, dem er den Blutdruck gemessen hatte, und nun von seinem Apparat auf die Krankengeschichte sah. Ich fragte, was er wissen wolle, und bekam es zu hören, daß ich eine unerhörte Art habe, meine Untersuchungen zu führen. Ich verstand ihn nicht und schwieg. Er aber kreischte: „Sie haben hier einen Blutdruck von 210 vermerkt, und wissen Sie wieviel der Mann hat?" „Nein", sagte ich, „ich habe den Blutdruck heute noch nicht gemessen, wie kann ich es demnach wissen?" Ich fühlte aber Angst, denn es wäre doch möglich gewesen, daß der Blutdruck so gefallen sein konnte, daß man mich hätte beschuldigen können, einfach Invaliden im Lazarett zu halten. Alle Ärzte hatten ihre Arbeit unterbrochen und starrten auf mich. Der Lagerleiter hatte sogar seine Arme in die Hüften gestützt und stand breitbeinig da.

„Wissen Sie, welche Gefahr dem Kranken droht? Er hat nicht 210 sondern 240, und Sie schlafen anscheinend!" Wie human das alles klang, aber ich brauchte kein langes Nachdenken, um darauf zu antworten. Ich sagte ganz ruhig, daß ich nur einen alten Apparat, einen Riva-Rocci* habe, den wir jeden zweiten Tag reparierten, er aber mit einem Manometer-Apparat arbeite. Ich schlug ihm vor, die Probe mit meinem Apparat zu machen. Dieser zeigte dann allerdings nicht 210, sondern 220, was bei der Aufregung des Patienten ganz begreiflich war. Mehr und andere Bemerkungen habe ich über meine Arbeit nicht gehört, alle meine Kranken wurden als solche anerkannt, ich glaubte schon aufatmen zu dürfen, als die Lagerleitung der Kommission versicherte, daß ich vor kurzem zehn Gefangene zu Invaliden gemacht hätte, Männer, die vollkommen arbeitsfähig gewesen wären.

Man forderte ihre Formulare und ließ sie einzeln eintreten. Was gaben sie doch für ein trauriges Bild ab, selbst die Kommission konnte sie nur, nach strengster Untersuchung, für die Arbeit als untauglich erklären. Man erhob sich, die Untersuchung, die stundenlang gedauert hatte, war zu Ende. Ich versicherte der Kommission, daß ich hier auf keinen Fall weiter arbeiten werde, was sie gar nicht zu verstehen schien, da sie mir doch meine gute Arbeit bestätigt hatte. Einige Tage später fuhr ich zur Verwaltung, um mit diesem Lager endgültig Schluß zu machen. Man versprach mir ein Laboratorium in Tawda zu eröffnen, was mich völlig befriedigte. Meine Kraft, um jeden Kranken zu kämpfen, war erschöpft. Da ich aber auf meine Ablösung warten mußte, war an eine sofortige Abreise nicht zu denken.

Jede Stunde des Tages oder der Nacht brachte Neues, aber selten Gutes. Aus einem weit in der Taiga gelegenen Lager brachte man einen älteren Mann zu mir, der selbst nicht mehr gehen konnte und ganz aufgeschwollen war. Was er gewesen sein mag, weiß ich nicht, vielleicht ein Handwerker. Er war Österreicher und schrieb sich Marquart, vielleicht aber auch Markwart. Er war ein Sterbender und wäre vielleicht noch einmal zur Besinnung gekommen, wenn man ihn nicht in das Bad gezerrt hätte. Der Vorsteher des Lazaretts bestand aber darauf, da es, wie er behauptete, vom Gesetz vorgeschrieben war. Was er dabei für Richtlinien einhielt, konnte ich nur ahnen. War es einfach ein sadistischer Akt, den er benötigte, oder war es der Haß gegen einen Deutschen, es ist nicht leicht zu sagen. Diese beiden Möglichkeiten müssen sich wohl die Waage gehalten haben.

Der Mann war nicht bei voller Besinnung und wiederholte in kurzen Abständen nur ein einziges Wort: „Kaputt". Es war ganz klar, daß er die russische Sprache nicht beherrschte, ich versuchte zu verstehen, warum er gerade dieses Wort gewählt hatte. In seiner Heimat, in Österreich, war dieses Wort ganz gebräuchlich, aber merkwürdigerweise bezog es sich fast ausschließlich auf Gegenstände. Man schlägt Geschirr kaputt, das dann endgültig nicht mehr zu gebrauchen ist. Welche Bescheidenheit, wenn dann jemand dieses Wort auf sein eigenes Leben anwendet. Wie tief mag sein Bedauern über dieses so sinnlose Sterben gewesen sein, daß er sich nicht mehr in eine letzte Illusion hatte retten können, was doch so viele tun. Er atmete bereits in großen Intervallen, seine Lippen bewegten sich nur mehr schwach, öffneten sich aber zu diesem Worte so lange, bis er des Gespräches mit der Welt müde war, es aufgab, bis er für immer verstummte.

Endlich fuhr ich von Karrier ab. Eine Ärztin, die gerade ihr Studium beendet hatte, übernahm meine Kranken, es war ihre erste Arbeit, noch dazu in einem Lager. Sie übernahm auch meine Wohnung in einem kleinen Holzhaus, die später große Unannehmlichkeiten bereitete, da die Fenster nicht hoch über dem Erdboden standen. Der Leiter des Lagers, der Frau und Kind hatte, schien dieser Ärztin sehr zugeneigt zu sein, er glaubte anscheinend, daß er das Recht habe, sie zu besuchen. Er saß oft bis in die Nacht hinein bei ihr, was seiner Frau nicht gefallen wollte. Was in seinem eigenen Hause geschah, welchen Streit er dort auszufechten hatte, weiß ich nicht; das, was aber folgte, wurde bekannt, und nicht nur an diesem Orte.

Es war ein strenger Winter in diesem Jahr, mein kleines ehemaliges Zimmer ließ sich gut heizen. Es mag dem Leiter angenehm gewesen sein, in ihm zu sitzen, nur hatte er nicht mit seiner Frau gerechnet. Eines Nachts bewaffnete sich diese mit einem Holzscheit und schlug die Fenster dieses Zimmers ein. Das Licht erlosch, das hatte der Mann mit aller Schnelligkeit abgedreht. So saßen die zwei Schuldigen nun in Kälte und Dunkelheit eine ziemliche Weile. Nach gehörigem Warten ging der Mann in das Lager, um einen Gefangenen zu veranlassen, neue Scheiben einzusetzen, was natürlich nicht verborgen bleiben konnte. Das war ein Skandal, aber einer, der noch immerhin tragbar gewesen wäre, wenn die Frau dieses untreuen Mannes, übrigens eine Krankenschwester, ein Mitglied der Partei, sich nicht entschlossen hätte, diese Sache, nämlich das Verhältnis zu ihrem Manne, endgültig zu lösen.

Sie klärte das Parteikomitee über die Person ihres Mannes auf, was sie dann über diesen Major verlauten ließ, haben wir nur teilweise erfahren. Unerwarteterweise hatte es dann sogar mit mir zu tun. Die Frau behauptete und konnte es anscheinend auch beweisen, daß ihr Mann als Leiter des Lagers von Gefangenen Bestechungen angenommen hatte, dies nicht nur in Karrier, sondern auch an seinen früheren Arbeitsstellen. Es kam auch zur Sprache, daß dies gerade jene Beschuldigung war, die er selbst im Parteikomitee gegen mich erhoben hatte, wo er angab, daß ich Pakete von Gefangenen oder von deren Angehörigen erhalte.

Ich begab mich daraufhin zu dem Prokurator, um den genauen Tatbestand zu erfahren. Er mußte zugeben, daß der Major eine solche Beschuldigung tatsächlich gegen mich erhoben und die Tschekisten daraufhin alle Postsendungen überprüft hatten. Erstaunt über diese so nutzlose Arbeit versicherte ich, daß ich in der ganzen Zeit meiner Gefangenschaft nicht ein einziges Paket erhalten hatte. Mit einem gewissen Pathos antwortete er mir: „Sie brauchen sich nicht zu beunruhigen, Sie sind rein, Sie sind absolut rein!“

Nach der Anklage, welche diese Frau gegen ihren Mann erhoben hatte, überprüfte man dann ebenfalls die Postsendungen jenes Majors, dies sehr zu seinen Ungunsten. Das Ergebnis dieser Gerichtstage war für mich recht unerwartet. Der Leiter des Lagers, er hieß Jakowlew, wurde nicht nur seines Amtes enthoben, er ging auch seines Ranges verlustig. Er soll mit einer jämmerlichen Stimme im Schlußwort gesagt haben: „Was kann ich nun machen, ich habe doch keinen anderen Beruf?" Die Antwort des Komitees habe ich nicht erfahren, vielleicht blieb sie sogar aus. Kindlich wäre es hier, von Gerechtigkeit zu sprechen, aber warum muß ich unbedingt immer die Erwachsene spielen?

Arbeit im Laboratorium

Meinen neuen Arbeitsplatz mußte ich mir erst einrichten. Der Raum, den man mir zugewiesen hatte, war genügend groß, wenn auch die Baracke, in der er sich befand, am Zerfallen war. Ich bekam im Grunde genug Reagentien*, nur konnte ich nicht sicher sein, daß sie ihren Namen auch verdienten. Viele Verpackungen waren zerrissen, auch die Aufschriften fehlten. Man gab mir eine Laborantin, abermals die Frau eines Tschekisten, und einen japanischen Gefangenen als Gehilfen. Wir machten dann täglich einige hundert Analysen, außerdem stellte ich Aloe für Injektionen her. Das war allerdings eine recht primitive Art, die ich mir zugelegt hatte. Ich verwendete eine Maschine, die gewöhnlich zum Zerkleinern des Fleisches benutzt wird, und eine Unmenge von Penizillinfläschchen. Meine Produktion, mit Hilfe des Thermometers hergestellt, war leider nur ungefähr 14 Tage haltbar. Ampullen, die brauchbarer gewesen wären als diese Flaschen, konnte ich nicht erhalten.

Die Laborantin hatte mir schon ganz am Anfang gesagt, daß sie nur „unter meinen Flügeln" werde arbeiten können, was nachher an Bedeutung gewann. Ich mußte alles, was sie tat, überprüfen. Der Japaner war ein seltsames Geschöpf. Man hatte ihn als Soldaten in der Mandschurei gefangengenommen. Er war klein und schwach, halbwüchsig, obwohl er behauptete, 19 Jahre alt zu sein. Sein Kämpfen in der Mandschurei hatte er mir sehr effektvoll geschildert. Die Schlacht war bereits verloren, seine Kameraden flohen, ringsum lagen nur Leichen, als ein abermaliger Angriff begann. Er soll sich zwischen die Toten geworfen, sein Gesicht mit ihrem Blut beschmiert haben, um sich zu retten. Wie er aber dann doch in die Hände des Gegners gefallen war, habe ich von ihm nicht erfahren. Über seine Heimat hat er mir unwahrscheinliche Dinge erzählt. Er behauptete, daß er sieben Jahre Muttermilch getrunken habe, und nicht von seiner Mutter allein, verschiedene Frauen hätten ihn dazu eingeladen. Dies gelte als gutes Mittel, sich vor weiteren Geburten zu schützen.

Er war für die Arbeit im Laboratorium außerordentlich befähigt und wurde bei mir ein Spezialist für Magensaft-Untersuchungen, wobei er noch die kleinsten Farbunterschiede wahrnehmen konnte. Früher hatte man im Lager Blut nur auf Syphilis untersucht, Wassermann mit Hilfe eines Bocks und eines ewig betrunkenen Mannes gemacht, der behauptete, der Mensch könne sich alles erlauben, wenn er nur genügend Vitamin B_1 zu sich nehme. Er war sehr mager, schlecht gekleidet und kam mit einem geflochtenen Henkelkorb am Arm zur Arbeit, in dem eine Wodkaflasche, mit einem Tuch sorgfältig zugedeckt, schlummerte, aus welcher er während des Tages schluckweise trank.

Obwohl man mir die Arbeit in der Morgue nicht offiziell übergeben hatte, machte ich sie dennoch. Die jungen Ärzte konnten keine rechte Beziehung zu den Leichen finden, sie dachten sich die verschiedensten Gründe aus, um sich dieser Arbeit zu entschlagen. Wenn es nicht anders ging, schützten sie sogar eine Schwangerschaft vor. Im Grunde konnte ich sie verstehen, ich selbst hatte früher vor Leichen, wenn auch nicht Angst, so doch immerhin eine gewisse Scheu, die mich hinderte. Jetzt, nach allem, was ich erlebt hatte, waren die Leichen die einzigen, die mir nicht zu schaden trachteten, die keine Verräter waren, denen man trauen konnte. Jeden Morgen, jeden Tag, öffnete ich ihre Brust, hielt das Herz in meiner Hand. Meine Erwartung dabei war unbestimmt, aber sie bestand. Dieses Land gebiert von jeher merkwürdige Vorstellungen, es glaubt schon lange an die Besonderheit des toten Herzens, auch an seine Fähigkeit, einen Brand zu entfachen. Zur Zeit Iwan des Grausamen soll man Wasser, in dem ein Menschenherz gelegen war, versprengt haben, daraufhin brannte Moskau.

Es war das Jahr 1952 gekommen, man hatte jüdische Ärzte und Professoren in Moskau verhaftet, eine Welle von Mißtrauen erfaßte alle. In diesen Tagen kam ein Inspektor der Verwaltung zu mir, ob im Auftrag oder als Privatmann, hatte ich nicht erfahren können. Er bat um eine Auskunft, die in dieser Zeit durchaus gegeben war.

„Soviel ich weiß, sind Sie Katholikin, da müßte Ihnen ja bekannt sein, ob die Leute in Österreich judenfreundlich sind? Ich habe nämlich gehört, daß sie fast keinen Unterschied machen, ob einer ein Jude ist oder nicht. Stimmt das?"

Was konnte ich ihm darauf antworten? Ich verstand die Gefahr, die aus seinen Worten für mich selbst hervorging, sehr wohl, aber was ich auch antworten würde, die Auslegung meiner Worte mußte ich ihm überlassen.

„Ja", sagte ich, „im allgemeinen haben sie sich immer ziemlich loyal verhalten. Als Katholiken haben sie die Pflicht, den Nächsten zu lieben, ob sie es als Österreicher tun, hängt, wie Sie verstehen werden, ganz von dem Einzelnen ab."

„Also, Sie meinen, daß sie judenfreundlich sind?"

„Das ist für mich jetzt schwer zu sagen. Ich muß annehmen, daß auch Sie wissen, daß Zeiten und Menschen sich ändern."

„Sie haben demnach eine Hoffnung?"

Obwohl ich recht gut verstand, zu welchem Bekenntnis er mich bringen wollte, sagte ich ganz fröhlich: „Wieso nicht? Ich habe die Hoffnung immer noch nicht verloren!"

Des Abends war eine Versammlung einberufen worden, an der die Ärzte teilnehmen mußten. Sie betraf die Frage des Wettbewerbs, eine Krankenbaracke wetteiferte mit der anderen. Es wurden Verträge abgeschlossen, die aber den wirklichen Stand der Dinge wenig berührten. Diese Dokumente enthielten nichts anderes, als was zur eigentlichen Arbeit zu gehören hatte. Man verpflichtete sich z. B., die Temperatur der Kranken genauestens zu messen. Hatte man es bis jetzt nicht getan? Auf Reinlichkeit und Disziplin zu achten: War das nicht selbstverständlich? Wie konnten diese Punkte Teil eines Wettbewerbes werden? Konnte ich mich als Arbeiter des Laboratoriums verpflichten, die Analysen besser zu machen, ohne mir selbst ein Todesurteil zu sprechen? Das Gerede auf dieser Versammlung wollte kein Ende nehmen, ich war eigentlich froh, als mich der Lagerleiter rufen ließ.

Ich bekam die beschwerliche Aufgabe, sofort nach einem Lager, 20 km entfernt, zu fahren, um eine Leichenschau vorzunehmen. Dieser Tod war nicht in üblicher Weise eingetreten, sondern der Mann war erfroren. Wie ich dann später hörte, hatten sich drei Gefangene, die das Recht hatten, ohne Wachsoldat aus dem Lager zu gehen, in das nächste Dorf begeben und sich dort betrunken. Selbstgebrannten Wodka, aus den unmöglichsten Kartoffelabfällen hergestellt, hatten ihnen die Bauern vorgesetzt. Ob dies aus Liebenswürdigkeit oder Angst geschehen war, war schwer zu sagen. Die Männer aber waren hungrig und tranken auf nüchternen Magen. Zwei von ihnen kamen, wenn auch spät, in das Lager zurück, sie konnten von dem Dritten nur aussagen, daß er gehe. Er ging allerdings eine lange Zeit, er hatte sich verirrt, den Weg endgültig verloren. Die Soldaten begannnen, ihn mit Hunden zu suchen, und fanden ihn auch, allerdings bereits tot.

Ich fuhr mit einem Jeep ab. Die Kälte erschwerte das Atmen. Der

Wagen fuhr auf Holzschienen, die sich scheinbar alle zum Protest verschworen hatten. Sie klapperten und kippten, so daß unser Wagen plötzlich über einer Schlucht hing. Der Chauffeur konnte nicht aussteigen, und für mich war es ebenfalls gefährlich, es zu tun. Ich blieb sitzen und wartete, welcher Teil des Wagens das Übergewicht erhalten würde, meine Schwere war gewiß nicht groß, doch konnte sie den Ausschlag geben. Es war Mondschein, was aber in der Taiga nicht viel heißen will. Die Bäume sind so hoch, daß sie oft den ganzen Mond verdecken. Der Motor machte einen großen Lärm, der in der Stille des Waldes recht böse klang, aber dessen Arbeit uns endlich doch auf den Weg zurückbrachte, wir holperten weiter.

Im Lager angekommen, ließ man mir keine Zeit, meine Hände zu erwärmen. Wir machten uns mit Laternen, von Hunden begleitet, auf den Weg. Eigentlich gingen wir nicht lange, nicht mehr als eine Stunde, aber der Weg war verschneit und recht beschwerlich. Wir kamen an einen kleinen Platz, gleichsam eine Lücke in der Taiga. Auf ihm war ein Weglein getreten, von einem Ende zum anderen, auf dessen Mitte ein großer, gewichtiger Mensch lag. Es war so verständlich, was er gedacht und wie er versucht hatte, dem Tode zu entgehen. Er wußte, daß er sich bewegen mußte, daß er zu gehen hatte, er tat es bis zum letzten Augenblick. Jetzt lag seine Mütze im Schnee, die Wattejacke über der Brust war geöffnet. An den Füßen hatte er Gummistiefel, die für eine solche Kälte ganz und gar nicht taugten.

Für mich war da weiter nichts zu tun, der Augenschein genügte. Man legte den Mann auf eine Bahre und brachte ihn in das Lager zurück. Man zog ihm die Kleider nicht aus, das schien nicht notwendig zu sein, man durchsuchte allein seine Taschen und legte mir den Inhalt hin. Wie wenig hatte er doch bei sich, wie fern dem Lager waren jene Dinge, die er besaß. In der Brusttasche hatte er ein kleines Taschentuch, nicht aber vielleicht eines, das zur Benutzung taugte. Es hatte eine gehäkelte Spitze rundherum, sogar in zwei Farben ausgeführt. Es war, wie man es auch nahm, ein Andenken, gewiß von einem Mädchen. Wer wollte daran zweifeln? Dann war ein Brief da, ein Brief von seiner Mutter, die ihren Sohn erwartete. Kein Geld war bei ihm zu finden, auch kein Tabak. Man sagte mir, daß er nur noch einen Monat bis zu seiner Befreiung gehabt hätte. Er war ein Chauffeur gewesen, der einen Unfall verursacht hatte und deshalb zu fünf Jahren verurteilt worden war.

Die Soldaten legten mir den Toten in den Wagen, ich setzte mich zu ihm. Meinen Chauffeur konnte ich nicht gut zu unserer Gesellschaft rechnen, er war in der Kabine, während wir im offenen Teil des Wagens fuhren.

Gleich zu Beginn der Fahrt begann der Tote zu rollen und schlug dabei hart an meine Beine, die ich danach auf die Bank hinaufzog. Ich hockte dann auf ihr, was nicht bequem war. Wir fuhren lange Strecken, wo ich den Toten nicht sah, wo um uns ein Dunkel herrschte, bis plötzlich das Licht des Mondes auf uns fiel. Die Bewegung des Wagens und die bleiche Beleuchtung machten das Gesicht des Toten lebendig, seine Augen waren halb geöffnet und blinzelten mir zu. Es war nicht Furcht, die ich empfand, ich war nur in eine Zeit versetzt, die mich schon lange bedrückte, die mich hielt und der ich entrinnen mußte, trotz der ewigen Verbannung, in der ich zu leben hatte.

Wir kamen erst gegen Morgen in mein Lager zurück. Ich mußte den Wächter der Morgue wecken, die sofort geheizt werden mußte, um den Leichnam auftauen zu lassen. Als ich den Toten dann später sah, hätte ich ihn kaum erkannt. Er hatte sich sehr verändert, er war zusammengefallen, die Nase saß schwarz und traurig in seinem Gesicht. Das traurigste aber an diesem Geschehen war das Ergebnis meiner Untersuchung: der Mann war gesund gewesen. Er hatte ein Herz, das ich hätte hören wollen, ich habe schon lange die Töne eines gesunden Herzens vergessen. Der Magen war leer. Schwer zu ertragen war aber die Öffnung des Schädels. Kaum hatte ich seine Decke gehoben, als ich auch schon, wie unter einem Schlage, zurückprallte. Die Dämpfe des Alkohols waren so stark, daß sie in kürzester Zeit den Raum erfüllten.

Taigaärztin

Nicht lange danach entließ man mich von der Arbeit, ohne einen Grund dafür anzugeben. Mir wurde nur gesagt, daß man dazu einen Befehl aus Moskau erhalten hatte. Man versicherte mir, daß an meiner Arbeit nichts auszusetzen sei, da könnte ich ganz ruhig sein. Der Hauptleiter der Lager, der mich schon einige Male gerettet hatte, konnte nichts mehr für mich tun. Später hat mir seine Frau mitgeteilt, daß man ihrem Mann ein förmliches Ultimatum gestellt hätte, er oder ich. Seine Lage konnte ich verstehen, er hatte eine Familie zu ernähren, ich aber war allein. Ich mußte mein Zimmer räumen und mich bei Bauern einmieten. Im Dorfe Arbeit zu finden war fast unmöglich, ich hatte keine Dokumente, außer dem Entlassungsschein aus dem Lager.

Nach langer Zeit, nachdem ich alle möglichen Instanzen bemüht hatte, durch alle möglichen Erniedrigungen gegangen war, gab man mir eine ärztliche Arbeit in einem Dorfe, das an einem toten Arm des Flusses Tawda lag. Es war ein Krankenhaus und eine Poliklinik vorhanden, die ich zu versorgen hatte. Außerdem sollte ich alle Krankenbesuche im Dorfe selbst und in einem Umkreise von 70 km machen.

Es war Februar, als ich zu arbeiten begann. Meine Möglichkeiten zu dieser Arbeit waren weit geringer als im Lager. Ich hatte kein Laboratorium und auch keine Apotheke zur Verfügung. Die wenigen Medikamente, über die ich verfügen konnte, waren solche, die man ohne Rezept kaufen konnte und welche die Bauern von uns einhandelten, wenn sie die wenigen Kopeken dafür aufbrachten. Die Kälte war groß, das Krankenhaus hatte keinen Pelz zu seiner Verfügung, um die Schlittenfahrt zu den Kranken zu ermöglichen. Ich mußte mir selbst einen Pelz kaufen.

Was man aber hier einen Pelz nennt, ist nicht leicht zu beschreiben. Vor allem hat er niemals ein persönliches Maß, er ist so groß, daß ihn der größte Mann tragen kann, er reicht bis zum Boden und liegt nur allzu oft auch auf ihm. Die Ärmel sind immer länger als der dazugehörige Arm, seine Weite ist umhüllend, sein Gewicht ist groß. Er ist nicht dazu gemacht, im Gehen getragen zu werden, er ist für die Fahrt bestimmt. Er wird aus Schaffell angefertigt. Niemals habe ich einen neuen angetroffen, er ist anscheinend ein Erbe. Er kommt in einem Haushalt nur einmal vor, er ist Allgemeingut und wird nur über der Winterkleidung getragen. Mein Pelz war nicht neu, was sich aus dem vorher Gesagten schon ergeben muß, er hatte früher einem Chauffeur gehört, hatte bei ihm ausgedient, alle Merkmale seines Berufes in sich aufgenommen. Er war mit verschiedenen Lederflicken bedeckt, hatte außerdem eine Unmenge von Benzin getrunken und verbreitete einen schweren Geruch. Er war eigentlich noch schwerer, als man anfänglich hätte annehmen können, entschieden zu schwer für meine Schultern. Dieser Pelz war mir notwendig, ich kaufte ihn um einen mäßigen Preis, wofür er mich dann vor dem Erfrieren bewahrte.

Meine erste Schlittenfahrt mit ihm war recht seltsam. Man forderte mich zu Krankenbesuchen in ein ungefähr 40 km entferntes Dorf an. Das Pferd der Kollektivwirtschaft, die verpflichtet war, den Schlitten zu stellen, war ziemlich klein und schwach, während der Kutscher jung und kräftig zu sein schien. Der Abend brach zu dieser Zeit schnell herein, so daß wir, kaum die Taiga erreicht, auch schon in der Finsternis fuhren. Die mächtigen Bäume standen neben dem Wege gleich hohen Mauern, nur wenn ich mich ganz zurückbeugte, konnte ich noch einen Streifen des Himmels sehen.

Wir fuhren bereits eine lange Zeit schweigend dahin, ich sah weder den Kutscher noch das Pferd, als sich dieser Mann vernehmen ließ: „Sehen Sie, links steht ein Kreuz, da ist eine Gebärende gestorben, sie war zu jung, um es zu verstehen, wie es zu machen ist!" Was sollte ich da sagen, das Kreuz konnte ich in der tiefen Nacht, die uns umgab, nicht sehen, jede Hilfe meinerseits mußte in diesem Falle zu spät kommen. Ich schwieg, um aber den Kutscher nicht zu beleidigen, räusperte ich mich etwas, was soviel heißen sollte, daß ich gehört hatte. Wir mögen wohl eine Stunde gefahren sein, in der nur der Schnee unter den Schlittenkufen knirschte, als ich den Mann abermals hörte. Er sagte mit einer recht gleichgültigen Stimme, so wie einer ein auswendig Gelerntes von sich gibt: „Rechts stehen zwei Kreuze, Mann und Frau hat man hier ermordet, aber nicht vor langer Zeit, wie Sie vielleicht glauben."

Glaubte ich überhaupt etwas in dieser Angelegenheit, obwohl ich meinen Kopf ganz sinnlos nach rechts drehte? Ich kam aber nicht zu einer Antwort, brachte die Zeit dazu nicht auf, das Pferd hielt plötzlich an.

„Ein Bär", flüsterte der Kutscher, „ein Bär geht vor uns."

Gerade aber das schien mir ganz unmöglich, denn ein ruhiges Pferd in der Nähe eines Bären konnte ich nicht gelten lassen. Wir horchten hin und konnten Geräusche vernehmen, die auch ein Schreitender verursachen konnte, wenn auch in dem Bemühen, sich nicht recht bemerkbar zu machen. Ich trieb den Kutscher zum Fahren an. Wir konnten dann, wenn auch recht undeutlich, eine menschliche Gestalt erkennen, die sich von dem Schnee des Weges etwas abhob. Es war eine Frau, die furchtlos allein durch den Wald ging und die wir dann in unserem Schlitten bis zum nächsten Dorf mitnahmen. Besonders gedankt hat sie uns übrigens nicht, anscheinend war unser Verhalten hier üblich.

Im ersten Dorfe hatte ich ein Kind zu versorgen. Hier gab es nun Mondschein, so daß ich die lichtlosen, die toten Häuser von ihrem Hintergrunde abgelöst sehen konnte. Viele, ja die Mehrzahl von ihnen war verlassen worden, ihre schadhaften Dächer verdienten kaum mehr ihren Namen, sie waren nur mehr ein paar Bretter, die zum fahlen Himmel aufragten. „Der Zug in die Stadt", mußte ich denken und auch, daß die Kollektivwirtschaft dies zustande gebracht hatte. Das Haus, in welchem ich das Kind besehen sollte, bestand aus einem Raum, der zu einem großen Teil von einem gemauerten Ofen eingenommen war. An einer seiner Wände war ein eiserner Ring befestigt, in dem ein Kienspan brannte, nein, es gab kein anderes Licht. Das leuchtende Holz hatte einen guten Platz erhalten, ganz in seiner Nähe hing von der Decke eine Wiege herab, eine Schaukel an einem Gebilde von Stricken, in der ein Kind mehr wimmerte als weinte. Die Stimme war übrigens schwer unterscheidbar, viele Tücher bedeckten dieses sich wippende Gestell, das eine Frau dauernd, mittels eines Seils, in Bewegung hielt. Wie es kam, daß das Kind darunter nicht erstickte, verstehe ich auch heute noch nicht, aber es tat es nicht, war nur ganz in Schweiß gebadet, es fieberte nicht. Sein Körper war im ganzen von der Krätzmilbe bedeckt, soviel konnte ich beim Lichte des Kienspans feststellen. Man war der Meinung gewesen, so lautete das Ersuchen um Hilfe, daß es sich um Scharlach handle, der hier oft vorkam. Da ich keine Möglichkeit hatte, dem Kinde sofort eine Erleichterung zu verschaffen, ich hatte nur für alle Fälle Aspirin und „Kopfwehpulver" bei mir, versprach ich, die Medikamente zu schikken.

Danach ging unsere Fahrt durch das öde Dorf weiter, das so verlassen war, daß nicht einmal Hunde bellten. An seinem letzten Hause angelangt, machte mich der Mann abermals auf Kreuze aufmerksam. Man hatte hier Kaufleute ermordet und ihrer Waren beraubt. Dieses Mal sah ich tatsächlich die Kreuze, sie waren solide und aus Eisen gefertigt, sie hoben sich deutlich im Lichte des Mondes von der Schwärze der Bäume ab. Die Gräber mußten noch aus der Zeit der zaristischen Herrschaft stammen, die eine gewisse Sicherheit des Lebens nicht zu verbürgen schien, was aber auch der heutige Tag mit ihr noch gemeinsam hat, denn die anderen Kreuze, denen ich dann bei hellem Tageslicht begegnete, waren doch neueren Datums, reichten bis in die letzten Zeiten hinein. Was sollte ich da anderes denken, als daß die Tage hier stillestehen?

Allmählich hatte sich mein Kopf entschlossen, sich gegen den Benzingeruch, der meinem Pelz entströmte, zu empören. Er schmerzte, und ich war genötigt, mich aus dem hoch aufgestellten Kragen in die Nacht, in die kalte Luft, hinauszubeugen. Mein Gesicht fror, was ich recht unangenehm empfand, wurde aber schnell durch die hüpfenden Bewegungen des Schlittens davon abgelenkt. Ich war sicher, daß wir den Weg verloren hatten, was aber die kurze Erklärung des Kutschers berichtigte. Es war nur ein Friedhof, über den wir holperten, einfach über die Gräber hin. Das Dorf, in das wir endlich einfuhren, schlief. Mit Mühe klopften wir eine Bäuerin wach, die mich dann bereitwillig auf den Fußboden eines Raumes bettete, in dem mancherlei Schnarchtöne die Luft erfüllten. Diese Luft selbst gehörte nicht zu der besten, denn die Fenster waren, wie überall in den Dörfern, vernagelt. Sie waren nur dazu da, Licht zu geben, an Luft dachte dabei niemand, die Leute verstanden gar nicht, wozu sie gut sein sollte.

Am Morgen in aller Frühe wollte ich in der Gemeindestube die Kranken besehen, ich wußte im voraus, daß sie vollzählig kommen würden. Keiner der Dorfbewohner konnte dies versäumen. Denn abgesehen von der Neugierde, einen Arzt bei der Arbeit zu sehen, was für sie gewiß einem Schauspiel gleichkam, waren sie auch krank. Liebenswürdig war, daß sie die Stube für mich geheizt hatten, schlimm aber, daß sie in ihrem Geiz die Ofenklappe vorzeitig geschlossen hatten, um ja kein Quäntchen Wärme zu verlieren. Das Zimmer war mit Kohlendunst so erfüllt, daß ich für eine lange Zeit die Tür öffnen mußte, dies bei einer Kälte von nicht weniger als 40 Grad unter Null. Brustkinder zur Untersuchung nackt hinzulegen war einfach unmöglich, selbst die Erwachsenen entschloß ich mich, nicht immer zu entkleiden. Medikamente, die ich aus dem Krankenhause mitgebracht hatte, die üblichsten und in den meisten Fällen wirkungslosen, mußten von ihnen gekauft werden. Da stellte es sich dann heraus, daß das ganze Dorf nicht in der Lage war, mir einen Rubel und 60 Kopeken zu zahlen, was dann auf meine Rechnung fallen mußte.

Der Heimweg, der danach folgte, war weit beschwerlicher als die nächtliche Fahrt. Der Kutscher war verschwunden, ein Pferd war nicht aufzutreiben, es bedurfte mancher Gespräche, bis ich mich in den Schlitten setzen konnte. Es fuhr mich dann eine junge Frau, die vor mir kniend das Pferd zügelte, wenn es auch in diesem Falle ein ganz unrichtiger Ausdruck war, den ich da anwende. Das Tier setzte nämlich nur langsam ein Bein nach dem anderen in den Schnee. Es war klar, daß wir so niemals unser Dorf erreichen würden. Schon nach kurzem begann mein weiblicher Kutscher neben dem Pferde einherzustapfen, um ihm einige Last abzunehmen. Die Frau war schlecht gekleidet, hatte zwar eine wattierte Jacke, aber nur einen dünnen Baumwollrock an, der, bei dem scharfen Winde, ihre nackten blauroten Schenkel nicht immer deckte. Obwohl sie mehr Gewicht haben mußte als ich, sie war groß und knochig, erbot ich mich doch zu gehen, um sie aufsitzen zu lassen. Ihr Sträuben verschaffte dem Pferdchen einige Ruhe, ich kroch aus dem Schlitten und war so kindlich anzunehmen, daß ich mit meinem Pelz werde gehen können, was aber nur die kürzeste Zeit gelang. Er drückte auf mich mit seiner ganzen Schwere, schliff im Schnee, sich noch mit diesem belastend, so daß ich, völlig entkräftet, ihn endlich ablegte. Zwei Personen schoben nun, wenn auch nicht lange, den Schlitten. Wir dienten allein dem Pferde, in der Angst, es würde sich einfach hinlegen, was uns in die unangenehmste Lage bringen mußte, es besaß nämlich Geldwert, dieser mußte im Falle seines Todes aufgebracht werden. Wie wir dann nach vielen Stunden mein Dorf erreichten, verstehe ich heute selbst nicht mehr, aber wir taten es. Wir fuhren, gingen, stolperten und fielen, und ich konnte nun dabei alle Kreuze, die am Wege standen, gut betrachten.

Fast täglich, nach der Arbeit im Krankenhause, mußte ich mich auf den Weg machen, man holte mich einfach aus meinem Zimmer, wie einen Gegenstand, den man brauchte. Zu einer späten Stunde stand ein alter Bauer vor mir, in dessen Bart nicht etwa Schnee saß, er war vereist, erst nach langem konnte ich verstehen, wie dies hatte geschehen können. Er hielt seine roten, vom Froste gequollenen Hände unter dem Barte gefaltet und bat mich, mit ihm auf den Friedhof zu gehen, um eine Totenschau vorzunehmen. Der Ort, den man hier für die Verstorbenen gewählt hatte, lag nur eine halbe Stunde Weges vom Dorfe entfernt am Rande der Taiga, den ich gewiß hätte bewältigen können. Wie stellte sich aber der Mann diese amtliche Handlung vor? Schon vor Stunden hatte er an der Stätte, die er seinem Weibe zugedacht hatte, einen Scheiterhaufen errichtet, der den Boden für das Grabscheit zugänglich machen sollte. Die Arbeit war schwer, er hieb auf die Erde ein, sein Schweiß und der getaute Schnee gefroren auf ihm. Dieser Mann schlug mir vor, den Sarg vor der gähnenden Grube zu öffnen, damit ich einen Blick auf die Leiche werfen könne, anscheinend um zu bestätigen, daß sie tot sei, was ich aber ohnedies nicht bezweifelte. Wie sollte ich aber die Todesursache erkennen, ich konnte doch nicht der im Sarge Liegenden die Röcke heben, ohne das Mißfallen, ja, den Zorn der Bauern hervorzurufen. Was könnte mir selbst dies helfen?

Traurig und hoffnungslos waren diese Begräbnisse auf jeden Fall, man hörte dabei keine Gebete, welche die Hoffnung auf ein Wiedersehen zum Inhalt gehabt hätten, es gab keinen Priester, vielleicht sogar keinen Gott, die schwarzen Mächte waren viel gegenwärtiger als er. Um in das Dorf der Toten zu fahren, das ungefähr 20 km von hier aus in der Taiga lag, schlug ich dem Mann vor, in die Kollektivwirtschaft zu gehen, um ein Fuhrwerk für mich zu erbitten. Der Mann, der zwar die Umständlichkeit meines Tuns nicht verstand, machte sich aber dennoch folgsam auf seinen Bittgang, der aber erfolglos blieb. Es gab nur einen Schlitten, aber ohne Kutscher, was Schwierigkeiten für mich bedeutete, denn obwohl ich mit einem Pferd sehr wohl umzugehen wußte, kannte ich den Weg dorthin nicht. Ich hörte mir die Erklärungen darüber an, von denen ich nur soviel verstand, daß ich von dem Wege rechts abweichen sollte, um in das Dorf zu gelangen. Ich machte mich also auf, den Schlitten in Empfang zu nehmen, was eine ganze Weile dauerte. Es dämmerte bereits stark, als man mir die Zügel in die Hand gab, deren Kälte ich nicht vergessen kann.

Das Pferd war jung und unruhig, und kaum hatte man das Tor geöffnet, als es auch schon im Galopp mit mir dahinbrauste, obwohl ich die Zügel mit aller Kraft kurz hielt. Ich fuhr neben dem Friedhof hin, auf dem noch immer der Holzstoß brannte. Als ich in den Wald kam, war es bereits dunkel, der Weg schwer zu erkennen. Er sollte rechts abzweigen, aber ich konnte ihn nicht finden. Ich fuhr eine ganze Strecke geradeaus, kehrte wieder um, bis ich glaubte, ihn entdeckt zu haben. Ich mußte mich ganz auf die Sinne meines Pferdes verlassen, fuhr in die Nacht hinein, die mir nicht viel Gutes versprach.

Ich mußte mir nämlich die Frage vorlegen, ob die Frau eines natürlichen Todes gestorben sei, denn an einem so entfernten Ort konnte mancherlei geschehen. War es denn nicht verdächtig, daß man während ihrer Erkrankung mich nicht geholt hatte? War es nicht ein roher Vorschlag des Leidtragenden, während des Begräbnisses, dem Feste der Trauer, eine amtliche Handlung vornehmen zu lassen? Sollte dabei die Totenklage aussetzen und nach meinem Weggang wieder beginnen? Das alles war zu bedenken, und ich mußte einen Plan fassen, wie und auf welche Weise ich diesen Fall erledigen könne, ohne Gefahr zu laufen, ungerecht zu sein. Ohne die Einwohner des Dorfes konnte ich nichts erreichen, aber es war durchaus nicht sicher, daß sie mir dabei helfen würden. Die Bewohner dieser fernen Orte sind fast immer verwandt und verschwägert, ein Dorf hatte manchmal nur zwei oder drei Familiennamen. Das Pferd brachte mich an Ort und Stelle, ich hatte dabei kein Verdienst, ich fuhr die ganze letzte Zeit mit lockeren Zügel.

Ich klopfte an das Trauerhaus, das man mir bereitwillig gezeigt hatte. Es öffnete sich zwar die Tür, aber in den Raum einzutreten war durchaus nicht leicht. Einige Männer zimmerten hier den Sarg, verstellten mir den Weg, so daß ich über vieles Herumliegende steigen mußte, um zu einer Bank zu gelangen, auf der die Tote lag. Sie war in ihrem Sonntagsstaate bereits für den Sarg vorbereitet, obwohl weder dieser noch das Grab fertig waren. Es war nicht angängig, sie in Anwesenheit der Männer zu entkleiden, das verstand ich gut, und wie ich dieses allein bewerkstelligen sollte, konnte ich mir auch nicht gut vorstellen. Der Sarg bestand vorläufig nur aus Brettern, die man erst zurecht hobelte, und ich mußte daher mit einer geraumen Zeit rechnen, eben mit einem Warten. Es schien mir richtig, erst Auskünfte über diese Familie einzuholen, und machte mich deshalb, von einem Knaben begleitet, auf den Weg, der mich zu dem Gemeindevorsteher bringen sollte. Soviel hatte ich bereits verstanden, daß hier auf eine offene Frage nur eine Ausrede oder einfach eine Lüge zu erwarten war.

Es war mir auch klar, daß ich nicht verraten durfte, daß ich selbst aus eigenem die Totenschau vornehme, das sah nach einer Überprüfung aus und war zu vermeiden. Ich begann deshalb auch gar nicht den heutigen Fall zu erwähnen und wartete, bis der Vorsitzende der Kolchose selbst darauf kommen würde. Ich ersuchte ihn deshalb nur um einen Kutscher, versicherte ihm, daß ich mich nicht getraue, nachts allein den Weg zu finden, was für ihn begreiflich sein mußte. Niemals konnte man aber bei solchen und ähnlichen Verhandlungen einfach ein „Ja“ oder „Nein“ erwarten. Es kamen immer mehr Bedenken zum Vorschein, letzten Endes waren es die Wölfe, mit denen er mich schreckte. Ich sollte bei Tageslicht fahren, dazu brauchte ich selbstverständlich keinen Kutscher, wie er lachend hinzusetzte. Ich ließ also diese Frage fallen und sagte nur so nebenbei, daß, wenn mir durch diese Verzögerung im Krankenhause jemand sterben würde, das dann eben verantwortet werden müßte. Ja, ich drohte, aber recht unbestimmt und mit freundlicher Miene.

Auf die Tote kamen wir fast zufällig zu sprechen, ich konnte natürlich seine Worte nicht ganz ernst nehmen. Von Toten sprach man hier immer gut, man fürchtete sie weit mehr als die Lebendigen. „Ein Weib, wie ein Weib“, sagte er, was anscheinend heißen sollte, keine

Zauberin und auch keine Hexe, die es in diesen Dörfern auch geben sollte, wie mir zu Ohren gekommen war. Auf die Frage, wie sie zusammen gelebt hatten, bekam ich eine Antwort, mit der ich auch nicht viel anfangen konnte. „Sie meinen den Petrowitsch?“ Das war eben der Leidtragende, „ein Hausherr, wie es sich gehört.“ Nun wußte ich es, geschlagen hat er sie demnach in der Zeit ihrer Ehe sicherlich, nicht nur einmal, aber erschlagen scheint er sie nicht zu haben, das gehörte nicht zu dieser Bezeichnung. Da ich sicher war, hier nichts weiter zu erfahren, erkundigte ich mich nach einer Wöchnerin, die ich entbunden hatte, was weiter keinen Verdacht erwecken konnte. Man führte mich zu ihr, die Frau des Vorstehers selbst war so freundlich, es zu tun, blieb aber dann neben mir stehen und dachte gar nicht daran, nach Hause zu gehen. Der Kindesmutter ging es gut, der Säugling war gesund, ich hätte eigentlich keinen Grund länger zu verweilen.

Ich hatte auf meinen Weg keinerlei Instrumente mitgenommen, das wäre auch recht komisch gewesen, eine Tote abzuhorchen, aber jetzt bedauerte ich es. Sie wären mir jetzt notwendig gewesen, ich könnte mit ihrer Hilfe ein Alleinsein mit der Wöchnerin herbeiführen, erst als mir der Bauch einfiel, seine genaue Untersuchung, die ich vornehmen könnte, bat ich meine Begleiterin, mich allein zu lassen. „Hab' ich vielleicht noch keinen Weiberbauch gesehen“, sagte sie mit einer recht fröhlichen Stimme und dachte gar nicht daran, sich zu entfernen. „Das glaube ich Ihnen gern“, sagte ich mit ernstem Gesichte, „aber der Bauch einer Wöchnerin ist nicht einfach ein Weiberbauch, in ihm können sich viele Teufel ihre Wohnung suchen.“ Sie verließ uns erschrocken, fast fluchtartig.

Ich durfte aber nun keineswegs die Untersuchung unterlassen, um mich nicht zu verraten, ich drückte sogar recht empfindlich in die Tiefe des Leibes, um die Echtheit und Notwendigkeit einer Untersuchung darzutun. Ich machte der Frau sogar Vorschriften, sprach streng von den Gefahren der Geburt und kam endlich auch auf den Tod so ganz im allgemeinen zu sprechen. Endlich waren wir bei der Verstorbenen angelangt, ich hörte manches aus ihrem freudlosen Leben, von dem Schlaganfall, den sie kürzlich erlitten, der ihr den Verlust der Sprache einbrachte. Danach soll sie recht teilnahmslos dagelegen sein und wohl selbst auf den Tod gewartet haben. Im Grunde brauchte ich die Frau nach dieser Eröffnung gar nicht mehr entkleiden und glaubte nun, mit gutem Gewissen den Totenschein ausstellen zu können. Man brachte mich zu den Sargmachern, zur Toten zurück. Das Haus, obwohl es recht spät war, war von Menschen umgeben, aus seinem Inneren drang ein recht eintöniges Gesinge, ein Schluchzen und Geweine.

Als ich eintrat, machten mir die zunächst Stehenden Platz, so daß ich figürlich an der Totenklage teilnahm. Eine nach der anderen sang der Toten ein Loblied, das aber immer mit dem Vorwurf endete: „Warum hast Du uns verlassen?" Nach dieser, seit altersher üblichen Zeremonie trat die Abschiednehmende mit einem plötzlich ganz gleichgültig gewordenen Gesicht ab, um den Ort der Klage, neben dem Kopfe der Toten, einer anderen zu überlassen. Ich hatte also gesehen und gehört, das mußte für mein Dokument reichen, ich konnte mich auf den Weg machen.

Vor dem Hause standen nun zwei Schlitten, der meinige und einer mit einem Kutscher, den der von meiner Drohung erschreckte Vorsteher geschickt hatte. Der junge Mann erklärte, daß er vor mir herfahren und mein Pferd auch ohne mein Dazutun ihm folgen werde. Ich hatte meinen Pelz im Schlitten liegen lassen, was natürlich ein Einheimischer niemals getan hätte. Er war nun so von Kälte gesättigt, daß ich wenig Hoffnung hatte, ihn je wieder zu erwärmen. Kaum hatte ich die Zügel ergriffen, als auch schon der Kutscher auf sein Pferd einschlug und mit ihm in der Dunkelheit verschwand. Ich wußte nicht, ob wir auf einem Weg waren oder ihn schon lange verloren hatten, mein Schlitten sprang und rüttelte. Zuerst hielt ich krampfhaft die Zügel, anscheinend in dem Glauben, daß das Pferd durchzugehen versuchte, aber meine Kraft reichte nur für eine kurze Zeit aus, ich lockerte sie und schlang sie mir zuletzt sogar um den Arm, um sie nicht zu verlieren.

Hatte ich schon von allem Anfang an den anderen Schlitten nicht sehen können, war er nun seit längerem auch meinem Gehör entschwunden. Mein Pferd rannte, sicherlich bestrebt, nicht allein zu bleiben, ich zog die Möglichkeit in Betracht, an einem Baumstamm zu zerschellen. Das alles war aber noch immerhin erträglich im Verhältnis zu dem, was nachher folgte. Das Geknirsche und Geschnarre meines Gefährtes bekam ferne Obertöne zugesellt, ich hörte das Geheul eines Wolfsrudels. Ich und mein Pferd hörten es wohl gleichzeitig, es drang aus einer erschreckenden Finsternis auf uns ein, obwohl ich verstand, daß sie uns noch lange nicht als Ziel erfaßt haben konnten. Es begann eine wilde Fahrt. Ich konnte mich nur bemühen, nicht aus dem Schlitten geschleudert zu werden, versuchen, hier im Walde nicht als Beute der Wölfe zurückzubleiben. Woran ich sonst alles dachte, ist mir nicht mehr erinnerlich, aber daß es meine „ewige Verbannung" war, die mir in den Sinn kam, weiß ich gewiß. Es war entsetzlich und komisch zugleich, daß ich gerade jetzt der „höchsten Behörde", vielleicht aber nur der Person, die sie darstellte, gedachte, die so enge Beziehungen zu den Wölfen haben mußte, daß sie ihre Opfer ihnen zum Fraße vorwarf. Die Wölfe schienen näherzukommen, sich auch wieder zu entfernen, wenn auch mein Pferd diese Unterschiede nicht weiter zu beachten schien, es floh. Ich klammerte mich, so fest ich nur konnte, an den Schlitten, stemmte meine Beine an seine Leisten, was mir zwar eine größere Sicherheit gab, mich aber auch dem harten Auffallen, den Stößen meines Gefährtes auslieferte.

Wir erreichten unser Dorf durchaus lebendig. Ich mußte sofort, noch in der Nacht, den Schlitten abliefern, was weniger schwierig war als die Sache mit dem Pferde. Es war abgehetzt bis zum Letzten und dampfte. Man ging nicht freundlich mit mir um, sie wollten nicht verstehen, warum es notwendig gewesen war, in der Nacht zu fahren. Ich selbst konnte danach eine Untersuchung meines Körpers nicht vornehmen, obwohl es ringsum schmerzte, ich war zu müde dazu. Am Morgen aber bot ich mir selbst keinen schönen Anblick, ich war von blauen Flecken übersät, selbst mein Gesicht war gezeichnet. Ich konnte mich nicht erinnern, einen Schlag auf die Wange erhalten zu haben.

Der Tag begann mit dem Besehen, Behorchen und Betasten von Kranken, die aus dem Dorfe selbst oder seiner Umgebung in die Poliklinik gekommen waren. Über diese Arbeit würde ich mich kaum beklagt haben, wenn es nicht so oft Männer aus der Traktorenstation gewesen wären, die mit ihren beschädigten Augen zu mir kamen. Ich habe niemals verstehen können, wie und auf welche Weise die Männer sich so unglücklich Stahlsplitter in ihre Sklera* einpflanzen konnten, die ich dann unbeschadet ihres Sitzes entfernen mußte. Ein Magnet und auch andere geeignete Instrumente waren nicht vorhanden, ich hatte zu dieser Arbeit nur ein Skalpell. Ich sah die Splitter nicht, dazu waren meine Augen nicht fähig, ich fuhr mit dem Messerchen über das Auge hin und nur am Ton, den diese verwandten Metalle bei ihrer Berührung machten, erkannte ich den Ort des Sitzes. Meine Hände durften nicht zittern, mein Patient nicht die geringste Bewegung machen. Wenn wir endlich den Splitter entfernt hatten, atmeten wir tief auf, denn wir hatten beide bei dieser Arbeit den Atem angehalten. Zur Visite im Krankenhaus mußte ich ein fröhliches Gesicht aufsetzen, ganz abgesehen davon, wie es mir selbst ging. „Traurige Hoffnung“ gibt es eben nicht, Hoffnung war fast das einzige, worauf ich mich stützte, die ich in ihnen erwecken mußte, um sie zu heilen.

Solange eine Hebamme vorhanden war, hatte ich mit den Gebärenden wenig zu tun, als sie aber das Krankenhaus verließ, mußte ich auch diese Arbeit übernehmen. Die Frauen gebaren in einem Raum zu ebener Erde, der durch eine Tür mit der Küche verbunden war. Ein Bad war nicht vorhanden, ich empfing sie alle unvorbereitet, ohne jede Untersuchung, sie konnten mir alle schlimmen oder weniger schlimmen Krankheiten mitbringen, ich durfte mich nur in dem Glauben wiegen, daß alles gut ausgehen werde. Ich hatte also ein Zimmer, in dem gewöhnlich zehn Frauen knapp vor der Geburt lagen, in dessen Mitte eine Pritsche stand, einfach ein Holzgestell, auf der dann die Geburt, unter den Augen aller, vor sich ging. Ich hatte sogar mit Erstgebärenden weniger Kummer als mit Müttern vieler Kinder. Die Jungen waren in ihrer Angst, ihrem Schmerz, folgsamer als diese. Fast alle Frauen trugen hier langes Haar, ein Aberglaube besagte, daß geflochtenes Haar die Geburt erschwere. In langen Strähnen bedeckte es dann das Gesicht der sich unruhig Bewegenden, flatterte hin und her, war nicht dazu angetan, Übersicht zu gewähren. Die Frauen wollten bei der Geburt nicht liegen, sie zogen es vor, kniend zu gebären, was ich nicht zulassen konnte, da das Neugeborene sich beschädigen konnte. Ja, die Geburten sahen fast einem Kampfe gleich. Gut war, und dankbar mußte ich sein, wenn durch das Geschrei und Gejammer nicht noch andere Schwangere sich entschlossen, es ihnen nachzutun. Es kam aber auch vor, daß zwei und drei gleichzeitig in den Wehen lagen.

Eines Nachts war ich bereits bei der vierten Geburt angelangt, so unglaublich müde, daß ich in meiner Verzweiflung, gewiß mit keinem sehr guten Lachen, zur Krankenschwester sagte: „Alles zu wenig, wir brauchen mehr Geburten, wir brauchen Menschen, um sie dem Kriegsgott zu opfern!“ Sie schaute mich etwas blöde an, sie war nämlich ebenfalls müde und hatte anscheinend die Bekanntschaft mit dem Kriegsgott noch nicht gemacht. Kaum hatte ich dieses gesagt, als sich die Tür zur Küche öffnete, dazwischen eine Frau breitbeinig stand, unter der sich eine Pfütze bildete. Ich lachte hell auf, auch meine Krankenschwester konnte sich nicht enthalten, selbst den übrigen Frauen war es fröhlich zu Mute, wie schnell mein Wunsch in Erfüllung gegangen war, was sie als Zeichen einer glücklichen Hand ansahen. So wie diese Frau eben war, mußte ich sie hinlegen, und fast hätte sie mir ein Kind im Glückshemd* geboren, wenn ich nicht mit aller Schnelligkeit die Blase geöffnet hätte.

Das war aber in dieser Nacht noch nicht alles. Diese Geburt war noch nicht zu Ende, als ein junger Mann mit einer Peitsche in der Hand zwischen der Tür stand und mir mitteilte, daß in einem 17 km entfernten Dorfe eine Frau nicht gebären könne. Zu dieser Zeit war mir schon alles gleich, ich machte ihn nur darauf aufmerksam, daß ich erst nach Beeendigung dieser Geburt werde fahren können, worauf er die Tür schloß. Der Schlitten, in den ich mich dann niederließ, trug einen hohen, aus Weiden geflochtenen Korb, aus dem ich sitzend nicht heraussehen konnte. Ich lehnte mich zurück, sah den Himmel zwischen den Bäumen und ruhte mich aus. Der Schlaf war mir schon lange vergangen, doch war ich über diese Fahrt sogar zufrieden.

Das Pferd war schwach, wir fuhren langsam und im Schritt. Das Dorf, in das wir endlich kamen, lag wie ausgestorben da, nur wenige Hunde hielten Zwiegespräch über unser Kommen. Die Stube, in die man mich führte, schien leer zu sein, die Frau lag so leise in ihrem Bett, daß ich sie im Halbdunkel nicht bemerkt hatte, für eine Gebärende zu leise, wie ich dachte. War ich zu spät gekommen? Ich erschrak nicht bei diesem Gedanken, ich war schuldlos, ich hatte in dieser Nacht alles getan, was ein Mensch nur tun konnte. Die Frau lebte und hatte, wie sie mir sagte, endlich mit Hilfe ihrer Mutter geboren, das Kind liege dort am Ofen. Ich öffnete eine alte, recht schmutzige Wattejacke und sah einen gänzlich mit Blut beschmierten Säugling, der wenig Lebenszeichen von sich gab. Die Nabelschnur war ungefähr 20 cm lang, lag gleichsam selbstständig geworden da, war einige Male eingeschnitten, recht weit vom Bauche entfernt mit einem Schusterdraht abgebunden, anscheinend nicht fest genug, denn das Blut tropfte.

Mir schien das Kind rettungslos verloren zu sein. Der Blutverlust und die nicht nur mögliche, sondern sehr wahrscheinliche Infektion, sprachen dafür. Ich machte mich nach dieser unerfreulichen Feststellung daran, das Kind zu versorgen. Ich nabelte es an gehöriger Stelle ab, wusch es und flößte ihm Kamillentee ein, um den Flüssigkeitsverlust wenigstens etwas auszugleichen, mehr konnte ich hier nicht tun. Da aber in der Welt noch Zeichen und Wunder geschehen, starb das Kind durchaus nicht, sondern lebte trotz allem und gedieh.

Jeden Tag gab es neue Arbeit. Ich schlief wenig, zu wenig für einen Menschen. Ich war bereits in einem sehr schlechten Zustand, das Reden fiel mir schwer. Zu dieser Zeit ereignete sich etwas gewiß nicht Alltägliches, wenn man auch den Besuch des Milizionärs*, der über Dörfer und Taiga herrschte, nicht gerade dazu zählen konnte. Der Mann kam nicht das erste Mal zu mir, seine Gesundheit war eigentlich für seinen Beruf nicht ausreichend, er hatte ein krankes Herz. Er war noch jung, vielleicht dreißig Jahre alt, und hatte eine blaurote Nase, des Herzens oder des Trinkens halber, darüber war ich mir selbst nicht klar, ich hatte keine Zeit, mir Gedanken darüber zu machen.

Dieser Mann erzählte mir nun, nicht gerade einfach, vielmehr in Andeutungen und Verhüllungen, daß er die Gefangenen gesehen hatte, die mehr als ein Jahr zurück aus dem Lager entflohen waren und die dabei keinerlei Spuren hinterlassen hatten. Der Organisator dieser Flucht, ein von der Front weg verhafteter Aufklärer, sollte sich mit den Entflohenen im letzten Dorfe, das noch von hier zu erreichen war, aufhalten. Sie sollten im Walde in Erdhütten wohnen, die Einwohner tyrannisieren, weite Raubzüge unternehmen und sich sogar Frauen verschafft haben. Morgen oder übermorgen, berichtete mir der Milizionär, sollten Soldaten kommen, um ihnen eine regelrechte Schlacht zu liefern, wenn sich die Ausreißer nicht ergeben sollten. Es könnte Verwundete geben, sagte er, die man vielleicht zu mir bringen werde, sozusagen zur Ersten Hilfe. Das war der Grund, aus dem er zu mir sprach, ein Vertrauen, das ich zu würdigen wußte. Von der Schlacht haben wir im Dorf selbst nichts bemerkt, sie wurde zu weit von uns ausgefochten. Die Gewehre sind über eine Entfernung von 80 km nicht hörbar, auch die Soldaten, die ausgezogen waren, die Gefangenen zu fassen, haben wir nicht gesehen, sie hatten anscheinend einen anderen Weg zu ihnen genommen.

Ich habe Tote und Verwundete dieses Kampfes nicht gesehen, außer dem Milizionär, eben jenem Mann, der mich benachrichtigt hatte. Man brachte ihn schon tot zu mir, ein kleines Loch auf der Stirne war alles, was er als Todesursache aufwies. Alle anderen Toten, Verwundeten und unbeschädigten Gefangenen lieferte man im Lager ab. Den Aufklärer, ihren „Anführer", soll man nach der Hauptstadt gebracht haben. Er hatte ebenfalls einen Kopfschuß erhalten, durfte aber nicht sterben, mußte vielmehr gesund gemacht werden, um die Todesstrafe erleiden zu können. Die Gesetze hier sind recht human, Kranke darf man nämlich nicht zum Tode befördern, ausschließlich Gesunde. Nach einiger Zeit brachte man den „Anführer" in das Lager zurück, aus dem er geflohen war. Er lag dort im Krankenhaus, irrsinnig geworden. Ob er diese Erkrankung nur simulierte, war schwer zu entscheiden, da sie ihn, solange sie anhielt, von der Todesstrafe befreien konnte.

Nachdem ich monatelang diese Arbeit am toten Arm des Flusses geleistet hatte, konnte ich nur einen einzig möglichen Entschluß fassen, sie zu verlassen, wenn ich nicht sterben wollte, und ich tat es auch. Ich war mir über die Folgen dieses Schrittes nicht im unklaren, eine andere Arbeit würde mir die Behörde nicht geben. Ich hatte in der ganzen Zeit meines Aufenthaltes an diesem Orte keine Zeitung gelesen, auch kein Radio gehört, da es hier nichts dergleichen gab. Ich kam nach Tawda zurück, das erste, was mich aufhorchen ließ, war die ernste Musik aus dem Radio, die ich hörte. Stalin sollte krank sein, erzählte man mir, was für mich recht verwunderlich war, nicht etwa deshalb, weil ich geglaubt hatte, daß er ewig leben werde. Ich hatte Stalin im Laufe meiner mannigfaltigen Erduldungen zu einem

System gemacht, das der Tod wenig berühren konnte, hatte damit letzten Endes auch recht, wie aus vielem, folgendem zu ersehen war.

Der Todestag Stalins war für die Einwohner des Dorfes eine Zeit der allgemeinen Trauer. Ich traf weinende Frauen auf der Straße, die gleich mir, ebenfalls als Deutsche, ewige Verbannung erhalten hatten. Verstehe das, wer wolle! Schulkinder hielten Tag und Nacht vor umflorten Bildern Stalins Ehrenwache. Das Radio habe ich noch niemals in einer solchen Lautstärke gehört. Es wiederholte dauernd ausländische Trauermusik, anscheinend in Ermangelung einer einheimischen, so daß die Menschen in gemessenen Schritten auf der Straße gingen, gleichsam hinter dem Sarge her, obwohl sie nur bestrebt waren, Brot zu kaufen. Ausnahmen, die sich von der Trauer fern hielten, gab es auch. Eine davon war die Frau, bei der ich mich aufhielt. Sie erklärte mir, schon vor dem fünften März, also noch zur Zeit der Unsicherheit, daß sie nach seinem Tode zwei Tage trinken und tanzen werde, was sie dann auch tat. Wie ich dann in Erfahrung gebracht habe, war der Grund merkwürdiger Weise nicht politisch, einfach recht plebeisch. Die Frau hatte in der Zeit des Krieges ihr Haus und ihre Wertsachen verloren.

Vermeintlich tot

Nach meiner Rückkehr nach Tawda war ich nun ohne Arbeit, ohne Wohnung und mußte dies ungefähr ein ganzes Jahr ertragen. Ich strickte für Leute, die mich dafür wohnen ließen. Ich hatte gelegentlich auch einen Patienten, der es sich mit mir wohl sein ließ, da ich alle Arbeit, selbst die geringste, bei ihm auf mich nahm. Jeden Monat hatte ich mich bei dem Kommandanten des KGB* zu melden, seltener bei dem Major, der allen Verbannten vorstand und den ich die „Kursker Anomalie“ nannte. Diese Anomalie ist eine bekannte Abweichung der Magnetnadel, obwohl Kursk* nur sein Geburtsort war, wich er doch von seinem grausamen System soweit ab, daß er menschlich mit mir sprach, allerdings nur vorläufig und nichts mehr.

Das Dorf, das mir zur endgültigen Heimat werden sollte oder es schon war, liegt an einem Flusse, der große Schiffe tragen könnte, wenn er nicht durch die vielen gesunkenen Holzflöße seinen Wasserstand verloren hatte und daher nur für kleine befahrbar war. Eine Brücke hatte dieser Fluß noch niemals getragen, es schwamm ein Laufsteg auf ihm, der so flach auf dem Wasser lag, daß er bei Wind überspült war. Nur eine seiner Seiten hatte ein Geländer, eine Stange, an der man sich festhalten konnte. Dieser Steg konnte geschlossen und geöffnet werden. Wenn ein Schiff die Durchfahrt verlangte, trieb er an eine Seite des Ufers hin, meistens gelang es erst nach einigen Versuchen des kleinen Dampfers, ihn wieder an Ort und Stelle zu bugsieren. Die Leute standen an beiden Ufern in Erwartung, bis der Steg wieder für sie gangbar geworden war.

Eines Tages ging eine ältere Frau über diesen Steg und ließ sich dann in der Mitte des Flusses in ihn hinabgleiten. Von einem Springen konnte gar keine Rede sein, sie verließ einfach das Brett und stieg in das Wasser. Ein junger und anscheinend fröhlicher Mann zog sie heraus und gab ihr, seinem Gemütszustand angemessen, lachend einen Rat: „Großmütterchen, wenn Du schon sterben willst, schau auf das Ufer vor Dir. Dort steht ein kleines Haus, bei dem das Wasser tief und ruhig ist, gerade das Richtige für Dich!" Die Frau soll weiter nichts gesagt haben, schleppte sich über den Steg, saß am Ufer und wrang ihre Röcke aus, die recht lang waren, anscheinend unmodern. Plötzlich ging sie auf das kleine Haus zu und sprang an dem ihr so freundlich empfohlenen Ort in den Fluß und versank. Als man sie herauszog, war sie bereits tot. Sie lag dann am Ufer hingebreitet und starrte mit offenen Augen in den Himmel. Viele Menschen hatten sich um sie versammelt, mitleidige nun, da man ihr nicht mehr zu helfen brauchte. Eine Stimme schrie auf: „Das ist der Doktor!"

Die Leute hatten sich aber noch nicht recht entschieden, ob ich es nun sei oder nicht, als ein Uniformierter, ein Tschekist, hinzutrat und nach kurzem Nachdenken bestätigte, daß ich es sei. Eine Frau machte Einwände, sie sagte, daß sie mich niemals so schlecht angezogen gesehen hätte. Der Uniformierte hatte daraufhin eine schnelle Antwort: „Ja, glauben Sie denn, sie wird ihre besten Sachen anziehen, wenn sie sich ertränken will?" Das leuchtete fast allen ein, nur nicht einem Mann, der daran erinnerte, daß dieses tote Gesicht mir gar nicht ähnlich sehe. Die Erklärung dieser Tatsache ließ nicht auf sich warten: „Wissen Sie denn nicht, wie der Tod den Menschen verändert?" Diese Aussage überzeugte dann anscheinend alle. Der Tschekist meldete der Verwaltung des Lagers meinen Tod, woraufhin diese die „Kursker Anomalie", den Major, verständigte. Nach seinem Benehmen war es ganz klar, daß er diesen Namen auch verdiente. Er beruhigte sich nicht mit der Tatsache, begab sich in die Morgue, um sich von meinem Tode zu überzeugen, hatte aber gütigere Augen als die anderen, er konnte mich in der Leiche nicht erkennen.

Ich wußte von diesem Ereignis nichts, ich wußte nicht, daß ich tot war. Am Morgen des nächsten Tages begab ich mich in die Apotheke, deren Leiterin ich gut kannte. Die Frau hatte mich nicht gleich bemerkt, sie stand mit dem Rücken zu mir. Als sie sich umwandte und mich erblickte, schrie sie auf und verschwand unter dem Tisch. Obwohl einige Leute anwesend waren, rührte sich doch niemand, sie waren wie erstarrt. Ich kroch zu der Liegenden hin, die ich ohnmächtig vorfand. Sie kam nicht gleich zu sich, als sie es dann tat, mich über ihren Kopf erblickte, schrie sie abermals auf. Wie ich dann verstand, hielt sie mich für tot, sie hatte nicht angenommen, daß ich sie am hellen Tage aufsuchen werde. Nächtliche Besuche dieser Art sollen keine Seltenheit sein, wie man mir versicherte.

Ich habe dann nicht nur von ihr gehört, daß ich mich ertränkt hätte, was mir gar nicht in den Kopf gekommen wäre, zu tun – ich fühlte mich durchaus nicht besiegt. Eine frühere Patientin, die mich später auf der Straße traf, gestand mir unter Tränen, daß sie die Nacht nach meinem Tode nicht geschlafen habe, da sie es versäumt hatte, mir die Augen zu schließen. Man darf es mir nicht verübeln, daß ich mich etwas seltsam fühlte, gar erst, als ich zum Major gerufen wurde.

Er sah mich prüfend an und sagte: „Ich war gewiß, daß Sie es nicht sein können, für einen Selbstmord sind Sie zu klug!“ Lachend fragte ich ihn: „Glauben Sie, daß ein kluger Mensch kein Brot und auch keine Wohnung braucht?“ Wie merkwürdig es auch war, die Tote, die Selbstmörderin, hatte mich gerettet. Man gab mir nach diesem Ereignis ein Zimmerchen, es war gerade 5 m^2 groß, in einer Baracke. Wie es der Zufall wollte, gerade jenen Raum, in dem ich meine Ordination früher abgehalten hatte, als hier noch ein Lager und ich noch Gefangene war.

Der Major hatte nun auch eine Arbeit für mich gefunden, allerdings nicht als Arzt, sondern als Deutschlehrer in einer Handwerksschule. Das war dann gewiß eine beschwerliche, wenn auch abwechslungsreiche Arbeit. Ich hatte vier Schulklassen zu je 25 Jünglingen zu unterrichten, die so gut wie keine Kenntnisse hatten, ich meine damit nicht etwa nur in der deutschen Sprache, sondern so ganz im allgemeinen. Es waren Kinder, die ihre Eltern auf die verschiedenste Weise verloren hatten, die fast alle aus Kinderhäusern, auch aus solchen für jugendliche Verbrecher, kamen oder einfach als Vagabunden aufgegriffen worden waren. Ihr Alter war ungleich, ich hatte baumlange und recht kleine Knaben in einer Klasse vor mir, aber im Grunde waren sie recht einheitlich, was ihr Tun anbetraf. Sie waren faul und verstanden, sich ihr Leben einzurichten.

Als ich zum ersten Mal die Klasse betrat, vielleicht sogar mit einem feierlichen Gesicht, hallte es mir im Chor entgegen: „Wir brauchen keine Faschisten, wir brauchen keine deutsche Sprache!“ Alle Deutschen waren für sie Faschisten, ich mußte mich damit abfinden, auch einer zu sein. Aber ihnen dann die deutsche Sprache beizubringen, gegen die sie nur Abscheu empfanden, war durchaus nicht leicht. Anscheinend habe ich sie niemals ganz in meine Gewalt gebracht, aber doch gelang es mir, sie unser altes Lied vom „Tannenbaum" lieben zu lehren, es wurde vielleicht sogar mein Spottname, denn wenn sie mich auf der Straße trafen, sagten sie mir nicht etwa „Guten Tag", nein sie riefen mir vielmehr ein „O Tannenbaum" zu.

Die Disziplin in meinen Klassen besserte sich, man lobte mich dafür, alle Inspektionen konnten nichts Nachteiliges an mir finden, bis eines schönen Tages die heimliche Ursache ihres Verhaltens, des ruhigen Sitzens der Schüler, offenkundig wurde. Wir hatten nur 15 Lehrbücher, die in der Klasse blieben und für alle ausreichen mußten. Sie wurden nach der Stunde eingesammelt und in einen Schrank verschlossen. Niemals hatte ich diese Bücher besonders beachtet, ihre Zahl stimmte. Daß mit ihnen etwas Unvorhergesehenes geschehen könnte, kam mir gar nicht in den Sinn.

In einer der Stunden saß der Direktor der Schule in der letzten Bank, verfolgte den Unterricht und war zufrieden. Als ich dann mit ihm allein geblieben war, die Bücher zusammenrückte, öffnete sich ganz zufällig eines von ihnen. Ich errötete nicht, das war gewiß, fühlte mich aber ziemlich schlecht, als ich auf den Direktor schaute, der aus Erstaunen oder vielleicht sogar Schrecken seinen Mund offen hielt. Diese Lehrbücher hatten wie üblich Bilder, die wir aber nun in einer recht ungehörigen Weise verbessert vorfanden. Da war ein aufrechtstehender Elephant, den man einen Penis in der Größe des Rüssels angemalt hatte. Es gab hier das Bild einer Schulklasse von Knaben, an deren Tafel eine Lehrerin stand. Jedes der Kinder hatte einen langen Penis, der bis zum Bauche der Frau hinreichte. Die Mädchen auf den Bildern hatten an einer gewissen Stelle ihres Leibes ein kleines Loch, das Papier war anscheinend mit dem feuchten Finger herausgerieben worden.

Plötzlich wandte sich der Mann zornig an mich: „Sie wollen das nicht gewußt haben? Das ist unerhört! Wo war ihre Aufmerksamkeit, wie konnten sie es zulassen? Diese Bücher müssen vernichtet werden!" Die Aufgabe, die mir damit zugewiesen wurde, war nicht leicht. Ich durfte keines der Kinder ersuchen, mir dabei zu helfen, sie würden alles darangesetzt haben, die Bücher für sich zu retten. Bücherverbrennungen soll es ja schon früher gegeben haben, aber kaum eine, die so zu Recht bestand wie diese. Nun mußten wir ohne Lehrbücher auskommen, niemand dachte daran, neue zu kaufen, oder hatte die Möglichkeit dazu, es zu tun.

Der Unterricht wurde recht beschwerlich, ich mußte zu Mitteln greifen, die mein Vorgesetzter sicherlich nicht gebilligt hätte, wenn sie ihm zu Ohren gekommen wären. Ich machte mit den Knaben einen Vertrag. Sie sollten eine halbe Stunde lernen, ich würde ihnen dann in der verbleibenden Zeit Geschichten erzählen. Aufmerksamere Zuhörer hatte ich noch niemals gehabt. Die Klasse saß still, alle Augen auf mich gerichtet. Zuerst dachte ich, daß sie nur Räubergeschichten oder ähnliches von mir erwarteten, mußte aber zu meiner Verwunderung einsehen, daß sie mit derselben Liebe Märchen aufnahmen. Die Geschichte vom Fettöpfchen, Halbaus, Ganzaus versetzte sie in helle Freude, es waren dieselben Knaben, die sich so eindeutig im Zeichnen geübt hatten. Ein Schuljahr hielt ich es aus, bis sich mir eine bessere Arbeit bot. Ich wurde in der Abendschule Laborant für Chemie und Physik. Ich hatte alle Reagentien herzustellen und für jede Unterrichtsstunde vorzubereiten. Ich wurde Glasarbeiter, bog und feilte Röhrchen, verfertigte Pipetten, dies alles über einem Spirituslämpchen. Ich hatte auch die Lehrmittel zu ordnen, die sich in einem recht chaotischen Zustande befanden. Die Arbeit war vielseitig und umfangreich, ich war sogar zu einem Elektromonteur befördert worden, wofür man mich gesondert bezahlte. Ich war zufrieden, und die Schule war es auch.

„Befreiung“ aus der Ewigen Verbannung

Es war im Jahre 1954, als man uns, die „ewig Verbannten“, in die Kommandantur kommen ließ. Es war eine ganze Menge, nicht nur Deutsche, die sich hier versammelt hatte. Es gab auch Griechen, Rumänen, Tataren, Kalmücken, mit einem Wort – eine bunte Gesellschaft. Zum ersten Mal nach vielen Jahren war man mit uns freundlich. Man forderte uns sogar zum Sitzen auf, teilte uns mit, daß die „ewige Verbannung“ von uns genommen sei und wir einen Paß erhalten sollten, wenn wir ein Dokument unterschrieben, das man uns zuschob. Dieses Papier hatte es aber in sich, wenn auch die Leute in dieser Zeit aus Freude alles unterschrieben hätten, ja gewiß noch viel mehr als dieses. Der erste Punkt war eine Erklärung, daß die „ewige Verbannung“ aufgehoben sei. Der zweite Punkt bezog sich auf das Eigentum, das wir durch die Verhaftung verloren hatten, auf das wir nun endgültig mit unserer Unterschrift verzichteten und keinerlei Rechtsansprüche erheben sollten. Der dritte Punkt forderte von uns, daß wir niemals an den Ort zurückkehrten, an dem wir verhaftet worden waren. Fast alle unterschrieben, auch ich. Die es aber nicht taten, bekamen keinen Paß und verloren gleichzeitig ihre Arbeit. Den Paß, dieses gewiß wichtige Dokument, bekam ich aber trotz meiner Unterschrift nicht, weil mein Geburtsschein nicht vorhanden war, den die Behörde einfach verloren oder verbrannt hatte. Ich mußte mich dann mit einem Papierchen zufriedengeben, das recht kurzlebig für drei Monate ausgestellt war. Es bestand keine Hoffnung, je wieder einen Geburtsschein zu erhalten, womit ich nun, sozusagen nicht mehr zu den Geborenen, den Lebenden gehörte.

Der Winter war hier im allgemeinen schwer zu ertragen. Die Wände meiner Baracke wiesen Eigenheiten auf, die sich aber in diesem Jahr besonders bemerkbar machten. Sie hatten sich im Laufe der Zeit ihres inneren Bestandes, der aus Holzspänen bestand, entledigt. Diese waren zusammengesunken, vermorscht, die Wände stellten nur mehr Bretter mit einem Zwischenraum dar, welche die Kälte nicht abhalten konnten. Ich schlief in allen meinen Kleidern, aber den Kopf hatte ich nicht recht geschützt, mein Tüchlein war verrutscht, so daß in einer Nacht meine Haare an der Wand anfroren, was ein Gefühl vollkommener und endgültiger Hilflosigkeit hervorrief, das ich noch niemals erlebt hatte. Ich war eine Gefangene des Eises, konnte aber nicht hoffen, daß sich bei Tageslicht die Kälte verringern würde. Wenn es auch geschehen sollte, konnte ich es nicht abwarten, da ich zur Arbeit gehen mußte. Zuerst wollte ich mich mit Gewalt losreißen, was nicht nur sehr schmerzhaft, sondern auch ziemlich ergebnislos war. Kleine Haarbündel vom Eise zu befreien gelang eher, allerdings langsam und sehr zu ihrem Schaden. Endlich kam ich vom Eise los, was ein beglückendes Gefühl erzeugte, mußte aber dann den Überfluß meiner Zöpfe, eben meine Haare, zusammen mit der Eisschicht von der Wand abkratzen, um die Untat des Winters zu verheimlichen.

Eine Abwechslung in diesem Dorfe bot das Kino, das ich nun von Zeit zu Zeit besuchte, mehr Einblick in die mir entgangene Epoche vermittelte aber der wöchentliche Markt, der an Sonntagen abgehalten wurde. Was wurde da nicht alles feilgeboten, mit welchen umfangreichen Dingen hatten sich die russischen Soldaten abgeschleppt, um ihre Familien zu erfreuen. Es gab hier Federbetten zu kaufen, richtige weiche Flaumenfederkissen in deutschem Inlett, große Unterbetten, Wolldecken mit eingewirkten Namen von Krankenhäusern und Sanatorien, Kleider und Wäsche, silberne Löffel mit Monogramm und Uhren. Letztere waren besonders geschätzt, da sie hier zu den Seltenheiten gehörten. Pelzkragen und Soldatenstiefel lagen nebeneinander. Eine arme Geige, die Steg und Saiten auf dem Wege verloren hatte, wurde von mir erstanden. Sie war gewiß nicht in Cremona geboren, aber auch nicht eine der schlechtesten. Da ich keine Noten hatte, überließ ich mich den Improvisationen, die vielleicht etwas wild geklungen haben mochten, denn was ich mir nicht erlauben konnte, in Worten zu sagen, konnte ich sehr wohl in Tönen ausdrücken. Bücher gab es auf dem Markte selten. Eines Tages sah ich einen Band Darwin, aus dem der „Instinkt“ herausgeschnitten war. Ich stand eine Weile nachdenklich da, fragte mich, ob ich ohne diesen „Instinkt“ werde lesen können, als ein Mann die Hand nach diesem Buche ausstreckte. Schneller als ich es je für möglich gehalten hätte, fiel ich auf die Knie und riß das Buch, das auf dem Boden aufgeschlagen lag, an mich. Der Blick, der mich traf, war so böse, daß ich mich zu einer Entschuldigung entschloß, die mir aber nur einen fauchenden Ton einbrachte, den ich übrigens verstehen konnte.

An einem der Markttage hatte ich dann ein merkwürdiges Erlebnis, es geschah etwas, das fern jeder Erwartung lag. Die Einwohner dieses Dorfes sind nicht sehr einheitlich. Keiner von ihnen war das, was man als alteingesessen nennen konnte. Diese Siedlung wurde im Jahre

1914 als zaristischer Strafort gegründet, aber durchaus nicht als politischer. Seine Einwohner, die man hier in einer recht unwirtlichen Taiga abgeladen hatte, waren so im allgemeinen nicht gesellschaftsfreundlicher Natur. Ihre Moral war im Laufe der langen Jahre nicht besonders gewachsen, da sie dauernd Zuzug von entlassenen Sträflingen erhielten, der bis auf den heutigen Tag anhält. Es bestand sogar ein recht merkwürdiges Verhältnis zwischen diesen und den Einwohnern hier, welche die gruppenweise Entlassung der Verbrecher zur Deckung der eigenen Untaten benutzten, ihnen die Verbrechen dieser Tage dann zuschrieben, um selbst straflos zu bleiben. Die seit Anfang des Krieges hierher Verbannten fanden in den Einwohnern durchaus keine Freunde, man nahm ihnen zu Spottpreisen das Wenige ab, das sie mitgebracht hatten, überließ sie dann ihrem Schicksal, das besonders für südliche Völker erbarmungswürdig war, da sie die Kälte schwer oder gar nicht ertrugen. Viele der Kalmücken und Usbeken* sind hier gestorben, die Tuberkulose grassierte. Die Rückkehr aus dem Krieg brachte diesen Ort zu einer gewissen Blüte, man handelte mit allem, sogar mit unbekannten Gegenständen. Auf dem Markt wurde ein Bidet als Gefäß zum Kochen von Fischen verkauft. Die amerikanischen Geschenke an Kleidern und Wäsche waren eine gängige Ware, selbst der Zucker dieses Landes, in kleinen Würfeln, der nur auf Umwegen seinen Weg auf den Markt gefunden haben konnte, wurde hier das Stück zu einem Rubel verkauft.

Auf diesem Markt stand ich eines Sonntags, um mich ein Gedränge und Geschrei, als mich ein mir unbekannter Mann an der Schulter berührte. Ich erkannte ihn sofort als Gefangenen, er trug die ihnen zugeschriebene Kleidung, der Ausdruck seines Gesichtes war unverkennbar. Er lächelte mich an und sagte etwas verlegen: „Doktor, wir wissen alles!" Mein Erstaunen konnte ich nicht gut in Worte fassen, denn ich glaubte zu verstehen, was der Gefangene damit meinte. Ich wollte darüber hinweggehen und fragte deshalb, wann man ihn befreit hätte, als eine Stimme hinter meinem Rücken darauf antwortete. Um mich standen nun ungefähr 20 Männer, hatten einen engen Kreis gebildet, um den sich auch Neugierige aus dem Dorfe drängten. Ich stand allein in ihrer Mitte, war ihnen sozusagen ausgeliefert. Plötzlich sagte einer von ihnen: „Wir wissen, was sie unseretwegen gelitten haben!" Ich versuchte aus der Menge der mich Umgebenden den Sprecher zu finden, drehte mich halb um, als ein Mann meine Hand ergriff und küßte. Obwohl ich mir der Gefahr meines Tuns vollkommen bewußt war, entzog ich ihnen meine Hand nicht, ich ließ es geschehen, daß einer nach dem anderen sie ergriff und leise an die Lippen drückte.

Dies war anscheinend ein Lohn, der mir zukam, ein öffentlicher, vor allem Volke hier, aber zugleich auch ein recht seltsamer. Das Volk küßt in diesem Lande, und nur wenn man an Gott glaubt, die Hand des Priesters und die Ikone, das Heiligenbild. Danach ging ich aus ihrer Mitte, es war ein Abschied für immer. Es war unmöglich, ihnen ein Wiedersehen zu wünschen. Ich schaute schweigend auf sie und verbeugte mich endlich tief, ohne es eigentlich zu wollen. Ihr Erstaunen war groß, sie erstarrten gleichsam, als ich schon eine kleine Strecke zwischen uns zurückgelegt hatte, hörte ich sie gemeinsam „Auf Wiedersehen!" rufen, so laut, daß wohl jeder Mensch auf diesem Markt es gehört haben mußte. Ich fühlte mich glücklich, wenn ich auch die Folgen dieses Ereignisses klar erkannte. Es brauchte nur einer der Einwohner diesen Vorfall den Tschekisten zu melden, wofür mir schon ein Lagerleben sicher war. Der Gesetzesparagraph, der mir drohte, hieß: Verbindung mit Gefangenen. Man konnte ihr Tun als Folge meines strafbaren Verhaltens ihnen gegenüber während meiner Arbeitszeit im Lager auslegen. Der Atem der Tschekisten ist lange, man soll nur nicht glauben, daß sie schnell zugreifen. Es waren deshalb Monate notwendig, bis ich sicher sein konnte, daß sie nichts davon wußten oder es nicht für notwendig gehalten hatten, mich zu verhaften.

Im Lager der Syphilitiker

Eines Tages kam eine Sekretärin der Lagerverwaltung zu mir in die Schule, beklagte sich, daß sie mich im ganzen Dorfe hatte suchen müssen, und teilte mir mit, daß der Oberst mich zu sprechen wünsche. Lange hatte es gedauert, bis man sich meiner erinnerte, der Grund konnte nach meiner Meinung nichts anderes als die Marktszene sein. Es gibt unheimliche Gefühle, die vielleicht sogar nichts mit Angst zu tun haben, die aber lähmen, die Schritte verlangsamen, die einfach der wesentliche Grund des Zögerns sind. Ich wollte die Unterredung hinausschieben, gab Arbeit vor, versprach den nächsten Tag zu kommen, womit die Frau aber nicht einverstanden war, sie sollte mich gleich mitbringen.

Obwohl in meiner Wohnung nichts Verdächtiges war, ich schon lange alles vernichtet hatte, was man gegen mich hätte auswerten können, schien es mir doch geraten, noch einmal nachzusehen. Das, was ich vernichtet hatte, was mir noch heute leid tut, daß ich es tun mußte, waren Briefe von Gefangenen; nicht etwa solche, die man hier mit der Post hätte erhalten können, die Zensur war unerbittlich. Es waren Zettelchen, meistens auf Packpapier geschrieben, aber auch einige richtige Briefe dabei, die mir die aus der Mandschurei zugesteckt hatten. Es waren Klagen, Bitten und Worte der Dankbarkeit, die ich erhielt, die mir über manche trübe Stunde hinweghalfen, sie waren Dokumente meiner Tätigkeit. Ich hatte sie vernichtet, weil man ganz plötzlich mit Verhaftungen begonnen hatte, hatte sie zum letzten Male vor mir ausgebreitet, sie aufmerksam gelesen, um sie dem Gedächtnis einzuprägen, übrigens ohne sie weiter mit Gefühlswerten zu verbrämen, ich wollte sie mir nur merken. Ich konnte fast sicher sein, daß ich bei dieser Vernichtung keinen der Briefe vergessen hatte, aber nur fast. Ich glaube, daß nicht nur ich, sondern alle Menschen hier, in diesem weiten Land, die Gewohnheit angenommen hatten, Dinge – sogar ganz ungefährliche – zu verstecken. Man hatte die Einsicht oder das Maß dessen, was gefährlich war oder sein konnte, bereits verloren und verstand nur mehr eines, daß unnötige Vorsicht sich hier als notwendig erwies.

Die Tschekisten zogen dies ebenfalls in Betracht, es war ein gewisser Wettbewerb zwischen ihnen und ihren Opfern ausgebrochen, eben: wer überlistet wen. Ich ging also notgedrungen mit dieser Frau, die nicht mehr von meiner Seite wich, wartete dann im Vorzimmer. Ich war nicht gewiß, ob ich es je wieder als freier Mensch werde verlassen können. Es war ganz natürlich, daß ich versuchte, mir eine Rechtfertigung zurechtzulegen. Ich kannte die Angst, die selbst bewaffnete Tschekisten vor den Gefangenen hatten, ich brauchte im Grunde nicht mutiger zu sein als sie, was ihnen einleuchten mußte.

Für sie mußte es danach aussehen, so wollte ich es auch darstellen, daß meine Lage auf dem Markt, umringt von Männern, die gerade aus dem Lager entlassen worden waren, eine überaus gefährliche war. Keiner der Einwohner des Dorfes hätte mir bei einem Überfall geholfen. Die Gefangenen küßten mir aber nur deshalb die Hand, weil sie mich vor allem Volk verspotten wollten. Das müßte nach meiner Meinung eine genügende Erklärung für mein Verhalten abgeben, nur daß sie für mich selbst nicht brauchbar sein konnte, das sah ich schnell ein. Ich konnte das Gefühl der Dankbarkeit, mit dem mich diese Männer bedacht hatten, nicht verraten. Ich konnte aber, wie es auch war, zu allen Anschuldigungen schweigen, was sie reizen, ihnen erlauben würde, sich sehr zu meinen Ungunsten gehen zu lassen.

Nach diesen Überlegungen wäre vielleicht ein gewisser Fatalismus angebracht gewesen, einfach „komme, was da wolle“, aber bevor ich mich dazu entscheiden konnte, forderte man mich zum Eintreten auf. Das Gesicht des Mannes war schwer zu enträtseln, denn da ich nahe der Tür stehen geblieben war, sah ich nur eine seiner Seiten. Er richtete seine Frage nicht an mich, sondern sprach in den Raum hinein: „Sie arbeiten?“ „Gewiß“, sagte ich und schwieg.

„Was soll hier dieses ‚Gewiß‘ heißen? Muß ich Ihnen jedes Wort aus der Gurgel ziehen?“ Nach meinen Angaben, die folgten, wollte er wissen, ob ich sofort meine Arbeit verlassen könne. Plötzlich strömte mir von irgendwoher Kraft zu, es war nun klar, daß es sich nicht um das Ereignis auf dem Markt handeln konnte.

„Gewiß“, sagte ich abermals und bemerkte zu spät, daß ihm eine solche, sich wiederholende Gewißheit bei einer früheren Gefangenen nicht zulässig scheinen konnte.

„Können Sie morgen zu arbeiten anfangen?“ fragte er schroff, worauf ich, ganz ohne zu wollen, einige Schritte zum Schreibtisch hin machte, meinen Kopf vorstreckte und nur ein Wort hervorbrachte: „Wo?“

„Kann Ihnen das nicht gleich sein?“

„Durchaus nicht, ich habe hier eine Wohnung, die mich befriedigt“, sagte ich und dachte dabei an meine angefrorenen Haare.

„Dort werden Sie ebenfalls eine bekommen. Es handelt sich um das Lager der Syphilitiker, zwanzig Kilometer von hier."

Das hatte ich allerdings nicht erwartet. Man holte mich also zurück, man brauchte anscheinend den „deutschen Spion"; oder gab es andere Gründe für ihren Entschluß. Ich wußte schon lange, daß man von dieser Behörde alles erwarten konnte. Ich war kein Spezialist für diese Krankheit, was aber hier nicht viel zu sagen hatte, für mich war es endlich eine ärztliche Arbeit. Ich wußte von diesem Lager. Man sprach hier nur mit Abscheu von ihm, aber für mich hatte es seine besonderen Schrecken, ich fürchtete von jeher nichts anderes als diese Krankheit, aber ich mußte mich schnell entschließen und tat es auch.

Es plagte mich ein recht unsinniger Gedanke, ich mußte die mir so wunderbar zugefallene Arbeit als „Gottesstrafe" ansehen. Schon in meiner Studienzeit hatte ich mich von solchen Kranken ferngehalten, dies sogar in einer recht beschämenden Form. Niemals werde ich vergessen, wie man mich in einem Seminar veranlaßte, Blut aus der Vene einer Syphilitikerin zu entnehmen. Ich hatte in meiner Aufregung die Vene durchstochen, so daß das Blut über meine Hand floß. Daß ich danach die Spritze fallen ließ, war nur das eine, ich steckte in Blitzesschnelle meine Hände in ein Gefäß mit einer Sublimatlösung, das in der Nähe stand. Mein Professor gab mir den Rat, meinen Beruf zu wechseln, was zwar die Fröhlichkeit meiner Kollegen erhöhte, mich aber in eine recht unangenehme Lage brachte.

Jetzt sah ich nicht einen einzelnen Kranken vor mir, sondern ein ganzes Lager voll, hunderte Männer und ich die einzige Frau. Ich sagte zu, ersuchte aber um eine Woche der Vorbereitung, die man bewilligte, wenn auch recht ungehalten.

Ich ging mit geteilten Gefühlen aus diesem Haus, ich war zufrieden und auch gleichzeitig betrübt, denn ich mußte meiner Schule diese Neuigkeit mitteilen. Der Direktor, ein kluger und guter Mann, verstand, daß mich die Arbeit in der Schule nicht befriedigen konnte, und entließ mich mit dem Versprechen, mich jederzeit wieder aufzunehmen. Als ich dann die schriftliche Bestätigung zu dieser Arbeit erhielt, mag ich wohl recht bedrückt ausgesehen haben. Der Major, der sie mir ausfolgte, beruhigte mich, versprach mir einen Soldaten als ständigen Begleiter zu geben, der sogar bei der Untersuchung der Kranken dabei sein sollte. Psychologische Einsichten sind nicht die starke Steite dieser und sicher auch anderer Institutionen dieses Landes. Der Materialismus erlaubt anscheinend nicht, die „Psyche" als vorhanden anzunehmen, sodaß ihre Negierung im Umgang mit den Gefangenen zu den merkwürdigsten Erscheinungen führte.

Ich wußte von einem Fall, der sich vor langer Zeit auf meinem neuen Arbeitsplatz zugetragen hatte. Eines Tages kam ein Major in Begleitung zweier Soldaten mit aufgepflanzten Gewehren zu einer Inspektion in jenes Lager. Die Gefangenen sollen ihn außerordentlich freundlich begrüßt haben, was ihn schon hätte stutzig machen müssen, es aber nicht tat.

Es waren ihrer Hunderte, die sich scheinbar glücklich über sein Erscheinen um ihn drehten, ihn mit Fragen und Klagen überhäuften, ihn aber dabei in eine Ecke trieben, ihn sozusagen von seiner Wache befreiten. Nicht daß er dieses Manöver nicht erkannt hätte, er rief seinen Soldaten zu, die aber in dem Gedränge und Geschrei, das mit aller Absicht ausgeführt worden war, nichts hören konnten.

Als man dann den Major an die Wand herangeschoben hatte, er ihnen hilflos ausgeliefert war, nahm einer der Syphilitiker die Zigarette aus seinem Mund und drückte sie dem Major in seinen offenen, nach Hilfe schreienden Mund. Der Wachtposten, hoch über der Umzäunung des Lagers stehend, mußte dies gesehen haben, begann daraufhin über die Köpfe der Gefangenen hinweg zu schießen, aber nicht etwa deshalb, weil er sie nicht treffen wollte: Er bedachte bei seinem Vorgehen die Lage des Majors, der damit ebenfalls seinen Kugeln ausgesetzt war. Seit diesem Vorkommnis soll sich kein Vorgesetzter mehr in diesem Lager gezeigt haben.

Die Zusicherung, mir einen Soldaten für meine kommende Arbeit bereitzustellen, der sie ermöglichen sollte, lehnte ich ab, was nicht nur Erstaunen, sondern Gereiztheit hervorrief, man konnte nicht erlauben, daß ich mutiger sein wollte als sie selbst. Ich fuhr ohne meine Sachen ab, nicht vielleicht deshalb, weil ich besonders vorsichtig war, man hatte einfach noch kein Zimmer für mich bereitgestellt. Ich sah den Ort nicht das erste Mal, nur daß mir seine jetzige Aufteilung wenig Gutes versprach. Es waren zwei Lager entstanden, durch eine hohe Holzwand getrennt, die gesonderte Eingänge mit Barrieren und Wachtposten hatten. Dort und da waren Syphilitiker, die aber nur in der Lagerbewertung recht verschieden sein sollten: Der eine Teil beherbergte die „gesetzlichen Diebe“, die andere Hälfte nahmen die Verräter dieses Bundes ein. Es herrschte die erbittertste Feindschaft zwischen ihnen, jeder Irrtum der Behörde, einen Neuankommenden in das ihm nicht zustehende Lager einzuordnen, konnte Mord und Totschlag zur Folge haben.

Jedes der Lager hatte ein Ambulatorium, ein Krankenzimmer und eine eigene Küche. Nur eines war bei ihnen gemeinsam, das war ich. Ich mußte da und dort arbeiten und hatte nur einen freien Gehilfen dazu, der an Tuberkulose litt und sich anscheinend mit den Gefangenen geeinigt hatte, was ich aber erst später verstand. Es waren hier an die fünfhundert Gefangene, die an einer frischen, halb geheilten Syphilis litten oder sich auch in anderen Stadien dieser Krankheit befanden. Das war vielleicht noch nicht das schrecklichste, aber daß sie intime Beziehungen untereinander pflegten, gemeinsam aßen, machte jede Arbeit illusorisch. Natürlich übersah ich dies nicht am ersten Tag, an diesem hatte ich nur eine Aufgabe, meine Autorität aufzurichten.

Ich war in das Lager der „Gesetzlichen" gekommen, um mir ihre Einrichtungen anzusehen und zwar ohne Soldat. Die Gefangenen umringten mich, sahen mich neugierig an. Ich ging von einer Baracke zur anderen, von einer ganzen Prozession begleitet. Sie ließen mich nicht allein, drängten sich sogar ganz nah an mich heran, was mich zu scherzenden Ausrufen veranlaßte, die mit großem Gelächter aufgenommen wurden. Bei dieser Besichtigung konnte ich nichts Besonderes bemerken, ein Lager wie ein anderes auch, nur seine Insassen benahmen sich abweichend von der gewohnten Art. Es herrschte anscheinend keine feindliche Stimmung gegen mich, aber ich sah es ihren Gesichtern an, daß es hier nicht geheuer war, sie waren spöttisch. Man nahm mich nicht ernst, man war sicher, mit mir fertig zu werden, ich war die Maus, mit der die Katze spielte.

Ich hatte mir für meine Besichtigung zuerst diesen Lagerteil gewählt, weil er nach meiner Meinung der schwierigere sein mußte, was ich aber nach weiterem Zusehen nicht mehr glaubte. Noch an diesem Tag beschloß ich, ihr Spiel zu unterbrechen. Ich blieb bis zur vollen Dunkelheit bei ihnen, überprüfte das Ambulatorium, seine Medikamente und Instrumente. Der Vorrat an Penizillin war groß, da die frischen Fälle zuerst mit ihm behandelt wurden, aber sonst gab es eigentlich nur eine Hausapotheke, die vielleicht für eine kleine Familie ausgereicht hätte. Das Krankenzimmer hatte sechs Betten, die aber leer standen, seinen Nebenraum konnte man als Laboratorium einrichten, obwohl vorläufig noch nichts dazu vorhanden war. Das Ambulatorium hatte keinen Vorraum, in welchem die Kranken hätten warten können. Sie in der Kälte stehen zu lassen, ging auch nicht gut an. Sie kamen schon am ersten Tag in Mengen und benahmen sich in ihren Forderungen recht aufdringlich. Es waren ausschließlich schmerzstillende Mittel, die sie von mir erhofften. Sie waren in ihren Forderungen noch unsicher, wie ich mich dazu stellen werde, sie probten erst, die einen mit Gestöhne, die anderen keifend, aber im Grunde waren sie darauf aus, mich als Arzt zu verspotten. Sie legten mir die unglaublichsten Symptome vor.

Ich hörte, daß an eben jenem Abend eine Filmvorstellung im Lager sein sollte, und beschloß, an ihr teilzunehmen. Es stand eine recht schadhafte Baracke zu diesem Zwecke zur Verfügung, ein lichtloser Raum, die Fenster waren vernagelt. Als die Vorstellung schon eine ganze Weile lief (ich hörte das Summen des Apparates), öffnete ich die Tür dieses Hauses und sah in die Dunkelheit hinein, in der die Leinwand grau flimmerte. Ich stand in der Tür und wurde deshalb von allen gesehen. Sie hatten mich sicherlich nicht erwartet, schrien durcheinander: „Doktor, Doktor!“ Sie sprangen von ihren Plätzen auf, und da ich die Tür geschlossen hatte, zogen mich Hände, die ich nicht sehen konnte, in den Raum. Jeder wollte mir einen Platz geben. Endlich saß ich enggedrängt zwischen ihnen, nicht vielleicht auf einer Bank, sondern auf einem Brett, das in seiner Vielheit hier die Einrichtung des Kinos auszumachen schien.

Was ich bei diesem Abenteuer gefühlt hatte, ist schwer zu sagen, nur daß es Angst war, glaube ich nicht. Ich war mir der Gefahr, in die ich mich begeben hatte, völlig bewußt, aber ich hatte mich lange mit jener Menschensorte abgegeben, sie vielleicht nicht ganz, aber immerhin doch soweit kennengelernt, daß ich wußte, nur die Demonstration des Mutes konnte sie in Zaum halten, sie sollten wissen, daß ich ihn besitze. Anscheinend war es eine halbe Stunde und nicht mehr, in der ich ihre Luft atmete, die nicht gut war. Allmählich erkannte ich ihre Gestalten, wenn auch undeutlich. Von dem Film weiß ich nichts auszusagen, ich schaute ihn mit toten Augen an. Ich sah nur ein Geflimmer, er war recht alt. Als ich mich dann mit der Erklärung erhob, daß mir der Film nicht sehr gefalle und ich ihnen gute Nacht wünschte, wußte ich, daß ich gesiegt hatte. Nicht nur, daß sie mir im Chor einen guten Schlaf wünschten, sie sprangen sogar auf, um mir die Tür zu öffnen. Ich stand in der kalten Nachtluft da, taumelte etwas und konnte mich nicht gleich zum Gehen entschließen.

Die Wache war ganz erschrocken, als ich klopfte, sie hatte nicht angenommen, daß sich ein Mensch freiwillig hier hatte einschließen lassen. Meine Wirtin empfing mich recht böse, warnte mich, so lange im Lager zu bleiben, und behauptete, daß ein weiblicher Doktor für die Verbrecher ebenfalls ein Weib sei. Mögen ihre Worte auch gut gemeint gewesen sein, war es ihr Bett doch auf keinen Fall. Es war zu kurz, ja reichte selbst für meine Kleinheit nicht aus, außerdem war es hart. Was man sonst mit dem Begriffe eines Bettes verbindet, fehlte ihm, selbst die Federn des Kissens hatten sich im Laufe der langen Zeit verknäuelt, den Charakter von Steinen mittlerer Größe angenommen. Ich schlief zwar schlecht, wachte aber wohlgemut auf: ich hatte den Kinobesuch des vorigen Abends noch gut in Erinnerung. Ich machte mich auf den Weg, nun den anderen Teil des Lagers anzusehen.

Die Gefangenen zeigten sich geschäftig, dienerisch, wiesen mir den Weg zum Ambulatorium, in dem ein junger Mann die Gefangenen zu den täglichen Injektionen empfing. Er war ein Mörder, der zu 25 Jahren verurteilt war, hatte aber das Aussehen eines Studenten und auch seine Sprache. Die in diesem Lager Eingeschlossenen machten einen anderen Eindruck als ihre Nachbarn. Sie waren überaus beweglich, lärmend, während die anderen sich durch eine gewisse Ruhe auszeichneten, die man sogar Würde nennen könnte, wenn man diese nur als Form einer Haltung betrachten wollte. Ein Kino gab es in diesem Lager nicht, es war schwer, etwas auszudenken, um sie von meinem Mute zu überzeugen. Der Feldscher, mein freier Gehilfe, schien hier und nicht bei den „Gesetzlichen" seine Residenz aufgeschlagen zu haben, obwohl er wie auch ich die andere Seite ebenfalls betreuen sollte. Er zeigte mir seinen Kranken, der eigentlich ein Sterbender war, ein junger Mann, dessen Leber die Kur, die man ihm zukommen ließ, nicht vertragen hatte. Er schrie nach Wasser, das man ihm nicht geben wollte, obwohl ihm das Verbot nur das Sterben erschweren konnte.

Die Kranken, die ich danach ansah, hatten Syphilis in den verschiedensten Stadien, es war eine ganze Menge dabei, deren Geschlechtsorgane davon nicht berührt waren. Besonders Jugendliche hatten erschreckende Geschwüre im Halse, viele von ihnen anale Veränderungen. Um den Rachenraum zu untersuchen, benutzte man hier lediglich eine Spachtel, die nur in der Einzahl vorhanden war, spülte sie danach in einer Flüssigkeit ab, deren Zusammensetzung ich nicht erfahren konnte, da sie der Feldscher selbst nicht kannte. Alle Kranken hatten eine einheitliche Klage, es tat ihnen die Leber weh, was ich verstehen konnte, auch wenn sie dabei auf den Magen zeigten. Schmerzen sind für den Arzt gewöhnlich eine Sache des Glaubens, in den wenigsten Fällen sichtbar. Mit diesen Schmerzen nun, die sicherlich auch vorhanden waren, führten die Gefangenen hier ein richtiges Theater auf, das in seiner Vielgestalt sehenswert gewesen wäre, wenn es einen einmaligen Versuch dargestellt hätte. Es wiederholte sich aber leider jeden Tag.

Ich empfing die Kranken einzeln, aber niemals habe ich sie in wirklicher Größe gesehen. Die Männer, die bei mir eintraten, gingen gekrümmt, übergebeugt, sie schoben sich zusammen. Je nach ihrer schauspielerischen Fähigkeit bildete ihr Rücken sogar einen Buckel, ihre Hände preßten sie an den Leib und stöhnten, manche krochen förmlich in mein Kabinett hinein. Ihre Sprache war eigens auf diesen Besuch bei mir abgestimmt. Es war nicht die Rede eines Erwachsenen, die ich hörte, sie hatte kindliche Einschläge, wenn sie ihre letzten Reserven verausgabt hatten, begannen sie mich Mamascha, „Mütterchen“, zu nennen. Sie verlangten von mir schmerzstillende Mittel, die ich nicht hatte. Ich bekam für alle Kranken nur 30 Pulver im Monat, wovon sich der Feldscher für seine „Ungesetzlichen“ den größten Teil aneignete, um ihn dann nach seinen Notwendigkeiten zu verwenden. So war es wenigstens bis jetzt gewesen. Ich bin sicher, daß keiner der Kranken in das Ambulatorium kam, um Medizin zu erhalten, die kein Narkotikum war.

Nach meiner Erklärung, daß ich ihnen in diesem Falle nicht helfen könne, begann der zweite Teil der Vorstellung. Viele entschlossen sich, da Bitten nicht geholfen hatten, zu einem Geschrei, spielten mir einen Anfall vor, warfen sich wohl auf den Boden, wo sie sich sozusagen vor Schmerz wälzten, ich aber nur eines tun konnte, ihnen ruhig zuzuschauen. Andere entschlossen sich zu einem Geschimpfe. Das waren aber nicht Wörter, die eine Zensur gebilligt hätte, es war ein ausschweifendes sexuelles Sammelsurium, das fast alles in sich schloß, was es an Möglichkeiten dieser Art gab. Es war nicht an mich gerichtet, sie entluden sich einfach. Da dieses aber ebenfalls keine Wirkung auf mich haben konnte, behielt ich das Skalpell im Auge, das auf meinem Tische lag, und konnte nur abwarten, bis sie sich erschöpft hatten. Ich hörte viele Drohungen, aber niemals drohten sie mir selbst, nein, das kam nicht vor, sie drohten nur, solche Dinge zu tun, deren ich nicht froh sein würde. Was aber dies war, konnte ich vorläufig nicht verstehen.

So sahen die Besuche im Lager der „Hündischen“ aus, während die „Gesetzlichen“ Diebe und gewiß auch Mörder sich etwas anders benahmen. Hier ging es ruhiger zu, obwohl ihre Methoden nicht andere waren als die ihrer Feinde. Sie krümmten sich ebenfalls, baten und schimpften, aber weit weniger als die anderen, nur wenn sie mich verließen, taten sie es meistens wortlos, dann fühlte ich mich nicht besonders wohl. Merkwürdig, daß das Schweigen, das Nichtwort, mehr Wirkung ausüben kann als das Wort selbst, das doch immer eine Begrenzung anzeigt, während das Schweigen alle Möglichkeiten in sich trägt. Die Neuankommenden, meistens frische Fälle, die man von allen Lagern dieses Gebietes zu mir brachte, waren fast immer Männer, die sich absichtlich infiziert hatten. Sie wollten damit der Arbeit für lange Zeit entgehen, denn hier in diesem Lager galten die Menschen als nicht arbeitsfähig. Wieviel Unwissenheit gehörte dazu, welche an Selbstmord grenzende Verzweiflung, um sich dazu zu entschließen. Unter allen Männern, die ich hier sah, war kein einziger, der eine höhere Schulbildung genossen hatte, fast alle gehörten der Verbrecherkategorie an, viele von ihnen hatten 25 Jahre im Lager zu verbringen.

Als ich meine Arbeit begann, war ich in dem Glauben, die Gefangenen etwas zu verstehen. Ich war aber in ein Neuland getreten, das nicht nur meine psychologischen Kenntnisse in Frage stellte, das wäre noch das wenigste gewesen, ich mußte leider nun auch die mir bekannten medizinischen Gesetze als vage, als recht ungefähres Wissen erkennen. Schon nach kurzem, es war die zweite Hälfte des Monats, und die Forderungen meiner Patienten änderten sich. Sie klagten über Schmerzen im Darm, wollten fast alle an Hämorrhoiden leiden. Äußerlich war bei einer Untersuchung nichts zu bemerken, was aber in vielen Fällen diese Erkrankung nicht auszuschließen brauchte. Ich gab im guten Glauben Zäpfchen aus, die ein Minimum an Opium enthielten, die ich aber auch nicht in genügender Zahl hatte. Als sie zu Ende waren, ausgegeben bis zum letzten, hatte ich fast die gleichen Szenen zu erleiden wie in der Zeit der Magenschmerzen.

Allmählich dämmerte mir, daß irgend etwas dabei nicht stimmen könne. Ich wandte mich an den Feldscher, der schon eine ziemliche Zeit hier arbeitete und die Gewohnheiten dieser Gefangenen besser kennen mußte als ich. Der Mann war mir von allem Anfang an nicht sympathisch gewesen, jetzt aber, nach meiner Frage, sah ich in seine kalten Augen, auf sein fast triumphierendes Lächeln. Er ließ sich mit seinen Erklärungen Zeit und begann seine Rede mit einem Vorwurf: „Ach, Doktor, Sie glauben hier etwas ändern zu können? Sie halten mich wohl für einen Dummkopf oder Schurken, daß ich alles laufenlasse, wie es eben geht? Man muß die Dinge hier sehen, wie sie sind, und nicht wie wir sie wünschen! In diesem Lager gibt es so viele Injektionsspritzen, wie Sie sie in keinem Krankenhaus finden werden. Woher sie sind? Gelacht! Durch die Post befördert, in einem Fettopf, in Graupen vergraben oder durch Kauf erworben. Sie sind eine gängige Ware. Sie glauben vielleicht, sie ihnen abnehmen zu können? Da sind Sie aber im Irrtum. Es gibt so viele Verstecke hier, daß selbst eine Kompanie Soldaten sie nicht finden könnte. Sie verstehen nicht recht, wozu sie ihnen notwendig sind, diese Spritzen? Das können nicht nur Sie, auch kein anderer Mediziner kann es verstehen. Diese Gefangenen machen Ihre Wissenschaft lächerlich!

Sie wissen wirklich nicht, was sie mit den Zäpfchen gemacht haben? Ei, ei, ei! Ich habe es ziemlich schnell erfahren. Natürlich haben sie es mir nicht selbst gesagt, dazu hat man aber seine Zubringer, die ihnen für kleine Geschenke Kenntnisse vermitteln, die wertvoll sind, nicht nur in unserer Lage. Kurz gesagt also: Die Zäpfchen unterliegen einer Bearbeitung. Hören Sie gut zu! Man legt eines davon in ein Penizillinfläschchen und erwärmt seinen Boden mit einem Streichholz oder mit mehreren, bis man eine Flüssigkeit erhält, von der man dann die Fettschicht mit Watte abnimmt. Das Verbleibende, die Flüssigkeit, zieht man in die Spritze und injiziert sie in die Vene. Das Opium soll, auf diese Art befreit, ganz gut wirken."

Ich glaube nicht, daß ich mit offenem Munde diese Erklärung angehört habe, ich war nur förmlich erstarrt. „Und keine Sepsis?" fragte ich ziemlich leise, wozu der Mann auflachte. „Da kennen Sie die menschliche Natur wenig, die hält manches aus, wenn der Wille zur Tat vorhanden ist!" – „Aber das ‚Pulver', das schlucken sie doch, oder?" – „Ja, eben oder. Sie werden nicht so dumm sein, sich um eine stärkere Wirkung zu bringen, wenn sie spritzen können." – „Mit Brunnenwasser?" – „Richtig, anderes hat das Lager nicht."

Nach dieser Unterredung wurde mir meine Arbeit recht unheimlich. Ich war verantwortlich für den Gesundheitszustand dieser Menschen, es gab aber für mich keine Möglichkeit, denselben zu überwachen. Die Leute hier, ich glaube sicher zu sein, kannten den verheerenden Charakter ihrer Krankheit nicht, aber in ihrem Innersten schienen sie doch seine Gefährlichkeit zu fühlen. Ich konnte vorläufig keinen anderen Grund zu ihrem Fatalismus finden. Sie waren bereit, für eine Minute einer erhöhten Empfindung, das Leben zu riskieren, aber wohl kaum deshalb, weil sie meinten, die Gefangenschaft nehme es ihnen ohnehin ab. Je länger es dauerte, desto mehr mußte ich mir eingestehen, daß ich so ziemlich hilflos war. Die langen Jahre meines Lagerlebens hatten mir anscheinend erst einen verschwindend kleinen Teil an Kenntnissen, die hier notwendig waren, eingebracht; selbst die, die sich auf den menschlichen Organismus selbst bezogen, waren demnach höchst mangelhaft, was ich aber dann, vielleicht zu meiner Beruhigung, auch allen anderen Ärzten zuschreiben konnte.

Erst allmählich übersah ich den Bestand der hiesigen Gefangenen. Um es ohne Umschweife zu sagen, waren sie fast alle, und zwar notgedrungen, Päderasten, ja, Päderasten und Narkomanen. In anderen Lagern, wo die Männer sich zwar schwer, aber doch mit weiblichen Gefangenen treffen konnten, habe ich diese Erscheinung nicht bemerkt. In jenen Lagern wurden Kinder geboren, die dann zwar als freie Menschen, aber mit einem etwas trüben Geburtsschein versehen, in das Leben hinausgingen. Narkomanen traf ich dort so wenige, daß ich mich ihrer gut erinnere. Es gab da einen Mann, der sich von Zeit zu Zeit von mir ein Codeinpulver ausbat, was er auch erhielt. Was konnte schon eines schaden, wenn der Mann hustete. Später hörte ich aber, daß er anscheinend nicht nur Geduld, sondern auch genügend Disziplin hatte, sie zu sammeln. Es dauerte gewiß eine ganze Zeit, bis er an die 20 Pülverchen zusammen hatte, um schwelgen zu können. Es kam vor, daß er dann wie ein Blinder im Lager umhertappte, was ihm aber weiter niemand übel nahm. Er war ein stiller, ein gebildeter Mann, der hier als Schreiber arbeitete, der die Flucht aus der Sphäre des Lagers eben auf seine Art betrieb.

Man hatte mir endlich ein Zimmer gegeben, mich von dem kurzen Bett befreit. Es lag ganz am Ende des Ortes, nicht weit von der Wäscherei für Soldaten und Gefangene entfernt. Es war in einem Haus, das nur zwei Räume enthielt, von denen einen Gefangene innehatten, Verbrecher mit geringer Strafzeit, die ohne Wache ihre Arbeit verrichten durften. Das Haus stand auf Sumpfland, in meinem Keller stand grünliches Wasser. Die Ratten hatten sich viele Zugänge zu meinen Zimmer geschaffen, nicht vielleicht heimlich, sondern ganz offenkundig und besuchten mich selbst am Tage. Ich kannte zwar den Zyklus ihrer Vermehrung nicht, der übrigens außerordentlich kurz sein muß, denn in wenigen Wochen hatten sie sich vervielfacht oder vielleicht auch Zuzug bekommen, da sie anscheinend von verwandter Seite in Erfahrung gebracht hatten, daß sich hier eine gefahrlose Zone für sie erschlossen hatte.

Eines Abends zählte ich 13 ausgewachsene Ratten. Obwohl mir die Zahl selbst nicht gerade mißfiel, beschloß ich doch, ihren Spaziergängen Einhalt zu gebieten. Ich begab mich zum Lagerleiter und beklagte mich. „Ratten?“ sagte er, „eine Kleinigkeit; ich schicke Ihnen noch heute einen Mann.“ In alle Löcher, und es waren viele, stieß dieser dann Hölzer hinein, als ich von der Arbeit zurückkam, konnte ich die Einsamkeit meines Raumes richtig auskosten.

Abends las ich, aber alle Literatur, die ich zu mir nahm, erschien mir recht seltsam, romantisch, unwirklich, ja sogar lügenhaft. Sie hielt keinen Vergleich mit den Dingen aus, die ich erlebt hatte und noch immer erlebte. Ich wollte dieses Gedruckte gerne als Gegengift gelten lassen, den Abgrund zu überbrücken, was mir aber nicht gelang. Endlich schlief ich ein und erwachte durch ein Scharren, das ich zuerst in seiner Ursache nicht verstand. Es war laut und kam aus allen Ecken meines Raumes. Als ich endlich begriff, stand ich auf, nahm einen Holzprügel, der neben dem Ofen lag, und begann mit aller Kraft auf jene Hölzer einzuschlagen, mit denen man die Löcher verstopft hatte. Die Ratten benagten sie nämlich. Ich wiederholte dieses Gepolter einige Male, bis ich mich entschloß, ungeachtet allen Lärms zu schlafen.

Früh am Morgen, früher als ich sonst aufstand, klopfte es vorsichtig an mein Fenster. Ich wurde schnell wach und rief dem Manne zu, den ich gut sehen konnte, mir zu sagen, was er brauche. Zu meinem Erstaunen sagte er ziemlich leise: „Doktor, Sie leben?“ Das war mehr als verwunderlich, sollte das ein Scherz sein? Bis jetzt hatte sich noch niemand einen mit mir erlaubt. Seine Erzählung ließ mir dann das Lachen, mit dem ich ihn empfangen hatte, vergehen. Er war ein Gefangener, der neben mir wohnte. Er und seine Kameraden waren in dieser Nacht durch einen Lärm aufgewacht, den sie sich zuerst nicht erklären konnten, bis einer von ihnen mit aller Gewißheit behauptete, daß er nichts anderes als Mord bedeute. Sie wagten sich nicht aus dem Hause. Mir Hilfe zu bringen fiel ihnen gar nicht ein. Auf diese Weise hatten mir meine Ratten zu erkennen gegeben, in welcher Gefahr ich mich so ganz im allgemeinen befand.

Es kam der Novemberfeiertag heran, vor dem man mich besonders gewarnt hatte. Ich konnte nicht einsehen, was die Gefangenen an diesem Tage anzufangen vermochten, sie waren keine Patrioten, obwohl sie in ihren Äußerungen große Ähnlichkeit mit ihnen hatten. Höchst selten hörte man hier eine abfällige Bemerkung, die sich auf die Regierung bezog. Sie hatten sich mit ihr arrangiert, was aber weniger gegen sie als gegen diese höchste Behörde sprach. Sie hatten andere, greifbarere Feinde, die sie mit Verachtung, Hohn, aber auch mit dem Messer bestraften. Zufällig, oder vielleicht auch nicht zufällig, gab es hier keine Ausländer, die für sie alle zu den Konterrevolutionären zählten, und es könnte möglich sein, daß sie die Gelegenheit des Festes zu einer Aktion gegen mich ausnutzten, um alle Fremden in meiner Person zu treffen.

An diesem Tage begab ich mich zuerst in das Lager der „Gesetzlichen“. Es schien wie ausgestorben, alle hatten sich in die Baracken zurückgezogen, was auf mich keinen guten Eindruck machen konnte. Ich ging in das Ambulatorium, das leer war, machte die Tür des Krankenzimmers auf und blieb regungslos stehen. Auf dem Boden hockte ein junger Mann, hielt seinen blutenden Arm über eine Schüssel, in der er sein Blut fürsorglich zu sammeln schien. Er hatte sich die Vene durchschnitten und sah dem Laufen des Blutes ruhig zu. Das erste, was ich ohne jedes Nachdenken tat, war das Abschätzen des Blutes, das bereits in der Schüssel war. Da es aber nicht das Maß überstieg, was ein Mensch, ohne großen Schaden zu erleiden, verlieren konnte, war ich beruhigt, begann nur um Hilfe zu rufen. Ich mußte annehmen, daß mir, bei meinem Versuche, ihn zu retten, Widerstand geleistet werden würde. Der Mann hatte sich nämlich von seinem Messer noch nicht getrennt, er hielt es in der rechten Hand. Mein Rufen verhallte ungehört. Da ich nicht länger warten konnte, mußte ich mich zu einem Angriff entschließen.

Ich begann auf den Mann einzureden, was aber keinerlei Wirkung hatte; er schaute gar nicht auf, beobachtete vielmehr das Tropfen des Blutes, das ihn zu faszinieren schien. Das Messer hielt er fest in der

Hand, anscheinend um noch einmal damit zu schneiden, wenn es notwendig sein sollte. Meine Überkleider fielen auf den Boden, ich stürzte mich auf den Mann, dessen hockende Stellung mir half, ihn auf den Rücken zu werfen. Zu meinem Erstaunen versuchte er gar nicht, sich wieder aufzurichten, er blieb einfach liegen. Das Messer hielt er nur mehr lose, ich konnte es ihm ohne weiteres abnehmen. Ich verband ihn dann, was er ruhig geschehen ließ, aber gegen die Spritze wehrte er sich verzweifelt. Er wehrte sich auch gegen die Zufuhr von Flüssigkeit, er wollte anscheinend keinen Ersatz für die verlorene erhalten. Er vollführte ein solches Geschrei, daß ich annehmen mußte, seine Brüder würden ihm zur Hilfe kommen, aber nichts dergleichen geschah.

Er beantwortete die Frage nach dem Grunde des Selbstmordversuches nicht, was aber nicht verwunderlich war, denn das Schweigen war sozusagen bei ihnen eine „gesetzliche Pflicht". Ob es sich um einen Geisteskranken handelte, woran ich auch denken mußte, war in diesen Verhältnissen ohne Belang. Es gab nicht wenig Irrsinnige in den Lagern, für die besondere Gesetze nicht gemacht worden waren. Ich besah mir das Messer, das seinen Namen nicht recht verdiente, es war nämlich keines, vielmehr ein Stück Radreifen, den er geschärft hatte, womit aber, ist schwer zu sagen. Wie es auch war, es mußte viele Stunden gedauert haben, es zu einem brauchbaren Instrument zu machen, was die Vorsätzlichkeit seines Vorgehens außer Zweifel zog. Da ich aber auch die anderen Gefangenen besehen mußte – vielleicht war dieser Mann nicht der einzige, der sich gerade diesen Tag zu einem Unternehmen ausgesucht hatte –, mußte ich ihn allein lassen, was natürlich gefährlich war.

Die scheinbare Leere des Lagers konnte nur auf Befehl des Atamans erfolgt sein. Wie er diese Disziplin aufrechterhielt, war mir recht unverständlich. Er war ein noch junger Mann, dessen Körperkräfte nicht wesentlich sein konnten. Die Unterordnung der Mitglieder seines Bundes ging so weit, daß dieser Lagerteil einem einheitlichen Organismus glich. Er war Herr über Leben und Tod, wurde bedient, wie es einem Herrscher zukam, man ernährte ihn aus allen Zuschüssen, welche die Gefangenen von außen her erhielten, er war gut gekleidet und brauchte nur einen Wunsch auszusprechen, um das ganze Lager in Bewegung zu versetzen. Jeder Neuangekommene stellte sich mit seiner ganzen Habe zur Verfügung, er wählte. Er war ein Narkomane wie andere auch, forderte von mir schroff, was ihm beliebte, konnte es aber ebensowenig erhalten wie die anderen, die weniger Macht hatten als er. Erst nach langer Zeit brachte ich in Erfahrung, daß die Lagerverwaltung über einen Vorrat von Opium und

Haschisch verfügte, den sie den Gefangenen für heimlich geleistete Zuträgerdienste als Lohn zusteckte, ich war sicher, daß er, der Ataman, auf Umwegen ein Nutznießer dieser Gaben war.

Ich begab mich zur größten Baracke, aus der ein schwacher Lärm zu hören war. Ich öffnete die Tür und blieb gleich an ihr stehen, denn das Schauspiel, das sich mir darbot, war recht ungewöhnlich. In der Mitte des Raumes tanzte der Ataman, den ich sonst nur im gekrümmten Zustand im Ambulatorium empfing. Er drehte sich kokett in einem Tanz, den ich als grusinische Lesginka* erkennen mußte. Er tanzte auf den Zehenspitzen wie eine Ballerina, während ein anderer Mann die Frauenrolle übernommen hatte. Alle Anwesenden klatschten im Takte dazu. Sie schauten auf mich, ohne jedoch im Tanze innezuhalten, auch der Ataman warf mir einen Blick zu, ohne sich jedoch in seinem Vergnügen stören zu lassen. Es machte ihm anscheinend gar nichts aus, daß seine Simulationen mit ihrem ewigen Gestöhne nun offenkundig geworden waren.

Ich schloß, ohne ein Wort gesagt zu haben, die Tür, hinter der es plötzlich still geworden war. Ich wollte mich nicht damit abgeben zu überlegen, was sie nach diesem Vorfall planen könnten. Kein Freier, niemand außer Bewaffneten, hatte es bis jetzt gewagt, diese Baracke zu betreten, sie hatten eine solche Überraschung gewiß nicht erwartet. Mein Selbstmörder lag schlafend da, der Sanitäter, den ich endlich gefunden hatte, schimpfte ganz fürchterlich über ihn, nicht etwa, weil er sich das Leben hatte nehmen wollen, einfach nur deshalb, weil er ihn am Feiertage hinderte, Karten zu spielen, was die große Leidenschaft dieses Menschen war. Das Kartenspiel war verboten, und das hatte seine guten Gründe, wenn auch das Verbot auf die Gefangenen keinerlei Wirkung ausübte. Es wurde verständlich, wenn man bedachte, daß die meisten Verletzungen, ja Morde, ihre Ursache im Kartenspiel fanden. Man spielte um ganz verschiedene Dinge, wobei das Geld nicht die Hauptrolle spielte. Man spielte um Kleidungsstücke, wenn nichts mehr zu verspielen war um Teile des Körpers. Ohren waren eine beliebte Waren, aber auch Finger hatten ihren Wert, man schnitt oder hackte sie einfach ab. In dem Falle aber, wenn der Verlierer sich nicht zum Zahlen bequemte, erschlug man den Mann oder hängte ihn auf, was eine bevorzugte Methode war, die dann als Selbstmord gelten konnte. Übrigens bekam in dieser Zeit ein Mörder für ein neues Vergehen, wenn er schon 25 Jahre Haft früher erhalten hatte, keine zusätzliche Strafe. Er hatte die „ganze Spule", wie man es hier nannte, und das sollte genügen. Echte Spielkarten gab es im Lager nicht. Sie wurden hier angefertigt, aber mit welchen Schwierigkeiten war das verbunden! Sie wurden aus Zeitungen geklebt, was diese hier zur Ware machte. Der Kleister war das in Wasser aufgelöste Brot, die benötigten Zeichen wurden mit einem Kliché aufgedruckt, das ich jedoch niemals zu Gesicht bekommen habe. Der König war einfach eine gezeichnete Krone, während sich die Königin mit ihren Genitalien zufrieden geben mußte. Ich kann nicht behaupten, alle Karten gesehen zu haben, aber viele von ihnen waren mir bekannt. Sie fielen eines Tages aus dem Kopfkissen eines meiner Kranken, der sich mit ihrer Fabrikation beschäftigte.

Der war übrigens ein ganz merkwürdiger alter Mann, ein Usbeke, der eigentlich keinerlei Anzeichen einer Syphilis aufwies, praktisch gesund war, es aber verstand, durch ein Papierchen seine Krankheit zu beweisen. Es war schon vor langen Jahren ausgestellt, bestätigte, daß der Mann im Soldatenalter solcherart krank gewesen war. Mit welcher Geschicklichkeit er bis jetzt dieses „Dokumentchen“ verwendet hatte, mußte man bewundern, da er dadurch der Arbeit entging. Er behauptete, krank zu sein, ich legte ihn zur Untersuchung hin, um seinen ewigen Klagen zu entgehen. Tagsüber, solange ich selbst im Lager war, lag er brav und meistens schlafend in seinem Bette, lag auf seinen Spielkarten, behütete sie auf diese Weise. Kaum aber hatte ich das Lager verlassen, als er aufstand, um mit den anderen, die ganze Nacht hindurch Karten zu spielen, aber nicht etwa im Krankenzimmer selbst, er begab sich dazu in die Baracke seiner Freunde. Natürlich habe ich das nicht gleich erfahren. Als ich es erfuhr, war es zu einem Eingreifen schon zu spät.

Eines Nachts brach in einer der Baracken ein großer Tumult aus, der sogar die Soldaten veranlaßte, in sie einzudringen, was sie gewöhnlich vermieden. Man hatte wie üblich Karten gespielt, der Usbeke hatte sich dabei, wie ich dann später erfuhr, einige Freiheiten erlaubt, eben falsch gespielt. Man beschloß, ihn zu bestrafen, gewiß auf ihre eigene Art. Einige Männer hoben den Mann in die Höhe und stießen ihn dann viele Male auf den Boden auf, ungeachtet der Lage, die seine Glieder dabei einnahmen. Die Soldaten fanden ihn blutend vor. Da sie von den Insassen der Baracke den Rat erhalten hatten, ihn so schleunigst als möglich aus ihren Augen zu schaffen, wenn sie sein Leben erhalten wollten, schleppten sie den Mann in den Karzer, was vielleicht sogar in diesem Falle das einzig Vernünftige war.

Am Morgen, nachdem man mir diesen Vorfall berichtet hatte, begab ich mich in den Karzer, um mit dem Usbeken Verhandlungen aufzunehmen, zu entscheiden, was mit ihm zu geschehen habe. Natürlich versicherte er, völlig unschuldig zu sein, über seine nächtlichen Ausflüge aber zog er es vor zu schweigen. Ich konnte mich aber damit nicht zufriedengeben, machte ihm Vorwürfe, worauf er hochmütig sagte: „Weib, die Wahrheit lebt nicht unter Ungläubigen, nur der Glaube ist der Weg zu ihr!"

Ich gehörte aber für ihn (er war nämlich Moslem), und das konnte ich gut verstehen, zu den Ungläubigen, ich würde sie deshalb auch niemals erfahren. Ich gab mich damit zufrieden und verlangte keine weitere Rechtfertigung mehr. Ich machte ihn darauf aufmerksam, daß er in sein Lager nicht zurückkehren könne und nur eine Möglichkeit habe, sich außerhalb ihres Gesetzes zu stellen: zu den „Hündischen" zu übersiedeln. Nach einem kurzen Nachdenken war er damit einverstanden, was aber noch nicht heißen konnte, daß ihn diese auch aufnehmen würden. Da sein Gesundheitszustand recht besorgniserregend war, mußte ich mich beeilen, ihn aus dem Karzer zu nehmen, konnte es aber nicht ohne Einwilligung der „Hündischen" tun. Erschwert war mein Vorhaben durch das Nichtvorhandensein einer verantwortlichen Person in jenem Lagerteil, die einen Ataman hätte ersetzen können. Hier hatte das Wort einen anderen Wert und vielleicht sogar keinen. Um mich zu vergewissern, ob ich es wagen konnte, den Usbeken in das ihm bis jetzt feindlich gesinnte Lager zu bringen, mußte ich eine förmliche Versammlung einberufen, auf der alle Für und Wider besprochen werden konnten.

Von niemandem konnte ich Hilfe erwarten, der Leiter des Lagers hielt nichts von Versprechungen, die Gefangenen gaben, er redete überhaupt nicht mit ihnen, außer mit denen, die er gekauft hatte. Um mich stand dann eine Menge nicht sehr erfreulich aussehender Männer, denen ich diesen Fall zu erklären versuchte. Obwohl sie mir scheinbar zuhörten, entschlossen sie sich keineswegs zu einer schnellen Antwort. Alle sprachen durcheinander, ich war keineswegs sicher, ob ihr Entschluß zugunsten des Usbeken ausfallen würde, als sich eine Stimme ganz in meiner Nähe vernehmen ließ. Es war ein Russe, der sprach, der den alten Mann anscheinend aus früheren Zeiten her kannte und der nun mit seiner Verachtung nicht zurückhielt. Er sei gar kein Dieb, sagte er, sondern ein Schmuggler gewesen, außerdem halte er niemals Wort. Er habe nämlich Kenntnis von einer bestimmten Bewegung, die er mache, wenn er ein Wort gegeben habe, und die dieses sofort und ohne Schaden für ihn selbst vernichte. Er sei im Bunde mit dem Teufel. „Also, ein Teufelskerl", schrie einer anerkennend auf, „den brauchen wir, von dem kann man noch etwas lernen!" Aus der Menge kam eine Frage: „Spielt er gut Karten?" Ich zögerte nur einen Augenblick, um ihnen dann mitzuteilen, daß er nicht nur spiele, sondern auch verstehe, Karten anzufertigen. Es war mir klar, daß ich mit dieser Eröffnung eine im Sinne der Lagerverwaltung strafbare Handlung vollzogen hatte, konnte aber danach sicher sein, den Usbeken, wenigstens solange er liegen mußte, vor ihnen zu schützen.

Alle brachen danach in Zurufe und Gelächter aus, seine Aufnahme war so gut wie gelungen. Man schien erfreut zu sein, einen eigenen Fabrikanten der so beliebten Karten bei sich aufzunehmen. Als man ihn dann brachte, halfen sie die Tragbahre sogar über die Stufen des Ambulatoriums zu heben. Sie warteten das Ergebnis meiner Untersuchung ab, das nicht auf eine lange Krankendauer deuten durfte, sie brauchten eben Spielkarten. Was die Beschädigung anbetraf, die er erhalten hatte, war der gebrochene Arm wohl am bedauerlichsten für sie, denn er mußte die Arbeit hindern. Über das andere, das Unsichtbare einer Krankheit, machten sie sich weiter keine Gedanken.

Unter den hiesigen Gefangenen gab es wenige Epileptiker, dafür aber solche, die mich in Atem hielten. Von ihnen war einer, ein junger äußerst schwächlicher Mann, der sich in Anfällen nicht genug tun konnte. Ich mußte neben ihm sitzen, um die Gewaltanwendungen seiner Freunde zu verhindern, die ihm bei seinen Anfällen beizustehen glaubten, wenn sie ihn niederhielten, sich sogar auf ihn setzten, wenn ihre Kraft anders nicht ausreichte, es zu tun. Ich hatte schon eine lange Zeit bei ihm ausgeharrt, während man mich umringte und diese Krankheit als rechtes Schauspiel genoß. Da es sich in diesem Falle um einen status epilepticus handelte, konnte ich nur versuchen, ihn mit einer Äthernarkose einzudämmen, hatte aber selbst keine Maske dazu. Ich kam auf den Gedanken, die Gefangenen zu veranlassen, mir Draht zu beschaffen, um eine solche, wie primitiv sie auch sein mochte, herzustellen. Im Nu war ich von ihnen befreit, sie stoben auseinander, um mir dann in der kürzesten Zeit die verschiedensten Drahtstückchen zu bringen.

Die Männer sahen mir eine Weile bei meiner Arbeit zu, hatten sogar den um sich Schlagenden vergessen, rieten und nahmen mir endlich die Arbeit aus der Hand. Mit mehr Geschicklichkeit, als ich sie selbst aufbrachte, verfertigten sie ein Gerüst, das ich dann mit einem Stückchen Wachstuch bedeckte, um zur Narkose zu schreiten. Diese wirkte schon nach kurzem, was mir zwar die Bewunderung der Gefangenen einbrachte, die aber nicht so sehr dem Heilerfolg als den Ätherdämpfen galt, die bei einer so einfachen Maske entflohen und die mit Gier eingeatmet wurden, was ich natürlich nicht verhindern konnte. Wieweit ihre Notwendigkeit ging, sich außergewöhnliche Empfindungen zu verschaffen, habe ich erst von einem Manne erfahren, der sich in Ermangelung eines Narkotikums Luft in die Vene spritzte.

Die Arbeit hier hatte mich schon lange an den feststehenden oder, vielleicht richtiger gesagt, mehr oder minder variablen Gesetzen der medizinischen Wissenschaft zweifeln lassen, aber dieser Fall war doch zu unglaublich, um ihn einfach hinzunehmen. Ich begann, den Mann zu befragen, gewiß nicht nach dem Grunde seines Tuns, den ich ja kannte, sondern allein nach den Empfindungen, die sich bei diesem Experiment eingestellt hatten. Er antwortete mir recht willig, war anscheinend sogar stolz auf die Wirkung, die sein Tun bei mir ausgelöst hatte. Vor allem gab er zu, nicht der Erfinder dieser Methode zu sein, man hatte sie ihm empfohlen. Man hatte auch nicht vergessen, ihn auf die kurze Dauer ihrer Wirkung hinzuweisen. Der geringe Aufwand aber, der dazu nötig war, fast ein Nichts, einfach Luft, machte die Mühe wert. Um die tatsächliche Wirkung befragt, war es ihm sichtlich schwer, sie genau zu beschreiben. Er sagte, sich lange besinnend: „Kaum hatte ich die Spritze niedergelegt, als es im Kopf knackte, manchmal nur einmal, aber auch ein zweites Mal habe ich es schon gefühlt. Es ist sehr angenehm, man vergißt dabei alles, aber leider nur eine sehr kurze Zeit." Mehr konnte ich darüber nicht erfahren, wenn ich auch den Mann auf die lebensbedrohende Gefahr, die damit verbunden war, aufmerksam gemacht hätte, konnte ich keineswegs sicher sein, daß er mir glaubte, da doch die Praxis meinen Worten widersprach.

Irgendeine Veränderung im Benehmen meines Kontingents mir gegenüber konnte ich nicht feststellen, sie hatten sich mit meiner Person abgefunden. Die Drohungen, die der Nichterfüllung ihrer Wünsche gewöhnlich folgten, mit denen sie nicht geizten, waren recht unbestimmter Natur. Ein Mann, der mich vergeblich von seinen Schmerzen überzeugen wollte, die ich ihm vielleicht sogar, wenn auch nicht in diesem mir vorgespielten Maße glaubte, wurde plötzlich ernst und sagte: „Ich werde Ihnen ein Kunststück zeigen, daß Sie darüber ihre Fröhlichkeit verlieren werden!" Eine Fröhlichkeit gab es tatsächlich. Sie war eigentlich nur das Gegenteil eines Ernstes, den viele Menschen wie ein Schild vor sich hertragen, den ich nicht notwendig hatte, um mich zu behaupten.

Was es aber mit der Drohung des Mannes auf sich haben konnte, versuchte ich gar nicht zu erraten, die Wege der Logik der Gefangenen waren recht seltsam und für mich nicht immer gangbar. Ich empfing daraufhin andere Kranke, die ebenfalls Schmerzen haben wollten, als ein keuchender Junge mir mitteilte, daß in seiner Baracke ein Mann sterbe. Ich ließ alles liegen und stehen und lief mit ihm. Ich fand den mir „Drohenden" in einem überaus schlechtem Zustand vor. Seine Temperatur mußte sehr hoch sein, er war ohne Besinnung, sein Puls ging so schnell, daß er nur noch einem Zittern glich. Ich war nun wirklich über diese Erscheinung nicht froh, konnte es auch nicht verstehen, wie er es zustande gebracht hatte, sich in diesen Zustand zu versetzen. Der Junge, der mich geholt hatte, sah jetzt für sich eine Möglichkeit, mir zu dienen, vielmehr etwas von mir dafür zu erhalten, und antwortete auf meine Frage sofort. Der Mann hatte Tabak gekocht und sich eine Spritze voll dieses Absudes in die Vene injiziert. Das war alles.

Ich konnte ihn nur mit großer Mühe retten. In diesen Verhältnissen wäre es natürlich gewesen, ihn daraufhin in den Karzer zu setzen, was ich aber nicht tat, weil ich vor allem an die Wirkung dieser Institution wenig glaubte, seine verheerenden Folgen auf den Gesundheitszustand der Gefangenen kannte. War es Dankbarkeit oder sonst ein Gefühl, das ich nicht verstehen konnte, welches den von mir Geretteten veranlaßte, mir mitzuteilen: „Ich habe Ihnen nicht geglaubt, daß Sie kein Pulver hatten, und wollte mich an Ihnen rächen. Jetzt aber glaube ich, daß Sie wirklich keines gehabt haben." Was sollte und was konnte aber dieses heißen? Er wollte sich an mir rächen, indem er sich selbst vernichtete? Ich denke, daß nur ihr Infantilismus sie dazu veranlassen konnte, sich derart zu benehmen, dem auch die Gier nach Lustgewinn eigen ist. Hier waren arme und zugleich schreckliche Menschen, die niemals reiften, die es zu einem Erwachsensein nicht brachten.

Meine Arbeit war schwer und – ich mußte es mir eingestehen – ziemlich unfruchtbar. Nach Monaten erst übersah ich ihre für mich unüberwindlichen Schwierigkeiten und machte mich deshalb zur Verwaltung auf, um gegen die Einrichtung dieser Lager zu protestieren. Ich zeigte meinem Vorgesetzten das wirkliche Leben in diesen Lagern auf und verschwieg nichts. Ich sprach von ihrer Narkomanie, sah aber danach nur ein gelangweiltes Gesicht. Ich begann von ihren sexuellen Exzessen zu berichten, von der Unmöglichkeit, selbst am hellen Tage in eine Baracke zu gehen, ohne auf Szenen zu stoßen, die im allgemeinen das Licht scheuen. Sie bevorzugten den Mund als Ort ihrer Beziehungen, was aber nicht heißen soll, daß sie andere Möglichkeiten außer Acht ließen. Ich sprach von meiner geringen Hoffnung, einen Heilerfolg erzielen zu können, solange Syphilitiker jeden Stadiums zusammen wohnten und gemeinsam aßen. Auf alle meine Klagen hörte ich nur eines, und das nicht sehr freundlich, daß ich zu heilen habe, alles andere aber nicht meine Sache sei, die Verantwortung liege nicht bei mir.

Ich kam zu meiner Arbeit zurück und beschloß, den Versuch zu machen, sie mir zu erleichtern, denn ich war fast am Ende meiner Kraft. Ich konnte ihre ewigen Forderungen nach narkotischen Mitteln, ihr hysterisches Geschrei nicht mehr ertragen. Ich wollte mir einen Gehilfen nehmen, der sie in Zaum zu halten wußte. Wer konnte mir aber dabei helfen? Gewiß nur einer, der Autorität besaß. Bei den gesetzlichen Dieben gab es dafür den Ataman, der aber selbst zu den Fordernden gehörte, obwohl seine Untergebenen leichter zu behandeln waren als die in der anderen Lagerhälfte.

Viele Tage prüfte ich meine Patienten auf diese Möglichkeit hin, bis ich mich endlich für einen Mann entschloß, von dem ich wußte, daß er ein Mörder war. Schlimm war, daß ich ihm nichts für seine Dienste anbieten konnte, vielleicht nur ein Säckchen Tee, das war das einzige, was mir zugänglich war, mußte aber damit rechnen, daß er es sich ohne Zögern in einer einzigen Tasse einverleibte, was die Gefangenen hier ganz üblich taten, sie waren eben auch „Teeisten". Ich ließ den Mann kommen und fragte ihn ganz ohne Vorbehalt, ob er mir bei meiner Arbeit helfen wolle, die Gefangenen soweit zu beeinflussen, daß sie mir nicht mehr mit ihren ewigen Forderungen die Zeit stehlen. Er versprach es.

Erst danach fragte ich, ob er eine lange Strafzeit vor sich habe, worauf er lachend antwortete, daß es nur 25 Jahre seien, die man ihm zugemessen hatte. Weiterhin teilte er mir ganz ruhig mit, daß er gemordet habe. Das erschien mir aber in einem gewissen Sinne zu allgemein, so daß ich, ohne recht zu wollen, die neugierige Frage an ihn stellte: „Hoffentlich nur einmal?" – „Wo denken Sie hin, Doktor, einmal, das wäre doch nicht der Rede wert. Ich habe sechs Morde auf dem Formular!"

Wie merkwürdig, er sagte nicht „auf dem Gewissen", er sagte „auf dem Formular", was anscheinend heißen sollte, daß es sechs Morde waren, von denen man wußte, die anderen dagegen warteten sozusagen noch auf eine gesetzliche Fixierung.

Der Mann war an die 40 Jahre alt, nicht sehr kräftig, hatte durchaus nicht das Aussehen, das er nach seinem „Formular" hätte haben müssen, nämlich das eines typischen Mörders. Er hatte ein vielleicht sogar kluges Gesicht mit offenem Blick, nur daß seine schmalen Lippen ein unaufhörliches Spiel trieben, sich kräuselten und nach links etwas abhingen. Es war mir schwer, mich zu entscheiden, die Frage an ihn zu stellen, um zu erfahren, wie er diese Morde ausgeführt hatte, die nicht recht zu seinem Äußeren passen wollten. Ich habe mich dabei aber ganz unnötig mit dem Nachdenken gequält, er antwortete sofort und ohne Bedenken.

„Doktor, Sie meinen, daß dazu eine besondere Kraft notwendig sei? Durchaus nicht. Das geschieht alles mit einer solchen Schnelligkeit, daß sich der Betroffene nicht wehren kann." – „Sie wollen doch nicht sagen, daß Sie alle sechs auf einmal getötet haben?" – „Da ist doch weiter nichts dabei. Ein kleiner Schnitt am Hals, und die Sache ist erledigt."

Während dieser Erklärung machte er eine recht hastige Bewegung nach seinem Halse hin, welche die Art des Tötens durchaus wahrscheinlich machte. Auf seinem Gesicht lag ein fast triumphierendes Lächeln, er war sicher, das Experiment jederzeit wiederholen zu können. Danach wagte ich keine Frage mehr, obwohl ich gerne gewußt hätte, ob er einfach ein Räuber oder ob andere Gründe zu seinem Tun vorhanden gewesen wären. Gehörte er zu einem der südlichen Völker, wäre er vielleicht ein Kaukasier, hätte ich die Tat als „Blutrache" ansehen können, aber so wie es war, hatte er mit diesen Völkern nichts gemein, er, einer der Russen, und ihre Gründe waren nicht die seinen. Dies war also mein Gehilfe, mit dem ich die Gefangenen zu zähmen versuchte, und es ist unmöglich, bei diesem Versuch nicht an Beelzebub zu denken, mit dessen Hilfe man die Teufel auszutreiben vermag.

Am nächsten Tag hörte ich, daß man im Lager der „Gesetzlichen" einige Gefangene in das Gefängnis, das sich im Hauptlager befand, schicken wollte. Es war dies die strengste Maßnahme, die man ergriff, wenn alles andere ohne Wirkung geblieben war. Der Grund dazu war eigentlich recht läppisch. Die Soldaten hatten nachts die Gefangenen beim Kartenspielen ertappt, diese sollen dann ihre so geliebten Karten nicht ganz freiwillig hergegeben haben. Nicht etwa, daß sie tätlich geworden wären, sie hatten die Soldaten nur mit solchen Namen belegt, die weniger individuell ausgefallen waren als zulässig, sie umfaßten nämlich auch die ganze Institution, zu der sie gehörten, der sie dienten, sie trafen sozusagen den Staat. Der Ataman hatte den Befehl gegeben, die Gefangenen nicht herauszugeben und ließ dies die Wache auch wissen. Im Lager war ein geschäftiges Treiben, man rannte hin und her, nicht ein einziger Patient hatte sich im Ambulatorium eingefunden.

Ich schaute aus meinem Fenster auf dieses Treiben, als die Tür aufgerissen wurde und ein Mann mir mitteilte, daß einer der zur Abfahrt Bestimmten Glas geschluckt habe. Erstaunt fragte ich: „Wieso Glas, was für ein Glas?" „Von der Lampe", schrie er und verschwand. Noch niemals hatte ich einen solchen Fall zu behandeln gehabt, ich glaube, daß man in den Lehrbüchern darüber nichts lesen konnte. Weiches Brot, fiel mir ein, weiches Brot in großen Mengen, nur daß es hier um diese Zeit nicht mehr zu erhalten war, sie hatten es schon lange aufgegessen. Und ein Brei? Kaum war er mir in den Sinn gekommen, als ich auch schon zu laufen begann.

Die Küche lag am anderen Ende des Lagers, ich rannte über den weiten Platz, der mich von ihr trennte. Vorräte waren dort überhaupt nicht zu finden, sie zu halten war strafbar; von dem, was ausgegeben wurde, durfte nichts übrigbleiben. Ich hatte einfach Glück, ein Brei war zum Mittagessen bestimmt, war aber noch nicht gar. Ungeachtet dessen, entriß ich dem Koch eine Schüssel voll davon. Die Einwendungen, die er machen konnte und die er dann auch machte, waren mir durchaus verständlich. Ich wiederholte auf alles Gesagte nur immer: „Ich verantworte, ich verantworte!" Den Glasschlucker fand ich auf seiner Pritsche liegend vor, von Freunden umgeben, unter denen sich auch der Ataman befand. Der Selbstmörder war durchaus nicht jung, trug ein Bärtchen um das Kinn, das durch Blut etwas verklebt war.

Schon aus der Küche laufend, hatte ich versucht, den Brei abzukühlen, in Ermangelung eines Löffels mit dem Finger darin gerührt, was recht unangenehm war, der Brei hielt seiner Natur nach die Hitze in geiziger Art. Jetzt, vor dem Manne stehend, verlangte ich vor allem einen Löffel, den man mir auch gab, was mir aber auch nicht half, da der Mann den Mund nicht öffnen wollte. Da alles Zureden nichts ausrichtete, stellte ich schnell die Schüssel ab, faßte seine Nase und drückte sie mit aller Kraft zusammen. Dieser Gewaltsakt konnte mir aber nicht helfen, da der Mann sich in seiner Atemnot aufbäumte und mich dabei von sich stieß. Es blieb mir nichts anderes übrig, als mit dem Ataman zu verhandeln. Ich glaubte zwar nicht, daß er mich besonders liebte, aber meine Furchtlosigkeit schien immerhin einen gewissen Eindruck auf ihn zu machen.

„Wollen Sie ihre Leute den Soldaten opfern? Kann das ein Sieg sein?" Ich sprach dies nicht etwa mit meiner Stimme, ich schrie es heraus, so daß es alle hören konnten, die anscheinend schneller begriffen als ihr Führer, der recht stur auf mich hinsah. In dem Raum war eine Unruhe, sie lebte sich nur in Bewegungen aus. Worte waren nicht zu hören, man wartete auf eine Antwort, die der Ataman jedoch nicht gab, es dürfte dies wohl unter seiner Würde liegen. Er wandte sich vielmehr zu dem Liegenden hin und sagte ziemlich leise: „Öffne den Mund!" Ich habe dem Mann dann den ganzen Brei eingelöffelt, was ihm sichtlich große Schmerzen verursachte, die er aber stumm ertrug. Ich war nicht sicher, daß mein Versuch, ihn zu retten, auch nur den geringsten Erfolg haben würde, aber eine andere Möglichkeit, ihm zu helfen, war nicht vorhanden.

Was konnte hier die Chirurgie ausrichten? Wenn er einen harten Gegenstand geschluckt hätte, das kam vor, sie bevorzugten Nägel, wäre der Fall einfach gewesen, aber hier konnten Glassplitter in den

Wänden der Speiseröhre und des Magens steckengeblieben sein, die man schwerlich entfernen konnte, ohne den Mann zu zerstückeln. Es blieb nur das Krankenhaus im Hauptlager übrig, in das ich ihn überweisen konnte, obwohl ich mir auch nicht vorstellen konnte, wie die Hilfe dort auszusehen hatte. Ich ging aber dessen ungeachtet zum Leiter des Lagers, um ihn dazu zu veranlassen. Ich hatte mir niemals eine falsche Vorstellung über diesen Mann gemacht, jetzt aber, vor dem Abtransport der Gefangenen, schien er überhaupt nicht in der Lage zu sein, mich zu verstehen. Er wiederholte nur ein um das andere Mal, daß er für mich keine Zeit habe, und entlief mir, nicht nur im bildlichen Sinne, sondern tatsächlich, ich sah seinen breiten Rükken im Wachtzimmer verschwinden.

Als ich danach den Kranken abermals aufsuchte, fand ich ihn in einem recht schlechten Zustand vor. Er lag mit geschlossenen Augen und erschreckend bleich da, er schien sich noch nicht entschieden zu haben, was vorzuziehen sei: Leben oder Tod. Das Aussehen des Lagers hatte sich verändert, es standen bereits eine Menge Soldaten am inneren Tor, allerdings noch untätig, aber immerhin recht drohend.

Ich erfuhr, daß man den Glasschlucker aus dem Lager entfernt hatte, ihn in den Karzer gelegt hatte. Sollte sich der Leiter dazu entschlossen haben, um einer Verantwortung zu entgehen? Diese bezog sich hier doch ganz im allgemeinen nur auf materielle Güter, Menschen zählten dazu nur in den seltensten Fällen. Ich glaubte nicht, daß er etwas zu fürchten hatte, wenn dieser Gefangene starb. Die Soldaten, die bis jetzt, ich möchte sagen, nur eine vorläufige Haltung eingenommen hatten, sie standen nicht in Reih und Glied, formierten sich und marschierten auf die Baracken zu. Ihre Aufgabe war es, die zu Gefängnis Verurteilten aus ihnen herauszuholen. Sie überschritten diese weit an Zahl, hatten Gewehre, die hier auch ihren Wert hatten, denn von einer Bewaffnung der Gefangenen konnte fast keine Rede sein. Ihre Messer waren nur im Nahkampf brauchbar.

Noch bevor die Soldaten die Baracken erreicht hatten, traten – gewiß auf Befehl des Atamans – alle Gefangenen schweigend mit Koffern und Bündeln auf den Schultern aus diesen, was einen seltsamen Anblick darbot. So sah anscheinend Solidarität aus! Die Soldaten hielten in ihren Schritten inne, standen nun einfach vor der Menge, die bereit war, so schien es wenigstens, mit ihren Freunden das Gefängnis zu teilen. Einen solchen Akt der Kameradschaft hatte die Lagerverwaltung sicher nicht erwartet. Die Spannung war groß und wurde noch durch die Stille erhöht, die ganz plötzlich eingetreten war. Die Soldaten hielten die „Gesetzlichen“ im Auge, während diese, wie es schien, sogar etwas gelangweilt auf sie sahen.

Plötzlich raffte sich der Sergeant zu einem Befehl auf. Er hatte dazu nur ein Wort, er schrie: „Zurück!“ Die Gefangenen rührten sich nicht von ihrem Ort, sie standen. Noch nie war mir das Bild der Taubheit so sichtbar geworden wie hier. Es hatte den Anschein, als ob sie gar nicht gehört hätten, ihre gleichgültige Miene blieb unverändert, die Wirkung der Stimme blieb aus. Der Befehl wurde nicht wiederholt, was man hier einer nicht alltäglichen Einsicht zuschreiben mußte. Der Sergeant verließ seine Soldaten, um sich anscheinend mit seinem Vorgesetzten zu besprechen.

Ich begab mich in das Ambulatorium, durch dessen Fenster ich das Kommende beobachten wollte. Es konnte vieles geschehen, Verwundete und vielleicht auch Tote waren zu erwarten. Ich stand regungslos hinter dem Fenster, die Gefangenen und Soldaten vor den Baracken, wir standen lange. Die Unterredung muß wohl ihre Grenzen über die des Lagers hinaus erweitert haben, denn erst nach geraumer Zeit hörte man das Geräusch von Lastautos, die an dem Orte selbst nicht vorhanden waren und nur vom zentralen Lager geschickt sein konnten. Die Gefangenen hatten sich inzwischen auf ihre Koffer und Bündel gesetzt, es war verwunderlich, daß nicht einmal die Mittagszeit, sie mußten doch hungrig sein, sie in Bewegung bringen konnte.

Endlich kam der Sergeant zurück und gab den Soldaten den Befehl zurückzutreten, sie gaben den Gefangenen den Weg frei. Gleich einer Trauerprozession setzten sich diese in Gang dem Tore zu. Ihre Sachen hielten sie nun auf den Schultern und, die Köpfe gesenkt, setzten sie einen Fuß vor den anderen. Der Zug bewegte sich langsam, es war ein gewisses Pathos in ihrem schweigsamen Gehen. Dies alles sah nach einem Sieg der Gefangenen aus, wenn auch nur für kürzeste Zeit. Kaum hatte der letzte von ihnen das Lager verlassen, als auch ich mich auf den Weg machte, meine Arbeit war allem Anschein nach hier zu Ende.

War das schweigsame Verhalten der Gefangenen bisher unheimlich gewesen, schien das Aufschreien, Schimpfen und die dumpfen Schläge, die nun zu hören waren, recht unverständlich. Sie hatten sich doch selbst entschlossen zu fahren, es gab keine Notwendigkeit, sie mit Stößen und Schlägen anzutreiben. Sie setzten sich wohl zur Wehr, aber weniger gegen die Abfahrt als gegen das Verhalten der Soldaten. Als ich aus dem Lagertor trat, sah ich bereits einige Gefangene auf dem Boden liegen, andere schlugen wild um sich, wozu sie ihre Koffer verwendeten, von denen sich manche geöffnet hatten, sodaß die verschiedensten Gegenstände in der Luft schwirrten. Die Soldaten schlugen auf Liegende und Stehende mit Gewehrkolben ein, es war unverständlich, was sie von ihnen verlangten. Am wahrscheinlichsten war noch, daß sie mit ihrem Tun, die für sie „Überflüssigen", die nicht zum Gefängnis Verurteilten, in das Lager zurücktreiben wollten, was aber nicht gelang.

Ich hatte nur eine kleine Weile diesem Tumult zugesehen, als ich auch schon auf den Leiter des Lagers zuging, der ganz ruhig diesen Szenen zuschaute. Meinen Protest konnte ich gar nicht anbringen, denn kaum hatte er mich gesehen, als er auch schon zu rufen begann: „Doktor, das ist nicht Ihre Sache! Gehen Sie nach Hause!" Natürlich hatte er nicht mit mir gerechnet; ich blieb, und konnte ich auch an diesen Vorgängen nichts ändern, war ich doch das „Gedächtnis für alle Zeit", das auch seinen Wert haben mußte, es war ein Wissen um die Methoden eines Staates, der die Humanität auf seine Fahne geschrieben hatte. Als fast alle Gefangenen auf den Autos standen, wurden die auf dem Boden liegenden einfach zu ihnen hinaufgeworfen. Aus dem Karzer brachte man den Kranken, der das Glas geschluckt hatte. Zu einem Erstaunen meinerseits gab es keine Zeit, ich eilte auf die Tragbahre zu, der Arm des Mannes hing schlaff herab und schleifte auf dem Boden. Kaum hatte ich ihn gefaßt, als mich auch schon Soldaten umringten und abdrängten.

Gleichzeitig mit mir hatten aber auch die Gefangenen ihren Kameraden erblickt und stimmten ein solches Gebrüll an, daß der Befehl zur Abfahrt unmittelbar darauf gegeben wurde. Die Lastautos ratterten mit den Schreienden in die Taiga hinein und verschwanden. Meine Überlegung, was zu tun sei, dauerte nicht lange, obwohl ich wußte, daß ich diesen Dingen vollkommen hilflos gegenüberstand, ging ich doch auf den Leiter zu, um zu erfahren, warum er den Kranken in den Karzer gesetzt hatte. Jener sah mich recht vorwurfsvoll an und sagte nur: „Sollten Sie unsere Gesetze wirklich nicht kennen?" Ich drehte mich schweigend um und ging zur anderen Hälfte des Lagers, ging zu den „Hündischen".

Als ich auf seine Baracken hinsah, war ihr Aussehen recht ungewöhnlich. Die Gefangenen standen auf den Dächern, sie standen in ihrer ganzen Größe ohne jede Furcht vor einem Absturz da. Sie waren Zuschauer dieser Abfahrt gewesen, wie lange sie schon dort ihre Stellungen innehatten, konnte ich nicht wissen. Die Soldaten hier hatten nicht gewagt, sie zur Ordnung zu rufen, denn wie feindlich auch die beiden Lager zueinander standen, gab es doch die Möglichkeit, daß sie sich unter diesem Einfluß ebenfalls zu einer Revolte entschließen konnten. Als man mich kommen sah, krochen sie allmählich von den Dächern herab. Es trieb sie die Neugierde dazu an, denn sie hofften von mir Näheres zu erfahren.

Meine Lage war recht unangenehm, wenn ich ihnen die Wahrheit sagte, konnte man mich zur Verantwortung ziehen, es gab nicht wenig Angeber unter ihnen. Sie nicht zu sagen, ging auch nicht an, sie hatten selbst schon zu viel gesehen, um sich von mir täuschen zu lassen. Im großen und ganzen hatten sie selbst erraten, was dort vorgegangen war, sie halfen mir mit ihren Erklärungen, die ich manchesmal nur mit einem Kopfnicken bestätigte. Merkwürdigerweise habe ich kein Wort zuungunsten der Revolutionierenden gehört. Das Ambulatorium war fast leer, die Aufregung hatte es vermocht, die Schmerzen zu tilgen oder ihnen vielleicht auch nur die Zeit dazu abgenommen.

Das mir nun verbliebene Lager war in einem recht erschütterten Zustand. Mein „mörderischer Gehilfe" war zwar zur Stelle, brauchte sich aber weiter nicht zu bemühen, man belästigte mich nicht. Alle waren hier mit Dingen beschäftigt, die wenig mit mir zu tun hatten, sie waren mit ihren Gedanken abwesend, ich nahm an, daß sie warteten. Das Lager nebenan konnte, ihren Erfahrungen nach, nicht immer leer bleiben. Noch niemals hatten sie wohl die enge Bindung, die sie in Wirklichkeit mit den „Gesetzlichen" hatten, in einer solchen Stärke empfunden wie eben jetzt. Sie versuchten sicherlich ihr Schicksal aus den der anderen zu erraten, sie horchten hin. Nach Stunden hörte man anfahrende Lastautos. Im Nu war ich allein, der letzte, der mich verließ, war sogar gestolpert und hingefallen. Ihre Hast war groß.

Auch ich begab mich auf den Hof, sah wie die Gefangenen auf die Dächer kletterten, fast gleichzeitig zu schreien begannen. Ich konnte nichts anderes tun, als das Lager verlassen, hatte aber nicht mit der Neugierde des Wachsoldaten gerechnet, welcher die Riegel des Tores geschlossen und sich entfernt hatte. Der mir unsichtbare Tumult vergrößerte sich, aber auch hier in diesem Lagerteil war nicht wenig Lärm, wenn es sich auch vorläufig nur um Zurufe handelte, wortloses Schreien kam selten vor. Das, was zu hören war, gehörte einem besonderen Wortschatz an, einem höchst differenzierten Gebilde aus Hohn, Spott und Verachtung, das in den Köpfen jener Leute vorrätig und wohlgeordnet lag, dessen sie sich jetzt bedienten.

Es hatte mit einzelnen verächtlichen Zurufen begonnen, welche die Zurückkehrenden der Feigheit ziehen. Danach war es ein Chor von Stimmen, der sich auf sie stürzte, von denen jede die andere übertrumpfen wollte, sowohl an Stärke des Lautes als auch an Bildhaftigkeit des Ausdrucks. Der Ort der Schande, das Lager selbst, war bald und ohne Übergang vergessen, der Ort war nun der Mensch allein. Man griff mit recht unzweideutigen Worten das Geschlechtsleben der „Gesetzlichen" an, man versuchte, sie in ihrer Männlichkeit zu treffen. Bei alledem war ich nun selbst Gefangene geworden, mein Klopfen und Rufen hatten keinen Erfolg, ich mußte sogar befürchten, daß die Gefangenen meinen Versuch, aus dem Lager zu gehen, als Flucht ansehen konnten, als Angst, was meine Möglichkeit, hier zu arbeiten, verringern mußte.

Als ich dann nach langem aus meiner Lage befreit worden war, waren die Lastautos bereits abgefahren, der Platz vor den Lagern war leer. Ich war so müde geworden, daß ich mir selbst Befehle geben mußte, um das Notwendige zu tun. Ich ahnte, daß mich Unangenehmes erwartet, hatte aber das Wenigste vorausgesehen. Die zurückgekehrten Gefangenen hatten sich nicht in das Ambulatorium begeben, waren in die Baracken verschwunden, ich wußte nicht, wie ich es halten sollte. Sie aufzusuchen hieß gewiß für die Verwaltung nichts anderes, als daß ich mich mit ihnen verbrüdere, obwohl eine solche Absicht meinerseits schwerlich bestehen konnte. Ich entschloß mich deshalb zu warten, brauchte es auch nicht lange zu tun. Man kam, um mich in eine Baracke zu holen, in der ein Mann lag, der Blut spuckte.

Ich konnte nicht erfahren, was die Soldaten mit ihm gemacht hatten, eigentlich war es für mich auch nicht weiter notwendig. Er hatte Blutergüsse an Brustkorb und Rücken, es war ersichtlich, daß man ihn geschlagen hatte, nur konnte ich den Gegenstand, der ein so trauriges Ergebnis zur Folge hatte, nicht feststellen. Ich tastete seine Rippen ab, an denen ich nichts Besonderes finden konnte, was aber natürlich noch nichts heißen wollte. Er fieberte, ich beschloß, ihn in das Krankenzimmer zu legen, was er aber erst nach langem Zögern erlaubte. Ich sah mich in der Baracke um, forderte die Männer auf, mir zu erzählen, was mit ihnen geschehen sei, warum man sie zurückgebracht hatte. Es war wenig Hoffnung vorhanden, etwas zu erfahren, das Schweigen, das nach meiner Frage eintrat, verwunderte mich nicht, sie verhielten sich immer in derselben Weise. Plötzlich richtete sich aber einer stöhnend auf, sah mich recht finster an und begann zu reden: „Warum sollen wir Ihnen eigentlich nicht mitteilen, was sie mit uns gemacht haben? Welche Gründe können wir jetzt noch haben zu schweigen? Haben Sie sich erkundigt, wieviele von uns zurückgekommen sind? Daran haben Sie sicher nicht gedacht, das ist gerade das Wichtigste. Zählen Sie uns ab und Sie werden vieles verstehen!"

Das hatte ich wirklich vergessen, der Mann hatte recht, und gut war es, daß er mit seiner Rede fortfuhr und eine Antwort von mir nicht verlangte.

„Man brachte uns zur Zentrale und lud uns ab. Wir wehrten uns nicht, wir wollten doch selbst zu ihr hin. Man begann uns nach dem Formular aufzurufen und sonderte uns von einem großen Teil unserer Kameraden ab. Jetzt wurde es klar, daß sie den größten Teil von uns in das Gefängnis setzen wollten. Hätten wir vielleicht ruhig zusehen sollen, wie man unsere Gefährten abführt? Wir stürzten uns auf die Soldaten, die uns dann nicht schonten. So, jetzt wissen Sie es." Ich nahm seine Rede zur Kenntnis, verstand sogar ihr Verhalten, fragte mich aber selbst, ob ich es gutheißen konnte. Es war natürlich unsinnig, gegen Gewehre mit Fäusten vorzugehen, wenn es auch der Natur, dem Instinkt entsprach, sich zur Wehr zu setzen.

Was war aber mit dem Manne geschehen, der Glas geschluckt hatte? Er war, so wie man mir sagte, ihnen aus dem Auge gekommen, sie hatten in dem Tumult nicht mehr an ihn denken können. Auf dem Lastauto fahrend, hatten sie ihn auf ihren Knien gehalten und behaupteten, daß er noch lebte, als sie ankamen. Ich mußte annehmen, daß fast jeder von ihnen eine Beschädigung davongetragen hatte, was ich aber nicht überprüfen konnte, und zwar aus einem ganz einfachen Grunde, sie erlaubten es mir nicht. So unglaublich es auch scheinen mag, sie schämten sich ihrer Wunden, die für sie anscheinend Zeichen ihrer Niederlage darstellten und die ich dann erst ganz allmählich, im Laufe der täglichen Untersuchungen zu sehen bekam.

Aus allem war ersichtlich, daß man auf Rache sann und es nicht nur eine Hälfte des Lagers tat, auch die andere hatte ihr Benehmen fast völlig geändert. Zerfiel ihre Menge früher in einzelne, die sich zwar ähnlich verhielten, aber doch recht gut unterscheidbar waren, war jetzt eine Gruppierung ganz deutlich. Es bereitete sich etwas vor, das ich zwar nicht wissen, und noch weniger erfahren konnte, das ich aber mit aller Sicherheit kommen sah.

Es war das Jahr 1957. Sechzehn Jahre nach meiner Verhaftung wurde ich rehabilitiert. Man las mir das Protokoll des Kriegstribunals, das mich verurteilt hatte, vor. Das Material, das dabei Verwendung gefunden hatte, war nur in einem geringen Maße aufgezählt. Es war kein Wort über die Beschuldigung als Spion gesagt, auf die ich monatelang, zur nächtlichen Zeit, hatte antworten müssen. Ich hörte eigentlich nur von „falschen Beschuldigungen" gegen mich, die man hier mit wenigen Worten sozusagen als von allem Anfang an meiner unwürdig abtat. Bei diesem Akte eben, meiner Rehabilitierung, war als Verteidiger meiner Person ein hoher Militär mit Namen genannt, der es zustande gebracht hatte, und ich glaube ohne große Schwierigkeiten, mich als rein und schuldlos aus dieser Affaire hervorgehen zu lassen.

Es war nur zum Teil diese Rehabilitation, die mich veranlaßte, die Lagerarbeit aufzugeben. Meine Gesundheit verdiente nicht mehr ihren Namen. Ich kehrte zu meiner Schule zurück. Wie recht ich daran tat, erfuhr ich kurz nach meiner Abfahrt. Die Verwaltung hatte damals beschlossen, die zwei feindlichen Lager zu vereinigen, den Zaun zwischen ihnen niederzureißen, den Unterschied zwischen „Gesetzlichen“ und „Hündischen“ aufzuheben, obwohl sie es wissen mußte, daß kein Befehl den Haß zwischen ihnen zügeln konnte. Man ließ es auf Mord und Totschlag ankommen, vielleicht aus mangelnder Einsicht, vielleicht aber auch aus anderen mir unbekannten Gründen. Es ist schwer denkbar, daß sich die Gefangenen zu einem Protest zusammengeschlossen hatten. Es ist bis jetzt nicht geklärt, in welchem Lagerteil es zuerst zu brennen begann. Es muß ein ungewöhnliches Schauspiel gewesen sein, als das Feuer das Lager erfaßte, ein großer leuchtender Scheiterhaufen zwischen uralten, mächtigen Bäumen, sie hatten nämlich zu seiner Vernichtung die Nacht gewählt. Die Baracken waren angezündet worden, sicherlich in der Hoffnung, daß nicht nur sie, sondern auch der hohe Zaun, der sie umgab, verbrannte, ihnen den Weg in die Taiga freigab. Etwas weniger kann ich an einen gemeinsamen Selbstmord glauben, obwohl auch dieser im Bereiche ihrer Möglichkeiten lag. Es soll in dieser Nacht auch geschossen worden sein, recht ziellos übrigens, wie man sich vorstellen kann, die Verwirrung war groß. Daß zum Löschen des Feuers das Wasser nicht hinreichte, habe ich dann ganz zufällig erfahren.

Glossar

Aloe: Aloen sind Liliengewächse, mit deren Saft man schon im Mittelalter Wunden behandelte. Ihr Saft diente als Abführmittel. Für sonstige medizinische Zwecke ist diese Pflanze nicht einsetzbar. Möglicherweise liegt eine Verwechslung mit einer anderen Pflanze vor.

Ataman: Ebenso wie Hetman, bezeichnet das Oberhaupt der Kosaken, in diesem Falle das anerkannte Oberhaupt einer Gefangenengruppe.

Bakteriophag: Bakterienfresser.

Balaschow: Kreisstadt im Gouvernement Saratow, am Flusse Khoper gelegen, um 1960 etwa 67 000 Einwohner.

Barnaul: Ort in Westsibirien im Gouvernement Tomsk, am linken Ufer des Ob, um 1960 etwa 338 000 Einwohner.

Blok, Aleksandr Aleksandrowitsch: (* 28. November 1880 Petersburg, † 7. August 1921 Petersburg), bedeutender Vertreter des russischen Symbolismus, er verherrlichte sowohl das religiöse als auch das revolutionäre Rußland.

Bolus flava: Neulateinischer Ausdruck für Tonerden, bolus flava liefert gebrannt Englischrot, auch zum Polieren dienlich, wurde früher innerlich und äußerlich als Arzneimittel verwendet.

Butyrki Gefängnis: Ein Gefängnis im Norden Moskaus gelegen, das aus der Zeit Peters des Großen stammt. Hier wurden die Strelitzen inhaftiert. Um 1900 konnte es etwa 2 500 Gefangene beherbergen. Auch Majakowski und zahlreiche prominente Bolschewiki waren hier gefangen. In der Stalinära wurden in die für 25 Personen vorgesehenen Zellen bis zu 170 Menschen hineingepfercht. Am Höhepunkt des Stalinschen Terrors sollen bis zu 20 000 Menschen in diesem Gefängnis gewesen sein.

Charbin: Ein größerer Ort dieses Namens konnte nicht gefunden werden. Möglicherweise ist Charino im Gebiet von Omsk gemeint, das heute Beregovoj heißt.

Chevelure: franz.: langer Haarwuchs.

Cloche: franz.: Glockenröckchen.

Coxa vara: Verkrümmtes Hüftgelenk.

Cul de Paris: franz.: wörtlich Arsch aus Paris. Im übertragenen Sinne Damenmode der 2. Hälfte des 19. Jahrhunderts, die darin bestand, die untere Rückenpartie durch einen Polster besonders zu betonen.

Domarus: Möglicherweise handelt es sich um das Fachbuch von Alexander von Domarus, Einführung in die Hämatologie, Leipzig 1929. Der gleiche Autor verfaßte auch ein Handbuch mit dem Titel, Grundriß der inneren Medizin, Leipzig 1923, in mehrfacher Auflage erschienen.

Dystrophiker: Ein Mensch, der an Dystrophie leidet, d.h. an Ernährungsstörungen, in erster Linie Unterernährung.

Dzian, Buch: Näheres hiezu konnte nicht festgestellt werden.

Etappe, Etappenweg: 1. Verlegung von Gefangenen unter Bewachung. 2. Gesamtgruppe der so verlegten Gefangenen.

exsudativ: nässend, fließend.

Fäces: Exkremente.

Fesseln, japanische: Fesseln, die möglicherweise aus Leder hergestellt wurden. Sie werden dem Gefangenen naß angelegt, beim Trocknen ziehen sie sich zusammen.

Galkin: Professor an der Leningrader Akademie der Wissenschaften, Näheres konnte nicht ermittelt werden.

Hämolyse: Herauswaschen von Blut mit kaltem Wasser.

Inguschen: Moslemisches Volk im Norden des Kaukasus.

Insult: Anfall.

Jessenin, Sergeij Aleksandrowitsch: (* 4. Oktober 1895 Konstantinow/heute: Jessenino, † 28. Dezember 1925 Leningrad/Selbstmord), russischer Dichter von bäuerlicher Herkunft. Jessenin, selbst sehr fromm, stand in seinen Werken den Symbolisten nahe. Der dem Bohemienleben huldigende Dichter war zwischen 1922 und 1923 mit der Tänzerin Isadora Duncan verheiratet.

Kamenka: Kleinerer Ort am unteren Dnjestr.

Karrier: Russische Bezeichnung für Tagebau in Bergwerken, Förderstätten von Sand, Schotter oder Stein.

Katorga: Russische Bezeichnung für Zwangsarbeit.

KGB: Komitee für Staatssicherheit, entspricht einer geheimen Staatspolizei, 1954 anläßlich der sogenannten Rückkehr zur sozialen Gesetzlichkeit wurden die Kompetenzen des KGB eingeschränkt.

Kiew, Bombardement von: Im Zuge der Schlacht um Kiew zwischen 10. und 19. September 1941 wurde die Stadt laufend bombardiert.

Kind im Glückshemd: Ein aus dem Russischen übernommenes Sprachbild: „Im Hemd zur Welt kommen". Es heißt, daß der ein Glückskind werde, der mit der ungeöffneten Fruchtblase (= Rubaška = Hemd) geboren wird.

Kowalewskaja, Sophie: geb. Corvin-Krukowski (* 15. Jänner 1850 Moskau, † 10. Februar 1891 Moskau), bedeutende Mathematikerin, seit 1884 Professor der höheren Analysis an der Universität Stockholm, Spezialistin für partielle Differentialgleichungen, sie schrieb Jugenderinnerungen.

Kuban: Gebiet am Unterlauf des Flusses Kuban, der ins Asowsche Meer mündet. In dieser Gegend befand sich das Zentrum des Widerstandes gegen die Bolschewiki, erst 1920 wurde das Gebiet von den Sowjets erobert.

Kursk: Russische Stadt an der Mündung des Tuskar in den Seijm gelegen.

Um 1939 etwa 120 000 Einwohner. Diese Gebietshauptstadt wurde 1943 von den Sowjets zurückerobert. Im Juli 1943 fand in der Gegend von Kursk eine der wichtigsten Schlachten des Rußlandfeldzuges statt, die die Wende des Krieges bedeutete.

Lesginka, grusinische: Ein kaukasischer Tanz in lebhaftem Tempo.

Meningitis: Tuberkulöse Gehirnhautentzündung.

Metropol, Kaffee: Kaffeehaus im gleichnamigen Moskauer Hotel. Das zwischen 1899 und 1903 erbaute Hotel liegt im Zentrum der Stadt. Im Oktober 1917 war es ein Stützpunkt der Weißgardisten, danach wurde es von den Bolschewiken unter dem Kommando von Frunse gestürmt. In der Folge tagten hier die Sowjets, zeitweilig war es Wohnsitz höchster Parteifunktionäre, auch Sitzungsort des Ministerrates. 1921 fanden in diesem Hause die Verhandlungen zwischen Sowjetrußland und der Mongolei statt. Seit 1922 gibt es wieder einen Hotelbetrieb.

Milizionär: Einziger Vertreter der staatlichen Macht im dörflichen Bereich, vergleichbar einem Gendarmeriebeamten.

Moldawien: Die Moldauische Sowjetrepublik umfaßt Bessarabien und Gebiete östlich des Dnjestr. Die Bevölkerung dieser kleinsten Sowjetrepublik – sie hat nur 3,5 Millionen Einwohner – besteht zu 50% aus Rumänen.

Morgue: Französisches Wort für Leichenschauhaus; russisch: Morg.

MWD: Ministerium für Innere Angelegenheiten. 1946 wurden die Volkskommissariate in Ministerien umbenannt. Das NKWD (Volkskommissariat für Inneres) wurde zum MWD (Innenministerium).

Narkomanen: Menschen, die ein krankhaftes Verlangen nach Betäubungsmitteln haben.

Nishnij Tagil: Stadt hinter dem Ural, nördlich von Swerdlowsk gelegen, um 1939 etwa 160 000 Einwohner.

Nowitzkiy Gefängnis: Richtig: Nowinskij-Gefängnis. Frauengefängnis in Moskau, das aus der Zarenzeit stammt.

Organtherapie: Diese Therapie war früher eine allgemein gebräuchliche Methode, allerdings wurden nur tierische Organe zur Erzeugung von Hormonen verwendet. Mit menschlichen Organen war kaum eine zielführende Therapie zu erreichen. Allerdings gab es immer wieder Scharlatane, die anderes versuchten. Im gegenständlichen Falle dürfte es sich um die Phantasien eines Alkoholikers und Rauschgiftsüchtigen handeln.

Ostitis: Knochenentzündung.

Ostrowskij, Aleksandar Nikolaijewitsch: (* 12. April 1823 Moskau, † 14. Juni 1886 Schtschelykowo), russischer Dramatiker, der satirische Gaunerkomödien verfaßte.

Ovarium, gonorrhoisches: Ein von einer Geschlechtskrankheit befallener Eierstock.

Pellagra: Durch Vitaminmangel hervorgerufene Krankheit, die sich in Müdigkeit, Schwäche, Gedächtnis-, Schlaf- und Verdauungsstörungen äußert.

Pendel, siderisches: Ein an einem Faden hängender Metallkörper, der wie eine Wünschelrute verwendet wird, z. B. ein Ehering an einem Haar.

Pepelajew: Zaristischer General, der aus der Emigration nach Rußland zurückgekehrt war. Er wurde von den Sowjets erschossen.

Phlegmone: Bindegewebsentzündung.

Phytonzide: Substanzen, die auf Pflanzen zerstörend oder hemmend wirken.

Pleura: Rippenfell.

quarzen: Möglicherweise Behandlungen mit einer Quarzlampe.

Reagentien: Das sind jene Substanzen, die bei einer Analyse durch Hervorrufen einer Färbung das Vorhandensein oder die Abwesenheit einer Substanz nachweisen.

Regime-Corpus: Dies weist auf jenen Gefängnisteil oder -block hin, in dem ein verschärfter Strafvollzug gehandhabt wird.

Riva Rocci: Ein nach dem italienischen Mediziner Scipione Riva Rocci (1863–1937) benanntes Blutdruckmeßgerät.

Saratow: Stadt im südöstlichen Rußland an der unteren Wolga; wichtiges Industriezentrum, Wolgahafen, günstige verkehrstechnische Lage, um 1939 etwa 372 000 Einwohner.

Sawinkow, Boris: (1879–1925), russischer Revolutionär, Mitstreiter Kerenskis, stellvertretender Kriegsminister in der zweiten Koalitionsregierung, von den Sowjets zu zehn Jahren Gefängnis verurteilt, wo er starb.

Sklera: Harte Augenhaut.

Skyrrus: Magengeschwulst.

Sol Iletsk: Stadt zwischen Uralsk und Orsk, um 1960 etwa 19 000 Einwohner.

Solluxlampe: wörtlich: Sonnenlichtlampe. Bestrahlungslampe.

Sputum: schleimiger bzw. eitriger Auswurf.

Steklow: Juri M.: (Pseudonym für Nakhambes, 1873–1941), Chefredakteur der „Iswestija", Hauptmitarbeiter von Tscheidse. Er verfaßte eine vierbändige Monographie über Michael Bakunin. Mitte der dreißiger Jahre wurde er verhaftet, er starb im Gefängnis.

Stolypinwaggons: Der russische Premier und Innenminister Pjotr Stolypin (1862–1911) schuf diese besondere Art von Waggons, mit denen jeweils sechs Gefangene in einem Abteil in die Verbannung nach Sibirien gebracht wurden. Die Einführung Stolypins bedeutete seinerzeit eine besonders humanitäre Maßnahme. Zu Zeit Stalins wurden in einem Abteil (neun Kubikmeter) bis zu 25 Gefangene transportiert.

Streptozid: Antibiotikum, das hauptsächlich zur Behandlung der Tuberkulose eingesetzt wird.

Taganka Gefängnis: Im Süden Moskaus im Bezirk Proletarsk gelegen. Über dieses Gefängnis gibt es sogar ein Lied, das davon spricht, daß die Gefangenen wie in einer Konservenbüchse untergebracht seien.

Tawda: Stadt in Westsibirien, am rechten Ufert des Flusses Tawda gelegen, um 1960 etwa 40 000 Einwohner, Endpunkt der Eisenbahnlinie am Südrand der Taiga.

Trachom: Augenentzündung.

Trepanation: Anbohrung des Schädels.

Trotzki: Eigentlich: Lew Davidowitsch Bronstein (1877–1940), Leiter des Novemberaufstandes in Petersburg, Leiter der russischen Friedensdelegation in Brest-Litovsk. Hiernach Volkskommissar für Krieg und Marine. Wegen ideologischer Abweichunge 1927 auf Betreiben Stalins aus der Partei ausgeschlossen, 1929 ausgewiesen, 1940 im mexikanischen Exil vom sowjetischen Geheimdienst ermordet.

Truman, Harry S.: (* 8. Mai 1884 Lamar/Missouri, † 5. Dezember 1972 Kansas City), Präsident der Vereinigten Staaten von Amerika 1945–1953.

Tschekisten: Mitglieder der Tscheka (ČK = Črezvyčcajnaja Komissija = Sonderkommission), eine 1917 von den Sowjets geschaffene Geheimpolizei. Sie wurde 1922 aufgelöst, bzw. ging in die GPU (Staatliche Politische Verwaltung) auf. Der Ausdruck Tschekist kommt auch im heutigen Sprachgebrauch vor, er ist positiv besetzt.

Tscheljabinsk: Kreisstadt im Gouvernement Orenburg, am Flusse Mijas gelegen, 1939 etwa 273 000 Einwohner.

Tschernischewskij: Richtig: Nikolaij Gawrilowitsch Tschernyschewski (* 19. Juni 1828 Saratow, † 17. Oktober 1889 Saratow), russischer Schriftsteller. 1862 wurde er als Sozialist verhaftet und nach Ostsibirien verbannt, 1883 begnadigt. Er gehört zu den führenden Denkern einer sozialistischen Gesellschaftsordnung.

Tschetschenen: Moslemisches Volk im Norden des Großen Kaukasus. Dieses Gebiet wurde erst um 1860 von den Russen erobert. Bis ins 20. Jahrhundert herrschte dort die Blutrache.

Twer: Stadt an der Mündung der Twerdza in die obere Wolga. 1931 wurde die Stadt zu Ehren des Redakteurs der Prawda und des nominellen Staatsoberhauptes zwischen 1919 und 1946 Mihail Kalinin (1875–1946) in Kalinin umgetauft.

Usbeken: Ein zentralasiatisches Mischvolk aus Türken, Persern und Mongolen. Die vorwiegend moslemische Bevölkerung lebt in einer eigenen Sowjetrepublik von etwa 7,7 Millionen Einwohnern.